사회복지의 이해

장승옥 · 정은아 · 김주영 · 권은정 · 차동석

청목출판사

저자 서문

사회복지에 대한 관심이 증가하고 복지라는 단어는 매우 익숙해졌다. 그럼에도 불구하고 사회복지를 정확히 이해하고 전달하는 것은 쉬운 일이 아니다. 해마다 수십 종의 사회복지개론서들이 나오는 책의 홍수 속에서 감히 또 하나의 책을 계획하면서 생각한 것은 학생들에게 쉽고 재미있게 읽을 수 있는 교재를 만들자는 취지였다. 이 책은 사회복지에 입문하는 신입생과 사회복지에 관심을 갖는 교양인에게 쉽고 재미있게 사회복지를 전달하려고 노력하였다. 『사회복지의 이해』는 비전공자를 위하여 개론을 가르치는 사람들이 모여 논의하면서, 많은 지식을 전달하기보다는 독자들이 더 많이 알고 싶어하는 생각이 들었으면 좋겠다는 마음으로 집필하게 되었다. 독자들이 사회문제를 자신들의 문제로 받아들이고 스스로 알고 싶어하는 마음이 든다면 사회복지에 대한 관심은 스스로 키워나갈 것이라 생각했기 때문이다.

사회복지를 이해하는 데 필요한 기초적인 내용을 다루는 1부에서는 1장 인간의 욕구와 사회복지(정은아), 2장 사회복지와 사회복지전문직의 이해(권은정), 3장 사회복지의 역사(장승옥), 4장 사회복지실천 가치와 윤리(장승옥)를 다룬다. 2부에서는 사회복지의 거시적 접근방법으로 5장 사회복지정책과 행정(정은아)과 6장 사회보장(정은아), 그리고 미시적 접근방법으로 7장 사회복지실천(김주영)을 기술한다. 사회복지실천대상과 쟁점을 논의하는 3부는 사회복지의 분야를 선별하였는데 각 장의 전반부에 다양한 사람들이 직면하는 문제를 어떻게 이해하고 어떤 도움을 줄 수 있는지 하는 기본적인 내용을 다루고 후반부는 주요 쟁점들을 통해 비판적 사고를 배양하려 노력하였다. 3부에는 8장 가족복지(차동석), 9장 아동복지(권은정), 10장 청소년복지(김주영), 11장

노인복지(권은정), 12장 장애인복지(차동석), 13장 정신건강(김주영), 14장 자원봉사(차동석)영역이 포함되어 있다. 이 책은 한 학기 15주에 강의할 수 있는 내용으로 구성되어 있다. 각 장의 첫 머리에 개요와 학습목표를 제시한 후 구체적인 내용을 기술하였다. 또한 각장의 마지막에는 학습 내용을 바탕으로 생각해 볼 과제를 제시하여 자발적인 학습을 유도하였다.

이 책은 5명의 강의 담당교수가 각 장을 책임 집필하였지만 주제와 내용은 함께 결정하고 서로 논의해 가면서 진행한 공동작업이다. 함께 작업을 하면서 집필자들은 세부전공에 매달려서 간간히 잊고 지내던 사회복지의 기초 지식을 되새기고 우리사회에 적합한 대안을 생각해 보는 즐거움을 느꼈지만 출판을 앞두고 두려움이 생기는 것도 사실이다. 사례를 통해 풀어가는 방식으로 사회복지를 쉽고 재미있게 전달하려던 처음 의도와는 달리 시간적 한계와 개인적 능력을 극복하지 못한 아쉬운 부분이 많기 때문이다. 이런 부족함은 독자들의 격려와 냉철한 비판을 통해 채워 나갈 수 있을 것이다. 『사회복지의 이해』가 처음 사회복지를 접하는 사람들에게 사회복지를 이해하고 열정을 키워가는 계기가 되기를 온 마음으로 희망한다.

장승옥

차 례

제3부 사회복지 실천대상과 쟁점

제1부

사회복지의 기초

제 1 장

인간욕구와 사회복지

인간은 누구나 기본적으로 심신이 건강하고, 경제·사회적으로 부족함이 없는 상태인 행복, 안녕하기를 희망한다. 이 장에서는 사회복지의 대상이 되는 인간의 욕구와 이러한 욕구가 충족되지 않아서 발생하는 사회문제, 그리고 이에 대응하기 위한 사회적 노력인 사회복지의 필요성에 대해 살펴보고자 한다. 이를 위해 먼저 인간의 욕구와 사회문제, 사회복지의 관련성을 설명한다. 다음으로 인간의 삶을 주기(週期)로 구분하고 각 주기마다 다르게 나타나는 특성과 욕구를 파악하여 개인이 수행해야 할 발달과업을 살펴보고, 특정 단계에서 나타나는 욕구를 충족하지 못함으로 직면하는 삶의 문제와 사회복지적 지원방향을 제시한다.

한편 현대사회에서는 더욱 경제성장이 되고 과학기술이 발전하였음에도 개인의 인간다운 생존을 위협하는 새로운 사회적 위험이 빈곤을 넘어서 오히려 새로운 형태로 문제를 악화시키고 있다. 그리하여 이러한 신사회적 위험의 문제를 살펴보고, 마지막으로는 다양한 신사회적 위험의 현실 속에서도 삶의 질에 대한 욕구와 관심은 날로 증대하고 있고 이러한 욕구는 개인의 힘만으로는 해결이 불가능하기 때문에 사회공동체 차원의 노력으로 진행되고 있는 사회복지의 기능에 대해 살펴본다.

- 인간의 욕구, 사회문제, 사회복지의 관련성을 이해한다.
- 인간의 발달단계별 발달과업과 발생 가능한 문제를 이해한다.
- 신사회적 위험과 사회문제를 고찰한다.
- 사회복지의 필요성과 기능을 이해한다.

1. 인간의 욕구와 사회문제, 사회복지

젊은 신혼부부가 양가 부모님과 많은 하객들을 모시고 화려한 결혼식을 거행하고 행복한 삶과 단란한 가정을 꿈꾸고 있다고 가정해 보자. 이들이 행복한 가정을 이루겠다는 결심은 과연 어떤 상태를 의미하는가? 행복이란 상대적 개념으로 개인마다 편차가 있을 수 있지만, 일반적으로는 심신이 건강하고, 경제·사회적으로 부족함이 없는 상태가 그 시작이라 할 수 있을 것이다.

또한 인간은 변화·발달하는 존재이어서 한 개인의 인생 내에서도 각 단계마다 행복의 내용과 조건은 달라진다. 갓난아기는 따뜻한 엄마의 품속에서 충분히 배가 부르면 행복한 미소를 짓는다. 그러나 청소년기가 되면 엄마가 옆에 있고 아무리 배가 불러도 친구관계가 순조롭지 않거나 성적이 목표치만큼 향상되지 않으면 행복한 미소를 짓지 못한다. 이처럼 인간의 행복은 인생의 각 단계마다 마주치는 욕구의 충족과 관련된 것이며, 욕구는 인간의 삶의 단계에 따른 보편성과 개인적 특수성 모두를 포함한다(김성천 외, 2010). 아래의 사례들은 인생의 각 단계마다 겪을 수 있는 행복하지 못한 상태들을 보여주고 있다.

〈예1〉 미혼모가 교통사고로 사망하여 3세 된 딸 하나만 남겨졌다.
〈예2〉 알코올 중독증세와 폭력이 있는 아버지를 피해 어머니가 가출하고 홀로 남겨진 초등학교 3학년 여자 어린이가 아버지의 폭력 하에서 스스로 모든 생활을 감당하고 있다.

〈예3〉 학교에서 집단따돌림을 당한 후 인터넷 중독에 빠진 중학생 아들과 갈등을 겪고 있는 어머니가 어떻게 할지 고민하고 있다.
〈예4〉 대학입시를 앞두고 성적하락 때문에 고민하던 고등학교 2학년 학생이 각성제 등 약물남용과 우울 증세를 보이다가 자살을 시도하려고 한다.
〈예5〉 갓 결혼한 맞벌이 새색시가 자녀출산을 빨리하라는 시댁식구와 남편의 보수적 사고를 자신의 직장생활과 친정에 부당한 걸림돌이라고 생각하여 부부갈등이 심화되고 있다.
〈예6〉 자녀교육비와 노부모 부양비 부담이 큰 50대 초반 가장이 거짓 출근을 한 달째 하면서 이 문제를 가족에게 어떻게 고백해야 할지 몰라 고민하며 술 마시는 날이 계속 늘고 있다.
〈예7〉 70대 노부부로 자녀와 독립하여 생활하던 할머니가 최근 남편이 치매 증세를 보이기 시작하고 자신의 당뇨증세도 심화되어 앞으로 어떻게 남편을 돌볼까 고민하고 있다.

우리가 살아가고 있는 사회에서 우리는 위 사례들과 같은 어려움에 처해 있는 많은 사람들을 접하게 된다. 이들의 문제와 욕구는 개인의 내적인 특성, 심리적인 문제, 경제적 곤란, 인간관계 속에서의 갈등 등 그 성격이 매우 다양하고, 또한 가족, 친구, 직장, 현대사회 구조와 문화에 이르기까지 그 범위가 넓으며, 인생 각 단계에 걸쳐 각기 다름을 볼 수 있다. 또한 이들의 문제는 본인의 힘만으로는 해결하기 힘들어 누군가의 도움을 필요로 하고 있으며, 지속적인 관심이 요구되기도 하며, 각각의 처지를 고려한 체계적이고 종합적 도움이 요구되는 상황임을 알 수 있다.

또한 위 사례들을 보면 모두가 현재의 상황에서 벗어나고자 하는 욕구(needs)를 가지고 있음을 볼 수 있는데, 인간에게 있어 당면한 어려움을 해결하는 욕구를 추구하는 기본 전제가 잘 해결되지 못할 때 필연적으로 문제 상황을 발생시키게 된다. 예를 들어 미혼모가 사망하고 남겨진 아동의 경우 이 아동의 보호와 양육이 빠른 시간 내에 개입되지 않으면 아동의 성장과 발달이 지연되고, 거리의 아이가 되어 범죄의 희생자가 되고, 이후에는 범죄에 직접 가담할 가능성이 매우 커지게 된다. 이처럼 개인의 기본욕구가 충족되지 않은 문제상황이 지속되고 누적되면 사회문제가 된다. 이 때 사회문제는 개인의 욕구에 한정된 것이 아니라 사회구성원 다수의 사람이 공통의 문제로 인식한 것이며, 사회규범에 비추어 바람직하지 못한 것이고, 문제가 개인의 책임보다는 사회적 제도나 구조상의 결함과 실패로 인해 문제가 야기된 경우이어서 사회공동체 전체의 집합적 노력으로 해결 가능한 것을 의미한다.

과거에는 욕구를 충족하여 행복한 삶을 추구하는 것은 개인과 가족의 책임이었으나, 사회가 발전하면서 개인의 힘만으로는 해결할 수 없어 점차 공동체의 집합적 노력이 중요시되고 있다. 사회복지는 이처럼 인간이 전 생애에 걸쳐 직면하게 되는 여러 가지 욕구, 문제, 위험들을 해결하여 보다 높은 삶의 질을 도모하기 위한 사회적 노력이라고 할 수 있다. 즉 인간이 일생을 살면서 삶의 각 단계에서 만나게 되는 문제들을 잘 헤쳐 나갈 수 있게 개인의 기능을 향상시키도록 돕고, 욕구가 충족되도록 사회환경을 개선하여 사람들과 그들이 처한 환경 사이의 상호작용을 활성화시키는 노력으로, 결국 한 사회의 구성원들이 가지고 있는 욕구를 해결하고자 하는 공동체적 노력이다. 최근 사회가 발전해 가면 갈수록 인간이 경험하는 문제가 다양화, 복잡화, 심화되고 있고 이에 따라 사람들의 욕구도 더욱 다양화되고 증대되고 있어 사회복지에 대한 관점이 더욱 높아져 가고 있다.

이러한 인간의 문제와 욕구에 대처하기 위해서는 먼저 사회 속에서 살아가는 인간의 본질과 각 발달단계마다의 기본적 욕구에 대한 다양한 측면에서의 이해와 폭넓은 지식이 뒷받침되어야 한다. 인간을 대상으로 하는 사회복지에서는 오래전부터 여러 분야에서 끊임없이 연구되어 온 '인간이란 무엇인가?'에 대한 질문에 대해 인간의 삶의 질을 높이기 위하여 무엇을 변화시킬 것인가에 질문을 제기하고 있다. 즉 인간이 갖고 있는 문제의 원인이 무엇이며, 문제에 대해 어떻게 해결책을 모색할 것인가에 관심을 가지고 인간의 존재와 본질에 대해 하나의 입장만을 취하기보다 다양한 이론을 응용하여 각 개인들이 겪고 있는 문제해결에 대처하고 있다.

2. 인간의 발달단계와 욕구

인간의 삶은 전 생애를 거쳐 발달하는 역동적인 변화의 과정이며, 각 과정마다 독특한 욕구와 위험이 존재하고 있다. 인간발달을 연구하는 학문에서는 인간의 삶을 시간의 흐름과 각 과정의 뚜렷한 특성에 따라 여러 단계로 세분화하고 이를 인간발달단계라고 한다. 인간발달단계를 몇 단계로 구분하는가에 대해서는 학자들 간의 이견이 존재하고 있지만, 최근에는 의학의 발달에 따라 태아기의 중요성이 강조되면서 삶의 주기의 시작점을 임신시기까지 확대하여 태아기, 영아기, 유아기, 아동기, 청소년기, 성인 초기, 중·장년기, 노년기 등으로 나누고 있다. 또 수명이 연장되어 노년기가 길어지면서 노년학자와 건강전문가는 노년기를 65~74세의 젊은 노인집단과 75세 이상의 최고령 노인집단으로 구분하기도 한다. 이와 같이 인간의 삶을 주기로 구분하고 각 주기마다 서로 다르게 나타나는 특성과 욕구를 파악하여 개인이 수행해야 할 발달과업을 성취할 수 있도록 원조하고 특정 단계에서 나타나는 다양한 욕구를 충족시킬 수 있도록 지원하며, 욕구를 충족하지 못함으로 직면하는 삶의 문제를 해결 또는 예방하기 위해 인간발달에 대한 지식이 필수적이다(권중돈·김동배, 2008). 즉 인간의 신체, 심리, 사회적 발달에 대한 지식은 인간을 지원하기 위한 효과적이고 적합한 사회복지 서비스를 발달시키는 데 중요한 지표를 제공해 준다.

인간은 전 생애를 걸쳐 발달과정을 거치지만 각 단계에서 수행해야 할 발달과업과 욕구는 각 단계마다 다르다. 예를 들면, 건강한 출생, 영유아기의 적절한 보호와 양육, 아동기의 학습과 새로운 사회관계 욕구, 청소년기의 자아정체감 확립과 독립 욕구, 새롭게 가족을 형성한 부부의 부부 및 부모역할 수행 욕구, 중년기의 직업과 가족의 안정성 유지

욕구, 노년기의 고독과 죽음에 대한 적응 등의 욕구들은 대부분의 사람들이 정도의 차이는 있으나 인생의 각 변화 시기마다 어느 정도 겪게 되는 발달과업이다. 만약 한 개인이 특정 발달단계에서 수행해야 할 발달과업을 적절히 수행하지 못하면 다음 단계로의 발달에 방해를 받을 수 있고, 부적응을 경험하게 되어 결국 미충족 욕구를 가지게 되거나 문제 상황에 직면하게 됨으로써 적정수준의 삶의 안녕상태(well-being)를 유지할 수 없게 된다. 이와 같이 전 국민이 전 생애를 걸쳐 직면하게 되는 욕구, 문제, 부적응 상태를 해결하고 보다 높은 수준의 삶의 질을 도모하기 위한 제도, 법, 프로그램이 바로 사회복지이다(권중돈 외, 2008).

인간의 삶의 주기 분류와 관련하여 자아심리학자인 에릭슨(Erikson)은 인간의 발달을 출생에서 사망까지 여덟 단계로 나누고 각 단계마다 겪게 되는 심리사회적 측면의 발달과업 또는 위기에 대해 논하였다. 에릭슨은 각 단계에서 겪어야 하는 발달의 위기를 긍정적인 것과 부정적인 것의 두 가지를 동시에 제시하면서 위기의 극복과정을 통해 개인의 성격이 발달한다고 보았다. 그가 제시한 발달위기를 보면 제1단계(영아기)에는 신뢰감 대 불신감, 제2단계(유아기)에는 자율성 대 수치와 회의감, 제3단계(아동전기)에는 주도성 대 죄책감, 제4단계(아동기)에는 근면성 대 열등감, 제5단계(청소년기)에는 정체성 대 정체성 혼란, 제6단계(성인 초기)에는 친밀감 대 소외감, 제7단계(중·장년기)에는 생산성 대 침체, 마지막으로 제8단계(노년기)에는 자아통합 대 절망이라는 위기가 있다고 하였다.

여기서는 삶의 주기를 에릭슨의 여덟 단계에 기초하여 최근에 중요성을 더해 가고 있는 태아기를 포함하여 인간의 전 생애를 아홉 단계로 나누고, 각 단계마다 특징적인 발달 내용과 욕구 및 이 욕구를 충족시키기는 것을 어렵게 하는 사회문제에는 어떤 것이 있는지, 그리고 이에 따른 사회복지적 접근을 살펴보기로 한다.

1) 태아기

태아기는 수정에서 출생에 이르기까지의 어머니 뱃속에서 지내는 9개월의 기간을 포함한다. 이 시기에는 기본적 신체구조와 장기 형성이 이루어지며, 전 생애 중 신체적 성장이 가장 급속하게 이루어지는데, 환경적 영향을 매우 많이 받는 단계다. 이 시기의 욕구는 임신 과정이 순조로워 태아가 정상적으로 발달하고 건강하게 출생하는 것이다. 따라서 태아기와 관련된 사회문제는 임신 중 태아의 발달이 순조롭지 않은 것으로, 임산부가 건강하지 못하거나 흡연·약물을 남용했다거나 혹은 필요한 영양 공급과 의료 서비스를 사회경제적 이유로 제공받지 못하는 것이다. 또한 임신에 대한 부모의 태도는 태아에게 큰 영향을 미치게 되는데 임신에 대한 거부와 부정적인 태도는 태아를 불안하게 하거나 예민한 상태로 이끌어가게 되고, 반면 기다림과 긍정적인 태도는 기쁨과 즐거움으로써 반응하는 아이가 되도록 한다. 태교를 중요시하던 우리나라에서는 아이를 가진 어머니의 마음가짐에 따라 아이가 심리적 영향을 받는다고 보고 이 기간을 중요하게 여겨왔다(김영화·이애재·손지아·공정원, 2007). 한편 최근에는 낙태 문제와 더불어 불임 또한 중요한 문제로 등장하고 있다.

이 때 제공 가능한 사회복지 서비스로는 불임관련상담, 임신과 출산에 대한 지식과 정보를 제공하는 예비부모 교육, 출산아동의 선천성 장애발생의 예방대책지원, 빈곤한 산모와 태아를 위한 의료적 지원과 임신 중 안전한 직장생활을 위한 가족 내 역할 재조정 원조 등이다.

2) 영아기

영아기는 모든 감각이 발달하고 신체 성장이 급속히 이루어지며 운동능력이 발달하는 시기로, 출생부터 만 2세까지의 시기이다. 이 시기의 영아는 신체적 성장이 급격히 이루어지고 기본적인 운동능력과 언어 습득 및 개념형성 등의 인지적 발달이 급격히 이루어진다. 또한 사회성 발달에 중요한 영향을 미치는 부모와의 애착관계를 통해 신뢰감을 형성하여 타인과의 정서적 유대를 맺을 수 있게 되는 중요한 시기이므로 세심한 양육과 보호가 필수적이다. 만약 주 보호자와의 관계형성에 문제가 생기거나, 부모의 양육 기술과 정보 부족으로 일관성이 없고 거부적인 경우 그 결과는 불신감을 형성하게 되어 매우 치명적일 수 있다. 극단적인 예로는 부모가 양육을 포기하여 아동을 유기하거나 방임·학대하는 것을 들 수 있다.

이러한 문제에 대해 사회복지는 학대 및 방임피해 아동에 대한 보호서비스를 통해 아동보호의 최저선을 마련하고 있으며, 고위험집단에 대한 부모교육과 가정방문 서비스 등으로 예방을 위한 노력을 하고 있다. 또한 맞벌이 등 부모의 사정으로 아동양육이 어려울 경우 전문적인 영아보육 서비스 등을 통해 양육의 안정성과 영아의 안전을 보장하며 가족을 지원한다.

3) 유아기

유아기는 만 3세 정도의 시기로 규칙적이고 지속적인 신체변화와 함께 인지발달이 이루어져 자신의 의사를 적극적으로 표현하고 자기중심적 사고가 발달함에 따라 부모에게 반항적인 시기다. 이 시기의 유아는 배변훈련을 통해 자기통제와 주위사람으로부터의 통제라는 두 가지 요구에 직면하게 된다. 이 때 자존심을 상실하지 않고 통제에 적응할 수 있게 되면 자율성이 발달하게 되고, 반면에 다른 사람의 눈에 좋지 않게 보일까 두려움도 갖게 되는데 이것이 수치심과 의심이다(권중돈 외, 2008). 또한 주된 생활환경은 여전히 가정이지만 생활환경이 이웃으로 확대되면서 자아인식이 발달하고 다른 아동에 대한 관심이 증가하여 사회관계가 가족에서 또래로 확장된다.

유아기 아동의 욕구는 이러한 다변적 발달이 이루어질 수 있도록 안전과 안정이 보장되고 발달에 적합한 사회관계를 제공받는 것이다. 이 시기에도 부모의 역할이 매우 중요한데, 부모가 방임 또는 학대하여 아동의 안전을 위협하면서 안정된 가정을 제공하지 못하거나 혹 인지와 언어발달에 필요한 적절한 자극이 제공되지 않고 사회관계의 확장이 제공되지 않으면 문제가 발생될 수 있다. 유아기는 발달과업의 진폭이 상대적으로 큰 시기이므로 학습과 사회화, 놀이 등 연령에 맞는 적절한 보호가 이루어져야 하며, 학대와 방임피해 아동에 대한 아동보호 전문기관 서비스도 지속적으로 요구된다. 경제적으로 어려운 가정의 유아들이 서비스 수급의 우선대상이 되고 있다.

4) 아동전기

3~6세에 해당하는 시기로 보육권이나 유치원에 입학하는 등 생활환경이 확대되어 사물에 대한 호기심이 증가되며, 언어발달과 운동능력이 크게 향상되어 주도적인 활동을 할 수 있게 된다. 이 시기의 발달적 과업수행의 결과는 유아의 놀이, 탐구, 시도 및 실패, 장난감을 사용하는 연습 등의 결과와 부모가 유아의 솔선적 행동에 어떻게 반응해 주는가에 달려 있다. 즉 부모가 유아 스스로 환경을 탐색하고 스스로 행동할 수 있도록 격려하게 되면 솔선성을 형성하게 되고, 반면에 스스로 어떤 일을 완수할 수 있는 기회를 부여하지 않고 꾸지람이나 지적을 주로 하게 되면 죄의식을 가지게 된다.

이처럼 아동전기는 놀이를 통해 사회관계를 확장하고 관계의 기술을 학습하는 시기이므로 솔선성이 허용되고 창의적 시도가 격려되는 양육환경이 필요하다. 또한 아직 자기보호 능력이 없기 때문에 성인들의 세심한 보호와 양육 노력이 필요한데, 이 시기는 유아의 활동 반경이 확대되어 위험도 증가하고 성폭력 등의 아동학대에도 취약하다. 따라서 학대 및 방임으로부터의 보호와 안전한 환경조성, 양질의 보육 서비스, 적절한 인지적 자극을 제공하는 유아교육, 융통성 있는 성역할 교육 등이 필요하다.

5) 아동기

6~12세에 해당되는 시기로 생활의 중심이 가정에서 학교로 옮겨가고, 초등학교 교육을 통해 사회가 요구하는 기본적 기술을 습득하는 단계이다. 이 시기 아동의 신체발달의 속도는 이전에 비해 완만하지만 꾸준히 진행되어 안정되는 시기이다. 지각과 운동기능을 보다 섬세하고 기술적으로 사용하는 능력이 발달되어 조직적인 단체놀이에 강한 관심을 보이며, 인지발달로 논리적 사고를 하게 되고 학습력이 강화된다. 주된 사회적 관계로 등장하는 또래집단 속에서 기술을 쌓고 의미 있는 일을 성취하기 위하여 열정적으로 참여하여 이러한 과업을 완수하게 될 경우 주변 사람들의 긍정적 강화가 따르게 되며 결국 근면성이 발달하게 된다. 반대로 아동이 자신의 능력이나 지위가 또래에 비하여 열등하다고 느끼면 학습추구에 대한 흥미와 용기를 잃게 되고 부모나 교사가 요구한 과업을 성취할 수 있는 능력이 없다고 열등감을 경험하게 된다(권중돈 외, 2008). 이 시기 아동의 욕구는 지적인 자극과 사회적인 자극을 충분히 제공받고 학교와 또래 사이에서 성공적 경험을 얻고자 하는 것이며, 안전하고 안정된 양육환경에 대한 욕구도 가지고 있다. 따라서 아동기의 문제는 다양한 이유로 학교와 또래관계에서 실패하거나 안전을 위협받는 것이다.

이러한 문제를 해결하거나 예방하기 위한 사회복지서비스는 아동을 위한 창의적 놀이공간 확보, 빈곤가정 아동이 학업성취 및 방과후 보호와 교육을 지원하는 지역사회에 기반한 통합적 조기개입 서비스(예: We start 운동, 지역아동센터, 취약계층 아동정서발달지원 서비스 등), 열등감 극복을 지원하고 학교 적응을 순조롭게 하기 위한 학교사회사업적 개입, 아동 학대와 방임예방 서비스 등이 있다.

6) 청소년기

청소년기는 아동기에서 성인기로 전환되는 과도기로 13~18세에 이르는 중·고등학교에 재학하는 중요한 시기에 해당된다. 이 시기는 급속한 신체적 성장과 변화로 2차 성징이 나타나고, 질풍노도의 극단적 정서를 경험하며, 인지발달에서는 추상적 사고와 과학적 논리가 가능해지게 된다. 이 시기 청소년의 욕구는 성정체성을 포함한 자아정체성 확립과 부모로부터의 독립의 욕구가 대표적 욕구이다. 자아정체성은 개인의 내적 충동, 타고난 재능, 기회 그리고 아동기에 획득한 자아가치가 모두 합쳐져서 내적 동일성과 타인에게 주는 의미에 대한 확신감이 통합되어 형성된다. 반면 정체감 혼란은 주요한 발달단계에서 정체감 확립을 위한 노력과 기존 가치관에 대한 의문도 없이 위험하고 바람직하지 못한 동일시가 축척된 결과이다.

이 시기 불안정한 정체감으로 발생할 수 있는 사회적 문제는 약물남용, 인터넷 중독, 학업 중단과 학교폭력을 포함한 학교부적응, 성폭력이나 미혼부모가 되는 문제 등을 들 수 있으며, 이러한 문제는 이후 직업의 부적응, 가족해체 등 성인기에 나타나는 많은 문제의 원인이 되기도 한다. 청소년기에 요구되는 사회복지 서비스는 성에 대한 올바른 이해와 건전한 가치관 형성을 위한 프로그램을 실시하고, 청소년들이 자기 자신의 능력을 깨달아 자신감을 가지고 미래를 준비할 수 있도록 자아정체성 확립을 위한 프로그램에 중점을 두게 된다. 또한 적극적으로 청소년의 일탈행위에 개입하여 지원하고 더불어 학교사회사업을 통해 이러한 청소년 일탈을 미리 예방하는 것도 필요하다. 구체적인 서비스 예로는 정서적 혼란을 다루어주는 청소년 상담서비스, 가출청소년 쉼터, 미혼부모문제와 성폭력문제에 대한 개입, 진로지도 및 상담 서비스, 약물남용 예방교육, 인터넷 활용교육 프로그램 등 다양한 청소년 활동 지원서비스가 있다.

7) 성인 초기

성인기가 청소년기 이후부터 노년기까지의 비교적 긴 시기이기 때문에 이를 성인 초기와 중·장년기로 분류하게 되는데, 성인 초기는 청년기라고도 부르는 19~39세의 시기다. 이와 같이 39세까지를 성인기로 구분하는 것은 40세부터는 신체적 노화현상이 가속화되며 우리 사회에서 40대부터를 중년이라고 규정하는 경향이 많기 때문이다. 이 시기에는 신체적 발달이 완료되고, 정서적으로 성숙해지며, 직장을 얻어 경제적으로 독립하고, 결혼을 통해 친밀성을 확보하며, 자녀를 출산하여 부모로서의 새로운 역할을 감당하는 과업들이 있다. 가장 중요한 욕구는 독립성을 확립하는 것과 친밀성을 성취하는 것이다. 에릭슨의 친밀성은 안정된 직장생활을 지속하며, 사랑하고 신뢰감을 공유하고 있는 사람과 성적 상호성을 형성하고, 자녀를 출산하는 성적친밀감과 더불어 타인의 복지에 대한 관심과 지적인 자극을 유발하는 상호작용에 대한 관심까지를 포함한다. 이 단계의 과업을 만족스럽게 달성하지 못하게 되면 독신으로 생활하게 되며, 자아도취 상황이나 친밀한 사회적 관계를 회피하는 고립과 소외상황에 놓이게 된다.

따라서 이 시기에 경험할 수 있는 문제는 이혼과 실직, 인간관계에서의 고립 등이 있다. 결혼생활의 부적응과 갈등으로 인한 이혼 후의 자녀 양육문제, 직장부적응으로 인한 실직으로 겪는 경제적 어려움, 사회적 관계 문제 등이 개인적, 사회적으로 중요한 이슈로 다루어진다. 또한 미취업과 불안정한 고용상태, 조기퇴직 등은 이 시기의 큰 사회문제로 대두되고 있다. 이와 관련된 사회복지적 접근을 살펴보면, 직업과 관련해서는 직업훈련 의뢰체계를 형성하고 고용정보를 공유, 창업지원, 평생교육이 있고, 산업복지 프로그램을 통한 직장 내 사회복지 지원도 있다. 또한 결혼 전 결혼예비교실 운영, 부부상담 및 가족치료, 부모역할 훈련 프로그램 등을 통해 결혼생활의 문제점에 잘 대처하도록 지원하고, 자녀 출산에 따른 양육기술을 제공하며, 불임상담과 입양상담 서비스, 한부모 가족이 된 부모에 대한 경제적, 정서적 지원과 자녀양육을 위한 지원 등의 서비스도 제공되고 있다.

8) 중 · 장년기

중 · 장년기는 생물학적 노화를 경험하기 시작하는 40세부터 노인을 65세부터로 규정하는 노인복지법에 근거하여 64세 정도의 시기로 가정과 직업 양면에서 안정과 번영이 지속되는 시기다. 이 시기의 주요 발달과업은 신체적 변화에 대한 적응, 안정적인 가정생활의 유지와 중년기 위기의 극복, 직장생활을 통한 생산적 활동 등이 있다. 중년기의 생산성의 성취는 자녀를 돌보고 능동적으로 직업에 몰두하며 사회의 발전에 관심을 갖는 것이다. 즉 자녀 성장기 동안의 부모역할, 직업성취, 여가활동, 사회활동 등에 적극적으로 참여할 때 얻어지는 원동력으로 사회존속을 위한 중요한 능력이 된다. 한편, 이 시기에 나타나는 부적응은 침체로 나타나는데, 타인에게 거짓된 친밀성을 가지고 자기에게만 탐닉하는 것으로 자신만을 우선적으로 보호하는 것이다. 또한 중 · 장년기 중반에는 장성한 자녀들이 독립함에 따른 빈둥지증후군(empty nest syndrome)을 경험하며, 부모역할의 감소와 함께 자신이 직면하는 노화와 죽음에 대한 지각으로 자신을 돌아보게 하는 계기가 마련된다.

이 시기에 경험할 수 있는 사회문제로는 이혼, 별거 등의 결혼생활 파탄, 부모-자녀 간 갈등의 증가와 빈둥지증후군, 실업과 재취업 및 여가활동의 문제, 연령 증가에 따른 질병이나 장애의 발생 등이 있다. 즉, 이 시기는 경제적 · 사회적으로 안정된 인생의 절정기이기도 하지만 동시에 신체적 노화의 시작과 역할 변화 등이 닥쳐와 '중년의 위기'를 경험하는 시기이기도 하다. 따라서 이 시기에 필요한 사회복지 서비스는 성인병 예방을 위한 건강교육이나 건강상담 프로그램, 자녀교육 및 안정된 가정생활을 지속할 수 있도록 소득 및 건강 보장, 중년기 위기 지원 프로그램으로 평생교육 및 여가선용 프로그램, 가족 해체를 예방하기 위한 가족치료와 가족지원 서비스, 은퇴준비교육 프로그램, 고용관련 서비스로 재취업을 위한 직업훈련과 고용알선 서비스 등으로 매우 다양하다.

9) 노년기

65세가 넘어서면 신체적, 심리적, 사회적 측면에서 나타나는 점진적이고 퇴행적인 발달인 노화(aging)가 이루어진다. 시력과 청력, 근력, 운동능력, 기억력, 사고력 등이 감소하는 신체적 능력의 쇠퇴와 더불어 직장에서도 은퇴하여 역할상실, 사회적 관계의 축소, 사회경제적 지위 하락 등 다양한 측면에서 노화를 겪게 된다. 이 시기의 발달과업은 신체적 변화에 적응하고, 역할 재조정, 여가시간의 활용, 자신의 삶을 되돌아보면서 최종적으로 자신의 인생을 평가하고 수용하여 자아통합에 이르는 것이다. 자아통합은 후회가 별로 없고, 생산적인 인생을 살았고, 성공뿐만 아니라 실패에도 잘 대처하였다고 인식하는 개인이 성취할 수 있다. 즉 개인의 생활주기를 수용하고, 인생의 불가피성을 인정하여 그 결과에 만족하여 죽음을 대비하는 지혜를 가지게 된다(권중돈 외, 2008). 이에 비해 절망은 과거 삶에 대한 후회와 원망이 더 커서 자신을 수용하지 못하고, 인생이 너무 짧아 수정할 시간도 없다고 느끼며, 자신과 타인에 대한 신념을 상실하게 되어 경멸이 강하게 나타나는 것이다.

노년기의 문제로는 은퇴로 인한 소득 감소, 노인성질병(만성질환)과 노화로 인한 일상생활에서의 독립성 상실, 배우자와 친구의 죽음으로 인한 고독, 죽음의 공포 등을 생각해 볼 수 있다. 이러한 문제는 노년기가 점점 길어지고 핵가족화가 심화되면서 더 확장될 가능성이 높다. 따라서 노년기에 필요한 사회복지 서비스는 노인기초노령연금과 노인장기요양보험제도를 통해 노년에도 양질의 삶을 지속할 수 있도록 소득과 건강을 보장하고, 건강유지와 증진을 위한 건강교육 및 운동 프로그램, 노년기 상담과 다양한 여가 및 취미활동 프로그램, 치매노인 주간보호나 단기보호 사업, 치매노인 부양가족 지원 서비스, 건강과 노동능력을 갖춘 노인의 정년연장 및 재취업 서비스, 노인주택 보급 등을 들 수 있다.

이처럼 한 개인의 일상이 충만한 것이 되기 위해서는 삶의 주기별 보편적 발달과업의 성취가 중요한데 사회복지는 개인의 삶의 각 주기에 따른 욕구, 문제, 위험들에 대한 대처기제로 작용한다.

〈표 1-1〉 인간발달 단계와 사회복지의 관련성

구 분				인간발달단계					
				영·유아기	아동기	청소년기	성인기	중·장년기	노년기
사회복지분야	사회보장	공적부조	국민기초생활보장						
			의료급여						
		사회보험	연금보험						
			산재보험						
			고용보험						
			장기요양보험						
		영·유아보육							
		아동복지							
		청소년복지							
		여성복지							
		노인복지							
		산업복지							
		(정신)의료사회사업							
		학교사회사업							
		교정복지							
		장애인복지							
		가족복지							
관련분야	보건의료정책								
	고용정책								
	교육정책								
	주택·교통정책								
	환경정책								

주 : ▭ 는 각 발달단계와 특히 밀접한 관련성을 지지고 있음을 의미함.
출처 : 권중돈 외, 2008(p.37), 재인용.

3. 신사회적 위험과 사회문제

인간은 사회 속에서 생활하면서 전 생애에 걸쳐 생존과 인간다운 삶을 위협하는 여러 가지 개인의 위험(risks)을 경험하게 된다. 이러한 위험은 문제 상황에 직면하여 해결할 수 있는 방법과 자원들을 동원하지 못하게 될 때 발생하기도 하고, 환경과의 상호작용을 잘 이루지 못하여 욕구가 충족되지 못함으로써 결국 행복한 삶을 영위할 수 없게 한다.

이에 비해 사회적 위험이란 개인의 인간다운 생존을 위협하는 현상이 대부분의 사회구성원들에게 보편적으로 발생할 가능성이 있는 경우를 지칭하며(윤찬영, 2007), 사회가 공동체적 차원에서 공동으로 대처하기로 명시적 혹은 묵시적으로 승인한 위험을 말한다(조흥식, 2008). 오늘날의 한국사회가 처한 위험사회의 징후는 구사회적인 위험의 영속과 더불어 세계화의 거대한 물결 속에서 거의 모든 세계가 경험하는 신사회적인 위험의 출현으로 복합되어 있다고 할 수 있다.

산업혁명으로 공업화가 진행되고 자본주의가 정착되면서 이전 사회에서 경험하지 못했던 새로운 사회문제가 대두되었다. 장시간 노동과 열악한 노동현장에서 오는 질병과 산업재해, 상대적 열세인 아동과 여성노동, 평균수명 연장으로 인한 고령화, 저임금과 실업, 도시화로 인한 주거환경 등의 문제가 나타났다. 이렇게 산업사회와 함께 등장한 구사회적 위험은 실업, 질병, 노령, 산업재해 등으로 인해 발생하는 사회적 위험으로, 소득의 상실로 나타나는 대표적인 현상이 빈곤이다.

이러한 사회적 위험은 산업화로 인한 경제성장이 사회문제 유발의 주요 요인임에도 불구하고 더욱 경제성장이 이루어지면 빈곤문제가 해결될 것이고, 과학기술의 발전이 생산력 강화와 더불어 질병, 산업재해의 문제를 해결할 것으로 기대하였다. 그래서 구사회적 위험에 대응하기 위해서는 적절한 사회보장제도를 구축하는 것으로 공공부조, 의료보험, 산업재해보험, 연금제도 등을 강화하고 정비하고자 노력하였다.

그러나 자본주의의 성장은 오늘날 가장 대표적인 환경문제, 소득불평등문제 등 신사회적 위험으로 연결되어 문제를 더욱 악화시키고 있어 자본주의적 성장이 사회문제를 해결해 줄 것이라는 믿음이 무너지고 있다(김영화 외, 2007). 즉 구사회적 위험의 사회문제를 해결하기 보다는 빈곤과 결핍의 문제해결을 넘어서서 저출산과 고령화와 같은 인구구조적 문제, 노동유연화에 따른 단절적이고 불안정한 비정규적 고용과 근로빈곤층의 증대, 이로 인한 양극화, 환경오염 등의 새로운 형태로 나타나고 있다. 또한 위험의 대상자도 구사회적 위험과 달리 근로빈곤자, 여성노동자, 저숙련·비숙련 노동인구, 청년실업자, 아동, 노인, 한부모 등으로 매우 다양화되었다(박지영·배화숙·엄태완·이인숙·최희경, 2010).

여기서는 오늘날의 신사회적 위험사회에서 발생하는 사회문제의 유형을 네 가지로 구분하여 살펴보고자 한다.

1) 빈곤의 양극화와 사회불평등의 문제

사회적 불평등의 문제는 소득, 주택공급, 교육, 보건의료 등에서 불평등한 기회로 평등한 사회를 통해 사회구성원이 행복을 추구할 권리에 배치되는 문제이다. 특히 가장 심각한 것은 '빈익빈 부익부'로 표현되는 소득불평등의 문제이다. 소득불평등은 빈곤의 문제로 이어지는데, 이는 인간의 기본적인 욕구충족을 위한 경제적 문제뿐만 아니라 그 이면에는 다양하고 중첩된 권리들이 함께 박탈당하는 사회적 배제, 소외의 불평등문제이다. 즉 빈곤한 사람들은 의식주를 걱정하면서 기본적인 생존의 위기를 야기할 뿐만 아니라 양질의 교육을 받을 수 있는 기회에서 소외되고, 나아가 안정된 직업을 얻을 수 있는 기회나 범위가 제한된다. 또한 질병문제와 밀접한 연관을 지니게 되어 개인의 안전권, 나아가 재판권, 참정권과 같은 시민의 권리를 실현하는 데도 많은 제약을 가한다. 결국 물질적 결핍에서 시작된 빈곤은 그 자체로서도 사회문제인 동시에 교육, 직업, 의료, 정치, 문화생활 등에서 접근을 어렵게 하며, 가족해체, 범죄 및 자살의 증가와 같은 또 다른 사회문제의 발생 원인이 되기도 한다. 빈곤문제는 인간다운 생활을 위한 물질적인 조건이 충족되지 못하는 현실, 그 이상의 결핍을 의미하기 때문이다(김영화 외, 2007). 이러한 불평등의 해소는 사회복지의 주된 목표이자 사회복지실현을 위한 방법이라는 점에서 사회복지와 밀접한 관련성을 지닌다.

그동안 경제발전과 사회복지의 꾸준한 발전에도 불구하고 빈곤은 줄어들지 않고 오히려 양극화 현상이 심화되고 있다. 특히 외환위기 이후 대량실업과 취업난이 증가되면서 빈곤양상으로 '신빈곤' 계층이 대두되었다. 이는 빈곤자 중에서도 노동계층의 비중이 확대되었다는 점이 특징인데, 전체 노동인구의 절반이상이 일하는 빈곤자, 즉 비정규직으로 구성된 것이 그 원인이다. 이들은 고용안정은 물론 임금과 복지혜택 등 여러 차원에서 차별에 시달리면서 대량빈곤과 양극화의 주요인으로 작용하고 있다(참여연대사회복지위원회편, 2008).

또한 이러한 양극화는 자녀 세대로 전수되는 '빈곤의 세습화'로 이어질 가능성이 크다. 즉 저소득층은 자녀교육 지원에서 상대적으로 열악할 수밖에 없고, 이로 인해 학업성취도가 낮아지게 되고 진학률이 저조해지며, 이후 소득이 높은 직장과 직업을 구하기 힘들게 될 것이며, 이러한 결과 결국 빈곤이 세습되는 경향으로 이어질 수 있다.

〈표 1-2〉 아버지의 교육정도별 사교육 참여율

단위(%)

과목 및 유형	아버지의 교육정도				
	평균	중졸이하	고졸	대졸	대학원졸
대상분포	100.0	5.2	42.0	42.3	6.9
사교육참여	75.0	41.7	68.8	85.1	89.7
일반교과	66.2	35.0	59.7	76.5	81.1
예능, 체육, 취미, 교양	34.8	12.4	28.2	43.0	49.4
취업관련	0.4	0.5	0.5	0.2	0.1

자료 : 국가통계포털. http://kosis.kr. 2009.

2) 일탈과 정신건강문제

인간은 이 세상에 태어나서 죽을 때까지 다른 사람과 상호작용을 한다. 이 과정에서 감정 및 정서적 발달과 더불어 생존에 필요한 다양한 기술과 지식을 배우고, 사회규범과 규칙을 준수하는 사회화 과정을 거치면서 자신의 자아와 인성을 형성하고 변화시켜 나가게 된다. 사회규범은 이렇게 사회화 과정을 통해 자연스럽게 학습되지만, 보편적 규범을 내면화하지 못하게 되면 사회나 가정에서 일탈자로 분류되고 이렇게 되면 재사회화의 과정이 필요하게 된다. 이러한 재사회화 과정에서 개인적 욕구와 가치를 지나치게 억압하거나 무시하고 사회적 규범이나 가치를 일방적으로 강요한다면 개인의 욕구와 사회적 규범은 심한 갈등을 겪게 된다. 이 과정에서 개인들의 다양성이나 창조성은 사장되며 나아가 기존의 사회구조와 가치를 거부하게 되면서 알코올 및 약물남용, 범죄 등과 같은 문제로 욕구 충족에 실패한 사회적 결함을 표출하게 된다.

한편 오늘날의 우리사회는 정신건강 문제 또한 심각하게 위협받고 있다. 무한 경쟁주의와 물질만능주의, 개인주의가 급속하게 확대되는 가운데 가족기능은 약화되어 많은 사람들은 스트레스, 불안, 분노, 소외감, 우울, 자살시도 등 정신건강 상의 어려움을 경험하고 있다. 특히 우리나라는 이미 심각한 '자살 사회'이다. 2009년 한국의 자살사망률은 10만 명당 28.4명으로, 2위 헝가리(19.6명)보다 절반가량 높고, OECD 평균(11.4명)에는 3배에 가깝다. 또한 그 증가세는 더욱 충격적이다. 1990년에서 2006년 사이 우리나라 자살 증가율은 172.2%로 2위 멕시코(43.3%)의 4배에 달한다. 같은 기간 OECD 평균은 20.4% 낮아졌고, 한때 '최대 자살국'의 오명을 썼던 핀란드는 무려 35.3% 줄어들었다(아시아경제, 2011.05.25). 더욱 슬픈 일은 자살이 우리나라 사망원인 중 4번째에 해당하고 우리나라의 미래를 담당할 10, 20, 30대 청장년층의 사망원인 중 1위가 자살로 나타난 것이다(한국보험신문 칼럼, 2011.06.20).

3) 인구 구조적문제-저출산 고령화문제

오늘날 우리사회는 저출산과 고령화로 급격한 인구 구조적 변화를 맞이하고 있다. 통계청의 자료에 따르면 우리나라의 출산율은 1960년 6.0명, 1970년 4.5명, 1980년 2.8명으로 낮아졌으며, 2009년 1.15명으로 낮아졌다. 우리나라 출산율은 일본(1.37명, 2008), 미국(2.12명, 2007), 프랑스(1.98명, 2008) 등 OECD국가 중에서도 가장 낮은 수준이며, 아래 〈표 1-3〉에서 나타난 것처럼 모의 연령별 출산추이가 2007년 이후부터는 30~34세로 출산중심축이 이동된 것을 알 수 있다(양점도 외, 2010).

〈표 1-3〉 출산율과 모의 연령별 출산추이

(단위 : 명, 여자 천 명당)

연도	출생아 수	출산율	모의 연령별 출산율						
			15~19	20~24	25~29	30~34	35~39	40~44	45~49
1970	1,006,645	4.53	19.3	193.1	320.4	205.7	105.9	46.0	13.1
1980	862,835	2.83	12.4	135.9	242.7	114.0	40.2	15.1	5.6
2000	634,501	1.47	2.5	38.8	149.6	83.5	17.2	2.5	0.2
2008	365,892	1.19	1.7	18.2	85.6	101.5	26.5	3.2	0.2

출처 : 국가통계포털. http://kosis.kr.인구동향조사

저출산의 가장 근본적인 원인은 여성의 자아실현의 꿈과 사회진출이 증대하면서 직장과 가정을 양립하는 과정에서 갈등이 유발되는데 있다. 저출산은 전통적으로 주로 여성들에 의해 이루어지던 육아와 돌봄에 대한 큰 부담으로 여성들은 출산과 직업 중 양자택일을 해야 하는 상황이 발생하게 되었고, 더불어 자녀 교육비 지출 부담, 고용불안정에서 오는 미래의 경제적 불안, 양성불평등적 가족문화, 여성차별적인 노동시장, 공공 보육시설 부족으로 인한 육아지원시스템 미비 등의 사회구조적 원인에 문제가 있다고 분석되고 있다(김영화 외, 2007).

또한 우리사회는 평균수명의 연장으로 노인의 수가 급격히 증가하면서 큰 사회문제로 대두되고 있다. 특히 우리나라는 선진국에 비하여 빠

른 속도로 인구고령화를 보이는데 2000년에 이미 고령화사회에 도달하였고, 2018년에는 고령사회에 진입하고, 2026년에는 초고령사회에 도달할 것으로 예측되어 준비되지 못한 상태에서 급속히 노령화되고 있다.

〈표 1-4〉 고령인구 비율 추이

단위(%)

구분	연	도						
	1960	1980	2000	2005	2019	2026	2040	2050
65세이상	2.9	3.8	7.2	9.1	14.9	20.8	32.5	38.2
80세이상	0.2	0.5	1.0	1.4	3.4	4.5	9.5	14.5

출처 : 국가통계포털. http://kosis.kr.인구동향조사

이처럼 노년기의 연장으로 노인 단독가구의 증가와 빈곤, 심신의 약화와 질병으로 인한 노인의료비 증가, 노년부양비 증가, 여가문제 등이 사회문제로 대두되고 있다.

4) 사회적 소수자와 인권문제

빈민, 여성, 장애인, 노인 등은 우리사회에서 예전부터 사회적 약자로 분류되어 왔지만 최근에는 노숙인, 결혼이주민, 외국인 노동자, 성적소수자, 새터민 등은 새로운 사회적 약자로 등장하고 있다. 이들은 우리사회에서 더불어 살아가면서 사회적 소수자로서 인권을 침해당하고 기본적인 생존마저도 위협받고 있다는 보고들이 늘어가고 있다(정무성, 2007; 양인숙 · 민무숙, 2010; 유용식, 2008; 김진영, 2010).

인권은 단지 인간이라는 이유로 향유하는 기본적 원리를 의미한다. 기본적 인권은 침해당할 수 없고 양도될 수 없는, 인간이 인간답게 생존할 수 있도록 헌법이 보장하는 기본권이다. 그러나 우리사회는 자신과 다른 것은 인정하지 않으려는 편견의식으로 법적, 제도적 제한 속에 있는 사회적 약자를 억압하고 있는 실정이다. 또한 이들의 다양성을 인정하지 않음으로 사회적으로 방치하여 배제시키고 있으며, 우리사회에 동화시키고자 노력하고 있다. 집단에 따라 차이가 있기는 하지만 이들

은 무관심과 소외, 그리고 차별을 경험하고 있으며, 사회복지제도나 서비스로부터도 배제되고 있다.

〈표 1-5〉 국제결혼 추세 및 인구구성

(단위: 건, %)

연도	총 결혼건수	국제결혼		외국인 아내		외국인 남편	
		결혼건수	구성비율	결혼건수	구성비율	결혼건수	구성비율
1997	388,591	12,448	3.2	9,266	2.4	3,182	0.8
1998	375,616	12,188	3.2	8,054	2.1	4,134	1.1
1999	362,673	10,570	2.9	5,775	1.6	4,795	1.3
2000	334,030	12,319	3.7	7,304	2.2	5,015	1.5
2001	320,063	15,234	4.8	10,006	3.1	5,228	1.6
2002	306,573	15,913	5.2	11,017	3.6	4,896	1.6
2003	304,932	25,658	8.4	19,214	6.3	6,444	2.1
2004	310,944	35,447	11.4	25,594	8.2	9,853	3.2
2005	316,375	43,121	13.6	31,180	9.9	11,941	3.8
2006	332,752	39,690	11.9	30,208	9.1	9,482	2.8
2007	345,592	38,491	11.1	29,140	8.4	9,351	2.7
1997~2007	3,698,141	261,079	7.1	186,758	5.1	74,321	2.0

출처 : 국가통계포털, http://kosis.kr.인구동향조사

4. 사회복지의 필요성과 기능

1) 사회복지의 필요성

인간은 사람들과의 관계 속에서 사회구조와 사회제도를 이루고, 다시 이 사회구조에 의해 제약된 행동을 하며 인간과 사회는 끊임없이 상호작용한다. 그런 점에서 현재의 사회적 위험으로 인해 발생하는 사회문제는 인류가 만들어낸 사회구조에 의해 재생산되어 인간의 삶을 억압

하고 있다(박지영 외, 2010).

앞서 제시한 다양한 신사회적 위험의 현실 속에서도 기본적인 생존의 차원을 넘어서 삶의 질에 대한 욕구와 관심은 날로 증대하고 있다. 그리고 이러한 욕구는 개인의 힘만으로는 해결이 불가능하기 때문에 사회적 욕구를 실현하고 사회문제를 해결하기 위한 사회공동체 차원의 공동의 노력이 매우 절실하다. 즉 최저생계를 보장하고, 삶의 질을 향상시키고, 나아가 개인의 이익뿐 아니라 공공의 이익과 사회정의 실현을 위해 위험사회가 양산한 사회문제를 해결하기 위해서는 국가차원에서의 구체적이고 보편적인 방법이 필요한데 이것이 바로 사회복지이다. 사회전체의 행복을 추구하기 위한 공동체적 노력인 사회복지가 추구하는 목적은 사회위험에 의해 발생된 사회문제를 해결하고 예방하며, 삶의 질을 향상시키며, 성숙한 대인관계를 유지하게 하는 인간의 사회적 기능을 활성화하여 더불어 사는 사회를 이룩하고자 함에 있다.

2) 사회복지의 기능

오늘날 대부분의 국가들은 사회적 위험과 사회문제에 대응하기 위해 기본적인 사회안전망으로 사회복지제도를 그들의 국가수준에 따라 마련해 두고 있으며, 이는 점차 강화되고 다양화되고 있다. 국민 삶의 질을 향상하기 위한 이러한 노력으로 이루어낸 사회복지의 기능은 다음과 같다.

(1) 개인적 위험의 보장으로 인권과 사회권의 실현

서구의 선진국들은 제2차 세계대전이후부터 복지국가 확립의 과정을 통해 모든 사회구성원들의 개인적 위험으로부터 최저한의 생존권을 보장하고 실질적인 평등이라는 사회정의를 구현하기 위한 사회적 기본권 사상을 강조함으로써 인간의 존엄성과 인권을 보장하는 보편적 사회복지를 실현할 수 있었다(조흥식, 2008).

인간의 존엄성을 보장하고 사회적으로 취약한 집단에 대한 배려와 기본적인 복지권의 실현을 위해 모든 사람이 차별 없이 접근 가능한 사회보장제도의 마련과 시행이 필요한데, 이것이 바로 인권과 복지권을 실현하는 일차적인 방법이다. 이런 점에서 사회보장제도는 사회구성원들이 처하게 되는 실업, 빈곤, 산업재해, 질병, 노령 등의 사회적 위험에 대해 사회적 안전망을 제공하는 역할을 한다. 이는 곧 국가가 개인에게 발생하는 생활상의 위험이나 사고, 또는 소득단절이 발생하게 될 때 기존의 생활을 유지할 수 있도록 공공부조와 사회보험 그리고 사회복지서비스를 통해 사회적 안전망의 기능을 제공하는 것이다(박지영 외, 2010). 결국 인권은 구체적인 사회복지 제도(복지권) 구축이라는 국가적 노력을 통해 보장될 수 있다.

(2) 양극화 해소로 재원의 형평한 재분배

우리 사회는 외환위기 이후 2000년대에 들어서도 고소득층과 저소득층 간의 소득격차가 심화되고 중산층이 줄어드는 소득양극화 현상이 사회내부의 주요 현황으로 제기되고 있다. 한편 사회저변에 광범위하게 형성되고 있는 소위 '신빈곤층'의 문제가 분배문제와 관련된 또 하나의 핵심이슈가 되고 있는 것으로 보인다(전병유 · 김종면 · 이철희 · 김용진 · 신관호 · 정지만, 2007). 양극화는 단순히 빈곤층을 양산하는 것에서 끝나는 것이 아니라 삶의 전반에 걸쳐 심각한 경제적 · 사회적 부작용을 일으킨다. 즉 경제적 빈곤은 저출산, 고령화 문제와 무관하지 않으며 결국 불평등과 사회적 소외를 심화시키고 있다(남기철, 2006).

이러한 상황은 결국 사회복지 수요의 증대로 나타나며, 양극화에 대응하기 위한 사회복지의 다양한 방법 중 가장 우선적인 것이 소득보장이다. 기존의 사회보장제도의 강화와 더불어 새로운 사회위험에 대처하기 위해 적극적이고 다양한 사회서비스 공급 확대의 필요성이 제기되고 있다. 이에 따라 최근 빈곤층에 대한 자활사업이나 일자리창출사업은 사회통합의 강화와 더불어 일자리를 창출하여 스스로 빈곤에서 탈출하게 하는 효과를 동시에 추구할 수 있다.

(3) 사회통합과 사회연대성의 구축

사회통합은 사회구성원 개인 간과 다양한 집단 간의 결속력을 갖게 하는 것으로 모든 사회구성원들이 사회생활에 적극적으로 참여하도록 하는 것이다. 즉 수동적인 복지수혜자의 위치에서 사회구성원으로서의 적극적인 역할을 할 수 있도록 지원하는 것이 통합의 핵심이다(김명성, 2009). 우리사회의 사회통합순위는 OECD국가 중 최 하위권에 머물러 여전히 사회갈등이 팽배한 것으로 나타나고 있어 사회갈등을 해소하고 사회적 응집력을 높이기 위한 노력이 절실하다(박지영 외, 2010). 특히 지금까지의 사회복지를 강화하면 성장이 저하된다는 잘못된 통념과 경제성장 제일주의에서 벗어나 사회구성원들이 사회유기체적 공동체를 이루어갈 수 있는 균형 잡힌 경제정책과 사회복지정책이 요구된다. 사회적 자본(복지)을 늘이면서도 생산 친화적 시스템을 마련하는 것은 장기적으로 볼 때 차세대의 좋은 인재를 키우는 것이며 사회통합과 사회연대를 이룰 수 있는 방법이다. 또한 최근 우리사회는 결혼이민자, 새터민, 외국인노동자의 증가로 다문화사회로 변모하고 있는 시점에서 사회적 통합과 연대는 더욱 중요한 사회복지의 기능이 되고 있다.

(4) 경제적 안정의 증진과 인적자본 향상

세계적인 추세인 경제성장 제일주의에 의해 사회복지비용은 생산이 아닌 소비로 인식되어 왔다. 이는 지금까지 인간의 삶의 질을 추구하는 사회복지의 효과인 2차 생산을 경제적으로 환산하지 못하였기 때문이다. 그러나 사회복지는 우선 사회적 갈등과 불안을 해소함으로써 경제의 불확실성을 줄여 투자를 촉진하는 기능을 한다. 가령 분배구조의 악화는 임금인상을 위한 격렬한 노동운동을 이끌고, 사회안전망 취약은 해고에 대한 극단적인 저항으로 노사갈등을 초래한다. 또한 사회보장제도에 기초한 경제적 지원은 중산층과 저소득층의 구매력을 높여 총소비수요를 높여 경제성장에 기여하게 되고 소득분배의 불평등을 감소시키게 된다. 덧붙여 가족해체, 청소년 비행 등의 다양한 사회문제를 경감시키고 예방함으로써 이로 인해 발생되는 사회적 비용을 줄여 경제 성장에 기여하게 된다.

그리하여 사회복지에 사용되는 재원이 경제적 부담과 소비적인 요소로 인식되기도 하지만 장기적 관점에서는 인적자본을 강화시켜 주는 기능을 하기 때문에 생산적 역할을 한다고 볼 수 있다(김연명, 2007). 즉 우수하고 건강한 노동력을 재생산하여 고도산업사회의 인적자본 형성에 기여하는 중요한 사회적 기능을 수행함으로써 성장동력의 밑거름이 되는 효과를 발휘한다. 특히 아동과 청소년에 대한 사회복지정책은 미래의 인적자본에 대한 사회적 투자의 개념으로 인식되고 있다.

생각해 볼 문제

1. 인간의 행복을 위한 기본 욕구가 사회적 흐름에 따라 변하고 있는데, 최근에는 특히 어떤 욕구가 더욱 강조되고 있는지 생각해 보자.

2. 인간의 평균수명이 길어지면서 발달주기가 변화되고 있다. 성인초기 단계의 시작이 학업과 취업의 지연으로 길어지고 있다. 이에 따라 이 시기에 새로운 욕구와 삶의 문제, 사회문제는 어떤 것이 있는지 토론해 보자.

3. 신사회적 위험에 새롭게 추가할 사회문제는 무엇이며, 이에 대한 사회복지적 개입방법을 논의해 보자.

참고문헌

권중돈·김동배(2008), 『인간행동과 사회환경』, 학지사.

김명성(2009), "사회통합 차원에서의 다문화가족 지원정책의 현황과 개선방안에 관한 연구", 『사회복지실천』, 서울여자대학교 사회복지연구센터.

김성천·강욱모·김혜성·박경숙·박능후·박수경·송미영·안치민·엄명용·윤혜미·이성기·최경구·최현숙·한동우(2010), 『사회복지학개론-원리와 실제-』, 학지사.

김연명, 2007, "사회투자론의 한국적 적용가능성과 쟁점", 『사회복지정책』, 한국사회복지정책학회.

김영화·이애재·손지아·공정원(2007), 『인간과 사회 그리고 복지』, 학현사.

김진영(2010), "이주공동체의 수용과 발전방향", 『글로벌문화콘텐츠』, 4호, 7-40.

남기철(2006), "사회양극화와 사회복지실천", 『상황과 복지』, 비판과 대안을 위한 사회복지학회 편 22권 71-116.

박지영·배화숙·엄태완·이인숙·최희경(2010), 『함께하는 사회복지의 이해』, 학지사.

양인숙·민무숙(2010), "여성결혼이민자의 경제활동 실태와 정책과제", 한국여성개발원연구보고서.

양점도·김도희·김혜영·박영국·박인태·박창제·신민정·이경은·전용호·정성일·채현택(2010), 『사회복지개론』, 공동체.

유용식(2008), "여성결혼이민자들의 인권실태 및 개선방안 연구", 『한국비영리연구』 7권 2호 3-30.

윤찬영(2007), 『사회복지의 이해』, 학현사.

전병유·김종면·이철희·김용진·신관호·정지만(2007), "한국노동시장의 양극화에 관한 연구", 『한국경제의 분석』, 한국금융연구원.

정무성(2007), "한국사회 새로운 소수자의 인권", 한국사회복지학회 학술대회 자료집 2007권 4호, 277-282.

조흥식(2008), 『인간생활과 사회복지』, 학지사.

참여연대사회복지위원회편(2008), 『전환기의 한국복지패러다임』, 인간과 복지.

John W. Santrock, 1995, *Life span development*, Madison : WCB.

제 2 장

사회복지와 사회복지 전문직의 이해

사회복지란 모든 국민의 인간다운 삶을 보장하고자 하는 사회(국가)적 차원의 노력을 의미한다. 이것은 모든 국민이 평등하고 이를 위해 국가가 책임져야 한다는 것을 전제로 하고 있다. 즉, 사회복지란 "개인의 사회적 욕구를 사회 또는 국가가 최종적인 책임을 지고, 이를 충족시키고자 하는 제도 · 정책 및 실체"라고 할 수 있다.

이러한 사회복지 개념을 어떠한 관점으로 볼 것인지에 따라 접근방법이 달라진다. 협의적인 개념에서는 개별적 · 기술적으로 접근해야 한다고 보고, 광의적인 개념에서는 제도적 · 정책적으로 접근해야 한다고 본다. 또한 사회복지에 대한 욕구도 광범위해졌다. 산업사회에서는 사회복지에 대한 욕구가 빈곤에 초점을 맞춰졌다면, 현대사회에서는 빈곤뿐만 아니라 사회 · 환경적 문제까지 그 욕구가 다양해졌다. 이렇게 다양하고 복잡한 문제에 대하여 사회복지적으로 개입의 필요성이 대두되면서 전문사회복지사의 역할과 활동이 요구되고 있다.

- 사회복지의 개념을 어의적, 이념적, 협의적, 광의적으로 나누어 살펴본다.
- 우리나라에서 사회복지가 법적으로 어떠한 의미를 내포하는지 알아본다.

• 최근 사회복지에서 주요하게 적용하고 있는 기초이론인 생태체계 관점과 전문직으로서 사회복지에 대해 소개한다.

1. 사회복지의 개념

사회복지의 범위를 규정함에 있어 시대와 사회변화에 따라 다르지만 우리나라 사회복지학계에서는 전통적으로 그 범위를 좁게 보느냐 넓게 보느냐에 따라 협의의 개념과 광의의 개념으로 구분해서 보는 것이 일반적이다. 그렇다면 그 구체적인 내용이 무엇인지, 또한 법적으로는 어떠한 의미를 내포하고 있는지에 대해 살펴보면 다음과 같다.

1) 사회사업과 사회복지

사회사업이란 용어는 1950년 6·25전쟁으로 인한 빈곤, 고아, 전쟁미망인, 상이군인 등의 사회문제를 해결하는데 돕기 위해 외국 민간원조단체들이 들어와 활동하게 됨으로써 사용하게 되었다. 이와 더불어 대학에서 사회사업학과가 설치되기 시작하면서 전문 인력양성을 하게 되었고, 여러 사회사업기관 및 시설에서도 전문지식의 활동에 대한 관심이 고조되기 시작하였다. 그러나 사회사업은 국민이 일반적으로 고아원 운영이나 빈민구제 활동 또는 구제사업이란 의미의 강한 인식으로 우리나라에서 사회사업이 전문직으로 발전하는 데 있어 가장 큰 저해요인으로 작용하고 있다. 사회복지학계는 이와 같이 잘못된 국민의 인식을 바꾸는 것이 전문직으로서의 발전에 도움이 되고, 국민의 인식을 바꾸기 위해서는 사회사업을 사회복지로 바꾸어 사용하는 것이 바람직하다는 판단에 이르게 된 것이다. 이러한 사회적 여건 아래 1976년 부산에서 개최한 한국사회사업대학협의회 워크숍에서 공식적으로 논의한 후 많은 대학들이 사회사업학과를 사회복지학과로 명칭을 변경하게 되었다. 그리고 난 후 우리나라에서 사회복지라는 개념이 점차 보편적으로 사용하게 되었다(한국임상사회사업학회, 2007). 따라서 사회복지라는 용어가 공식적으로 사용된 이후 복지에 대한 우리나라의 관심은 급속히 증대되어 1980년대 이후 정부가 사용한 복지사회의 건설, 복지국가의 건설 또는 국민의 복지증진 등과 같은 용어와 더불어 사회복지라는 용어를 더욱 빈번하게 사용하게 되었다.

사회복지라는 용어는 시대와 국가에 따라 그 의미가 다르고, 또한 학자들의 견해에 따라 그 의미가 다르기 때문에 항상 동일한 뜻으로 사용되지는 않는다. 따라서 그 사회에서 제기되는 사회문제와 관련해서만 명확히 정의내릴 수 있다. 전통적 사회복지의 개념을 기초로 하는 상호부조, 자선사업은 현대적 사회복지의 개념인 사회사업, 사회봉사, 사회보장, 사회계획 및 사회정책과 같은 개념에 의하여 대치되고 있는 실정이다. 그러나 이러한 개념들 속에는 복지를 증진시키기 위한 뜻이 들어 있고 또 그러한 노력 속에는 사회성의 의미를 지니고 있다. 만약 이러한 두 가지의 의미가 존재하고 있지 않다면 그것은 사회복지의 개념으로 간주할 수 없는 것이다.

사회사업과 사회복지의 내용을 다음 〈표 2-1〉과 같이 정리해 볼 수 있다.

〈표 2-1〉 사회사업과 사회복지의 비교

구분 내용	사회사업	사회복지
범위	협의적	광의적
대상	개별적, 선별적	일반적, 보편적
목적	개인변화	사회환경 변화
방법	전문지식과 기술	정책, 제도
기능	치료적, 사후적	예방적, 사전적

2) 어의적 및 이념적 의미

어의적으로 '복지(welfare)'란 평안히 잘 지내는 상태, 행복에 대한 이념 즉 이상적 상태를 포함하는 개념이다. 여기에 '사회적(social)'이란 형용사를 붙여 '사회복지(social welfare)'라 하며, 이는 사회적으로 행복한 상태를 뜻한다.

또한 이념적으로 사회복지는 인간의 생활을 가장 이상적인 행복한 상태로 유지시키려는 인간중심의 가치가 전제되어 있다. 이는 인간이라면 누구나 동등하게 인간으로서의 삶의 행복을 누릴 수 있는 권리가 있다는 것이며, 사회복지는 궁극적으로 인간의 가치와 존엄이 최고도로 존중되는 사회가 그 목표이다(원석조, 2005). 사회복지가 지향하는 이상적인 인간사회는 훌륭하고 바람직한 사회, 빈곤이나 불행이 없는 사회, 국민 대다수가 자유롭고 평등한 생활을 영위할 수 있는 사회이다. 어떤 측면에서 본다면 사회복지의 이러한 이념적 의미는 매우 추상적이고 실현 가능성이 없어 보이는 이상가치라고 생각할 수도 있다. 그러나 사회복지는 인간에게 바람직한 이상세계를 현실화시켜 그것이 실제로 가능한 사회를 목표로 하고 있는 실천학문이다.

따라서 사회복지란 인간생활의 이상적 상태를 의미하는 개념인 동시에 그것을 지향하는 실천적 활동을 포함한다.

3) 협의적 및 광의적 개념

협의의 개념인 사회복지에 대하여 클레인(Philip Klein)은 "스스로의 노력으로는 도저히 물질적 자원이나 건강유지가 곤란하거나 불가능한 개인 또는 가족들에게 일정한 서비스를 제공하는 일이다"라고 정의하였다(고명석 · 승금희 · 이중엽, 2010, p. 26 재인용). 이와 같이 협의의 개념은 사회복지를 기능적으로 한정하여 좁은 의미로 받아들이는 견해이다. 육체적 · 정신적 장애 또는 사회부적응 등으로 인하여 사회적 보호를 필요로 하는 취약계층에 대한 물질적 지원과 기타 서비스의 제공

등 정책이나 방법을 실천하는 활동이다. 즉, 가족이나 시장기구로부터 탈락된 자들에게 정상적인 사회생활을 유지할 수 있도록 보호·치료의 방법을 활용하는 경우라 할 수 있다. 협의의 사회복지는 이와 같이 서비스의 객체, 즉 수혜대상자를 국민의 일부에 국한하고 선별적인 서비스를 제공하는 것으로 사회사업실천, 사회사업원조기술 등으로 불리기도 한다.

광의의 개념인 사회복지는 전체 국민의 보편적 욕구를 충족시키기 위한 것이라 볼 수 있다. 프리드랜더(W. Friedlander)는 "사회복지는 국민의 복지증진과 사회질서를 유지하기 위하여 국민에게 기본적으로 생기는 사회적 욕구를 충족시키는 데 필요한 다양한 혜택을 제공해 주는 법과 프로그램과 물질적 지원과 서비스의 종합적인 체계"라고 정의하고 있다(고명석·승금희 외, 2010, p. 27 재인용).

최근의 사회복지는 사회성원 일반을 대상으로 하여 보다 확대된 광의의 개념으로 받아들이는 경향이 높아가고 있다. 또한 개개인과 사회 전체의 복지를 증진시키려는 모든 형태의 사회적 노력을 포함하여 사회문제의 치료와 예방, 인적자원의 개발, 인간생활의 질적 향상에 직접적인 관련을 맺고 있는 일체의 시책과 과정을 포함하기도 한다. 광의의 사회복지는 협의의 내용 외에 사회정책, 사회보장, 보건의료, 주택, 소득, 노동, 교육, 안전, 거주환경, 환경보전 등이 포함되는 것으로 여러 가지 사회적 서비스를 체계적으로 조직화하고 총체화한 개념이다.

오늘날 사회복지 욕구는 점점 증대되어 거의 모든 사람들을 다루는 사회보장제도, 여가와 레크리에이션, 노령·퇴직자를 위한 사회프로그램, 부자나 가난한 자를 위한 근로자 보상과 같은 보험이나 광범위한 예방프로그램 등에 의하여 충족되고 있다. 그럼에도 불구하고 광의의 사회복지 정의라 할지라도 충분히 포괄적이지 못한 동시에 너무 포괄적이어서 문제가 되기도 한다.

4) 한국의 법적 의미

우리나라 사회복지와 관련된 법률적 의미는 첫째, 헌법 제34조 1항부터 6항에 근거하고 있다. 제1항 '모든 국민은 인간다운 생활을 할 권리를 가진다.' 제2항 '국가는 사회보장, 사회복지의 증진에 노력할 의무를 가진다.' 제3항 '국가는 여자의 복지와 권익의 향상을 위하여 노력하여야 한다.' 제4항 '국가는 노인과 청소년의 복지향상을 위한 정책을 실시할 의무를 진다.' 제5항 '신체장애인 및 질병, 기타의 사유로 생활능력이 없는 국민은 법률이 정하는 바에 의하여 국가의 보호를 받는다.' 제6항 '국가는 재해를 예방하고 그 위험으로부터 국민을 보호하기 위하여 노력하여야 한다.'에 근거하고 있다(법제처, 2011).

둘째, 사회보장기본법 제3조에는 '사회보장이라 함은 질병, 장애, 노령, 실업, 사망 등의 사회적 위험으로부터 모든 국민을 보호하고 빈곤을 해소하며 국민생활의 질을 향상시키기 위하여 제공되는 사회보험[1], 공공부조[2], 사회복지 서비스[3] 및 관련복지제도[4]'로 규정하고 있다.

셋째, 사회복지행정의 기준이 되고 있는 사회복지사업법이 있다. 사회복지사업법 제2조에 의하면, '사회복지사업'이라 함은 다음의 '법률에 의한 보호, 선도 또는 복지에 관한 사업과 사회복지상담, 부랑인보호, 직업보도, 무료숙박, 지역사회복지, 의료복지, 재가복지, 사회복지기관 운영, 정신질환자 및 한센병력자 사회복귀에 관한 사업 등 각종 복지사업과 이와 관련된 자원봉사활동 및 복지시설의 운영과 목적으로 하는 사업'으로 규정하고 있다.

---

1) 국민에게 발생하는 사회적 위험을 보험방식에 의해 대처함으로써 국민건강과 소득을 보장하는 제도
2) 국가 및 지방자치단체의 책임하에 생활유지능력이 없거나 생활이 어려운 국민의 최저생활을 보장하고 자립을 지원하는 제도
3) 국가, 지방자치단체 및 민간부분의 도움을 필요로 하는 모든 국민에게 상담·재활·직업소개 및 지도·사회복지시설이용 등을 제공하여 정상적인 사회생활이 가능하도록 지원하는 제도
4) 보건·주거·교육·고용 등의 분야에서 인간다운 생활이 보장될 수 있도록 지원하는 각종 복지제도

따라서 우리나라는 사회복지의 법적 개념이 과거의 협의적 개념에서 광의적 개념으로 사회복지영역이 전환되었음을 알 수 있다.

2. 사회복지의 이론적 관점 : 생태체계 관점

최근 사회복지에서 주요하게 사용되고 있는 기초관점인 생태체계 관점은 인간에 대한 낙관론적 시각을 가지고 있다. 인간과 환경은 지속적인 상호작용과 상호교환을 통하여 서로에게 영향을 미치고, 상호적응하는 호혜적 관계를 유지한다고 본다. 이에 대하여 생태체계 관점에 대한 개념, 유용성과 한계점에 대하여 살펴보면 다음과 같다.

1) 이론적 개념

1960년대에 들어서면서 전통적인 사회복지 방법론이 갖고 있는 문제점들에 대한 비판이 활발해지고, 그것을 극복할 수 있는 새로운 대안적 방법론이 모색되었다. 전통적으로 사회복지는 그 시초부터 인간과 환경에 대한 동시적인 관심을 천명하였지만, 이 두 가지 관심을 통합해 줄 수 있는 이론적인 한계 때문에 이분화의 모순에서 벗어날 수 없었다. 다시 말해서 전통적인 관점 내에서는 문제점들을 해결할 수 없자 '새로운 관점'이 필요하게 되었다.

이 새로운 관점은 개인과 환경을 동시에 고려하여 이분화된 사회복지의 영역을 통합해 주며, 사회복지의 세 가지 전통적 방법인 개별지도, 집단지도, 지역사회에 대한 조직 간의 경계를 넘어 통합적인 사회복지 실천과정을 제공해 주는 것이어야 했다.

이러한 요구에 부합하는 이론적 관점으로서 사회복지에서의 체계론적 관점에 관한 연구가 1970년대 초부터 활발하게 일어났다. 체계론적 관점은 사회복지의 관심을 개인의 정신내적 현상으로부터 여러 관련

체계들 간의 상호작용으로, 또한 의료적 모델로부터 상황 속의 인간이란 개념들로, 그리고 개인에의 직접적인 서비스로부터 환경과 개인에의 직접적 · 간접적 서비스로 옮겨 놓았다(엄명용 · 노충래 · 김용석, 2007). 즉, 체계적 관점의 핵심 명제는 인간을 환경과 유리된 존재가 아니라 사회적 · 물리적인 외부환경과 상호작용을 주고받는다고 보고 있다. 이는 사회복지 본래의 '환경 속의 인간'이라는 개념을 이론적으로 나타낸 것이다. 체계론적 관점이 개발되기 이전의 심리학적 시기에는 '환경'보다 '인간' 쪽에 치중하여 문제를 설명하였다.

이와 같이 체계론적 관점은 이분화의 극복을 가능하게 해 주었으며, 특히 일반체계 이론과 생태학 이론을 결합시킨 생태체계적 관점은 인간과 환경에의 포괄적인 관심을 이론적으로 뒷받침해 주며, 양자의 공유영역을 보다 넓은 맥락에서 파악하여 각 부분간의 상호연관성에 초점을 맞추게 하고 있다.

따라서 생태체계 관점은 사회복지실천의 상황을 기본적으로 상호의존적이며 상호작용하는 다양한 생태적인 단위로 구성된 체계로 이루어져 있다고 본다. 체계 각 부분의 상호관계는 어느 한 부분의 변화가 전체로서의 체계와 체계 내 각 부분에 영향을 미치게 된다. 즉, 생태체계의 주개념은 개인을 하나의 체계로서 개인이 속한 환경을 다른 하나의 체계로 이해하며, 인간과 환경간의 적응과 상호작용을 통합한다. 이러한 관점은 클라이언트 체계가 대처하고, 생존하며, 변화하는 환경에 적응하는 방법을 이해할 수 있도록 돕는다. 또한 다양한 체계들의 관계, 그리고 인간과 환경의 상호작용과 상호교류를 강조함으로써 '환경 속의 인간'에 대한 견해를 강조한다.

2) 주요개념

사회복지실천의 많은 부분이 클라이언트의 문제에 영향을 끼치는 환경을 분석하고, 바람직하지 않은 환경조건들을 변화시키기 위하여 계획을 세워 노력을 하는 것이다. 〈그림 2-1〉과 같이 개인에게 영향을 미치는 환경을 다음 네 체계로 구분할 수 있다. 각 체계는 더 높은 체계에 연결되어 있고, 각 체계의 기능은 그보다 더 높은 단계의 체계와의 상호작용에 의해 결정된다.

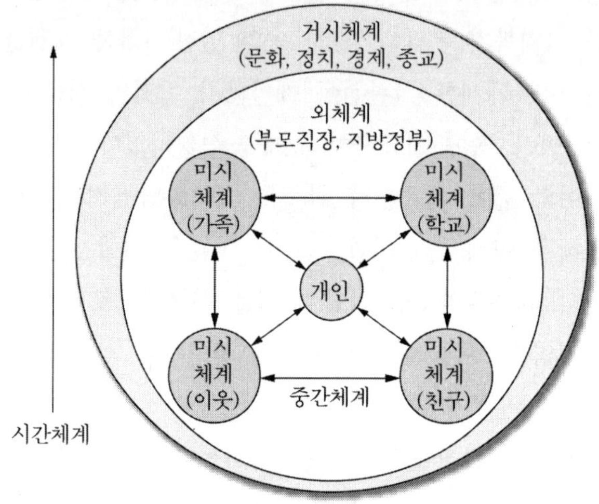

출처 : 김동배 · 권중돈(2010). p. 78 재구성.

〈그림 2-1〉 Bronfenbrenner의 인간생태체계

먼저, 미시체계는 개인이 생활하고 있는 실제적인 사회환경의 일부이며, 특정 시기 동안 매일 직접적으로 상호작용할 수 있다. 이 단계의 환경은 가족 내에서 겪는 개인적인 경험, 학교와 직장, 여가시간 등을 포함하며, 같은 환경 내의 어떤 개인도 동일한 경험을 갖지 않는다는 점에서 개인에게 특별한 것이라 할 수 있다. 또한 한 개인이 생활하게 될 삶의 유형을 결정해 주는 것이기 때문에 개인의 성장과 발달에 있어서 매우 중요한 것이다.

중간체계는 모든 환경의 한 부분으로서 미시체계 환경에 영향을 주고 그 특성과 기능을 어떤 면에서 결정짓는다. 학교, 직장, 교회, 여가, 지역사회시설 등 한 개인이 일상에서 접하는 주요 그룹이나 조직, 기관 등 미시체계 사이의 관계를 포함한다.

외체계는 개인과 직접 상호작용하지는 않으나 미시체계에 영향을 주는 부모의 직업이나 지방정부 등을 말한다. 개인은 외체계에 참여하지는 않지만 외체계의 영향을 많이 받는다.

거시체계는 그 안에서 살고 있는 구성원 대다수에게 해당되는 것으로 더 큰 사회의 실제적, 사회적, 문화적, 경제적, 그리고 정책적 구조를 말하며, 언어, 주택, 법, 관습, 그리고 규범 등이 여기에 포함된다.

마지막으로 시간체계는 한 시점의 사건이나 경험이 아닌 사회 역사적 환경으로 해석되며, 개인이나 다른 환경맥락에서 시간의 흐름에 따라 발생하는 변화에 의해 영향을 받는다. 예를 들어 최근 여성들의 취업에 대한 욕구가 대단히 커져서 과거 10~20년 전과는 큰 차이가 있다.

3) 생태체계 관점의 유용성과 한계점

사회사업실천에 있어서 생태체계 관점이 갖는 유용성으로는 과거의 어떤 실천모델보다도 넓은 관점과 관심영역을 포괄하여 문제에 대한 총체적인 이해를 가능하게 해준다. 개인, 집단, 공동체를 망라한 모든 크기의 사회체계에 적용되는 관점으로 대상 집단에 구애되지 않고 적용할 수 있다. 또한 생태체계 관점은 특정체계의 속성과 체계간의 상호연관성을 평가함에 있어서 각 체계들 간의 일관성과 상호성, 갈등 등의 정도와 상태를 규명할 수 있는 개념기준을 제공하고 있다. 그리고 문제를 전체 체계의 총체성 속에서 이해하여 개입할 때도 어느 한 부분이 아니라 전체 관련체계에 개입하여 체계적인 변화를 일으킨다. 이상에서처럼 생태체계 관점은 생태학의 주요 개념을 도입하여 이전의 단선적인 시각에서 탈피하여 통합적이고 전체적이며, 역동적인 인간과 환경관계에 대한 시각으로의 전환점을 제공하였다(김동배 · 권중돈, 2010).

이러한 유용성에도 불구하고 생태체계 관점은 개인과 환경 사이의 연결성에 대한 명백한 논리를 가지지 못하여 추상적이고, 공허한 설명으로 인과관계에 대한 실체적인 논리를 설명할 수 없다는 한계점이 있다.

다음은 정신분열증 증세를 지닌 순희라는 한 소녀의 문제를 전통적인 관점과 생태체계 관점에서 살펴보았다.

〈그림 2-2〉는 전통적인 정상-비정상 즉, 이분법적 관점에서 순희의 문제를 본 것이다. 이 관점은 심리적, 사회적, 지적, 신체적 영역에 있어서 개인 내적인 기능을 정상적인 기능과 비교함으로써 순희의 상황을 비정상적이고 병리적인 문제로 간주하고 있다.

그러나 순희의 상황이 아래와 같이 단순하지 않다는 점에 문제가 있다. 순희의 현실체계는 단순히 동떨어진 다른 세계가 아니며, 가족을 비롯한 주위 환경 속에 있는 개인이라는 점을 인식하는 것이 문제를 올바르게 보는 시각일 것이다.

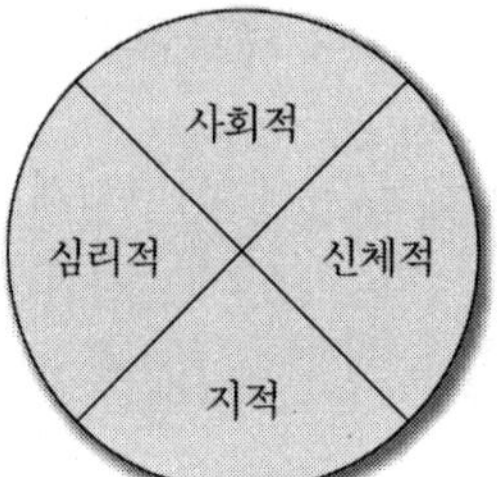

출처 : 장인협·오정수, 2000. p. 241 재인용.

〈그림 2-2〉 전통적인 관점에서 본 순희의 상황

〈그림 2-3〉은 순희의 생활환경에 생태체계 관점을 적용시킨 것으로 보다 크고 포괄적인 체계와 그 체계의 하위체계인 보다 작은 체계와의 상호관계 속에서 순희의 상황을 묘사하고 있다.

생태체계 관점에서 볼 때, 전통적인 관점에서 본 순희의 문제를 일차적인 초점 혹은 변화의 일차적인 표적으로 개인이나 환경 어느 한 부분에만 강조하여 초점을 맞춘 것은 바람직하지 못하다. 어떤 현상을 분리된 부분으로 쪼개는 분석적 방법은 단지 정보의 방대한 분량의 항목들을 우리에게 제공할 뿐 정보를 이해하거나 체계를 재결합하는 능력을 상실케 한다. 그러나 생태체계 관점은 과거의 분리적인 분석방법을 지양하고, 개인과 사회 및 환경이 상호작용하는 총체로 간주하는 전체적인 경향을 갖는다. 또 하나의 장점은 자료수집과 실천적 개입방법을 위해 다양한 가능성을 제시해 준다는 것이다.

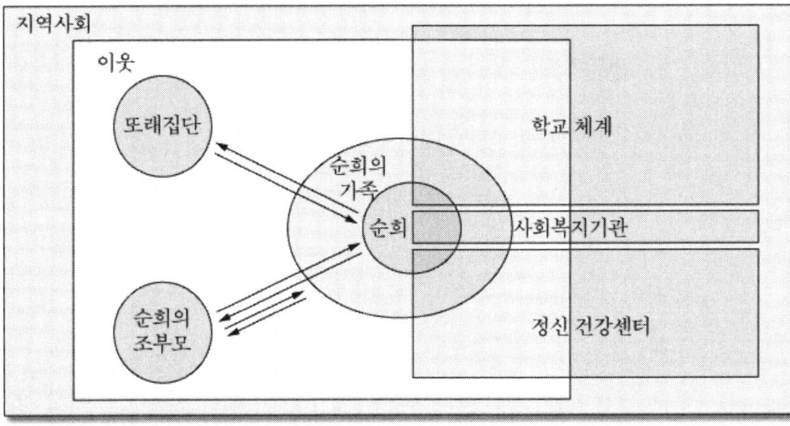

출처 : 장인협 · 오정수, 2000. p. 241 재인용.

〈그림 2-3〉 생태체계 관점에서 본 순희의 상황

3. 전문직으로서의 사회복지

어떤 전문 직업에서든 직업윤리, 전문지식, 전문기술 이 3가지 요소가 필수적으로 요구된다. 사회복지실천에서도 마찬가지이다. 사회복지실천을 위한 기초지식은 관련 분야의 지식과 일반적인 교양으로 구성되는 기본적인 부분이다. 직업윤리와 가치는 인권옹호, 클라이언트의 비밀보장의 의무 등을 요구한다. 전문적인 지식을 위해서는 각종 사회복지제도와 관련 분야에 대한 지식을 포괄적이고 체계적으로 갖출 필요가 있다. 또한 사회복지의 고유한 관점인 환경 속의 인간이라는 이해도 인간의 행동을 상황적 맥락 속에서 해석하기 위해 반드시 전문지식으로 갖추어야 한다.

이에 전문직으로서의 사회복지가 가지는 속성을 구체적으로 알아보고, 사회복지사의 자격 및 활동영역, 법적 지위와 권한은 어떠한지에 대해 살펴보면 다음과 같다.

1) 전문직의 개념과 속성

어떤 분야든지 자기가 속한 곳에서 남들에 비해 높이 평가되는 전문적인 기술이나 능력이 있다고 인정받는 사람들을 우리는 전문직이라고 말한다. 흔히, 어떤 한 가지 일을 전문으로 하거나, 한 가지 분야에 전문적인 지식이나 기술을 가진 사람들을 부르는 말이다. 직업에 대해 연구하는 학자들은 전문직의 특성을 여러 가지로 논의하고 있으나, 가장 특징적인 것은 전문화된 지식과 기술, 교육, 사회에 대한 봉사, 자율성 그리고 철학적 사고 및 윤리라고 한다.

그러나 사회복지사를 전문직으로 간주하느냐는 나라에 따라 그리고 시대에 따라 상당한 차이가 있다. 학문적으로나 실제에 있어서 사회복지가 가장 발달한 미국의 경우, 많은 사람들이 사회복지사를 전문직으로 생각하고 있으며, 그들 중 어떤 사람들은 앞으로 전문직으로서의 가능성이 높다고 본다(최일섭 · 정은, 2008).

전문직이 가지는 속성에 대하여 그린우드(Greenwood)가 1957년 '전문직의 속성'이라는 글에서 다음과 같이 제시하였다(김태성 · 최일섭 · 조흥식 · 윤현숙 · 김혜란, 1998. pp. 19~22 재인용).

첫째, 전문직이 되기 위해서는 관련 기술을 사용하는 그 자체가 아니라, 기술의 근원이 되는 체계적인 이론의 존재가 주요한 요소이다. 전문직은 단순히 다른 직업이 갖지 못하는 특정 기술만을 갖추어서는 안 되며, 거기에서 한 걸음 더 나아가 기술의 바탕에 깔려 있는 체계적 이론이 있어야 한다는 것이다. 즉, 체계적인 이론이 바탕이 된 우월성을 갖춘 기술의 사용 여부가 전문직과 비전문직을 구별하는 하나의 기준이 된다는 것이다.

둘째, 전문적인 권위로서 사회복지사와 클라이언트와의 관계에서 사회복지사에게 부여된 전문적 권위와 신뢰가 있어야 한다. 즉, 전문직과 비전문직의 차이는 서비스 공급의 결정이 전문적 권위에 의하여 이루어지느냐에 따라 결정되는 것이다.

셋째, 전문직은 공동체 혹은 사회로부터 일정한 권한과 특권을 인정받는 것이다. 이러한 권한과 특권에는 여러 가지가 있을 수 있으나 가장 중요한 것은 전문직 인력에 대한 독점적 통제권을 인정받는다는 점이다. 예를 들면, 특정 전문가 협회에서 일정한 자격시험을 관장하는 권한 등을 말한다. 전문직에 주어지는 또 하나의 사회적 권한으로 국가로부터 일정한 규제(특히 면허제도)에 따르지 않고 전문직의 업무를 수행하였을 때는 형사처벌을 받게 하는 것이다(한국사회복지사협회, 2007). 이밖에도 전문가와 클라이언트와의 관계에 있어 비밀보장을 인정해 주고 이로 인해 발생한 법적 문제에서 예외로 인정하는 것 등이다.

넷째, 전문직은 전문직 자체의 윤리강령을 가지고 있다. 앞에서 언급한 전문직의 특권은 때로는 남용의 위험이 있다. 따라서 이러한 남용의 위험을 막기 위하여 전문직은 자체 규범체계를 갖고 있는데, 이것이 전문직의 윤리강령이다. 전문직을 수행하는 사람들에 대하여 전문직 자체의 윤리강령이 더 강한 구속력을 발휘할 수 있다. 예를 들면, 윤리강령을 어기는 전문가는 전문가 단체로부터 전문직의 지위를 박탈당하게 된다.

마지막으로 전문직에는 고유의 전문직 문화가 존재한다. 다시 말해, 전문직에는 다른 전문직과 구별될 수 있는 고유한 가치, 규범, 상징들이 존재한다. 또한 전문직이 하는 일은 일종의 소명으로 보며, 그 자체가 수단(예: 돈을 벌기 위한 수단)이 아니고 목적이 되어야 함을 강조한다.

그러나 이상과 같은 속성론은 너무 이상적 형태의 전문직에 초점을 맞추고 있기 때문에, 지나치게 이분법적이라는 비판을 받기도 한다. 왜냐하면 사회의 많은 직업들은 나름대로의 특수성을 지니고 있기 때문에 위와 같은 속성으로 전문직 여부가 가려지지 않는다고 본다. 더욱이 위와 같은 속성을 가졌다고 해서 전문직이라고 하고, 갖고 있지 않다고 해서 비전문직이라고 쉽게 판단할 수 없기 때문이다.

그렇다면 과연 우리나라에서는 사회복지가 전문직인가에 대한 질문을 제기하지 않을 수 없다. 우리나라의 경우 사회복지교육은 이미 반세기 전에 시작되었으며, 1987년부터 정부는 사회복지전담공무원을 채용하여 배치하였다. 또한 2003년부터는 사회복지사 1급자격증을 위한 국가고시제도가 도입되었으며, 다수의 사회복지 기관과 단체에 소속된 사회복지사들이 '전문적인 서비스'를 제공하고 있다. 하지만 이러한 몇 가지 측면만으로는 아직 전문직으로서의 위치를 확보했다고 단언할 수는 없다. 왜냐하면 사회복지사에 대한 사회적 처우는 전문가의 대우로 아직 미흡한 상태이기 때문이다. 또한 정부차원에서 사회복지사 자격을 국가고시제도를 통해 취득하게 하지만, 사회복지사에 대한 독점적 권한 부여에 있어서는 소극적인 태도를 보이는 이중성이 있다.

따라서 앞으로도 끊임없이 사회복지의 전문성에 대한 공방이 더해갈 것이며, 그 과정에서 사회복지사들이 자신들의 전문성을 얼마만큼 확립할 수 있는가에 대한 해답은 사회복지학계와 사회복지사들의 노력 여하에 달려 있다고 볼 수 있다.

2) 사회복지사의 자격 및 훈련

우리나라의 사회복지사 자격증제도는 1970년 1월 사회복지사업법이 제정되면서부터 시작되었다. 사회복지사업법에 사회복지에 관한 전문지식과 기술을 가진 자에게 사회복지사업종사자 자격증을 교부할 수 있다는 규정이 있었기 때문에 대학에서 사회복지나 사회사업을 전공한 사람이면 무시험으로 사회복지사 자격을 획득할 수 있었다.

그러나 당시 법령은 초등학교 이하의 학력 소지자일지라도 사회복지사업에 7년 이상의 실무경험이 있거나 정부가 주관하는 사회사업훈련 기관에서 8개월 이상의 훈련과정을 이수하면 자격을 획득할 수 있었기 때문에 전문직으로서의 기본적인 자격기준에도 적합하지 않았고, 사회적으로도 전문직으로 인정받기 어려웠다(한국사회복지사협회, 2007). 이러한 문제점으로 인해 사회복지사업 종사자의 자격기준을 강화해야 한다는 의견이 제기되었다. 이에 여러 차례 사회복지사업법이 개정되어 2003년 1월부터 사회복지사 자격은 〈표 2-2〉와 같이 강화되어, 사회복지사 자격증을 교부받지 아니한 자는 사회복지사 명칭 사용이 금지되었다.

〈표 2-2〉 사회복지사 자격

구분	응시자격	비고
1급	가. 고등교육법에 따른 대학원에서 사회복지학 또는 사회사업학을 전공하고 석사학위 또는 박사학위를 취득한 자. 다만, 대학에서 사회복지학 또는 사회사업학을 전공하지 아니하고 동 석사학위를 취득한 자는 보건복지부령이 정하는 사회복지학 전공교과목과 사회복지관련 교과목 중 사회복지현장실습을 포함한 필수과목 6과목 이상(대학에서 이수한 교과목을 포함하되, 대학원에서 4과목 이상을 이수하여야 한다), 선택과목 2과목 이상을 각각 이수하여야 한다. 나. 고등교육법에 따른 대학에서 보건복지부령이 정하는 사회복지학 전공교과목과 사회복지관련 교과목을 이수하고 학사학위를 취득한 자 다. 법령에서 고등교육법에 따른 대학을 졸업한 자와 동등 이상의 학력이 있다고 인정하는 자로서 보건복지부령으로 정하는 사회복지학 전공과목과 사회복지관련 교과목을 이수한 자 라. 외국의 대학 또는 대학원에서 사회복지학 또는 사회사업학을 전공하고 학사학위 이상을 취득한 자로서 제1호 및 제2호의 자격과 동등하다고 보건복지부장관이 인정하는 자 마. 사회복지사 2급 자격기준란에서 라목 내지 사목에 해당하는 자로서 시험일 현재 1년 이상 사회복지사업의 실무경험이 있는 자	※다음 각 호에 해당하는 자는 사회복지사가 될 수 없다. 가. 금치산자 또는 한정치산자 나. 금고이상의 형의 선고를 받고 그 집행이 종료되지 아니하였거나, 그 집행을 받지 아니하기로 확정되지 아니한 자 다. 법률 또는 법원의 판결에 의하여 자격이 상실 또는 정지된 자 라. 마약·대마 또는 향정신성의약품의 중독자
2급	가. 고등교육법에 의한 대학원에서 사회복지학 또는 사회사업학을 전공하고 석사학위 또는 사회사업학을 전공하지 아니하고 동 석사학위를 취득한 자는 보건복지부령이 정하는 사회복지학 전공교과목과 사회복지관련 교과목을 필수과목 6과목이상(대학에서 이수한 교과목을 포함하되, 대학원에서	

구분	응시자격	비고
	4과목 이상을 이수하여야 한다), 선택과목 2과목 이상을 각각 이수한 자 나. 고등교육법에 따른 대학에서 보건복지부령이 정하는 사회복지학 전공교과목과 사회복지관련 교과목을 이수하고 학사학위를 취득한 자 다. 법령에서 고등교육법에 의한 대학을 졸업한 자와 동등 이상의 학력이 있다고 인정자의 범위로서 보건복지부령이 정하는 사회복지학 전공교과목과 사회복지관련 교과목을 이수한 자 라. 고등교육법에 의한 전문대학에서 보건복지부령이 정하는 사회복지학 전공교과목과 사회복지관련 교과목을 이수하고 졸업한 자 마. 법령에서 고등교육법에 의한 전문대학을 졸업한 자와 동등 이상의 학력이 있다고 인정하는 자로서 보건복지부령이 정하는 사회복지학 전공교과목과 사회복지관련 교과목을 이수한 자 바. 고등교육법에 의한 대학을 졸업하거나 이와 동등 이상의 학력이 있는 자로서 보건복지부장관이 지정하는 교육훈련기관에서 12주 이상 사회복지사업에 관한 교육훈련을 이수한 자 사. 사회복지사 3급자격증 소지자로서 3년이상 사회복지사업의 실무경험이 있는 자	
3급	가. 고등교육법에 의한 전문대학을 졸업한 자 또는 법령에서 이와 동등 이상의 학력이 있다고 인정하는 자로서 보건복지부장관이 지정하는 교육훈령기관에서 12주 이상 사회복지사업에 관한 교육훈련을 이수한 자 나. 고등학교를 졸업하거나 이와 동등 이상의 학력이 있는 자로서 보건복지부장관이 지정하는 교육훈련기관에서 24주 이상 사회복지사업에 관한 교육훈련을 이수한 자 다. 3년 이상 사회복지사업의 실무경험이 있는 자로서 보건복지부장관이 지정하는 교육훈련기관에서 24주 이상 사회복지사업에 관한 교육훈련을 이수한 자 라. 법 2조 제1항의 규정에 의한 업무에 8급 또는 8급 상당 이상으로 3년 이상 종사한 공무원으로서 보건복지부장관이 지정하는 교육훈련기관에서 4주 이상 사회복지사업에 관한 교육훈련을 이수한 자	

비고 : 외국의 대학 또는 대학원에서 사회복지학 또는 사회사업학을 전공하고 학사학위 이상의 학위를 취득한 자로서 등급별 자격기준과 동등한 학력이 있다고 보건복지부장관이 인정하는 경우에는 당해 등급의 사회복지사 자격증을 교부할 수 있다.

출처 : 사회복지사협회, 2011.

사회복지사 자격취득을 위하여 필요한 사회복지학 전공 교과목은

〈표 2-3〉과 같다. 2년제와 4년제 대학 졸업자는 필수 10과목, 선택 4과목으로 총 14과목 이상을 이수하여야 하며, 대학원은 사회복지학 또는 사회사업학 전공자에 한하여 필수 6과목, 선택 2과목으로 총 8과목 이상을 이수하여야 한다. 또한 사회복지사자격 취득 조건이 학과 중심에서 이수과목 중심으로 전환되어 사회복지학을 전공하지 않더라도 사이버대학이나 학점은행제를 통하여 자격증 취득과목을 이수하면 자격증을 취득할 수 있도록 하고 있다.

〈표 2-3〉 사회복지학 전공교과목

구분	전공교과목	비고
필수과목 (10과목)	사회복지개론, 인간행동과 사회환경, 사회복지정책론, 사회복지법제론, 사회복지실천론, 사회복지실천기술론, 사회복지조사론, 사회복지행정론, 지역사회복지론, 사회복지현장실습	10과목 30학점 (과목당 3학점 이상)
선택과목 (4과목 이상)	아동복지론, 청소년복지론, 노인복지론, 장애인복지론, 여성복지론, 가족복지론, 산업복지론, 정신건강론, 정신보건사회복지론, 의료사회사업론, 사회복지자료분석론, 학교사회사업론, 교정복지론, 사회보장론, 사회문제론, 자원봉사론, 사회복지지도감독론, 프로그램개발과 평가, 사회복지발달사, 사회복지윤리와 철학	4과목 12학점 (과목당 3학점 이상)

출처 : 사회복지사협회, 2011. 재구성.

그리고 사회복지사들의 가치관 형성과 전문지식 습득을 통하여 사회복지서비스의 수준을 향상시키고 더 나아가 국민의 삶의 질을 향상시키고자 사회복지사는 연 8시간 이상 보수교육을 받아야 함을 의무로 하고 있다. 이는 2004년 5월 한국사회복지사협회 산하 보수교육법제화 추진위원회가 구성된 이후 2005년 사회복지사업법 개정안을 발의하였다. 2007년 공청회를 거쳐 2008년 11월 사회복지사업법 시행규칙 일부 개정령이 공포·시행됨에 따라 현재 의무화되었다(사회복지사협회, 2011). 사회복지사 보수교육 대상자는 사회복지법인 및 사회복지시설에 종사하는 사회복지사 자격증 소지자로서 한국사회복지사협회가 관리운영하고 있는 기관에서 〈표 2-4〉의 교육 내용을 이수해야 한다. 이를 지키지 않을 경우 사회복지법인 및 시설에 종사하는 사회복지사에게 과태료 20만원이 부과되며, 보수교육을 이유로 불이익한 처분을 한 자에 대해서는 100만원의 과태료를 부과하고 있다.

〈표 2-4〉 사회복지사 보수교육 내용

영 역	비 고
사회복지 윤리와 가치	필수영역
사회복지실천	
사회복지정책과제와 법	선택영역
사회복지행정	
사회복지조사연구	

출처 : 사회복지사협회, 2011.

3) 사회복지사의 활동영역

사회복지사는 아동, 청소년, 여성, 노인, 장애인, 노동자, 빈민, 일반시민 등 다양한 인구집단을 대상으로 사회복지사업을 수행하는 사람들이며, 그 활동분야는 매우 광범위하다. 그 영역별 내용을 구체적으로 살펴보면 다음과 같다.

첫째, 사회복지전담공무원은 1987년부터 도입되기 시작하여, 1992년 사회복지사업법의 전면 개정을 통해 일선 행정기관에 사회복지전담공무원을 배치하는 법적인 근거를 마련하였다. 국민기초생활보장법에 의해 업무를 수행하는 사회복지전담공무원은 아동복지, 노인복지, 장애인복지, 한부모복지, 영유아보육사업, 여성복지 등 사회복지사업을 수행하기 위해서 임용된 공무원으로, 현재 읍·면·주민센터(구, 동사무소), 시·군·구청 등에서 일하고 있다.

둘째, 지역사회복지관은 지역사회 내에서 일정한 시설과 전문인력 및 자원봉사자를 갖추고, 지역주민들의 복지수요에 부응하여 종합적인 복지사업을 수행하는 사회복지시설을 말하는데, 처음에는 민간의 자발적인 노력으로 운영되었다. 그 후 정부가 복지관의 운영비를 지원하고, 영구임대아파트단지에 1개소씩 건립하면서 현재 전국적으로 설치되어 있으며, 대부분의 복지관은 재가복지봉사센터와 어린이집을 부설기관으로 두고 있다. 이러한 사회복지관에서 근무하는 사회복지사는 일차적으로 저소득층의 자립능력을 배양하여 탈빈곤을 유도하며, 지역사회 문제를 예방·치료할 뿐만 아니라 지역사회 및 주민들의 연대감을 조성하여 지역사회주민의 복지증진을 위한 역할을 수행한다.

셋째, 사회복지사업을 수행하는 사회복지시설 중에서 의무채용이 제외되는 시설-노인여가복지시설, 점자도서관과 점서 및 녹음서 출판시설, 보육시설, 성매매피해자 등을 위한 지원시설 및 성매매피해상담소, 성폭력피해상담소-을 제외하고는 사회복지사를 직원으로 채용하여 전문가로서 역할을 수행한다.

넷째, 다양한 유형의 성격과 기능을 지닌 사회복지시설 및 사회복지기관들의 협의체에서 근무하는 사회복지사는 그 시설과 기관의 이익을 대변하고, 사회복지에 관한 정책제안, 주민복지운동, 교육 등을 실천하고 있다. 또한 사회봉사활동에 대한 관심이 늘어나면서 시·군 단위에 자원봉사센터나 정부지원으로 청소년상담실 등이 설치되면서 전문성을 가진 사회복지사의 수요가 증가하고 있다. 그 외에도 사회복지공동모금회, YMCA, YWCA, 경실련, 국민연금관리공단, 건강보험공단 등에서 일하는 사회복지사도 적지 않다. 최근 들어 대기업은 기업의 사회봉사활동과 자원의 사회 환원 차원에서 '기업복지재단'을 운영하고 있는데, 아산사회복지재단, 삼성복지재단, LG복지재단 등에서 사회복지사들이 중요한 역할을 수행하고 있다.

다섯째, 의료법 시행규칙 28조 2항 6호에 의하면 '종합병원에는 사회복지사업법의 규정에 의한 사회복지 종사자 자격을 가진 자 중에서 환자의 갱생, 재활과 사회복귀를 위한 상담 및 지도 업무를 담당하는 요원을 1인 이상 둔다'고 규정하고 있다. 의료사회사업이 활성화되어 있는 세브란스 병원, 성모병원, 상계 백병원, 동산병원 등에서는 여러 명의 사회복지사가 일을 하고, 점차 그 수효가 늘어가고 있는 영역이다. 또한 정신보건법에서도 정신보건 전문요원으로 사회복지사를 임용하도록 규정하고 있다.

여섯째, 사회복지학 또는 사회복지관련 전공이 개설되어 있는 대학이나 평생교육기관 등에 교수진으로 사회복지학을 가르칠 수 있다. 또한 한국보건사회연구원, 한국여성개발원, 한국청소년개발원이나 지방자치단체가 설립한 정책연구기관, 민간단체가 운영하는 각종 사회복지관련 연구기관에서 사회복지분야를 전문적으로 연구하는 연구원으로도 일할 수 있다.

마지막으로 사회복지사의 활동 영역이 앞에서 설명한 특정한 영역에만 한정되어 있지 않다. 그 외에도 산업사회복지사, 학교사회복지사, 군사회복지사, 교정사회복지사, 다문화사회복지사, 개업사회복지사 등 우리 인간이 생활하고 있는 다양하고 광범위한 영역에서 전문직으로서의 수요가 증가할 것으로 기대된다.

4) 사회복지사의 역할

사회복지사는 개인, 집단, 가족, 지역사회가 환경 속에서 더 효과적으로 기능할 수 있도록 돕는 역할을 한다. 또한 사회복지사는 차별과 억압을 없애고 공정한 사회 환경을 만들기 위해 노력한다. 목적을 달성하기 위해 사회복지사는 상담자, 조력자, 중재자, 사례관리자, 교육자 등과 같은 역할로 직접적인 실천을 하기도 하고, 슈퍼바이저, 관리자, 행정가, 연구자, 옹호자 등과 같은 역할로 간접적인 실천을 하기도 한다. 즉, 사회복지실천 현장에서 사회복지사는 개인에 대한 상담이나 치료와 같은 직접적인 실천과 더불어 필요한 서비스나 프로그램을 개발하고 자원을 확보하며 효과적이고 효율적인 서비스 전달이 이루어지도록 조정하는 간접적인 실천을 수행한다(엄명용 · 노충래 외, 2007).

따라서 사회복지사는 클라이언트의 문제나 욕구를 파악하여 적절한 개입을 할 수 있는 능력과 지역 내의 사회자원 및 관계망에 대한 지식을 가지고 클라이언트와 기관 · 단체들과 효율적인 의사소통을 할 수 있어야 한다. 다음은 사회복지사의 다양한 역할 중 몇 가지를 소개하고

자 한다.

(1) **상담가 및 치료자** : 개별상담 및 가족치료 등과 같이 양육기술, 부부관계강화, 스트레스관리 또는 정신건강 및 건강보호의 다양한 측면을 다룬다.

(2) **중개자** : 클라이언트를 지역사회의 자원과 연결하거나 의뢰한다. 즉, 클라이언트를 자원과 연결하는 중개자 역할을 수행하기 위해 사회복지사는 지역사회의 자원에 대해 철저하게 파악하고 있어야 적절한 의뢰를 할 수 있다.

(3) **사례관리자** : 일부 클라이언트는 다른 체계에 의뢰하는 것만으로 문제해결을 하기에는 능력, 기술, 지식 또는 자원이 부족하다. 이 경우 사회복지사는 클라이언트의 욕구를 파악하고 다른 체계에서 제공되는 물품과 서비스의 전달을 맡아 조정하는 사례관리자의 역할을 담당하게 된다.

(4) **중재자** : 바람직하지 못한 관계나 갈등이 있을 때 사회복지사가 개입하여 개선시킨다. 즉, 서비스 전달의 장벽을 없애고, 서비스 전달을 방해하는 부정적인 감정을 해소하는 것을 목적으로 하는 적절한 치료적 행동을 계획한다.

(5) **조정자** : 다툼이 있는 당사자들을 모이게 하여 상호 수용할 수 있는 타협과 협상을 이끌어 내는 역할을 수행한다. 다소 중재자의 역할과 유사한 면이 있는데 중재자는 중립적인 입장을 견지하지만, 조정자는 어느 한편의 입장에 서서 역할을 수행하게 된다.

(6) **옹호자** : 클라이언트가 자원과 서비스를 받을 권리를 유지하도록 돕거나 클라이언트나 클라이언트 집단에게 부정적인 효과를 주는 프로그램과 정책을 변화시키는 운동을 적극적으로 지지한다.

(7) **조직분석가** : 서비스 전달에 부정적인 영향을 미치는 기관의 구조, 정책 그리고 절차상의 문제가 되는 요인들을 정확하게 파악하는 역할을 수행한다. 조직이론과 행정이론에 관한 지식은 이 역할을 효과적

으로 수행하는 데 필수적이다.

(8) **촉진자** : 조직 내 촉진자는 기관의 이사회와 행정가들에게 관련 정보들을 제공하고, 문제를 다루는 직원회의를 추진하며, 변화에 저항하는 행정가들에게 압력을 가하기 위해 직원들과 협력하고, 격려하며, 필수적인 내부 서비스 훈련과 유사활동 등에 참가한다.

(9) **자문가** : 사회복지사는 자문을 제공하고 제공받는 역할을 모두 수행한다. 다른 전문직들에게, 그리고 슈퍼바이저 역할을 맡을 경우를 포함해 자신의 전문성을 필요로 하는 다른 사회복지사에게 자문가 역할을 수행함과 동시에 필요한 경우 특정한 사회문제와 관련해 전문성을 갖춘 의사나 심리학자, 법률가 혹은 다른 사회복지사로부터 자문을 받는다.

(10) **교육자** : 클라이언트가 문제를 예방하거나 사회적 기능을 향상시키는 데 필요한 지식과 기술을 갖추도록 지도한다.

(11) **연구자** : 모든 사회복지사는 연구자가 되어야 하고 사회복지실천에 관한 문헌연구, 개입효과성 평가, 프로그램의 장·단점, 그리고 지역사회의 욕구조사 등에 참여한다.

5) 사회복지사의 법적 지위와 권한

사회복지사의 법적 지위와 권한은 공공기관의 사회복지사(사회복지전담공무원)와 민간기관의 사회복지사에 있어 차이가 있다.

(1) 공공기관 사회복지사의 법적 지위와 권한

사회복지전담공무원에 대한 법적 지위는 사회복지사업법 제14조에 근거하여 "복지전담공무원은 사회복지사의 자격을 가진 자로 하며, 그 임용에 관하여는 지방공무원 임용령이 정하는 바에 의한다"라고 규정하고 있다(법제처, 2011). 국가공무원법 제2조 및 지방공무원법 제2조의 공무원 구분에 따르면, 공무원은 경력직 공무원과 특수경력직 공무원으로 나누는데, 사회복지전담공무원은 이 가운데 경력직 공무원에 속한다. 경력직 공무원과 특수경력직 공무원은 채용조건, 임용절차 등이 다르기 때문에 법적 지위도 다르다. 경력직 공무원 가운데 일반직 공무원에 속하며, 사회복지직렬에 속한다. 또한 일반직 공무원 가운데, 국가공무원 즉, 중앙공무원이 아니라 지방공무원에 속한다.

법적 권한으로는 신분상의 권리로 사회복지전담공무원은 공공기관에서 사회복지사의 신분을 가지고 복지관련 업무에 근무함으로써 인정되는 신분상의 권리들이다. 사회복지전담공무원의 법적 권한은 국가안전보장·질서유지 또는 공공복리를 위하여 필요한 경우에 한하여 법률로 제한할 수 있으며, 제한하는 경우에도 자유와 권리의 본질적인 내용은 침해할 수 없다. 또한 사회복지전담공무원은 헌법상 보장된 근로 3권(단결권, 단체교섭권, 단체행동권) 또는 근로기본권의 제한을 받는다(한국사회복지사협회, 2007). 사회복지전담공무원의 지원자격이 사회복지사자격증 소지자에 한정되므로 사회복지사업법의 사회복지사 결격사유에 해당될 경우 사회복지전담공무원은 그 자격을 상실하게 된다.

(2) 민간기관에 종사하는 사회복지사의 법적 지위와 권한

민간기관에 종사하는 사회복지사는 무보수로 봉사하는 자원봉사자와 달리 사회복지관련 민간사업장에서 임금을 목적으로 근로를 제공하는 근로자로 법적 지위를 갖기도 하고, 전문지식과 기술을 갖추고, 보건복지부장관으로부터 자격증을 교부받는 자로서 전문가로서 법적 지위를 갖기도 한다.

법적 권한으로는 신분상의 권리로 민간사회복지기관에 종사하는 사회복지사의 신분보장은 국가의 법으로 명확하게 규정되어 있지 않으며, 주로 법인의 정관에 따라 신분보장을 받는다. 근로자로서 근로기준법에 의해 법적 권한을 논할 수 있고, 자신의 의사에 반하여 신분조치를 받지 않을 권리, 면직예고를 받을 권리, 이의 신청의 권리가 있다(법제처, 2011). 재산상의 권리로 사회복지사는 자신이 제공한 직무수행의 대가로 보수를 청구할 권리를 갖는다. 보수를 받는 이외에 기관운영규정에 따라 직무수행에 소요되는 실비를 변상 받을 권리가 있다. 또한 근로자로서 근로 3권에 대한 권리와 자주적으로 단결하여 근로조건의 유지, 개선, 기타 근로자의 경제·사회적 지위의 향상을 도모하기 위해 노동조합을 조직할 권리가 있다. 그리고 사회복지사의 법적권한은 국가안전보장·질서유지 또는 공공복리를 위하여 필요한 경우에 한하여 법률로 제한할 수 있으며, 제한하는 경우에도 자유와 권리의 본질적인 내용은 침해할 수 없다. 기관에 종사하는 사회복지사에게 사회복지사로서의 결격사유가 발생할 경우에는 사회복지사로서의 법적권한은 상실하게 된다.

생각해 볼 문제

1. 우리주위에 사회복지와 관련된 서비스들이 어떤 것들이 있는지 예를 들어보고, 각자 어떠한 혜택을 받고 있는지 토론해 보자.

2. 환경 속에 인간이라는 관점에서 자신을 둘러싸고 있는 다양한 체계들로부터 어떠한 영향을 받고 있는지 생각해 보자.

3. 사회복지사가 다른 전문직과 어떠한 차이점이 있는지 논의해 보고, 사회복지사가 우리사회에 왜 필요한지에 대해서도 토론해 보자.

참고문헌

고명석 · 승금희 · 이중엽(2010), 『사회복지개론』, 동문사.
김동배 · 권중돈(2005), 『인간행동이론과 사회복지실천』, 학지사.
김태성 · 최일섭 · 조흥식 · 윤현숙 · 김혜란(1998), 『사회복지전문직과 교육제도』, 한림과학원.
엄명용 · 노충래 · 김용석(2007), 『사회복지실천기술의 이해』, 학지사.
원석조(2005), 『사회복지개론』, 양서원.
장인협 · 오정수(2000), 『아동 · 청소년복지론』, 서울대학교출판부.
최일섭 · 정은(2008), 『현대사회복지의 이해』, 공동체.
한국사회복지사협회(2007), 「전문사회복지사 자격제도 및 사회복지사 보수교육운영방안에 관한 연구」, 한국사회복지사협회.
한국임상사회사업학회(2007), 『사회복지개론』, 신정.
법제처(2011), http://www.moleg.go.kr
사회복지사협회(2011), http://www.welfare.net

제 3 장

사회복지의 역사

사회복지는 어떻게 등장했으며 사회복지의 발달사를 이해하는 것이 왜 필요한가? 사회복지를 발전시키고 변화하게 했던 역사적 배경들은 무엇인가? 이러한 질문에 대한 답을 구하려는 것이 이 장의 목적이다. 먼저 사회복지 역사 연구의 의의를 설명하고 사회복지와 자본주의 사회의 관계를 살펴본 후 서양과 우리나라의 사회복지 발달 과정을 알아본다. 서구의 사회복지 발달과정은 상호부조와 자선, 구빈법, 사회보험, 사회보장, 복지국가의 등장과 재편과정을 통해 제시한다. 우리나라의 역사는 근대이전, 일본 강점기와 미군정 시대, 현대 사회복지제도의 성립과 확대, 복지국가 도입 등을 시대적 변화에 따라 정리한다.

- 사회복지 역사 연구의 의의를 살펴본다.
- 서구의 사회복지의 발달과정을 이해한다.
- 우리나라의 사회복지 발달과정을 학습한다.
- 사회복지의 역사를 통해 현재를 분석하고 미래의 과제를 탐색한다.

1. 사회복지 역사 연구의 필요성

사회복지는 각 시대마다 발생하는 사회적 위험요인에 의해 발생한 문제들에 대한 해결과정이며 사람들의 다양한 욕구에 대한 대응이라고 할 수 있다. 전근대사회에서는 인간의 고통과 사회문제를 해결하는 주체가 개인, 가족, 이웃이었던 반면에 현대사회에서는 이러한 문제해결의 주체가 지역사회 또는 국가로 변화되고 있다. 역사를 연구하는 것은 고리타분한 일로 생각하거나 급속하게 변화하는 기술적 진보를 쫓아가지 못하고 최신 정치·경제문제에 대한 관심과는 동떨어진 것으로 볼 수도 있다. 그러나 역사적으로 사회복지가 생성, 전개, 성숙되어 가는 과정과 사회상황은 그 시대가 갖는 독특한 시대적 배경 속에서 이루어진다. 따라서 역사적 의미를 파악하는 것은 사회복지의 현재를 이해하고 앞으로 어떤 미래를 만들어 가야 하는가 하는 방향을 제시하는데 필수적이라 할 수 있다(Kirst-Ashman, 2003, p. 131). 결국 오늘날 우리가 문제를 해결하는 방식은 역사적 사건들에 의해 형성되어 왔고 그런 관계를 이해하는 것은 곧 미래를 준비하는 과정이 된다.

사회복지 역사 연구는 구체적으로 다음과 같은 의의를 찾을 수 있다(감정기·최원기·진재문, 2004; 김성천 외, 2009). 첫째, 현재 시행되는 사회복지의 생성 및 발달 과정 그리고 역사적 특성을 이해할 수 있다. 오늘날 사회복지제도들은 자본주의 생성 발전과정과 불가분의 관계가 있다. 실제로 여러 나라의 복지제도들은 자본주의 발전 과정에서 발생한 사회문제와 사람들의 욕구를 해결하는 과정에서 출발되었고, 나라마다 각기 다른 조건에 대한 대응으로 다른 제도가 시행되고 있음을 이해할 수 있다. 둘째, 어떠한 사회적 상황에서 사회복지가 성립되고 어떻게 전개되어 왔는가를 이해한다면 오늘날 우리사회에 적합한 사회복지 정책이나 제도를 개발하는데 활용될 수 있다. 우리사회의 산업화와 자본주의는 서구에 비해 200여년이나 늦게 시작이 되었지만 그 발달과정은 그 어느 나라보다도 빠르고 압축적으로 이루어지고 있다. 따라서 서구 선진국의 경험과 역사를 통해 사회문제 및 사회적 욕구에 대응하고 실천적 사회복지제도의 확립과 변천과정에서 나타나는 성공과 실패의 원인, 그리고 그런 결과에 대한 지식들을 습득하는 것은 매우 의미 있는 과정이다. 왜냐하면 이는 곧 오늘날 우리사회에서 발생하는 문제를 이해하는 데 도움이 될 뿐 아니라 앞으로 발생할 수 있는 문제를 예측하고 효과적으로 대비할 수 있게 해주기 때문이다.

또한 역사적인 발달과정을 통해 사회복지의 한계와 모순을 찾아내고 발전 방향을 모색하는 것은 응용학문임과 동시에 실천학문인 사회복지학의 특성을 이해하는 방안이기도 하다. 사회복지의 발달과정에서 나타나는 공통적인 요소를 분석한 로마니쉰은 다음과 같이 복지에 대한 관점이 변화되었다고 보았다(Romanyshyn, 1977, pp. 33~37; 최일섭·정은 2006, pp. 29~31 재인용).

• **잔여적 복지에서 제도적 복지로** : 잔여적 복지는 시장이나 가족과 같은 정상적인 사회구조를 통해 욕구를 충족할 수 없는 사람들에게 응급적이고 일시적인 구호를 제공하는 것이다. 반면에 제도적 복지는 변화하는 환경에 사람들이 잘 대처하도록 돕는 서비스가 필요하다는 인식으로 복지수혜자들이 사회에서 정당한 지위를 갖게 된다.

• **자선에서 시민의 권리로** : 자선으로의 복지가 19세기 중산층의 자선의식을 반영한 것이라면 시민권으로의 복지는 노동자들이 18세기 신체, 언론, 재산의 자유 등 자유권을, 19세기 중반 정치권의 확보, 19세기 말 사회권으로의 복지에 대한 권리를 획득하는 성장과정이다.

• **특수성에서 보편성으로** : 실업, 노령, 장애, 부양부담의 증가, 높은 의료비 등 다양한 사회적 위험이 증가함에 따라 사회복지를 빈민에 대한 특별 서비스로 보는 시각에서 벗어나 사람들이 보편적으로 가지는 욕구를 충족시키는 프로그램으로 보게 되었다.

• **최저수준에서 적정수준으로** : 사회의 생산력이 발전함에 따라 사회복지의 보장수준의 기준이 절대빈곤에서 벗어나는 최저수준에서 적정수준의 보장으로 이동하게 된다.

• **개인의 변화에서 사회개혁으로** : 초기 사회복지는 개인의 도덕적 결함을 문제의 원인으로 보았다면 오늘날에는 사회제도의 결함에서 문제가 발생한다고 보는 경향이 강하다.

• **자발적(민간) 자선에서 공공자원으로** : 공공부문에 대한 국가의 책임은 구빈법부터이지만 20세기 초까지도 미국은 민간의 자발적인 활동에 의존하였다. 그러나 산업화의 진전에 따라 국가의 복지기능 확대에 대한 협력이 증가되었다.

• **빈민에 대한 복지에서 복지사회구현으로** : 복지사회 개념에는 사회의 제도들이 개인들의 발전에 얼마나 기여하는가를 평가한다.

2. 사회복지와 자본주의 체계

사회복지의 등장, 변화, 발전은 자본주의 사회의 발전과 함께 진행되었으므로 자본주의와 사회복지의 관계를 이해하는 것이 필요하다.

자본주의 이전 봉건사회에서 대부분의 사람들의 생활터전은 장원이었다. 봉건사회에서 농민들은 낮은 농업생산성과 자연재해 등으로 인해 만성적인 빈곤 속에 생활하였음에도 불구하고 살던 지역을 떠날 수 없었다. 그 이유는 장원에서의 이중적 생활보장 즉, 장원에서는 첫째, 노동력의 부족현상이 상존하였고 둘째, 강력한 연대의식과 상호부조라는 공동체 규제가 존재하였기 때문이다(남일재 외, 2011 ; 66). 그러다 14세기 초 유럽에서 흑사병이 유행하였는데 이 때 영국에서는 수많은 사람이 사망하게 된다. 이로 인해 급속한 노동력의 부족과 더불어 인구의 이동이 가능하게 되었으며 봉건제도의 해체가 촉진되었다.

그러나 유입인구의 증가와 함께 도시가 발달하면서 도시의 시장은 대량의 농업 생산물을 요구하게 되고 이러한 수요를 충족시켜서 이득을 올리는 기업형 농업 지주들이 등장하면서 토지 사유화를 일컫는 엔클로저 운동이 나타났다. 엔클로저로 인해 지주와 부르주아의 이윤은 극대화되어 가는 반면에 소작농민들과 소농들은 농사지을 땅을 빼앗기게 되고, 결국 이들은 농업 노동자로 전락하거나, 도시로 이주하여 떠돌거나 일자리를 찾아갔으나 빈곤을 해결하지 못하고 도시빈민으로 전락하게 되었다(박지영 · 배화숙 · 엄태완 · 이인숙 · 최희경, 2010).

18세기 중반 영국에서 시작된 산업혁명은 점차 전 유럽으로 영향력을 확대하면서 이윤추구가 우선시되는 시장경제체계로 변화를 주도하게 된다. 이 시기 농촌에서 도시로 이동한 사람들은 공동체 의식의 약화와 함께 익명성을 확보하게 되지만 봉건체계가 제공하던 생활안정성은 잃게 되고, 일자리를 찾는데 어려움을 겪는 사람들이 많아지면서 빈곤이 일상화된다. 산업화는 경제적 풍요를 가져왔지만 동시에 빈부격차를 증가시켰다. 노동력이 유일한 자산인 도시로 이주한 노동자들이 질병이나 사고 등으로 일을 하지 못하게 되는 경우, 노동능력과 의지가 있음에도 불구하고 일자리가 없는 경우와 생계를 유지하기 힘든 저임금으로 인한 가족해체의 불안 등은 빈곤의 악순환을 가져올 수밖에 없었다. 이는 개인이 해결할 수 없는 사회문제라는 인식이 확산되면서 사회복지적 대응과 개입이 등장하게 된다. 이렇게 자본주의 사회에서 사람들이 직면한 문제를 해결하기 위한 사회적 개입의지가 사회복지가 등장하게 된 배경이 되었다.

3. 서양 사회복지의 발달사

서양 사회복지의 발달은 자선과 상부상조, 엘리자베스 구빈법, 정주법과 스핀햄랜드법, 신구빈법, 사회보험의 시대, 그리고 복지국가의 확립과 재편으로 나누어 살펴보기로 한다.

1) 고대와 중세의 사회복지

원시사회는 생산수단의 공동소유, 공동노동과 공동분배가 특징이었다. 이는 자연조건과 싸우기 위한 방편이었다. 고대사회에서는 국가의 보호서비스는 미비하고 개인의 복지문제는 이웃, 지역, 종족 중심으로 상부상조하는 관습에 의해 해결되었다(문수열 외, 2010; 최일섭·정은, 2006).

중세이전의 봉건사회는 막대한 종교의 영향력이 있는 엄격한 신분사회였다. 봉건사회는 성직자, 귀족, 기사, 그리고 농노에 이르는 신분적 질서와 길드제도를 기반으로 종속관계가 이루어져 있었다. 이 시대는 빈곤이 개인의 신분에 의해 결정되었으므로, 중세사회의 구빈대책은 빈곤자체를 사회문제로 보고 대응하기보다는 빈곤으로 인해 발생할 수 있는 불안을 통제하는 것에 관심이 있었다. 따라서 이 시기의 사회문제는 장원과 길드와 같은 공동체에서 제공하는 상호부조와 종교적인 자선에 의해 해결되었다. 중세의 수도원은 교구내의 빈민을 조사하여 명부를 바탕으로 선별적 구호를 실시하였으며 구빈기관은 교구에 의해 운영되었다. 당시의 교구는 지방정부의 성격을 가지고 세금을 징수하여 행정적인 구빈사업의 성격이 강했다(김성천 외, 2009).

2) 구빈법의 등장

엘리자베스 구빈법(1601년)은 빈민에 관해 집대성한 구빈법으로 빈곤구제를 국가의 책임으로 처음 인정하였다는 점에서 의미가 크다. 구걸을 금지하였던 엘리자베스 구민법에서는 구호대상자를 노동가능성에 따라 노동가능자, 노동무능력자, 요보호 아동으로 구분하였다. 노동가능 빈민에게는 작업장과 같은 시설에서 노동을 하는 조건으로 구호를 제공하였고, 노동무능력자에게는 최저한의 구호를 제공하였다. 요보호 아동은 도제로 봉사하게 하여 차별적인 대우를 하였으며 노동을 하도록 유인하는 면이 두드러진다. 만성질환자, 정신질환자, 노인, 장애인, 자녀를 부양하는 어머니 등이 포함되는 노동불가능 빈민들은 자선시설이나 구빈원과 같은 시설에서 구호를 제공하였다. 이들 중에 거처할 집이 있는 사람들은 원외구호(outdoor relief)로 음식과 의류 및 난방을 위한 현물을 집으로 보내는 것도 허용하였다. 엘리자베스 구빈법은 농촌사회로부터 이탈한 부랑자에 대한 억압과 노동을 강조했지만 구빈이 국가의 책임이라는 점을 인정하였다는 측면에서 공공구호의 기본 형식을 정착시킨 서양 사회복지의 시초라고 할 수 있다.

3) 정주법과 스핀햄랜드법

정주법은 1662년 제정되었으며 일종의 속지주의로 교구단위로 빈곤문제를 해결하기 위해 마련한 규정이다. 신구빈법 이전까지 크고 작은 약 1,500개의 교구가 구빈을 자체적으로 해결하고 있었기 때문에 교구를 단위로 구빈의 방법과 기준이 다르게 시행되고 있었다. 교구의 재정능력에 따라 빈민의 이동이 증가하게 되자 노동력의 이동을 금지하려고 정주법을 마련하였다. 이주를 받아들이는 교구에서 이주자가 빈민이 될 가능성이 크면 그 사람을 이전 교구로 40일 이내에 돌려보낼 수 있는 법안을 마련하여 거주이전의 자유를 제한한 것이 이 법이다.

그러나 18세기 이후 산업화가 진행됨에 따라 공장의 노동력이 필요해지면서 이러한 인구의 이동을 억제하는 법안의 구속력이 약화되었다. 산업노동자 확보를 원활하게 하기 위하여 공동작업장을 설치하고 빈민을 강제로 고용하는 작업장법이 1722년에 제정되었는데 이는 오늘날 직업보조 프로그램의 원조라고 할 수 있다. 그러나 노동의 질이 저하되고, 노동력을 착취하고 빈민을 혹사시킨다는 비난과 교구민의 조세부담만 늘어나는 문제가 드러났다. 1782년에는 작업장 빈민의 비참한 생활과 착취를 개선할 목적으로 길버트가 제안한 길버트법이 제정되었다. 이 법은 작업장 대신 자기 가정이나 인근의 적당한 직장에서 일할 수 있도록 하여, 거택보호를 인정한 의미 있는 법이었다.

스핀햄랜드법은 1795년 규정된 일종의 임금보조제도이다. 이 제도는 식량가격을 기준으로 최저생계비를 책정하고 임금소득이 최저생계비에 미달되면 부족액을 구빈세로 보충해 주고 가족이 늘면 보조액도 증가시켜서 노동자의 생활을 안정시키기 위해 도입되었다. 이는 생존권을 보장함으로써 인구가 유출되는 것을 방지하려는 의도였으며 사회수당제도의 기원이 되었다. 그러나 노동자들의 노동 동기를 약화시키고 지속적으로 임금수준이 하락되는 생각지 못한 역효과를 가져오기도 했다. 엘리자베스 구빈법과 스핀햄랜드법은 노동과 임금을 규제하고 사회질서를 유지하는데 기여한 제도였으나 과도한 재정부담으로 어려움을 겪게 되었다.

4) 신구빈법

도시노동자 계급이 등장하고 자본주의가 발전하는 과정에서 노동자들의 열악한 생활환경, 주기적 만성적인 실업, 열악한 위생, 저임금 등의 새로운 사회적 위험이 문제로 인식되었다. 이러한 사회문제에 대응하기 위해 기존 구빈법을 개정하여 신구빈법(1834년)이 제정되었다. 신구빈법에서는 부분부조를 폐지하고 열등처우의 원칙(principle of less eligibility), 작업장 심사의 원칙(principle of workhouse test), 균일처우의 원칙(principle of national uniformity)을 기본원리로 규정하였다(문수열 외, 2010). 열등처우의 원칙이란 부조를 받는 사람의 생활수준이 스스로 일해서 생계를 유지하는 노동자의 생활수준보다 높지 않아야 한다는 것이다. 이는 부조를 받는 빈민의 처우를 열등하게 함으로써 빈민들이 노동에 종사하지 않고 부조를 받으려는 것을 억제하는 것이다. 작업장 심사의 원칙은 부조를 신청하면 부과되는 검사로 작업장에 입소하여 받을 의사가 있고 동시에 받을 필요가 있다는 것을 입증해야만 급여를 제공하는 노역장 강제의 원칙이다. 균일 처우의 원칙은 최저생계비에 미달되는 부분에 대한 부분 보조를 없애고 균일하게 급여를 제공하는 것이다. 신구빈법은 이러한 원칙들에 의해 빈민구제비용이 상당히 감축되었고 전국적으로 일관성 있는 구빈체제를 마련하였지만 작업장에서의 비인간적인 처우와 열악한 환경이 문제가 되고 노동자의 실업문제가 심화되면서 신구빈법에 대한 재검토가 불가피해졌다. 신구민법은 생활보호의 보호수준을 설정하고, 시설보호 위주의 서비스를 제공하며, 행정의 중앙집권화 실시 등으로 각국의 사회보장제도의 발달의 기초가 되었다.

5) 민간활동: 자선조직협회와 인보관운동

산업화 과정에서 빈곤의 양극화, 실업 등이 고착화되어 가는 시기에 빈민과 노동자계급에 대한 사회보호에 관한 논란이 거세지게 되었다. 이 시기에 부를 축적한 신흥 자본가 계급이 빈곤문제 해결을 위한 노력을 시작하였는데, 이러한 민간의 노력은 자선조직협회와 인보관운동이라는 2가지 흐름으로 나타난다. 도시 빈민을 위해 자선을 조직화하거나 빈민들과 함께 생활하면서 이들의 의식을 개혁하고 빈곤문제를 과학적으로 조사하여 대책을 모색하던 시기였다(문수열 외, 2010).

19세기 후반 박애, 상호부조 등 원조활동이 활발하게 전개되었다. 자선단체가 활성화되면서 자선에 의지하여 살아가려는 사람들이 증가하는 도덕적 해이가 생기고 자원의 낭비가 문제시되었다. 이에 자선기관들이 협력하여 자선활동을 조정하고 환경조사와 적절한 원조를 제공하기 위해 자선조직협회가 결성되었는데 최초의 자선조직협회는 1869년 런던에서 설립되었다. 서비스를 받을 자격이 있는 사람들은 우애방문단이라는 자원봉사활동가들을 동원하여 자산조사를 하고 결과를 토대로 적절한 도움을 주었다. 또한 자선기관들의 통합과 조정을 위해 연락기구를 만들었는데 이는 나중에 개별 사회사업과 지역사회조직의 기초가 되었다.

인보관운동은 대학생들을 주축으로 빈민 주거지역에서 생활하면서 필수물품 뿐만 아니라 교육, 지식을 제공하는 일종의 사회운동이었다. 인보관운동은 빈곤을 개인적 속성으로 보는 자선조직협회의 활동과는 달리 사회적 요인이 크다고 보고 빈민들의 교육적 문화적 개발을 통해 환경을 개선하려 하였다는 점에서 구분된다. 영국의 최초 인보관은

1884년 설립된 토인비홀이며 오늘날 민간 사회복지관 활동의 시초라 할 수 있다.

이 시기에 빈민생활 실태를 조사한 부스(1998)와 라운트리(1901)의 연구결과는 빈곤이 게으름 때문이 아니라 노령, 질병, 실업, 낮은 교육 수준 등임을 밝혀냈다. 이러한 사회조사는 사회복지조사방법의 초석이 되었다(문수열 외, 2010).

6) 사회보험의 탄생과 확산

구빈법이 봉건체제의 사회복지 제도라면 사회보험은 자본주의적 사회복지 제도이다. 빈민법은 많은 문제점을 안고 있었음에도 2차 세계대전 후인 1948년 국민부조법을 제정하기까지 350여년간 지속될 정도로 생명력이 길었다. 독일은 19세기 중반이후 후발 산업국에서 자본주의의 급속한 성장과 팽창을 경험하게 되고 1871년 통일국가를 수립하였다. 따라서 독일은 경제 사회적 변화와 함께 민족통일의 문제를 동시에 해결해야 하는 복잡한 상황이었다. 급격한 산업화는 급진적인 노동운동과 사회운동을 등장시켰는데 19세기 말 독일제국에서 처음 만들어진 사회보험은 이런 배경에서 탄생되었다. 1867년 세계 최초로 창설된 독일 사회주의 민주당은 생산수단의 즉각적 사회화를 요구하는 급진적 강령을 채택하고 1871년 파리코뮌에 지지를 선언하였다. 그러나 국가가 막 통일을 이루고 주변국가를 추격해야 하는 후발 산업국가인 독일의 입장에서 사회주의 정당의 이러한 강경노선은 커다란 정치적 위협이 되었다. 1878년 두 차례에 걸쳐 황제를 암살하려는 시도가 일어나자 이를 계기로 독일 통일을 이룩한 철혈재상 비스마르크는 사회주의 세력을 억압하기 위해 사회주의탄압법(1878)을 제정하였다. 또한 산업화로 인한 국민들의 동요를 무마하기 위해 노동자들에게 건강이 허락하는 한 노동할 권리를 주고 노동자가 질병에 걸렸을 경우 치료해 주며, 또 나이가 들었을 때 노후를 돌봐주는 정책적 조치들을 제시하였다. 이는 급격하게 증가한 노동자들이 노동조합을 만들고 점차 노동운동이 격화되자 비스마르크가 회유와 강경 즉 당근과 채찍이라 묘사되는 이중적 정책을 사용하게 된다(감정기 외, 2002; 김성천 외, 2009 ; 84). 여기서 당근에 해당하는 것은 사회보험제도이며 이는 국가가 노동자의 노후보장을 담당하면 노동자들이 사회민주주의로부터 등을 돌리고 국가에 충실하게 될 것으로 생각하고 계급, 집단 간의 연대의식을 높이고 사회통합을 유지하려는 데 그 목적이 있었다.

독일에서는 이러한 배경에서 1883년 질병보험, 1884년 근로자 재해보험, 1889년 양로 및 폐질보험 등이 차례로 제정되었고 이것들은 세계최초의 사회보험이라 할 수 있다. 그러나 기존의 사회, 정치 질서 속에서 산업화로 생긴 부수적인 사회문제를 해결하고 노동자들을 통합하려는 의도로 마련된 비스마르크의 사회정책은 자원의 공정한 재분배라든가 인권 및 인간존엄성의 확보와는 거리가 먼 견제적 조치 또는 사회주의 탄압법의 보충적 조치로 볼 수 있다. 독일에서 처음 도입된 사회보험제도는 영국에서 1911년 질병과 실업에 대한 사회보험인 국민보험으로 제정되었다. 국민보험은 국민건강보험과 실업보험으로 구성되어 있는데, 국민보험법에 내포된 이념은 국가적 효율성으로 국민최저수준의 보호가 사회적으로 필수적인 동시에 현대산업이 요구하는 희소한 인적자원을 보존하기 위한 수단으로 본다. 당시의 건강보험과 실업보험은 모두 고용주와 노동자, 국가가 모두 기여금을 납부하는 3자 부담방식으로 질병이나 실업이 발생한 일정기간동안 급여를 제공하였다.

이후 사회보험제도가 확대되면서 구빈법의 원리는 사라져 갔으나, 개인의 책임성을 강조하는 보수주의 이념은 여전히 남아 있었다.

7) 복지국가의 등장과 확대

복지국가(welfare state)란 국민의 복지에 국가가 많은 책임을 지는 국가형태로, 주로 자본주의 경제질서 안에서 높은 수준의 복지지출을 하는 국가들을 지칭하는 용어로 사용되었다. 복지국가의 시작은 관점에 따라 차이가 나지만 현대적 복지국가로 정착하게 된 계기는 2차 세계대전이 끝나는 시기로 평가한다(김태성 · 홍선미 · 조성은, 2010). 특히 전쟁의 경험은 사람들에게 위험의 불확실성을 안겨 주었고 그에 따라 위험분담을 정부가 책임지는 복지국가로 나아가게 된다. 1,2차 세계대전을 치루는 동안 국가는 국민들의 희생을 강요하는 대가로 더 나은 삶을 보장한다는 약속을 할 수밖에 없었고 동시에 전쟁으로 인한 수많은 사상자와 빈민의 증가에 종전의 사회보험은 더 이상 해결책이 될 수 없었다. 따라서 국민생활의 광범위한 영역에 국가의 개입이 증가할 수밖에 없었다. 이처럼 복지국가는 대규모 전쟁과 1930년대 경제공황으로 인해 발전하게 된다. 복지국가라는 용어가 사용된 것은 2차 세계대전 중이었으며 이른바 "요람에서 무덤까지" 국민의 생활을 보장하는 복지국가 이념을 대표하는 베버리지 보고서도 이때 등장한다.

1941년 영국정부는 사회적 서비스의 효율성을 조사하고 필요한 개혁을 하기 위해 사회보험 및 관련 사업에 관한 정부부처 간 조사위원회를 설치하였는데, 베버리지 보고서(1942년)는 이 위원회에서 "사회보험과 관련사업"이라는 제목으로 제시한 보고서다. 이 보고서에는 사회발전을 저해하는 5대 사회악으로 결핍, 질병, 무지, 불결, 나태를 지적하고 사회보장제도상의 6가지 원칙을 제시했다(문수열 외, 2010).[1] 사회보험이 성공하기 위해서는 첫째, 전 국민을 대상으로 포괄적인 보건서비스를 제공하고, 둘째, 보편주의 원칙에 맞는 가족수당을 신설하며 셋째, 완전고용을 실시해야 한다고 제시하였다. 기본적 욕구는 사회보험

1) 사회보장의 6가지 원칙은 다음과 같다.

① 생존수준의 정액급여: 급여는 실업이나 질병, 퇴직으로 이해 단절된 소득정도에 상관없이 정액지급

② 정액기여: 보험가입자와 고용주는 그들의 자산 정도에 상관없이 모두 정액으로 기여금을 납입

③ 행정책임의 단일화: 모든 기여금을 단일 사회보험기금으로 적립하고 급여를 이 기금에서 지급

④ 급여의 적절성: 일반적인 모든 상황의 생존에 필요한 최소한의 소득을 제공하며 다른 재원이 없이도 충분함.

⑤ 적용범위의 포괄성: 사회보험은 모든 사람과 욕구를 포괄함.

⑥ 대상의 분류: 사회보험에서 분류된 대상은 경제적 혹은 사회적 의미의 계층이 아니라 모든 시민임.

으로, 특별한 욕구는 국가부조에 의해, 추가적인 욕구는 임의보험으로 보충되어야 한다고 보고하였다(김성천 외, 2009: 88). 베버리지 보고서는 국민적 최저선의 보장으로 평등과 연대성을 토대로 전후 사회질서를 세우려는 노력으로 볼 수 있다.

2차 대전 이후 세계자본주의 경제의 성장과 함께 복지국가의 황금기를 지나면서 인류의 희망인 평등의 실현과 사회적 보호 속에서 안정적인 삶을 누려야 한다는 인식이 서구사회를 지배하게 되었다. 구미 선진국들은 사회보장제도의 적용대상을 전국적으로 확대하고 복지혜택 수준을 확대하였는데, 이렇게 복지를 대폭 확대하게 된 요인은 다음과 같다(문수열 외, 2010: 90). 첫째, 전쟁의 직·간접적인 영향과 서유럽 국가들이 공산주의와 파시즘의 위협으로부터 벗어나려는 노력을 들 수 있다. 둘째, 지속적인 경제성장으로 정부의 복지투자를 뒷받침할 수 있는 재정적 조건이다. 셋째, 정부의 재정지출을 확대해야 한다고 주장하는 케인즈식 수요관리가 경제이론의 토대로 받아들여졌다. 넷째, 1948년 유엔의 인권선언으로 인해 종래의 시민권 및 정치권과 더불어 사회경제적 권리의 보장을 촉구하는 계기가 마련되었다. 전후의 복지국가는 이렇게 시민권 이념을 기반으로 보편적인 복지국가를 만들려는 초기의 개혁과 지속적인 확대 노력에 의해 발전되어 갔다.

미국은 전통적으로 자유주의 정신이 강하고 정부의 역할보다는 시장경제가 지배적이다. 남북전쟁 이후로 미국의 산업화는 급속히 진행되었고 20세기에 들면서 다양한 산업사회의 문제들이 발생하기 시작하였다. 미국은 자조와 독립을 강조하고 노동의 가치를 강조하면서 개인의 빈곤문제 해결을 위해 국가개입 대신 강력한 민간의 복지기관이 주도적 역할을 담당하는 전통을 고수하고 있었다. 이런 미국에서 연방정부의 개입이 불가피해진 것은 1930년 대공황 때문이다. 대공황으로 인해 시장원리와 자유주의적 구호체계는 산업사회에 내재된 경제적 불안정이라는 위험에 대처할 능력이 없음이 입증되었으며 빈곤과 실업에 국가차원의 자원이 동원되어야 한다는 것이 인식되었다.

1932년 선거에서 승리한 루스벨트 대통령은 뉴딜정책을 추진하여 연방정부가 국민복지를 위한 정책을 추진하였다. 1935년 1월 의회에 지출한 법률안에는 비기여연금, 강제연금, 보충연금으로 구성된 소득보장제도와 실업보험, 주정부에 대한 연방교부금으로 실시하는 요보호 아동보호와 공공보건서비스 등이 규정되어 있다. 경제발전과 사회적 안정으로 사회보장제도는 지속되었으며 1960년대 이르러 전후시대의 낙관주의는 퇴조하기 시작하였다. 노인, 장애인, 아동을 양육하는 여성 등 불안전 고용상태에 있거나, 혹은 노동시장에 참여하지 못한 사람들의 빈곤문제가 드러나기 시작하였다. 1960년 존슨 대통령이 위대한 사회를 추구하며 '빈곤과의 전쟁'을 선포함으로써 사회복지를 확대하였고 연방정부의 역할은 증대되어 갔다.

8) 복지국가의 재편

세계 2차 대전이 끝난 시기부터 1970년대 초까지는 복지국가의 황금기로 알려져 있다. 그러나 1973년 석유파동을 계기로 경제성장이 둔화되면서 복지국가의 성장은 멈추게 된다. 석유파동은 2차 대전 이후 지속되어온 자본주의하의 경제체제를 근본적으로 흔들었다. 1970년대 경제위기는 정부의 세수를 감소시키는 동시에 복지지출의 필요성을 증가시킴으로 해서 공공적자는 증대되고 복지지출에 대한 감소 압력을 높이게 된다.

복지재편의 시작에는 영국의 대처정부와 미국의 레이건 정부가 있었다(백종만 외, 2001). 이들 정권은 과도한 사회복지지출이 경제성장의 둔화와 정부의 재정위기를 가져온다고 보았다. 1979년 영국의 대처정부가 들어서면서 '자유경제와 강한 국가'로 대변되는 대처리즘으로 공공지출 삭감, 민영화와 규제완화정책을 시행하고 다른 한편으로는 베버리지식 복지원칙을 자유주의적, 빅토리아식 복지원칙으로 대체하였다(김성천 외, 1909). 새로운 원칙으로는 첫째, 전 국민의 복지에 대한 국가의 책임을 자조와 개인책임의 원칙으로 대체하고 둘째, 보편주의 원칙을 선별주의로, 셋째, 국민최저수준의 원칙을 열등처우의 원칙으로 대처하여 복지의 민영화와 지방분권을 단행하였다.

1970년 이후 세계 경제의 성장이 둔화되고 신자유주의 영향력이 커지면서 미국에서도 사회복지 축소에 대한 압박이 강해졌다. 1980년대 레이건 정부는 레이거노믹스라 불리는 정책기조를 유지하여 사회복지 프로그램에 대한 정부지출의 감소, 정부규제완화, 세금인하 등의 정책을 폈다. 그 예로 건강보호수준의 감소, 실업자를 위한 직업훈련의 축소, 식품권(food stamp), 의료보호에 대한 삭감, 부양아동가족부조(AFDC, Aid to Families with Dependent Children) 대신 TANF(Temporarily Assistance to Needy Family)로 대체되었다. 이는 곧 사회복지정책의 축소를 의미하는 것이며 공공지출을 삭감하고 민영화와 규제완화 정책을 시행하면서 복지국가 재편을 시도하는 것이다.

21세기의 모든 국가의 사회복지제도는 변화를 요구받게 된다. 대부분 대량생산방식에 기반을 둔 산업사회의 대응책이었으나 자본주의 세계화에 따라 사회체계의 변화, 경제위기로 인한 장기실업문제, 다양한 가족형태와 가족기능의 변화, 인구고령화 등 사회적 여건의 변화는 국가 간의 경쟁을 심화시켰고 또 이러한 경쟁은 과거 국가단위의 사회복지 체제의 변화를 요구하게 된다.

이러한 세계화・정보화 등의 변화는 지역 간, 계층 간 양극화를 심화시키고 새로운 복지수요와 대응방안을 창출할 것으로 예상된다. 이러한 복지국가의 적응양식을 탈상품화라는 개념으로 분석한 에스핑-안데르센은 다음 세 가지 유형을 제시하고 있다(Esping-Andersen, 1996). 개별국가의 적응양식은 복지의지의 차이와 정치경제적 구조에 따라 다양한 재편의 길이 나타나게 된다.

① **자유주의적 복지국가(미국, 캐나다, 오스트레일리아)** : 공적부조(소득조사에 의한 공적 프로그램 제공), 저소득층을 대상으로 복지급여 제공, 사회권의 영역 제한, 시장메커니즘의 기본적 역할을 인정하며 그

보호 대상이 가장 취약한 계층에 한정되는 엄격한 선별주의의 원칙이 적용된다. 사회보장에 대한 국가의 개입은 매우 제한적이며 사회정책은 정치적 · 경제적 목표를 달성하기 위한 수단으로 인식된다.

② **조합주의적 복지국가(오스트리아, 프랑스, 독일, 이탈리아)** : 공적부조와 보험원칙을 강조하는 사회보험에 크게 의존하며, 사회보험에 의한 혜택은 시장에서의 지위에 따라 차이가 난다. 사회보장의 수준을 유지하며 노동공급의 감축을 유도한다.

③ **사회민주적 복지국가(스웨덴, 스칸디나비아 국가)** : 공적부조, 사회보장제도, 사회복지서비스를 모두 제공한다. 보편주의 원칙에 따라 사회권에 기초한 욕구의 충족과 노동의 탈상품화가 극대화된다. 사회민주주의적 복지국가에서의 시장기능은 공공부문의 기능에 의해 최소화되며 사회통합이 중요한 목표가 되고 있고 공정한 재분배를 통한 평등의 증진과 높은 수준의 복지가 유지된다.

무엇을 사회문제로 볼 것인지, 어느 정도 개입할 것인지는 정치, 경제, 문화적 여건에 따라 달라지므로 사회복지의 역사는 국가별로 다르게 전개된다. 하지만 서구의 사회복지 발달 과정을 통해 공통적인 요소를 찾아보고 시대별 사회복지에 대한 발달과정을 정리해 보면 〈표 3-1〉과 같다.

〈표 3-1〉 서구의 사회복지 발달 단계

사회복지의 역사적 전개	사회복지의 내용	시대적 배경
사회복지 이전	· 왕에 의한 복지 : 민생구휼 · 자선과 박애 · 상부상조 : 두레, 품앗이	· 봉건주의
빈민법 시대	· 엘리자베스 구빈법 · 정주법 · 작업장법 · 길버트 법 · 스핀햄랜드 법 · 신구빈법 · 민간자선활동 -사회개량운동 -자선조직운동 -인보관운동 -사회조사활동	· 초기 자본주의 · 산업 자본주의
사회보험 시대	· 독일(비스마르크의 사회보험) · 미국(사회보장법) · 영국(베버리지 보고서)	· 독점 자본주의
복지국가	· 복지국가의 팽창 · 복지국가의 위기	· 수정 자본주의

4. 한국의 사회복지 발달사

우리나라의 사회복지는 고대사회부터 두레나 향약, 계 등 민간의 상부상조 전통이 강하고 천재지변이나 재난 등이 발생할 때 구휼제도가 일찍부터 실시되었다. 조선시대 이전의 사회복지는 대개 구빈정책의 형태로 이루어졌으며 근대적인 사회복지는 대한민국 정부수립 이후로 보아야 한다. 우리사회의 사회복지는 서구사회와 같은 단계적인 발달과정을 보이지는 않는다.

우리나라의 사회복지 발달과정은 근대 이전, 일본강점기와 미군정 시기, 사회복지도입 및 확대기, 그리고 복지국가단계에 맞추어 살펴보기로 한다.

1) 근대 이전의 사회복지

삼국시대에는 정부에서 비축하고 있는 관곡을 각종 재해시 백성들에게 배급하여 구제하였으며, 무의탁 빈민을 구제하기 위해 군주가 친히 방문 위로하여 현물을 지급하던 사궁구휼(四窮救恤),[2] 재해로 인해 심한 피해를 입은 지역의 주민에게 재해정도에 따라 조세를 감면해 주는 조세의 감면, 춘궁기에 백성에게 대여한 관곡을 상환할 때 재해로 인한 흉작으로 상환이 어려우면 원본 및 이자를 감면해 주는 대곡자모구면(貸穀子母俱免), 천재지변시 형벌을 경감하거나 방면하는 경형방수(輕刑放囚), 각종 재난발생을 군왕의 잘못으로 생각하고 왕이 소식과 뜰아래 방에 기거하면서 자신의 생활을 삼가는 책기감선(責己減膳) 등이 있었다.

고려시대에는 불교의 자비정신으로 빈민구호 시료 및 고아와 부양자가 없는 노인 보호사업을 전개하였다. 고려시대에는 필요에 따라 흉년이나 전쟁 등 각종 재해에 대비한 여러 구제정책이나 구제기관을 설치하고 임기변통적인 구제사업을 제도화하기 시작하였다. 예를 들면, 왕위의 즉위 직후 또는 전쟁이 끝난 후 일정기간 동안 혹은 천재지변으로 인해 심각한 피해를 당한 백성에게 조세와 부역을 감면해 주는 은면지제(恩免之制), 재면지제(災免之制), 우선적으로 보호대상자를 지정하는 환관고독(鰥寡孤獨), 흉년재해시 백성을 구휼하기 위해 재원조달의 방편으로 금품을 납입한 자에게 관직을 주었던 납속보관지제(納粟補官之制) 등의 제도가 있었다. 고려의 공적 구제기관을 보면 정부에서 흉년, 전쟁, 질병 등 비상시에 대비하여 평상시 곡물을 비축하는 의창, 흉년이 들었을 때 국가가 비축한 양곡을 무상으로 백성에게 배급하는 흑창, 빈민에게 곡식을 대여하고 추수기에 갚도록 하는 상평창 등이 있었다.

조선시대는 유교를 숭상하고 불교를 억압하면서 민간에 의한 자선사업은 이전에 비해 낙후되었다. 그러나 군왕정치에서 백성의 구휼문제

---

2) 무의무탁한 홀아비 · 과부 · 고아 · 노인을 구제하는 제도

는 매우 중요한 문제였다. 조선의 구휼제도는 춘궁기나 재해시의 비황제도가 있는데 의창, 상평창, 사창을 비롯한 창제를 운용하였다. 어렵고 가난한 사람을 보살피는 구황제도는 진궁이 대표적인데, 홀아비, 과부, 고아, 독거노인의 4궁에 대한 구호를 제공하는 제도다. 그리고 활인서, 혜민서에서 병자의 치료를 담당하는 구료제도가 시행되었다. 이외에도 조선시대에는 계, 두레 등 민간의 상부상조 관습과 오가작통제(五家作統制), 향약이 있었다. 이 중 오가작통제는 지역별로 5가구가 통을 구성하여 호구를 밝히고 범죄자의 색출, 세금징수, 부역의 동원, 인보(隣保)의 자치조직을 꾀하여 만들었으나, 시대에 따라 운영실적이 한결같지 않아 1675년에는 '오가작통법 21조'를 작성하여 조직을 강화하였다. 향약은 실천덕목으로 덕업상권(德業相勸), 과실상규(過失相規), 예속상교(禮俗相交), 환난상휼(患難相恤)의 4개 덕목을 실천 목적으로 삼고 있는데 이 중 환난상휼은 환난의 구호, 질병의 구호, 빈궁의 진휼, 고약의 부양, 가자의 보급, 사장의 조위, 사창의 경영을 규정하였다.

2) 일제강점 시대와 미군정 시대

일제 강점기의 전반적인 구호정책은 빈민의 기본적 욕구를 해결하려는 목적보다는 식민지 지배 안정에 주안점을 둔 정치적 목적이 더 컸다고 알려져 있다. 식민정책의 일부로 실시된 복지사업은 재해의 피해자나 무노동력자의 구호사업과 농촌 빈민의 갱생사업, 화전민대책사업, 토착민대책사업 등이 주 내용이었다. 1944년 제정된 조선구호령은 생활부조, 의료, 조산, 생업부조의 내용으로 구성되었고 구호방법은 거택구호를 원칙으로 하였다. 조선구호령은 구빈목적보다는 전시동원을 위한 것으로 볼 수 있다(남기민, 2005). 조선구호령은 생활보호제도의 근거를 마련하였으며 1961년 생활보호법이 제정되기까지 우리나라의 공공부조의 토대가 되었다.

해방 이후 3년간 미군정 시대를 거쳐 1948년 대한민국 정부가 수립되기까지의 시기에는 시설구호, 공공구호, 응급구호, 이재민 구호 등 북

한에서 온 피난민과 해외에서 귀환한 자, 요보호 빈민에게 구호사업으로 식량, 의료 주택 등을 제공하는데 치중하였다.

1950년 한국전쟁으로 인한 혼란으로 한국 사회는 절대적인 빈곤상태에 처하게 된다. 이 시기는 전쟁으로 인한 고아, 미망인 등 상당수의 요보호 대상이 발생하고 빈곤문제가 대규모로 심각하게 증가하였다. 이 시기는 정부로부터의 지원은 거의 없이 구호 대부분이 해외단체의 원조에 의한 시설보호와 구호물자를 제공받았으며, 민간 차원의 자선에 국한되었던 시기이다. 이 시기의 복지사업은 국가적 차원이라기보다는 민간주도의 자발적인 차원으로 영세하고 비전문적이었으며 시설의 운영은 종교단체나 외국원조단체에 의해 주도되었던 시기이다(유광호 · 이혜경 · 최성재, 2005).

3) 사회복지제도의 도입과 확대기

한국의 사회보장제도는 박정희정부부터 시작되었다고 할 수 있다. 제3공화국부터 제5공화국까지의 이 시기는 경제적으로 수출주도형의 공업화정책과 경제개발계획으로 경제발전을 지향하는 정책을 표방하고 공무원연금법(1960년)을 시작으로 상당수의 법제정이 이루어졌다. 이 시기는 생활보호법(1961년), 아동복리법(1961년), 윤락행위방지법(1961년), 재해구호법(1961년), 사회보장에 관한 법률(1963년), 산업재해보상법 등을 제정하여 우리나라의 현대적인 사회복지의 제도적 기반이 구축되었지만 사회경제적 상황이나 정부의 재정능력 부족 등으로 실제로 이행된 정책은 그다지 많지 않았다.

1970년대는 산업화가 가속화되었으며 외국의 민간원조 단체들이 한국에서 철수하거나 사업을 대폭 축소하게 되었고, 사회복지시설들은 국가의 재정적 지원에 매달릴 수밖에 없었다. 이 시기에 사회복지사업법(1970년), 의료보험법(1977년), 저소득계층을 위한 의료보호법(1977년)이 제정되었다. 1970년대 복지정책은 예방적이며 제도적인 사회복지모델로 전환을 모색하였으나 선성장후분배의 경제개발 정책에 밀려 실제로는 진행이 더디게 이루어졌다(권중돈 외, 2011).

1980년대 전두환 정부는 국정의 정통성을 확보하기 위해 복지사회의 건설을 주요 국정지표로 정하여 아동복리법을 개정하여 아동복지법(1981년)으로 확대하고, 노인복지법(1981년), 심신장애자복지법 등을 제정하였다. 생활보호법의 개정(1982년)으로 공공부조의 상당한 진전을 보였으며 국민연금(1986년)은 일반 국민에게까지 연금제도로 확대되었다. 한편 1987년 사회복지사를 공무원으로 채용한 사회복지전문요원(현, 사회복지전담공무원)제도는 우리나라 공공복지 영역에서의 획기적인 조치로 평가되고 있다. 특히 1977년 500인 이상 고용 사업장에서 시작된 의료보험제도는 1988년 5인 이상 사업장까지 확대되었고, 1989년에는 도시지역 주민으로 적용대상을 확대하여 전 국민을 대상으로 의료보험제도의 기틀을 마련했다는 점은 주목할 만하다.

1988년 출범한 노태우 정부에서는 사회복지와 관련된 새로운 법률이 입법화되고 지속적으로 제도의 개선이 시도되었다. 국민연금의 실시(1988년), 의료보험의 실시(1989년), 모자복지법 제정(1989년), 영유아보육법 제정(1991년) 등의 제정과 복지행정의 확대가 이루어졌다.

김영삼 문민정부에서는 고용보험법 제정(1993년)과 실시(1995년)로 4대 사회보험의 기틀이 마련되었다. 국민건강증진법(1994년), 성폭력범죄의 처벌 및 피해자 등에 관한 법률(1994년) 사회보장기본법(1995년), 정신보건법(1995년), 국민연금법 개정(1994년)과 군단위 이하 지역주민 대상의 국민연금 실시(1996년), 국민의료보험법(1997년) 등도 이 시기에 제정되었으며 상당한 제도적 정비가 이루어졌다.

4) 복지국가로의 진입

1997년 IMF 경제위기하에 출범한 김대중 대통령의 국민의 정부는 노사정위원회 출범(1998년), 고용보험의 확대, 국민건강보험법제정(1999년), 전국민 연금실시, 기초생활보장법 제정 등 사회안전망 구축을 위해 노력했다. 국민기초생활 보장제도(2000년)의 실시로 이른바 생산적

복지의 토대가 마련된 김대중 정부는 그동안의 시혜적 차원의 생활보호제도로부터 국가 책임을 강화하는 복지제도로 전환하였다는 점에서 우리나라의 복지국가 출범을 가져온 것으로 평가되고 있다.

노무현 참여정부는 지방분권화에 따른 지역사회복지 전달체계에 커다란 변화를 가져왔다. 이 참여복지이념은 복지에 대한 국가의 책임 강화, 복지정책의 수립집행 평가 과정에서의 국민참여를 유도하려고 했으며 복지와 경제, 분배와 성장의 선순환 관계를 강조했다. 참여정부는 기초생활수급자, 의료급여수급자, 장애수당 대상자, 노인일자리, 빈곤아동에 대한 지원을 확대하는 등 사회서비스 개선에도 노력하였다(김상균 외, 2011). 특히 긴급위기 발생시 신속한 생활지원을 해주는 긴급복지제도(2005년)와 저임금이나 차상위계층에게 조세를 통한 현금급여정책인 근로장려세제(EITC) 등은 주목할 만하다.

2007년 이명박 정부의 복지정책의 기조는 친기업적 시장주의와 능동적 복지를 강조하고 있다. 능동적 복지는 서민의 생활 안정을 지원하고 저출산, 고령화 등 미래 사회변화에 대비한 예방적 선제적 투자를 확대한다는 의미를 담고 있다. 능동적 복지는 시장과 효율을 강조하는 것으로 공급자와 중앙정부 중심에서 수요자와 현장의 요구를 중심으로 민·관협력의 방향으로 전환하여 위험에 처한 사람들이 재기하도록 돕고 경제성장을 이루어가는 복지를 말한다(대한민국정부, 2008). 또한 2007년 노인장기요양보험법 제정, 2008년 실시로 치매 및 노인성질환으로 인한 노인문제에 대응하는 방안을 마련하였으며, 2009년 사회복지통합관리망을 개통하고, 2010년 장애인연금법을 제정하였다.

지금까지 살펴본 우리나라의 사회복지 발달과정은 〈표 3-2〉와 같이 정리될 수 있다.

〈표 3-2〉 한국의 사회복지 발달 단계

사회복지의 역사적 전개	사회복지의 내용	시대적 배경
근대이전	민생구휼 상부상조: 두레 품앗이	농경사회
일본강점기와 미군정시대	조선구호령 제정 외국원조와 민간단체의 응급구호	일본강점기 외국원조
사회복지도입 및 확대기	사회보험 공공부조 사회복지서비스제도	산업화
복지국가단계	국민기초생활보장 사회복지정책 정비확대	세계화

5) 한국사회복지의 과제와 전망

오늘날 한국사회복지는 복지국가의 형태를 갖추고 산재보험, 의료보험, 국민연금, 고용보험, 노인장기요양보험 등의 사회보험은 물론 공공부조제도를 실시한 지 반세기가 넘었다. 그러나 21세기에도 여전히 빈곤문제는 줄어들지 않았고, 빈부의 격차는 오히려 더욱 심해지는 경향을 보이고 있다. 여전히 기본적인 보장수준은 미약하고, 사회보장제도의 사각지대에 놓인 사람들의 문제는 해결되지 못했다. 이렇듯 전통적인 사회적 위험을 해결하기 위한 사회보장체계가 불안정한 상태인데 새로운 사회적 위험까지 한꺼번에 경험하고 있어 한국사회는 복지에 대한 욕구가 더욱 증가하고 있다.

이에 대한 해결책으로는 보편적 복지권의 방향으로 사회적 인식을 전환하고, 저출산 고령화로 대표되는 인구학적 변화가 대응할 수 있는 방안을 마련하여야 할 것이다. 또한 혈연중심의 전통적인 가족의 관점을 고수하기보다는 사회공동체로서의 기능을 강화하고 공동의 신뢰기반을 형성해야 한다(김태성 · 홍선미 · 조성은, 2010).

한국사회는 지난 20-30년간 많은 변화를 겪었고 또 지금도 급변하고 있다. 이처럼 사회복지의 대상 및 영역이 변화 및 확대되어 가는 상황에서 사회복지사들이 전문가로서 발전해 나가기 위해서는 새로운 사회복지의 대상과 영역에 더욱 관심을 기울일 필요가 있다. 한국의 경제성장과 더불어 나타난 노동력의 부족, 유일한 분단국가라는 특수상황, 출산율저하와 급속한 노령인구의 증가라는 인구구조의 변화, 급속한 가상공간의 확장 등으로 인해 기존의 사회복지 영역 이외에도 외국인 노동자, 탈북자, 다문화가정, 동성애, 도박과 중독의 문제 등이 새로운 복지영역으로 확장되고 있다. 더욱이 최근에는 돌봄서비스를 포함하는 사회서비스가 확충되고 있으며 최근에 각광을 받고 있는 사회적 기업은 취약계층에게 사회서비스 또는 일자리를 제공하여, 지역주민의 삶의 질을 높이는 등의 사회적 목적을 추구하면서 새로운 가능성을 제시해 주고 있다. 이러한 새로운 변화와 도전에 직면하여 현실에 적합한 서비스와 정책을 제공하고, 전문성과 지식을 갖춘 사회복지사들이 위기를 기회로 만들어 한국 사회복지의 미래를 책임질 수 있기를 바란다.

생각해 볼 문제

1. 사회복지의 발달을 시대별로 정리하고 결정요인을 탐색해 보자.

2. 자선 조직협회와 인보관 운동을 비교하여 차이점을 논의해 보라.

3. 신보수주의의 등장배경과 사회복지에 미치는 영향을 생각해 보자.

4. 서구 복지국가 위기 및 재편의 경험이 우리사회에 준 함의를 생각해 보자.

5. 우리나라 역대 정부의 사회복지정책의 특징을 탐색해 보자.

참고문헌

권중돈 · 조학래 · 윤경아 · 이윤화 · 이영기 · 손의성 · 오인근 · 김동기(2011), 『사회복지개론』, 학지사.

감정기 · 최원기 · 진재문(2004), 『사회복지의 역사』, 서울: 나남.

김상균 · 최일섭 · 조흥식 · 김혜란 · 이봉주 · 구인회 · 강상경 · 안상훈(2011), 『사회복지개론』, 파주: 나남출판.

김성천 외(2009), 『사회복지학의 원리와 실제』, 학지사.

남기민(2005), 『현대사회복지학』, 양서원.

남일재 외(2011), 『현대사회복지의 이해』, 공동체.

대한민국정부(2008), 이명박 정부 100대 국정과제.

문수열 · 김병 · 이창희 · 원기연 · 정영일 · 박주현(2010), 『사회복지의 이해』, 창지사.

백종만 · 최원규 · 윤명숙 · 홍경준 · 이상록 · 박현선(2001), 『사회와 복지』, 나눔의 집.

유광호 · 이혜경 · 최성재(2005), 『한국의 사회보장』, 유풍출판사.

최일섭 · 정은(2006), 『현대사회복지의 이해』, 공동체.

한국임상사회사업학회 역(2006), 『사회복지개론』, 신정.

Esping-Andersen, G.(1996). After the Golden Age? Welfare State Delemmas in a Global Economy, in G. Esping-Andersen(ed.), Welfare State in Transition. London : Sage Publications.

Krist-Ashman, K. K.(2003). Introduction to Social Work and Social Welfare: Critical Thinking Perspectives. Brooks/Cole-Thomson.

제 4 장

사회복지의 가치와 윤리

사회복지는 실천학문으로 가치와 밀접하게 연관되어 있다. 이 장에서는 먼저 사회복지 실천의 쟁점이 될 수 있는 가치의 의미와 다양성을 파악한다. 사회복지의 주요 가치에는 인간의 존엄성, 자유, 평등, 사회적 연대 등이 포함되며, 개인의 가치, 사회의 가치, 기관의 가치, 사회복지전문직의 가치 등 다양한 가치들 사이에서 여러 유형의 갈등이 발생할 수 있다. 가치가 행위로 나타나는 윤리는 좋은 것과 나쁜 것을 구별하는 원칙을 포함하며, 해야 할 것과 해서는 안 되는 것은 무엇인가를 분명하게 한다. 윤리를 이해하고, 윤리교육의 필요성, 사회복지사 윤리강령을 통해 사회복지 전문직의 윤리를 학습한다. 또한 사회복지 실천과정에서 제기될 수 있는 다양한 윤리적 딜레마 상황들을 통해 비판적 사고를 학습하고 그 해결방안을 모색한다. 윤리적 딜레마가 발생할 수 있는 상황을 예시를 통해 제시하였으며, 가치의 위계와 윤리적 실천과정을 통해 해결방안을 제시한다. 이번 장의 목표는 다음과 같다.

- 사회복지실천에서 가치 및 윤리를 이해한다.
- 개인적 가치와 사회복지 전문직의 가치를 이해한다.
- 사회복지사 윤리강령을 학습한다.
- 사회복지실천에서 나타날 수 있는 가치 딜레마와 이를 해결하는

방법을 숙지한다.

1. 가치의 의미와 사회복지 가치의 다양성

우리의 삶은 연속적인 선택의 과정이며 가치는 이러한 선택에 지대한 영향을 미친다. 이와 같이 사회복지 가치는 우리가 만나는 사람들의 문제 선택과 개입의 전 실천과정에서 매우 중요하다. 가치란 무엇이 좋고 바람직한가(good and desirable)에 대한 개념으로 어떤 사물, 현상, 행위 등이 인간에게 의미 있고 바람직한 것임을 나타내는 개념이다(서미경 · 김영란 · 박미경, 2000). 가치는 개인적으로 원하는 삶을 살아가는 기준이 되는데, 어떤 가치가 옳은가를 명확하게 구분하기는 매우 어렵다. 따라서 모든 사람들의 다양한 가치는 존중되고 차이를 인정해야 한다는 점에는 이의가 없다. 그러나 사회복지 실천현장에서 직면하는 문제에 개입된 가치는 정당성을 인정받아야 하는 문제이기도 하다. 자유와 평등, 성장과 분배, 존엄사의 인정, 공개입양 등의 쟁점에 대해 어떤 가치관을 갖느냐에 따라 개입방법은 큰 차이를 보이게 된다. 이러한 문제를 해결하기 위해서는 올바르게 판단하고 윤리적으로 행동해야만 하는데, 사회문제와 클라이언트의 문제를 윤리적으로 해결하는 것은 기대만큼 쉽지가 않다. 오늘날 우리사회에는 다양한 가치가 혼재되어 있고 문제의 범위, 해결방안에 있어 다양한 의견이 존재할 수 있으며, 이러한 가치들이 대립하게 될 때 합의를 도출하기는 쉽지 않기 때문이다.

사회복지실천에서 가치의 중요성은 4가지 측면에서 설명할 수 있다(Reamer, 1999). 첫째, 가치는 사회복지실천의 본질적 목적과 사명, 즉 다양한 욕구를 가진 클라이언트의 삶의 질을 향상시키려는 노력에 영향을 미친다. 둘째, 가출 청소년을 대상으로 자원을 제공할 것인지 독거노인을 위한 서비스를 제공할 것인지를 결정하는 것과 같이 사회복지사가 어떤 가치를 우선순위에 두는가는 클라이언트나 동료들, 다른 사회성원과 관계를 맺는데 영향을 미친다. 셋째, 사회복지사의 가치는 그들이 사용할 개입방법과 개인의 수준을 결정하는데 영향을 미친다. 가난을 게으르거나 의존적인 사람들의 문제라고 보는 사람과 사회구조적 문제이므로 개인적인 특성과는 무관하게 빈곤에서 벗어날 수 없는 사람들이 있다고 생각하는 사람은 이 문제를 해결하기 위한 방법을 다르게 제시할 것이다. 넷째, 가치는 전문직 의무들 사이에 갈등이 발생할 때 윤리적 딜레마를 해결하게 해주는 열쇠가 된다. 이때 사회복지사는 가치의 본질을 무엇으로 보는가 하는 믿음에 따라 특정 가치를 선택하게 된다.

1) 사회복지의 가치

가치는 지식 기술을 포함한 사회복지 실천의 3대 중심축 중의 하나이다. 사회복지사는 현장에서 가치판단을 해야 하는 상황을 만나기 쉽고 이때 자신의 개인적 가치관, 사회적 가치관, 전문직 집단의 가치관 등을 판단기준으로 활용하게 된다. 따라서 사회복지사는 자신의 개인적 가치와 그 시대의 사회적 가치를 명확하게 알고 이에 대한 자신의 관점을 분명하게 해야 한다. 프리들랜더(한국임상사회사업학회, 2006)는 사회복지의 기본가치를 다음과 같이 정리하고 있다.

- 개인 존중의 원리: 모든 사람은 인간으로서의 가치, 품위, 존엄성을 가지고 있다.
- 자발성 존중의 원리: 개인이 무엇을 요구하며 그것을 어떻게 충족할 것인가를 자기 스스로 결정할 권리를 가진다.
- 기회균등의 원리: 사회는 모든 인간에 대해 균등한 기회를 차별 없이 제공해 주어야 한다.
- 사회연대의 원리: 사람은 자기자신, 가족 및 사회에 대한 책임을 진다.

가치의 내용은 시대적·사회적 여건에 따라 변화하며 각기 다른 형태로 나타난다. 그러나 시대나 이념을 초월하여 보편적이며 많은 사람들이 고유할 수 있는 사회복지의 가치를 제시해 보면 다음과 같다.

(1) 인간의 존중

사회복지는 어떠한 상황에서도 유지해야 하는 기본가치로 인간 존엄성을 받아들인다. 사람들은 태어나면서부터 외모, 재능, 가족환경, 사는 지역이 다르고, 역할과 사회적 지위가 다양하다. 사회복지에서 인간의 존중이란 개인적, 사회적 조건과 무관하게 인간이 가장 소중한 존재이며 모든 사회구성원이 인간답게 살 권리가 있음을 강조하는 것이다. 가장 중요한 가치로 받아들여지는 인간존중은 최소한의 인간다운 생활을 보장받을 때만 가능하다. 인간존엄성의 가치는 사회적 약자에 대한 차별을 금지하며 낙인감이 들지 않도록 구현되어야 한다.

(2) 자유

자유는 사회복지의 기본가치 중 하나로 다른 사람의 간섭 없이 자신의 의지대로 행하는 것을 의미한다. 자유의 개념에는 소극적 자유와 적극적 자유 그리고 심리적 자유가 있다(문수열 · 김병 · 이창희 · 원기연 · 정영일 · 박주현, 2010). 소극적 자유는 다른 사람의 강요나 강압이 없이 행동함을 의미하며, 적극적 자유는 자신이 선택한 대로 자신의 의지대로 행동하는 것을, 그리고 심리적 자유는 선택할 수 있는 능력이 있음을 의미한다. 자유는 현실적으로 개인의 자유가 다른 사람의 자유를 침해하거나 평등가치에 위배될 수 있는 가능성이 높기 때문에 사회복지의 가치 중에서 가장 논란이 되는 개념이라 할 수 있다. 실천과정에서 자유의 가치는 자신과 타인의 생명을 위협하는 상황이 아니라면 존중되어야 하는 자기결정권인 윤리원칙과 통한다.

(3) 평등

사회통합을 위해서 중요한 가치는 평등의 실현이다. 평등은 사회적 자원을 재분배하여 사회구성원의 삶의 질을 골고루 향상시키려는 가치이며, 사회복지는 실질적인 평등을 구현하기 위한 집단적 노력이라 할 수 있다. 평등에는 기회의 평등, 결과의 평등, 조건의 평등이 있다(문수열 외, 2010). 기회의 평등은 모든 사람에게 기회를 동등하게 부여한다는 소극적인 개념이다. 조건의 평등은 장애인 고용을 위해 가산점을 주는 것처럼 개인의 욕구, 능력에 따라 사회적 자원을 다르게 분배한다는 개념이다. 결과적 평등은 모든 구성원들이 자신의 능력껏 일하고 사회적 자원을 동등하게 나누어 가는 것인데 현실적으로 구현하기는 어렵다. 평등은 사회정의나 형평성 이론의 전제가 되어 온 가치로서 사회복지사는 모든 장애나 자원의 부족으로 인해 고통받는 사람들이 차별 받지 않고 문제를 해결하도록 노력해야 하며 모든 구성원들이 자원에 쉽게 접근할 수 있도록 노력해야 한다. 사회복지사는 적어도 생존을 위한 자원의 평등이 이루어지도록 하기 위해 취약계층의 사람들에게 필요한 서비스를 제공하고 그들을 대변·옹호하고 사회적 변화를 추구해야 한다.

(4) 사회적 연대성

연대성이란 사회구성원들이 자신이 소속된 사회에 대해 가지는 유대감과 책임감을 강조하는 것으로 사전적 의미는 "두 사람 이상이 함께 무슨 일을 하거나 함께 책임지는 일"로 규정되어 있다. 이는 구성원 사이의 상호 원조를 통해 정서적 유대감을 강화하고 사회적 자원을 재분배하는 과정에서 통합을 이루게 된다. 전통사회에서는 가족 성원들 사이 또는 지역사회 성원끼리 자연스럽게 상호원조가 이루어졌으나 산업사회로 들어오면서 공동체 기능이 점차 약화되어 가고 사회통합을 위한 새로운 사회적 장치를 마련해야 하는 필요성이 제기되었다. 사회보험과 공공부조와 같은 복지제도는 공동체 구현을 위해 마련된 노력의 표출인 것이다.

2) 사회복지 가치의 다양성

사회복지 실천현장에서 대부분의 사회복지사는 다양한 갈등을 겪게 되고 문제를 해결해야 하는 상황에 직면하게 된다. 다양한 상황에서 가치는 무엇이 중요하고 중요하지 않는지를 결정하고, 때로는 여러 가치들 중에서 어떤 가치를 상대적 우위에 놓아야 하는지를 선택해야 한다. 사회복지 전문직은 가치를 기반으로 동기화되고, 기능화되기 때문에(서미경 외, 2000), 사회복지사는 무슨 일을 하든 전문적인 지식과 기술은 물론 핵심이 되는 전문직 가치가 무엇인가를 우선적으로 이해하여야 한다.

사회복지 실천에서는 사회복지사 또는 클라이언트가 가지는 개인적 가치, 사회복지를 실천하는 기관의 가치 그들이 속한 사회적 가치, 그리고 사회복지 전문직의 가치가 공존한다(양옥경 외, 2004). 우리는 모두 개인적인 가치를 가지고 있고 대부분의 상황에서 어떻게 해야 하는지를 알고 있다. 개인적 가치는 가족, 종교, 문화, 세대에 따라 다르게 형성된다. 사회복지사와 클라이언트는 각자 다른 개인적 가치가 있으므로 사회복지사는 자신의 가치를 이해하고 우리 자신의 의견을 표현하는 자유를 누려야 하지만 동시에 클라이언트 가치를 존중하여야 한다. 특히 사회복지실천의 핵심 가치인 클라이언트의 자기결정권을 인정하여 사회복지사는 자기 개인적 가치를 클라이언트에게 강요하지 말아야 한다. 예를 들어 사회복지사가 수술을 해야만 살 수 있는 위험한 질병으로 고통받는 클라이언트가 종교적인 이유로 수술을 거부한다면, 사회복지사는 개인적으로 이런 이유는 말도 안 된다고 생각하지만 생명의 위협이 없다는 전제하에서는 클라이언트 자신의 결정을 존중해 주어야만 한다. 물론 이러한 결정이 쉬운 일은 아니다. 또한 사회복지사가 지닌 전문적 지식 및 기술, 도움을 주는 관계에서 오는 권위가 개입과정에 영향을 미치게 되고 때로는 강요할 수도 있다. 따라서 사회복지사가 자신의 가치를 확인하고 개인적 가치와 전문직 가치를 구별하는 것은 지속적인 임무이다.

오랜 역사적 산물인 사회적 가치는 시대에 따라 달라진다. 사회적 가치는 그 사회의 구성원들이 바람직하다고 공유하는 보편적 정서이다.

사회적 가치는 사회복지사, 클라이언트, 그리고 사회복지기관의 가치에 영향을 미친다. 다른 나라에 비해 한국사회는 돈이 성공의 지표이며 외모가 성공에서 중요하다고 생각하는 경향이 있다. 이러한 경향을 인식하고 사회복지사는 자신과 클라이언트, 사회복지기관의 업무를 파악하는 게 필요하다.

사회복지사는 다양한 사회복지기관 및 생활시설, 공공기관, 병원, 학교 등의 기관에서 일하게 되는데, 이러한 사회복지기관들에는 나름대로의 고유한 조직 문화와 가치가 존재한다. 이러한 기관의 특성은 서비스의 효과성과 효율성 중 어느 측면을 강조하는가에 영향을 준다. 사회복지사 개인의 가치와 그들이 일하는 기관에서 추구하는 가치가 차이가 있는 경우에는 가치갈등이 발생하게 되며, 때로는 내부 고발자로서의 역할을 담당해야 하는 곤란한 처지에 놓이게 된다.

또한 사회복지 전문직으로서의 가치도 존재한다. 전문직 가치와 사회복지사 개인의 가치가 항상 일치하지는 않는데 이러한 불일치가 많을수록 서비스를 제공하는 데는 어려움이 따르게 된다. 사회복지사는 서비스를 제공하는 전문직 종사자이지만, 그들에게 주어진 클라이언트에 대한 보호기능과 자신이 근무하는 기관에 대한 책임이 서로 충돌하는 경우에 선택은 어려울 수 있다. 더욱이 사회복지 전문직 가치로는 자기결정, 자율성, 개인의 자유 등의 실천가치가 강조되는데 이러한 가치는 서구문화에서 배양된 가치들로 우리사회의 문화적 상황에서 조화되기 힘들 수도 있다(김상균 외, 2011).

2. 사회복지 실천윤리와 윤리강령

이번 절에는 사회복지에서 실천윤리 교육의 필요성을 인식하고 사회복지사 윤리강령 속에 드러난 사회복지실천의 윤리를 살펴보고자 한다. 사회복지사 윤리강령 속에는 서비스를 제공해야 하는 클라이언트와 사회를 위해서 헌신해야 하며 자신의 전문직을 위해 지켜야 하는 윤리적 원칙들이 제시되어 있다.

1) 사회복지 윤리

윤리는 무엇이 옳고 바른가(right and correct)에 대한 행동 규범으로 가치에 대하여 기준을 제공한다. 즉 윤리와 가치의 차이는 가치가 인간의 생각에 머무는 하나의 가정인 반면에 윤리란 판단에 따른 행동으로 규범적인 기준에 따라 행동의 수정이 필요할 수 있다. 일반적으로 윤리는 실천적 행위에 대해 옳다, 틀리다의 판단을 기반으로 해서 '해야 한다, 또는 해서는 안된다'는 규범을 제시하는 당위적인 판단이다.

윤리적 문제는 특히 현대사회의 특성인 가치의 다원성과 복잡성에서 기인한다. 사회의 급격한 변화로 인해 사회복지사는 다양한 형식의 윤리적 결정을 해야 하는 상황에 놓이게 되었다. 더욱이 사회복지 대상자의 권리를 강조하는 분위기가 점점 강화되고 특히 소수인의 인권에 대한 논의가 활발해지면서 다양한 형태의 윤리적 갈등이 발생되고 점점 윤리교육의 필요성이 대두되고 있다.

커노이어(Cournoyer, 2000)는 사회복지 윤리의 중요성을 명확하게 정리한다.

> "실천의 모든 측면, 모든 결정, 모든 사정, 개입, 그리고 사회복지사로서 수행하는 실질적인 모든 행위는 전문직 윤리와 의무의 관점에서 고려되어야 한다. 이런 차원은 그 어떠한 것보다 우세하다. 윤리적 책임은 이론적 지식, 연구결과, 실천 지혜, 기관의 정책은 물론 사회복지사 자신의 개인적 가치, 선호 및 믿음에 우선한다(p.67)."

로웬버그(Lowenberg)와 돌고프(Dolgoff)가 제시한 전문가 윤리를 교육하는 목적은 다음과 같다(서미경 외, 2000).

(1) 전문적 실천상의 윤리적 이슈에 대한 인식을 확대하고 민감성을

키우는 것

(2) 상충하는 논쟁들의 각각의 장점과 한계를 신중히 조사하고 밝혀내는 것
(3) 실천상황에 내포되어 있는 윤리적 원칙을 인식하는 것
(4) 윤리적 의사결정의 복잡성을 충분히 이해하는 것
(5) 신중한 추론을 통해 결론에 이르고 윤리적 원칙을 실천에 적용하는 능력을 키우는 것
(6) 자신의 도덕적 태도와 기준을 분명히 하고 전문직의 입장에서 수행한 윤리적 결정을 평가하는 능력을 키우는 것

사회복지사 윤리강령은 사회복지 전문직의 윤리와 가치를 논의하기에 좋은 출발점이다. 사회복지사의 전문가로서의 윤리적 책임은 전문가로서의 품위와 자질을 유지하고, 자신이 맡고 있는 업무에 대해 책임을 지며, 클라이언트의 어떠한 조건이나 지위를 이유로 차별 대우를 하지 않는 태도를 유지해야 한다. 그리고 클라이언트에게 최상의 서비스를 제공하기 위해, 지식과 기술을 개발하는데 최선을 다하며 이를 활용하고 전파할 책임이 있다. 사회복지 윤리강령은 이 전문직에서 우선시되는 가치를 조명하고 윤리적 방식으로 실행하게 하는 지침이 된다 (Kirst-Ashman, 2002).

2) 사회복지 전문직 윤리강령

대부분의 전문직 협회나 조직에서 윤리강령을 선포하고 준수하도록 되어 있다는 사실은 전문가에게 윤리를 준수해야 하는 의무가 있음을 반영한다. 일반인의 윤리는 개인이 그 사회의 도덕과 가치에 기초하여 행하고 지켜야 하는 의무를 규정한 것이라면 전문가 윤리는 특수한 역할을 수행하면서 고려해야 하는 특수한 의무를 성문화한 것이다(김성천 외, 2009). 사회복지 전문직 윤리는 사회복지사의 실천이 윤리적이어야 함을 인식하게 하고 어떻게 윤리적 결정을 하고 행동해야 하는지

를 알게 하는 지침이 된다. 사회복지사는 전문가인 동시에 사람이며 개인적으로 사회문제와 대인관계에 대해 어떠해야 하는가 하는 의견이 있을 수 있다. 또한 어떤 2명의 사회복지사도 자신이 맡은 업무를 같은 방식으로 보지 않고 윤리적 결정을 하는데 동일한 방식으로 접근하지 않는다. 따라서 그들이 직면하는 윤리적인 딜레마를 해결하려면 다른 사회복지사와 공유하는 전제 또는 윤리강령이 탐구되어야 한다(Spano & Koenig, 2007). 비록 윤리강령이 궁극적으로 옳고 그름에 대한 하나의 정답을 제공하는 것은 아니지만 사회복지사가 전문직을 수행하는데 없어서는 안 되는 최소한의 동의를 이끌어 내는 틀이다.

전문직을 수행하는 전문가는 윤리적 실천을 해야 하므로 대부분의 전문직에 윤리강령이 채택되어 있다. 미국 사회사업학의 경우는 1940년부터 1970년 사이 가치에 대한 관심이 높아졌고 그 결과로 미국 사회사업가의 윤리강령이 채택되었다. 우리나라는 1967년에 윤리강령이 제정되었으나 본격적인 관심은 1987년 6월 항쟁이후 민주주의의 진전과 연관이 있다. 개인의 자유, 사회정의 시민권에 대한 목소리가 커지면서 시작되었다고 보아야 한다. 이후 1999년 사회복지사업법 시행령에서 사회복지 실천윤리와 철학이 선택과목 중의 하나로 선정되었다(김성천 외, 2009).[3)]

미국 사회복지사 협회의 윤리강령 전문에는 사회복지 전문직의 독특성을 반영하는 사회복지 전문직의 핵심 가치를 제시하고 있다. 이러한 핵심 가치는 봉사(service), 사회정의(social justice), 인간의 존엄성 및 가치(dignity and worth), 대인관계의 중요성(human relationships), 성실(integrity), 능력(competence)으로 포괄적인 윤리원칙 6가지가 포함되어 있다(NASW, 1996).

---

3) 윤리와 철학의 차이를 살펴보는 것도 도움이 된다. 철학은 특정 가치관이 왜 논리적 설득력을 얻게 되는가를 비판적으로 탐색하는 것이다. 특정사회나 특정 행위자의 당위적 윤리가 아니라 특정사회 또는 특정인의 윤리적 배경이 되는 인간관과 세계관이 무엇인가를 밝히는 것으로, 이러한 과정을 통해 철학이란 특정 내용이 아니라 그 내용을 정당화해 주는 근거가 타당한지 논리적인지를 판단한다.

① **서비스 윤리원칙** : 사회복지사의 주요 목표는 욕구가 있는 사람들을 돕고 사회문제를 해결하려는 것이다. 사회복지사는 개인적인 이익을 초월하여 다른 사람들에 대한 서비스를 향상시킨다. 어떠한 필요에 처해 있는 사람들을 돕고 사회문제를 해결하기 위해 사회복지사는 자신의 지식, 가치 및 기술을 활용하며, 금전적 소득을 기대하지 않고 자신의 전문적 기술을 자발적으로 발휘하도록 권장한다.

② **사회정의 윤리원칙** : 사회복지사는 사회적 불평등에 도전한다. 사회복지사는 사회적 변화 특히, 취약하고 억압받는 사람 및 집단을 위한 사회적 변화를 추구한다. 사회복지사가 추구하는 사회변화를 위한 노력은 빈곤, 실업, 차별, 기타 유형의 사회적 불공평에 그 주된 초점을 둔다. 사회복지사는 억압과 문화적, 인종적 다양성에 민감하고 필요한 정보, 서비스, 자원에 대한 접근, 기회의 균등, 모든 사람들을 위한 의사결정에 의미 있는 참여를 보장하고자 노력한다.

③ **개인의 존엄성 및 가치 윤리원칙** : 사회복지사는 개인의 타고난 존엄성과 가치를 존중한다. 사회복지사는 개인적인 차이와 문화적 및 인종적 다양성을 염두에 두고 이들을 보호하고 존중하는 마음으로 모든 사람을 대해야 하며 클라이언트의 자기결정권을 위해 노력해야 한다. 또한 클라이언트의 역량과 기회를 강화시키고 클라이언트의 이해관계와 더 넓은 사회의 이해관계 사이의 갈등을 해결하기 위해 노력하며 사회복지사는 클라이언트 및 더 넓은 사회에 대한 이중적 책임을 인식한다.

④ **인간관계의 중요성 윤리원칙** : 사회복지사는 인간관계의 중요성을 인식하고 자신이 관계 변화를 위한 중요한 매개자라는 것을 인식한다. 사회복지사는 개인, 가족, 사회집단, 조직, 지역사회의 복지를 증진, 회복, 유지하기 위해 사람들 사이의 인간관계를 강화시키고자 한다.

⑤ **성실성 윤리원칙** : 사회복지사는 신뢰성을 줄 수 있게 행동한다. 사회복지사는 사회복지전문직의 임무, 가치, 윤리기준, 윤리원칙을 항상 생각하고, 일관되게 실행하며, 정직하고 책임성 있게 행동하며, 자신이

속한 조직의 입장에서 윤리적인 실천을 증진시킨다.

⑥ **능력 윤리원칙** : 사회복지사는 자신의 능력 범위 안에서 실천하며, 자신의 전문지식과 기술을 향상시키고 적용하기 위해 노력하고 사회복지 전문직의 지식토대를 강화시킨다.

이 중에서 능력과 성실은 사회복지사 개인의 가치 및 윤리적 실천과 관련이 있고, '개인의 존엄과 가치', '인간관계의 중요성'은 사회복지사와 클라이언트간의 상호작용에 초점을 두는 대인관계차원의 가치이며 마지막으로 서비스와 사회정의는 사회적 차원의 가치에 해당한다고 보았다(한국임상사회사업학회, 2006).

한국의 사회복지사 윤리강령은 1982년 사회사업가 윤리강령 제정을 시작으로 1988년, 1992년, 2001년 세 차례나 개정이 되었다. 2001년 개정된 사회복지사 윤리강령은 전문, 윤리기준, 사회복지사 선서의 3부분 6개의 장으로 구성되어 있다. 전문에서는 인본주의, 평등사상, 인간 존엄성과 가치 존중, 자유와 생존권 보장, 사회 정의, 평등과 자유, 민주주의 가치실천 등을 기본 이념으로 선언하고 있다. 윤리기준에서는 사회복지사의 기본적 윤리기준, 클라이언트에 대한 윤리기준, 동료에 대한 윤리기준, 사회에 대한 윤리기준, 기관에 대한 윤리기준과 함께 사회복지 윤리위원회의 구성과 운영을 규정하고 있다. 사회정의 실천과 클라이언트의 복지증진에 헌신하면서 사회·경제적으로 열악한 대상층의 편에서 성실하고 공정하게 업무를 수행하는 전문가를 요구한다.

(1) 클라이언트에 대한 윤리적 책임

이 윤리적 범주는 실천가가 어떻게 클라이언트를 존중하고 사회복지사와 클라이언트의 관계 중 어떤 측면을 중시해야 하는가를 보여준다. 특히 문제가 되기 쉬운 자기결정과 사생활과 비밀보장에 대해 살펴보기로 한다(Krist-Ashman, 2003).

① 자기결정권

실천가는 스스로 결정할 수 있는 자기결정권을 육성하고 지지해야 한다. 사회복지실천에 적용한다면 이는 클라이언트가 최선의 가장 정확한 선택을 하도록 돕기 위해 첫째, 클라이언트에게 어떤 자원이 있는지를 알려주고, 둘째, 그러한 대안을 클라이언트가 규정하고 기술하게 도와주고, 셋째, 각 대안의 결과를 평가하도록 돕는 것이다.

위반사례[4]: 자활기관에서 고용상담 및 연계업무를 담당하는 K의 업무는 사람들의 장점, 기술, 흥미를 평가하여 적절한 고용주와 연결시키고 그들이 새로운 직장에서 적응하도록 도와주는 일이다. 어느 날 19세의 고등학교를 중퇴한 여성 J가 찾아왔다. J는 컴퓨터 워드 1급 자격증을 가지고 있으며 수줍음을 많이 타는 성격이라 비서나 행정적인 업무를 원한다고 하였다. 그러나 사회복지사 J는 클라이언트가 고등학교 중퇴이고 뚱뚱한 체형이라 비서직에는 맞지 않는다고 생각하고 J에게 사무직에 관련된 정보는 주지도 않고 영업직을 선택하라고 권유한다.

클라이언트의 자기결정권은 사회복지의 전문직의 중요한 가치이며 인간존엄성을 실현하는 수단이다. 그러나 클라이언트의 자기결정 원칙은 클라이언트의 능력의 부족, 법, 관습, 타인의 권리에 따라 다르게 적용되며 반드시 지켜질 수는 없다. 만일 자신이나 타인에게 해를 끼칠 것으로 예상되는 상황이나 생명을 위협하는 결정이라면 절대적인 기준이 되지 못한다.

② 사생활보호와 비밀보장

사회복지사는 클라이언트의 사생활과 비밀보장을 유지해야 한다. 사생활은 허락받지 않은 관찰이나 침해당하지 않는 상태를 의미하며 비밀보장은 클라이언트가 제공한 정보나 클라이언트에 관해서 그들이 분명하게 허용하지 않았다면 사회복지사가 다른 사람과 정보를 공유해서

4) 여기 제시된 위반사례들은 Krist-Ashman(2003)에 나타난 사례를 한국 실정에 맞게 수정 또는 변경하여 제시하였다.

는 안된다는 것이다. 이는 사회복지사는 다른 사람에게 클라이언트에 관한 정보를 누설하지 않는 것 뿐만 아니라 클라이언트에 관한 정보를 개입에 필요한 것 이상의 정보를 얻으려 해서는 안 되고, 비밀보장의 제한적 조건에 관해서도 클라이언트에게 공지하여야 함을 의미한다.

위반사례: 청소년쉼터에서 일하는 사회복지사 A씨는 함께 일하는 다른 사회복지사 한명과 청소년상담센터에서 업무로 자주 만나는 동료 2명과 자주 만나 식사를 한다. 가끔은 동료들의 가족들과도 함께 만나며 서너 명의 사회복지사는 그들이 맡고 있는 어려운 사례에 대해 서로 이야기를 하면서 각자 사례의 어려움에 대해 경쟁하듯이 이야기를 나눈다. 이러한 행동은 그들이 어려운 일을 맡아서 열심히 문제를 해결하려 하고 서로 신뢰하는 관계임을 고려하더라도 사생활보호의 원칙에 어긋나는 부주의한 행동이라 할 수 있다. 식당과 같은 공공장소에서는 그들의 이야기를 듣게 되는 사람이 있을 수도 있고 그들의 가족이 별다른 의식 없이 다른 사람들에게 이야기를 할 수도 있기 때문에 항상 주의를 해야 한다.

(2) 동료에 대한 책임

윤리강령에는 6개의 동료에 대한 조항과 슈퍼바이저에 관한 조항 4가지가 제시되어 있다. 동료와 의견차이가 있을 때도 클라이언트를 위해 협력하고 상대방에게 존경을 유지해야 한다는 것이 핵심이다. 사회복지사는 필요하면 타 전문가에게 의뢰를 하고 동료가 윤리적 행동을 하지 않으면 문제제기를 해야 한다. 이 때 사회복지사는 존중과 신뢰로서 동료를 대하며, 전문가로서의 지위와 인격을 훼손하는 말과 행동을 하지 않아야 한다.

위반사례: 지역사회복지팀에서 일하는 사회복지사 J는 같이 일하는 동료 P씨와 함께 일하는 것이 못마땅하다. P가 게으르고 아는 것도 없으면서 일을 신중하게 처리하지도 않는다고 생각하는 J는 종종 P가 없는 자리에서 다른 직원들에게 P의 외모나 특이한 말투 등을 흉내내면서 P의 태도와 자질에 문제가 있다고 뒷담화를 한다.

(3) 기관에 대한 윤리적 책임

사회복지사는 기관의 정책과 사업 목표의 달성, 서비스의 효율성과 효과성의 증진을 위해 노력하여 클라이언트에게 이익이 되어야 하며 기관의 부당한 정책이나 요구에 대하여, 전문직의 가치와 지식을 근거로 이에 적절히 대응해야 한다.

위반사례: 노인요양시설에 새로 근무하게 된 J는 일이 즐겁고 담당 업무에 점점 숙달이 되고 있다. 기관 내에서 매우 힘이 있는 상담실장은 J씨의 슈퍼바이저이다. 상담실장은 구청에서 기관평가를 하자 노인대상 설문지에 임의로 기재하고 노인들은 사인만 하도록 강요하는 것을 보게 되었고 이는 올바른 일이 아니라 생각하였지만 문제꺼리를 만들게 될까 걱정이 되어 못 본 척 하기로 했다.

(4) 사회복지사의 사회에 대한 윤리적 실천

사회복지사는 자신이 속한 지역뿐 아니라 전 세계의 복지수준을 향상시키기 위해 일하는 것이 핵심이다. 사회복지사는 자원과 기회의 평등을 위해서 사회적 약자를 옹호하고 대변하는 일은 물론 필요한 사회서비스를 개발하기 위한 사회정책의 수립 · 발전 · 입법 · 집행에도 적극적으로 참여하고 지원해야 한다.

사회복지사의 윤리강령은 사회복지사의 가치에 기초하고 있다. 사회복지사 윤리강령은 사회적으로 취약한 사람이나 약자를 대상으로 하는 업무이기 때문에 대상자의 인격을 존중하고 분배정의를 실현하기 위해 서비스를 제공하는 윤리성이 강조되고 있다. 여기에는 전문가들이 합의한 자신들이 지켜야 하는 행동기준과 원칙에 관한 내용이므로 사회윤리적인 규제력이 있다.

3. 윤리적 딜레마와 결정원칙

1) 윤리적 딜레마

다양한 사람들의 삶에서 사람들을 돕는 사회복지의 필요성이 높아감에 따라 윤리적 실천은 더욱 중요해지고 있다. 사회복지는 개인이 정상적인 기능을 수행되지 못하는 위기의 상황이나 사회체계의 허용한계에 종종 도전하기 때문에 사회통제, 사회적 관심, 정의와 사회복지의 변화기능 사이에는 항상 갈등이 존재한다(Barry, 2009).

상충되는 가치, 윤리기준, 윤리원칙에서 우선순서를 정하는 방법은 사람마다 매우 다른 의견을 제시할 수 있다. 사회복지사는 클라이언트의 권리와 욕구, 동료나 다른 전문직에 기대하는 권리와 의무, 그리고 한정된 인적, 물적, 시간적 자원 등을 고려하여 올바른 결정을 내려야 하기 때문에 갈등상황을 해결하는 일은 쉽지 않다. 사회복지사 윤리강령에는 윤리적 딜레마가 발생할 때 윤리적 의사결정과 행위로 이끌어 주는 일련의 준거(가치, 원칙, 기준)가 제시되어 있다. 그럼에도 불구하고 윤리강령이나 제반 규정에서 모든 행위에 대한 지침이 제공되는 것은 아니므로 사회복지사가 직면하는 구체적인 상황에서 가치갈등과 윤리적 딜레마를 해결하는 데는 충분하지 않다.

윤리적 딜레마는 두 가지 이상의 상충하는 가치에서 하나를 선택하여 어느 한쪽에는 바람직하지 못한 결과를 가져올 때 발생한다. 이러한 딜레마 상황에서 모든 윤리적 원칙을 고려했다고 확신할 수 있는 사람은 아무도 없다. 대부분의 윤리적 문제는 정의와 평등의 원칙간의 충돌 혹은 예산감소로 야기된 재정적인 어려움으로 클라이언트의 이익을 최우선으로 해야 하는 원칙을 지키지 못하는 경우와 같이 상충되는 가치 사이에서 갈등할 때 발생한다. 또한 윤리적 딜레마는 기관과 클라이언트의 요구가 다를 때, 또는 어떤 대상에게 우선적인 관심을 주어야 하는지를 결정해야 하는 상황과 같이 상충되는 충성심 사이에 갈등하는 경우에도 발생한다.

윤리적 딜레마가 나타나기 쉬운 상황을 김상균 외(2002)는 직접 서비스에서의 윤리적 딜레마와 간접 서비스에서의 윤리적 딜레마로 나누어 예를 통해 탐색하고 있는데 〈표 4-1〉은 이런 상황을 제시한 것이다. 사회복지의 직접실천에서 윤리적 딜레마는 자기결정과 비밀보장 또는 사회복지사와 클라이언트, 기관과의 가치 상충에서 발생할 수 있고 간접 실천에서는 자원의 배분에 대한 형평성, 법과 규칙의 준수 등에서 제기된다. 다양한 상황에서의 윤리적 쟁점을 논의하고, 윤리적 지침과 결정 과정을 이해할 필요가 있다.

〈표 4-1〉 윤리적 딜레마 상황

직접 서비스에서의 윤리적 딜레마	간접 서비스에서의 윤리적 딜레마
· 비밀보장 · 자기결정 · 전문적 관계 · 전문적 가치와 개인적 가치 · 충실성의 상충	· 제한된 자원의 배분 · 법률과 규칙의 준수 · 사회복지에 대한 정부와 민간의 책임 · 조직의 내부갈등과 윤리

사회복지사는 이상적으로 모든 가치가 조화를 이루어 행동하기를 원하지만 현실적으로 많은 실천현장에서 주요 가치들의 상충으로 윤리적 결정을 내리기가 매우 어렵다. 다음은 사회복지사가 직면할 수 있는 윤리적 딜레마의 예이다. 완벽한 해결책은 없으므로 하나의 답을 구할 수는 없다. 만일 당신이라면 다음의 상황에서 무엇을 할 것인가?

윤리적 딜레마를 통한 비판적 사고 1

:자신의 권리를 위해 부모님을 고소한 소녀의 이야기

조디 피콜트의 소설 『마이 시스터즈 키퍼: 쌍둥이별』는 중요한 윤리적 논쟁들을 제기하고 있다. 줄거리는 백혈병에 걸린 언니를 치료하기 위해 태어난 소녀 안나가 자신의 권리와 존재를 찾아가는 과정을 각 인물들이 화자가 되어 자신의 시점에서 이야기를 이끌어간다. 줄거리를 살펴보면 안나는 백혈병에 걸린 언니 케이트를 위해서 유전자를 수정하여 태어난 아이이다. 안나는 태어난 직후부터 언니에게 필요한 제대혈, 백혈구, 줄기세포, 골수 등을 제공해 왔고, 그런 삶과 역할에 대해 한 번도 도전한 적이 없었다. 이제 열세 살이 된 안나는 다른 평범한 10대들처럼 자신이 누구인가를 질문하기 시작한다. 언니와의 관계 속에서만 자신의 존재를 인정받을 수 있었던 안나는 더 이상 엄마가 시키는 대로 하지 않겠다고 다짐한다. 사랑하는 언니에게 치명적인 결과를 가져올지도 모를 결정을 한 안나는 부모님을 상대로 소송을 걸기 위해 유명한 변호사를 찾아가고, 전직 변호사였던 엄마 사라는 자신의 변호를 직접 맡아 한 가족이 법정에서 충돌하게 된다.[5)]

이 이야기에서는 장기 기증, 맞춤아기, 자녀에 대한 부모의 통제권 등 윤리적 논란이 될 만한 이슈들이 상당히 많다.

사회복지 실천과정에서 윤리문제는 가치의 상충, 의무의 상충, 클라이언트 체계의 다중성, 결과의 모호성, 능력 또는 권력의 불균형 등의 상황에서 발생하게 된다(서미경 · 김영란 · 박미은, 2000).

5) 네이버 책소개 발췌 http//book.naver.com/bookdb/book-detail.nhn?bid=5121936

〈표 4-2〉 윤리적 딜레마 발생요인

발생요인	딜레마 내용	사례적용
가치상충	윤리적 딜레마는 가장 자주 야기되는 상황이다. 예를 들어 유전적인 질병의 가족력을 가진 부인이 자신의 질병을 남편에게 알리지 말아달라고 하는 경우와 같이 클라이언트의 자기결정가치와 사생활 보호가치 사이에서 윤리적 결정을 내려야 하는 상황에 직면할 수 있다.	· 삶과 죽음에 대한 의사결정을 해야 하는 사람은 누구인가? 한 자녀의 생명을 살리기 위해 다른 자녀의 의사는 무시되어도 좋은가? 아이를 살리기 위한 부모의 권리는 어디까지 인가? 다른 사람의 권리를 위반하더라도 부모결정은 정당한 것일까?
클라이언트 체계의 다중성	가족폭력과 같은 복합적인 문제를 다룰 때 사회복지사는 누가 클라이언트인가를 결정하는데 어려움이 있다. 가족 성원의 누구의 이익을 우선적으로 고려하고 문제에 개입하는가를 결정하는 것은 어려운 일이다.	· 사랑하는 아픈 자녀를 살리기 위해, 다른 아이에게 계속해서 위험한 수술들을 받도록 요구하는 것이 가능한가?
의무상충	사회복지사는 기관에서 요구하는 의무와 클라이언트 이익의 최우선성의 의무 사이에서 갈등하기 쉽다. 클라이언트의 이익이 최선이라는 가치에도 불구하고 기관의 자원 부족으로 서비스를 제공할 수가 없다.	· 좋은 부모, 좋은 자매, 훌륭한 전문가란 무엇을 의미할까?
결과의 모호성	사회복지사가 선택을 할지 무엇이 최선일지, 5년, 10년이 지나도 그 결과 최선으로 판단될 수 있는지 등등 윤리적 결정은 확신할 수 없는 상황에 직면한다.	· 안나의 도움이 없이 케이트는 살 수 있을까? 반복된 수술이 안나에게 미치는 영향은 무엇일까? 자녀가 부모를 고소하는 상황은 사회에 어떠한 파장을 가져올까?
힘/권력의 불균형	점차 클라이언트와의 협력과 동반자적 관계를 강조하지만 여전히 평등하다고 말하기는 어렵다. 사회복지사의 자기결정권, 클라이언트 이익의 최우선성 등에 높은 가치를 두고 있지만 정보의 차이 등으로 인해 사회복지 실천과정에서 전문가의 영향력은 무시할 수가 없다.	· 미성년인 자녀가 자신의 결정과 선택을 할만한 자원과 정보가 있을까? 가족 성원끼리 법정 다툼이 있을 때 서비스를 제공해줄 수 있는 기관이 있을까?

비판적 사고 2: 학대받는 노인의 노인시설 입소

만일 며느리로부터 심한 학대를 받고 매일 집근처를 배회하는 70세 노인이 동사무소의 사회복지전담공무원으로 일하는 당신을 찾아온다면 어떻게 해야 할까? 우리사회 정서상 할머니를 모실 의사가 없지만 아들이 노인시설에 보내려는 의사도 없다. 그러나 할머니는 아들내외와 사는 것을 고통스러워 하고 본인은 양로원에 가고 싶어 한다. J는 할머니를 노인시설에 입소하도록 하는 것이 최선이라고 생각되지만, 행정규칙 상 연고자가 있는 노인의 입소는 불가능한 것으로 되어 있다.

이 경우 사회복지사 J는 어떻게 해야 하나? 할머니에게 행정규칙을 알려주고 아무 일도 해줄 수 없음을 알려야 하나 아니면, 행정규칙을 어기는 불이익을 감수하고 할머니를 민간시설에 연결시켜 주어야 하나?
주어진 상황에서 사회복지사가 겪을 윤리적 딜레마는 무엇인가? 사회복지사가 할 수 있는 가능한 대안은 무엇인가?

2) 가치 위계와 윤리적 결정과정

대부분의 사회복지사는 클라이언트의 문제를 해결하는 데 있어서 다양한 가치갈등을 경험하고 매순간 어려운 결정을 해야 하는 상황에 놓인다. 윤리강령에 제시된 원칙이나 윤리기준 등이 마련되어 있긴 하지만 실제 현장에서의 결정에서는 사회복지사의 전문적 판단에 의존하고 혼자서 이러한 윤리적 결정을 내려야 하는 경우가 많다. 더욱이 즉각적인 개입이 필요하여 시간적 여유가 없이 결정을 내려야 하는 경우도 많다.

로웬버그와 돌고프는 윤리적 의무들이 서로 갈등하는 상황에서 결정을 돕기 위해 윤리원칙의 준거틀을 다음과 같이 제시하였다(김인숙·김용석 공역, 2002).

원칙1. 생명 보호의 원칙
원칙2. 평등과 불평등의 원칙
원칙3. 자율성과 자유의 원칙
원칙4. 해의 최소화 원칙
원칙5. 삶의 질 원칙

원칙6. 사생활과 비밀보장의 원치

원칙7. 진실성과 완전개방의 원칙

이러한 가치 위계의 개념은 사람마다 중요하게 생각하는 가치의 내용이 일치하지 않는 상황에서 우선순위를 정하는데 도움이 된다. 윤리원칙의 숫자가 적을수록 큰 수의 원칙들보다 높은 위계서열에 있다. 어떤 상황에서든 우선되는 윤리 원칙을 검토함과 동시에 법적 의무를 반드시 확인해야 한다.

사회복지 현장에서 경험하는 딜레마에는 정답이나 분명한 해결책이 존재하지는 않는다. 그러나 여러 가지 가능성을 탐색하면서 원칙에 근거하여 결정을 내리게 되는데 다음과 같은 윤리적 실천을 위한 결정과정은 도움이 될 것이다(김상균 외, 2002; 167-190).

(1) 사회복지실천 가치와 의무를 포함하여 윤리적인 쟁점을 확인한다. 생명존중, 클라이언트의 비밀보장, 자기결정권존중, 최소한의 피해의 원칙, 법적 의무 등 다양한 쟁점이 있을 수 있다.

(2) 윤리적 결정에 의해 영향을 받게 될 관련체계를 확인한다. 가족 및 사회복지사, 쉼터, 법정관련자, 학교 등 관련체계를 확인한다.

(3) 가능한 행동방침과 관계자, 잠재적 결과에 대한 가설을 설정한다. 브레인스토밍을 실시하여 가능한 대안을 모두 확인하고 각 대안에 대한 장애와 결과를 예측하기 위해 탐색한다.

(4) 행동방침들의 정당성을 면밀히 검토한다(법률과 규칙, 윤리강령, 윤리적 지침과 원칙, 사회복지 실천이론과 원칙, 개인적 가치 등을 고려한다). 관련 법률과 규칙, 윤리강령과 윤리적 결정을 위한 원칙을 확인하고 개인적 가치와 기관의 가치를 인식한다.

(5) 동료 또는 관련 전문가에게 자문을 구한다. 윤리적 쟁점을 이해하는 동료나 전문가들에게 자문을 구한다.

(6) 결정을 하고 결정과정을 문서화한다. 윤리적 결정과정의 단계마

다 기록하는 것은 실천의 단계이다.

(7) 실행결과를 평가하고 부수적 문제를 확인하고 문서화한다. 원칙을 검토하고 단계별 숙고를 통해 내려진 결정이라 해도 결정이 끝이 아니라 윤리적 결정으로 만드는 시작임을 인식해야 한다.

이러한 딜레마 상황에서 윤리적 실천을 하기 위해서는 사회복지사는 어떠한 딜레마가 있는지를 인식하는 것에서 시작하여 해결과정에 클라이언트와 외부환경을 이해하는 지식을 축척하고, 실천과정에서 사회복지의 가치를 확인하는 등의 지속적인 성찰이 필요하다. 윤리적 책임을 수행하기 위해서는 사회복지사 개인의 타당한 결정이 반영되어야 하며, 전문직의 윤리기준을 적용하는 동료의 검토과정에서 이러한 쟁점이 어떻게 결정될 것인가도 고려되어야 한다.

생각해 볼 문제

1. 상담중인 유전적 질병의 가족력을 가진 부인 A는 임신을 하고 싶어한다. 현재 A의 남편은 그녀의 가족력을 모르고 A는 이 사실을 숨기려 할 때 당신이 사회복지사라면 어떻게 해야 하나?

2. 다음은 개인적 가치문제를 제기한다. 사회복지사는 자신의 가치를 확인해야만 클라이언트에게 자신의 가치를 강요하지 않게 된다. 다음의 문제에 대한 자신의 가치는 무엇인지 살펴보라.
   - 극악한 범죄에는 사형제도가 존재해야 하는가? 만일 그렇다면 어떤 범죄에 적용되어야 하는가(테러, 연쇄살인, 아동성폭력)?
   - 취업시 군가산점을 주어야 하는가? 어떤 상황에서 그렇게 해야 하는가?
   - 초등학교나 중학교의 교사는 신체적 체벌을 사용할 수 있어야 하는가?
   - 고통이 심하고 생존하기 힘든 환자에게 존엄사를 인정해야 하는가?
   - 입양서비스에서의 양부모의 비밀보장 권리와 입양된 사람들의 알 권리 중 어느 쪽이 우선인가?

3. 인터넷은 점차 정보제공과 접근성의 높이는 수단으로 점차 사용이 증가하고 있다. 사회복지의 비밀보장과 관련하여 어떠한 규제가 필요하다고 생각하는지 논하라.

참고문헌

김상균 · 오정수 · 유채영(2002), 『사회복지 윤리와 철학』, 나남.

김상균 · 최일섭 · 조흥식 · 김혜란 · 이봉주 · 구인회 · 강상경 · 안상훈(2011), 『사회복지개론』, 파주: 나남출판.

김성천 외(2009), 『사회복지학의 원리와 실제』, 학지사.

김인숙 · 김용석 공역(2002), 『사회복지실천기술 연습』, 나남.

문수열 · 김병 · 이창희 · 원기연 · 정영일 · 박주현(2010), 『사회복지의 이해』, 창지사.

서미경 · 김영란 · 박미은 공역(2000), 『사회복지 실천윤리』, 양서원. Lowenberg, F. M. & Dolgoff, R. 1996. Ethical Decisions for Social Work Practice.

양옥경 외(2004), 『사회복지실천과 윤리』, 한울아카데미.

한국임상사회사업학회 역(2006), 『사회복지개론』, 신정.

Barry, E.(2009), *An Examination of Ethics in Social Work Critical Social Thinking: Policy and Practice*, Vol. 1, 2009. 111-124.

Cournoyer, B.(2000), *The Social Work Skills Workbook*(3rd ed.). Pacific Grove, CA: Brooks/Cole.

Krist-Ashman, K. K.(2003), *Introduction to Social Work and Social Welfare: Critical Thinking Perspectives.* Brooks/Cole-Thomson.

Levy, C. S.(1973), The value base of social work. *Journal of Education for Social Work*, 9: 34-42.

National Association of Social Workers.(1996), Code of Ethics. http://www.umbc.edu/socialwork/uploads/nasw_codeofethics.pdf.

Reamer, F. G.(1999), *Social Work Values and Ethics*. New Work: Columbia University Press.

Spano, R. & Koenig, T.(2007), "What is Sacred When Personal and Professional Ethics Collide?" *Journal of Social Work Values and Ethics*, Vol.4 (3) available from: www.socialworker.com/jswe.

제2부

사회복지 실천방법

제 5 장

사회복지정책

사회복지정책은 사회문제가 개인의 책임이라기보다는 사회적 혹은 국가적 책임에 의해 발생한다고 간주하여 거시적 맥락에서 사회문제를 이해하여 사회복지에 대한 계획되고 조직화된 행동방침이라고 할 수 있다. 이러한 사회복지정책이 프로그램으로서 구체적으로 시행되기 위해서는 기본적으로 누구에게, 어떤 방식으로, 어떤 재원을 가지고, 누구를 통하여 사회복지자원을 할당할 것인가의 선택의 차원에서 나라마다, 시대에 따라 언제나 논쟁이 되고 있다.

이 장에서는 사회복지의 접근방법 중 정책적 접근방법으로, 사회복지정책 요소를 길버트와 테릴(Gilbert & Terrell)이 제시한 분석틀에 따라 살펴보고자 한다. 즉 급여의 자격, 급여의 형태, 전달방법, 재원 마련방법을 중심으로 각각의 내용과 장단점을 살펴봄으로 논쟁점을 설명한다. 또한 우리나라 사회복지정책분석의 실제 사례를 제시하여 직접 분석할 수 있는 기회를 제공하고자 한다.

- 사회복지정책의 급여의 자격, 급여의 형태, 전달방법, 재원방법을 학습한다.
- 사회복지정책 선택의 각 차원의 장・단점을 이해한다.
- 우리나라 사회복지정책을 분석틀에 따라 실제로 분석해 본다.

사회복지는 사회문제를 해결이라는 사회적 욕구에 대응하기 위한 응용과학으로서 사회정책과 사회사업을 포괄하는 실천학문이다(박용순, 2007). 이러한 사회복지의 접근방법은 사회문제의 발생 원인을 어떻게 보느냐에 따라 정책적 접근, 전문적 접근, 통합적 접근으로 다르게 나타난다. 이 중 정책적 접근은 사회문제가 개인의 책임이라기보다는 사회적 혹은 국가적 책임에 의해 발생한다고 간주하여 거시적 맥락에서 사회문제를 이해하려고 한다. 즉 사회제도가 완전하지 못하여 사회문제가 발생하고, 따라서 사회정책을 통해 사회문제를 해결하려는 접근방법이라 할 수 있다.

사회복지의 정책적 접근의 개념을 이해하기 위해서는 '정책(policy)'의 개념을 잘 이해할 필요가 있는데, 일반적으로 정책이란 '특정 목적을 달성하기 위한 행동들의 원칙, 지침, 일정한 계획, 조직화된 노력'으로 보고 있다(원석조, 2007). 따라서 사회복지정책이란 사회복지에 관한 정책이라고 볼 수 있으며, 사회복지에 대한 계획되고 조직화된 행동방침이라고 할 수 있다. 도시화, 산업화로 인해 발생하는 대량실업이나 빈곤의 문제를 사회보장정책을 통해 해결하려는 시도가 정책적 접근의 대표적인 예이다.

사회복지정책이 프로그램으로서 구체적으로 시행되기 위해서는 기본적으로 갖추어야 할 요소들이 있다. 이는 누구에게, 어떤 방식으로, 어떤 재원을 가지고, 누구를 통하여 사회복지자원을 할당할 것인가의 선택의 차원이다. 사회복지정책 내용에 관한 기본적인 요소를 분석하는 가장 대표적인 것으로 길버트와 테릴(Gilbert & Terrell, 2005)은 〈표 5-1〉과 같이 네 가지 선택의 차원들로 구성된 분석틀을 제시하고 있다.

〈표 5-1〉 사회복지정책 요소에 대한 4가지 분석틀

선택의 차원	의미	선택의 대안
할당 (allocation)	수급자격	· 귀속적 욕구 · 전문가 판단에 의한 진단 · 사회적 기여 · 개인 또는 가족의 자산상태
급여 (benefits)	급여종류	· 현금, 현물, 바우처, 서비스, 기회, 권력 등
전달 (delivery)	전달방법	· 중앙집권 또는 지방정부 · 공공행정가 또는 민간
재원 (finance)	재원마련방법	· 공공재원(사회보험, 조세) · 민간자원(사용자 부담, 민간모금 등) · 공공과 민간 재원의 혼합

출처 : Gilbert & Terrell, 2002. 재구성

1. 급여대상자의 선정-보편주의와 선별주의

사회복지정책의 내용을 분석하는데 가장 논란이 되는 것 중의 하나는 급여를 받을 수 있는 자격의 문제이다. 즉 누구에게 급여하고, 누구에게는 급여를 제외할 것인가의 문제이다. 사회복지에 사용할 사회적 자원이 많으면 급여자격의 문제는 크게 대두되지 않을 것이다. 즉 서구 복지국가들은 2차 세계대전 이후 1970년대 중반까지 '사회복지 황금기'를 지냈는데, 이 시기는 높은 경제성장으로 사회복지에 사용할 자원은 풍부한데 비해 사회복지 자원을 받아야 할 대상은 비교적 적어 급여자격이 까다롭지 않은 보편적인 사회복지 프로그램들이 확대되었기 때문이다(김태성, 2009).

그러나 1970년대 중반 이후부터 오늘날까지는 경제성장이 둔화되어 사회복지에 사용할 자원은 축소된 반면 자원을 받아야 할 대상이 확대되어 '복지국가의 위기'를 맞이하고 있다. 이러한 상황에서는 어떠한 방식으로 사회복지 재화나 서비스에 대한 수요를 제한할 것인가에 대한 기준의 필요성이 발생하여 선택주의가 강조되고, 이 때 대상자 선택의

기준이 무엇이냐가 쟁점이 된다. 아래에서는 이처럼 급여자격에서 가장 논란의 대상이 되어오고 있는 보편주의와 선별주의의 두 가지 원칙과 사회복지정책의 자격조건을 살펴보고자 한다.

1) 보편주의와 선별주의

급여대상자를 선정하는 기준인 보편주의와 선별주의는 사회적 분배와 수혜가 어떠한 방법으로 이루어져야 하는가의 선택이며, 급여대상자 선정에 대한 논의의 출발점이다. 즉 특정한 문제를 가진 사람들(특정한 국민)에게 국한할 것인가? 아니면 어떤 기준에 의하여 동일한 상황에 처한 모두(전체 국민들)에게 혜택을 줄 것인가의 문제이다. 예를 들어 어느 연령에 도달하면 모든 아동에게 초등학교의 무상교육과 무상급식을 제공할 것인가, 아니면 경제적으로 곤란한 가정의 아동이거나 생활의 위기에 경우에 처한 아동에 국한하여 제공할 것인가가 문제이다.

보편주의는 사회적 위험에 대하여 특별한 제한을 두지 않고 권리성 급여로 제공하고자 한다(윤찬영, 2007). 그리하여 국민 누구나 위험으로부터 보호되도록 하고 사회통합을 추구하는 사회적 효과성을 목적으로 한다. 우리나라 초등교육의 무상교육과 영국의 국가의료서비스(NHS: National Health Service)는 보편주의의 한 예가 될 수 있다. 복지국가가 발달할수록 모든 시민이 포함되는 보편적 정책이 전개되어야 한다고 생각하지만, 한정된 자원의 효과적인 사용으로 경제적 효과성과 개인 자유의 원칙을 고려한다면 반드시 모든 사람에게 경제적으로 적용하는 데에는 문제가 있다.

선택주의는 특정 사안에 따라 선택적으로 일정한 대상이 결정될 경우 개별적 검증을 필요로 하게 된다. 예를 들면 생활상 얼마나 심각한 경제적 위기에 처해 있는가는 자산조사(Means Test)를 실시하여 도움을 필요로 하는 빈곤층만을 대상으로 하고, 개인적 환경은 어떠한가 등에 대해서는 개별면담과 가족면담이 선행되기도 한다. 우리나라의 국민기초생활보장제도를 비롯한 대부분의 국가에서 사용하는 공공부조가 그 대표적인 예이다. 선별주의는 개별적인 특수한 상황에 따라 적절한 형태와 방법으로 보조할 수 있으므로 효과적인 성과를 얻을 수 있는 반면에 개별조사에 따른 인격적 모욕과 사회주변인으로서의 낙인을 받게 될 우려가 크다(윤철수 · 노혁 · 도종수 · 김정진 · 김미숙 · 석말숙 · 김혜경 · 박창남 · 장은숙, 2010). 또한 국민들에게 일정한 기준을 통해 그 기준에 해당되는 사람에게 혜택을 부여하는 것이 경제적 효과성은 있다고 하더라도 필요한 삶에게 적절한 방법으로 배분되고 있는가에 대한 회의가 따를 수 있다. 필요하지 않는 사람에게도 혜택이 부여되는 경우(부정수급자) 국가 예산 낭비가 초래되어 비효율적인 정책이 되고, 반드시 혜택이 필요한 사람이 배제되는 경우가 발생하기 때문이다. 그리하여 부정수급을 방지하기 위하여 엄격한 선정기준과 복잡한 행정적 절차를 거쳐 대상자를 선정하고 있다.

2) 급여대상자 자격요건

오늘날 사회복지가 발달한 국가의 세부적인 사회복지정책은 그 종류가 많고, 또한 이들 각 정책의 자격조건도 매우 다양하다. 다양한 자격조건의 분류 가운데 송근원과 김태성(2003)은 아래의 여섯 가지로 세분하여 할당의 자격조건의 형태를 설명하고 있다.

(1) 거주여부, 거주기간, 그리고 시민권

급여의 자격요건 중 가장 기본적인 것은 한 나라 혹은 한 지역의 거주여부이다. 사회복지정책의 가장 개방적인 자격요건으로 한 나라 혹은 한 지역에 거주만 하면 누구에게나 급여자격을 부여하는 것이다. 이는 사회복지 수급을 하나의 권리로 인정하는 것으로 사회복지정책의 역사적 발전과정을 통해 볼 때 가장 발전된 형태라 할 수 있다. 그러나 이때 '거주'는 거주기간과 시민권(영주권)의 소지여부에 따라 제한된 정의로 사용되고 있다. 사회복지정책의 자격을 얻기 위해서는 일정기간 이상 거주하거나 시민권자로 한정되는 경향이 있으며, 여행자와 단기간

거주자에게는 급여자격을 제한하고 있다. 예를 들면 오늘날 유럽 복지 국가의 사회복지정책의 경우 대부분 일정 기간 이상 거주해야만 자격이 주어진다.

(2) 인구학적 조건

사회복지급여 자격의 두 번째 조건은 인구학적 조건이다. 이는 크게 두 가지로 분류할 수 있는데, 먼저 인구학적 조건만 갖추면 급여를 받을 수 있는 경우이고, 다른 하나는 다른 조건을 추가적으로 갖추어야만 하는 경우이다. 전자의 예로는 우리나라의 만 7세 아동은 누구나 초등학교 교육을 보편적 급여로 받을 수 있고, 후자의 예로는 소득(자산)조사에 의한 범주적 공공부조와 고용보험료 납부 기여에 근거한 실업급여를 들 수 있다.

인구학적 조건 가운데 가장 일반적으로 사용되는 것이 나이인데, 대부분 국가에서는 사회복지급여를 받기 위해 일정한 나이에 도달해야 한다.

(3) 기여

사회복지급여의 자격조건으로 중요한 또 다른 조건은 기여이다. 이에는 사회보험에서 보험료 납부로서의 기여와 사회에 대한 경제적·사회적 기여의 경우가 있다. 오늘날 대부분의 사회보험의 가장 중요한 첫 번째 자격조건은 보험료 납부로, 보험료를 납부한 개인에게 사회보험급여의 자격이 주어진다. 즉 일정한 기간 동안 일정한 액수의 보험료를 납부한 개인이 사회보험이 해결하고자 하는 위험(노령, 장애, 질병, 사망 등)이 발생할 경우 사회보험의 수급자격이 된다.

사회복지정책 기여의 두 번째 형태는 국가에 사회적 혹은 경제적 기여를 했을 경우이다. 사회적 기여의 대표적인 예가 국가 유공자들에게 보상 차원의 다양한 급여를 제공하는 프로그램과 군인, 공무원 연금 등이다. 경제적 기여를 고려한 사회복지정책으로는 철도나 광업 같은 국가경제발전에 기여가 큰 국가기관산업에 종사한 사람들을 대상으로 일찍 등장한 사회보험은 일반 프로그램과 달리 운영된다.

(4) 근로능력

사회복지정책의 역사적 발전과정을 볼 때, 가장 먼저 그리고 가장 널리 사용된 자격조건은 근로능력 여부이다. 1601년 영국의 빈민법(구빈법)에서도 사회복지급여의 자격조건은 근로능력이었는데, 빈민 중에서도 근로능력이 없는 빈민인 장애인이나 노인, 만성질환자 등은 구빈원(almshouse) 또는 자선원(charitable hospital)에 수용되어 제한된 보호를 받도록 하였다. 근로능력 여부에 대한 기준은 국가마다 다르며, 같은 나라에서도 시대에 따라 달라지고 있다. 근로능력 여부와 다른 조건이 겸비되어야 하는 경우가 있는데 그 예로 공공부조의 수급자격은 근로 무능력과 자산요건을 구비하여야 하며, 반대로 근로능력이 있어야 주어지는 경우의 예로는 실업보험과 훈련 프로그램이 있다.

(5) 소득 및 자산조사

자산조사는 공공부조 대상자 및 기초노령연금 등에서 대상자가 사회보장제도를 악용하지 않도록 대상자(피보험자)의 수입, 재산, 다른 저축수단, 친지의 도움 여부를 실제로 가려내는 조사를 의미한다. 소득 및 자산조사는 공공부조 프로그램에서 거의 대부분의 나라에서 개별적 자격판단 기준으로 가장 많이 사용된다. 소득은 없으나 일정 자산이 있는 경우에 대해 수급자격을 부여할 것인가에 대한 여부는 엇갈린 견해가 존재하는데, 재산이 잠재적 소득을 나타낸다고 판단하여 수급자격을 부여하지 않는 경우가 대부분이다. 자산조사에 의해 기준선이 높게 설정된 급여자격 결정은 수급자뿐만 아니라 잠재적 수급자까지도 근로동기를 약화시키는 경향이 있다.

(6) 전문적 혹은 행정적 판단

사회복지정책의 마지막 자격조건으로 전문적 혹은 행정적 판단인 진단에 의한 것이다. 이것은 사회복지가 발달되지 않은 국가에서 많이 이용되는 방법으로 사회복지정책의 급여를 받기 위하여 다른 조건으로 사회복지사, 의사와 같은 전문가나 행정 관료의 판단인 진단이 필요하다. 전문적 혹은 행정적 판단에 의한 자격결정은 욕구 여부를 '개별적'으로 결정한다고 보는 것으로 장애인 수당, 노인 장기요양보험 급여 등이 그 예라 할 수 있다. 오늘날 사회복지가 발달한 나라에서는 사회복지정책의 자격여부가 법규에 명시되어서 자동적으로 결정되는 경향이 있는데, 이는 사회복지의 욕구는 '집단별'로 발생된다는 것을 반영한다고 볼 수 있다.

〈표 5-2〉 급여자격 기준의 종류와 정책 사례

급여자격 기준	정책 사례
거주여부	영국의 전국민보건의료서비스(NHS)
인구학적 조건	가족수당/아동수당
기여	각종 사회보험
근로능력	실업급여/직업훈련
소득 및 자산조사	국민기초생활보장급여
전문적 혹은 행정적 판단	장애인 수당/노인장기요양보험급여

대부분의 국가는 실제로 이러한 자격조건 중 한 가지 자격조건에만 의존하는 것이 아니라 여러 가지 자격조건을 혼합·병행하여 사용하고 있는 것이 현실이다(조흥식, 2008).

2. 급여의 형태

오늘날 사회복지정책을 통하여 제공되는 급여의 형태는 다양하며, 어떤 형태로 제공할 것인가에 대한 선택에서는 크게 현금과 현물의 두 가지 방법이 논의되고 있다. 그 밖의 급여형태로는 바우처, 기회, 서비스, 권력을 들 수 있다. 여기서는 쟁점이 되는 현금과 현물급여의 장단점을 구체적으로 살펴보고 다른 네 가지 형태에 대해서는 간략하게 살펴보고자 한다(이진숙 외, 2010).

1) 현금급여

현대 복지국가들이 제공하는 사회복지 재화나 서비스 가운데 가장 비중이 큰 것은 현금 형태의 급여이다. 국민연금, 공공부조, 아동수당 등은 모두 현금으로 급여가 제공되는데, 현금급여가 많이 쓰이는 이유는 다음과 같은 장점 때문이다.

현금급여의 장점으로는 첫째, 수급자 효용의 극대화로 현금 급여는 사회적 자원의 효율적 배분이 이루어질 수 있다는 점이다. 그러나 현금급여가 현물급여보다 수급자의 효용을 높인다는 주장에 대한 한계도 지적되는데, 어떤 사람들은 현금급여로서 '합리적 선택'을 하여 자신들의 효용을 극대화할 능력이 없을 수도 있다는 것이다. 특히 오늘날과 같이 복잡한 사회에서는 정보부족으로 어떤 서비스(예를 들면 의료서비스)를 통해 자신의 효용을 극대화할 수 있는 '합리적 선택'을 결정하기에 많은 어려움이 있을 수 있다.

둘째, 수급자 선택의 자유와 소비자 주권이 보장된다. 현금급여는 수급자 선택의 폭을 넓혀 개인의 취향을 반영할 수 있을 뿐 아니라, 민주사회에서 그 자체로 매우 중요시되는 가치인 자유나 자기결정의 권리를 보호할 수 있다. 반면에 현물급여는 획일적인 소비결정을 통해 전달되기 때문에 개인의 자유나 자기 결정을 훼손시킬 수 있다. 그러나 한편으로는 소비자 선택의 자유는 생산자의 일방적 광고와 정보 왜곡으로 잘못 선택될 수도 있다.

셋째, 현금급여는 인간의 존엄성을 유지시키는 데 현물급여보다 우월하다. 일반적으로 사회복지프로그램은 종종 수급자에게 수치감(낙인)을 주는 경향이 있다. 이는 급여를 신청할 때, 급여를 받을 때, 급여를 소비할 때 발생하는데, 현금급여는 소비단계에서는 낙인을 줄일 수 있다. 반면 현물급여는 소비단계에서 소비자 낙인이 발생하기 때문에 현물로 급여하는 사회복지프로그램에서는 수급 자격자가 신청을 포기하는 경우가 발생한다.

넷째, 현금급여는 현물급여에 비하여 프로그램의 운영비용이 적게 든다. 현물급여는 보관, 관리, 유통에 있어서 많은 행정비용이 소요되기 때문이다.

2) 현물급여

현물급여는 복지국가가 발전되기 이전에는 중요한 역할을 하였으나, 이후 국가에 의한 본격적인 소득보장정책이 발전되면서 현금급여보다 상대적으로 비중이 적어졌다. 그러나 반드시 제공되어야 하는 서비스의 경우에는 현물로 지급되는 경우가 많은데, 그 대표적인 예가 의료서비스와 교육서비스이다.

현물급여가 필요한 이유로는 첫째, 현물급여는 현금급여보다 정책의 목표효율성을 높일 수 있다. 즉 현금급여보다 욕구를 가진 자를 더 확실히 선별할 수 있어 급여가 필요한 대상자에게 집중적으로 급여를 제공할 수 있다. 현물급여는 현금급여에서 발생하는 낙인감으로 급여 신청을 포기하는 자를 대상으로 급여를 제공하여 남용이나 오용의 문제를 줄일 수 있다.

둘째, 현물급여는 현금급여에 비해 정치적인 측면에서 선호된다. 즉 현물급여는 현금급여에 비하여 효과가 비교적 명확히 나타나기 때문에 납세자들이 선호하게 되는 것이다. 이는 특히 사회복지 확대를 반대하는 나라에서는 강하게 나타나는 현상이다. 현물급여는 또한 현물을 생산하거나 제공하는 집단도 선호하기 때문에 정치적으로 채택될 가능성이 높다.

셋째, 현물급여는 현금급여보다 대량생산과 대량소비로 인한 규모의 경제효과가 커서 프로그램 비용을 줄일 수 있고, 시장에서 지나친 경쟁으로 인한 구매비용 낭비도 줄일 수 있다. 그러나 실제로는 현금급여를 통하여 수급자가 원하는 재화나 서비스를 시장의 경쟁체제에서 구입하게 되면, 경쟁논리에 의하여 현물급여보다 낮은 가격에 구입할 가능성이 크다는 점에서 비판을 받기도 한다.

이상에서 현금급여와 현물급여의 장·단점을 살펴보았는데 어느 것이 일방적으로 우월하다고 단정하기 힘들며, 어느 정도의 현금급여와 현물급여가 필요한가는 각 국가의 정치적·사회적·경제적인 상황과 사회가치에 달려 있다고 하겠다.

3) 바우처

앞서 살펴본 바와 같이 현금급여와 현물급여는 각기 장·단점이 있기에 이 두 가지 급여 형태를 장·단점을 모두 보완할 수 있는 절충적 급여 형태로 등장한 것이 바우처(voucher)이다. 바우처는 일정한 용도 내에서 수급자로 하여금 원하는 재화나 서비스를 자유롭게 선택할 수 있게 하는 방법이다. 대표적인 예로 미국의 식품권(Food Stamp)은 수급자에게 바우처로 주는데, 이것을 이용하여 음식물이라는 용도 안에서 수급권자가 자유롭게 원하는 식품을 선택할 수 있다.

바우처는 재화나 서비스 공급자들 사이의 경쟁을 유발시켜 재화나 서비스의 질을 높이고, 현물급여의 장점인 정책의 목표효율성도 살릴 수 있고, 현물급여보다 수급자의 효용을 증가시킬 수 있으며, 또한 운영비용도 적게 든다.

4) 기회

기회는 현물이나 현금처럼 어떠한 상품가치가 있는 것이 아닌 무형의 급여 형태로 매우 포괄적인 개념이다. 이는 사회생활에서 기회불평등을 제거하려는 의도에서 기회의 불평등으로 인해 개개인이 원하는 목적을 성취하지 못하거나 처음부터 동기부여가 되지 못하는 것을 해소하려는 것이 목적이다. 빈곤계층의 자녀들이 값비싼 등록금으로 인해 고등교육의 기회를 얻지 못하고 포기하면 직업선택의 기회까지 박탈당하게 되어 빈곤세습이 발생하기 때문에 이들을 대상으로 교육접근가능성을 높여주는 것이 필요하다. 비슷한 예로는 장애인과 노인을 위한 고용촉진 및 의무고용과 관련한 제도, 농촌이나 사회소외계층 대학특별전형, We Start 프로그램 등을 들 수 있다. 기회의 제공은 불평등한 처우를 받고 있다는 인식에서 벗어날 수 있도록 하고, 기회를 통해 보다 나은 생활을 유지할 수 있도록 하는데 정책적 목표를 두고 있다.

그러나 기회급여는 사회복지정책이 추구하는 목표인 평등을 이루는데 어려움이 따르는데, 이는 사회의 기득권자들이 자기들의 이득을 합리화시키기 위한 수단으로 이용될 가능성이 높기 때문이다.

5) 서비스

서비스란 개인이 당면한 특수한 문제 해결을 위한 거택보호, 상담, 사례관리, 직업훈련 등과 같은 제반 활동을 제공하는 것이다. 서비스는 구체적인 형상을 가지고 있는 것이 아니기 때문에 수혜자들에게 즉각적인 시장가치를 부여하지는 않으며, 기회급여와 마찬가지로 다른 재화와 교환할 수 없다. 서비스는 사회구성원들의 개별적인 욕구를 해결하기 위해 제공되기 때문에 표준화하기 어렵고, 서비스 제공 시기 또는 서비스제공자의 가치관이나 전문성에 따라 서비스의 내용과 질이 달라질 수 있다.

6) 권력

권력이란 재화와 자원을 통제할 수 있는 영향력을 의미하는 것으로 종종 정책결정의 권한을 특정집단에 이양하는 경우에 의해 획득된다. 우리나라의 경우 건강보험이나 국민연금의 가입자 대표(노동조합이나 시민단체의 추천을 받은)를 건강보험정책심의위원회나 국민연금제도발전위원회 등 각종 위원회의 의사결정에 참여시키는 것이 여기에 해당된다.

권력은 재화나 서비스와 같이 수급자가 직접적으로 소비할 수 있는 것도 아니고 현금처럼 사용되지도 않지만 현물·서비스·기회의 형태보다는 폭넓은 사회·경제적 선택을 제공한다. 이런 의미에서 권력은 유동적인 교환가치를 지니고 있다고 하겠다. 그러나 정책결정 과정에 참여하는 참여자들은 대부분 명목적 참여를 함으로써 실질 정책내용에 영향을 주지 못한다.

참여자들이 수급권자의 이익을 대변하기보다는 기존의 정책결정자들에 의하여 선택된 사람들이기 때문에 종종 기득권을 가진 집단의 이익을 대변하는 수준에 머물러 버리기도 한다. 수급권자들이 정책내용에 대한 이해가 적기 때문에 참여를 해도 실질적으로 정책 변화에 영향을 주기 어렵다는 것이다. 결국 권력이라는 급여도 참여민주주의라는 이름하에 대개의 경우 기득권자의 합리화를 위한 도구로 쓰일 가능성이 높다.

〈표 5-3〉 급여의 형태

구분	현금급여	현물급여	바우처
의미	· 급여가 금전으로 제공됨.	· 급여가 현물 혹은 서비스 형태로 제공됨.	· 증서를 주어 일정 용도 내에서 원하는 재화와 서비스를 선택하도록 하는 것.
이론적 근거	· 소비자 주권: 개인에게 선택의 자유를 부여하여 바람직하다고 생각하는 미래를 위해 자신의 자원을 통제할 수 있는 권리가 개인에게 보장되어야 함.	· 사회통제: 잘못된 또는 한정된 정보 때문에 오류를 범하거나 잘못된 선택을 할 가능성을 제한한다는 의미임.	· 현금과 현물의 중간 성격: 일정 범위 내에서 일정 정도의 소비자 주권을 보장해 주면서 동시에 정해진 용도 외에 증서가 사용되는 것을 금지함으로써 사회통제도 가능함.
장점	· 관리비용의 절감 · 효용의 극대화 · 자유와 자기결정권 보호	· 프로그램 비용 절감 · 목표효율성 증가 · 정치적인 측면에서 선호	· 재화나 서비스 질 향상 · 운영비 절감
단점	· 용도 외의 사용 가능성	· 선택의 자유 제한 · 관리비용이 많이 듦 · 규모의 경제 효과 저하 · 낙인감	· 중간적 성격으로 인해 정치적 지지 세력이 적음.
예	· 국민 연금 급여 · 공공부조의 현금급여	· NHS의 진료서비스 · 장애인복지급여의 보장구	· Food Stamp · 장애인활동지원 바우처, 산모신생아도우미 바우처 등

〈표 5-3〉에서 보는 바와 같이 급여의 형태는 매우 다양하여 어떤 것

이 최선의 급여라고 단정짓기는 어렵다. 문제 해결을 위해 어떤 급여를 제공할 것인가를 결정할 때에는 대상자의 문제와 욕구의 형태, 상황에 따라 그리고 정책의 목표를 검토하면서 적절하게 형태를 선택하는 것이 바람직하다. 또한 결정된 급여가 장기간의 긍정적인 결과를 거둘 수 있도록 대상자의 개별적인 상황에 대한 관심이 필요하다.

3. 전달체계

사회복지 전달체계는 사회복지 급여를 어떤 경로(누구)를 통해 전달할 것인가에 관한 것이다. 사회복지정책을 통해 제공되는 급여의 형태가 다양하고 다양한 영역에서 제공되기 때문에 전달체계도 다양하다. 사회복지 전달체계의 주체는 크게 공공부문(지방정부 포함)과 민간부문으로 구분된다.

공공부문은 정부가 주체가 되어 시행하는 각종 사회복지정책들로서 정부가 급여의 자격, 급여형태, 재원 등에 관해 모두 결정하고 전 국민들을 대상으로 포괄적으로 제공한다. 핵심적 내용으로는 소득보장, 의료복지, 교육복지, 사회서비스 등이다.

민간부문은 개인이나 비영리 사회단체, 기업과 같은 민간이 주체가 되어 재화나 서비스를 결정하고 일부 사람들을 대상으로 제공하기도 한다. 박애사업, 자선사업, 민간 사회복지기관과 시설, 기업복지가 여기에 속하며, 이들은 크게 영리조직과 비영리조직으로 나눌 수 있다.

또한 어떤 재화나 서비스들은 중앙정부와 지방정부, 혹은 정부와 민간부문의 장점을 결합한 다양한 형태의 혼합체계로 제공되기도 하는데(박지영 외, 2010), 정부가 재원지원과 관리·감독을 담당하고 민간부문이 서비스 프로그램 운영을 담당하는 위탁형태가 대표적인 예라 할 수 있다.

한편 DiNitto(2000)는 사회복지서비스 전달조직을 좀더 세분화해서 공공기관, 민간비영리단체(민간기관), 민간영리기관, 자조 집단, 종교단체로 구분했다(원석조, 2007).

1) 공공기관(public agencies)

공공기관은 법에 근거해 설립되고, 중앙정부 또는 지방정부가 운영한다. 우리나라의 경우 복지와 관련된 중앙정부 기관은 보건복지부가 대표적이며, 지방정부들도 가정복지국 또는 사회복지과를 설치해 운영하고 있다.

2) 민간비영리단체(private not-for profit corporations) 또는 민간기관(private agencies)

민간기관의 이사회가 관리하며, 기부금, 서비스 이용료, 정부지원금 등 다양한 재원의 자금으로 운영한다. 민간비영리단체는 아동보육서비스, 정신보건서비스, 장기요양서비스 등 다양한 서비스를 제공한다. 미국의 경우 대부분의 민간기관들은 클라이언트로부터 서비스 이용료를 받고 있는데, 클라이언트 경제적 능력에 따라 요금을 차등화한 슬라이딩 스케일(sliding scale)을 적용하고 있다.

3) 민간영리기관(private for-profit corporations, proprietary agencies)

민간기관이지만 영리를 목적으로 하며, 민간비영리기관과 같이 아동보육사업이나 장기요양사업을 한다. 단 서비스 이용료는 시장 가격으로 받는다. 비영리기관으로부터 적절한 서비스를 제공받을 수 없을 경우 또는 이들 영리기관의 서비스가 더 경제적일 경우 정부는 영리기관의 서비스를 구매하여 클라이언트에게 제공하기도 한다. 미국의 메디케이드(medicaid)가 영리를 목적으로 하는 장기요양기관의 케어서비스를 구매하는 것이 좋은 예이다.

4) 자조 집단(self-help groups)

자조 집단도 사회복지서비스를 제공한다. 정부지원은 전혀 받지 않고, 회원들의 회비에 전적으로 의존하며, 회원 간의 협력을 가장 중시한다. 사회복지기관에 비해 덜 공식적이고, 회원 가입이 자유롭다. 미국의 경우 알코올중독에서 벗어나기 위한 자조 집단인 Alcoholic Anonymous(AA, 1935년에 발족)가 가장 대표적이며, 정신질환자 자조 집단도 있다.

5) 종교단체(religious organizations)

종교단체는 사회복지서비스의 오랜 역사를 갖고 있다. 종교단체의 재정과 인력에 상당 부분 의존하지만, 서비스 대상자 선택에 종교적 제한을 두지는 않는다. 아동보호, 가족상담, 입양, 정신건강상담, 노숙자를 위한 음식과 거처의 제공 등 다양한 서비스를 제공하고 있다.

사회복지정책의 목표와 내용은 효과적인 전달체계에 의해 달성되어 질 수 있다. 소득재분배를 통한 빈곤과 불평등의 완화라는 정책목표는 정부를 통한 전달이 유리할 것이고, 자원의 효율적 분배와 수급자 편의라는 측면에서는 민간부문이 더욱 효과적일 것이다(김성천 외, 2010). 또한 지금까지는 영리조직의 이윤추구라는 목적이 사회복지 서비스의 본질과 충돌된다는 점에서 사회복지영역에서는 배제되어 왔다. 그러나 최근에는 서비스 이용자의 권리확대를 위한 경쟁체제 상황에서 서비스의 효율성과 효과성이 비영리조직보다 우월할 수 있다는 논의가 대두되면서 영리조직의 영역이 조금씩 확대되어 가고 있다.

4. 재원

국가의 기능이 점점 확대됨에 따라 사회복지에서 정부의 기능이 중요해지고 있는데, 정부는 재정이라는 수단을 통하여 사회복지정책에 막대한 영향을 미치고 있다. 이러한 의미에서 사회복지정책은 국가의 재정상태와 절대적인 함수관계에 있다고 할 수 있다. 특히 개발도상국가에서는 사회복지정책이 국가재정의 압박 요인 및 경제성장 저해요인으로 지적되는 경우가 많이 있으며, 선진국에서도 사회복지의 수요 확대로 인한 재정건전성의 확보 문제가 주요한 정책과제이다. 특히 오늘날처럼 서구 복지국가들이 지난 20여년 동안의 경제성장 둔화로 사회복지정책을 위한 재원마련이 일정한 한계에 다다른 상황에서 재원의 문제가 그 어느 때보다 중요해졌다(김태성, 2009).

사회복지정책을 실행하는 데 가장 중요한 것을 정책수행에 필요한 자원을 어디에서 얼마나 확보하고 어떻게 사용할 것인가를 결정하는 것이라 할 수 있다. 사회복지정책에 사용되는 재원은 크게 공공부문의 재원과 민간부문의 재원으로 나눌 수 있다. 그리고 공공부문의 재원은 다시 조세와 사회보험료로 나눌 수 있으며, 민간부문의 재원은 크게 이용자 부담금(user fee), 자발적 기여금(개인 · 재단 · 기업), 기업복지, 가족 내 혹은 가족 간 이전(intra or inter family transfer) 등으로 나눌 수 있다.

복지국가의 실제 운영에서는 흔히 이들 재원이 혼합되어 제공된다. 사회복지기관과 단체들의 실제 예산은 조세로부터 얻은 정부지원 수입과 민간의 자발적 기부금(후원금), 그리고 프로그램 이용자들에게 부과한 이용료로부터 얻은 수입 모두가 합쳐져서 이루어져 있다. 마찬가지로 민간 비영리 단체들도 자신들이 개별적으로 확보한 자발적 재원에 그들의 재정을 의존하지만 또한 정부와의 계약(위탁)을 통해 정부로부터 재정보조를 받음으로써 조세에도 그 재정을 의존하고 있다. 복지국가의 재원이 이처럼 다양한 방식으로 존재하는 것을 흔히 복지의 혼합경제라고 한다.

〈표 5-4〉 사회복지 재원의 종류

<table>
<tr><td rowspan="6">공공부문</td><td rowspan="5">조 세</td><td>소득세</td></tr>
<tr><td>소비세</td></tr>
<tr><td>법인세</td></tr>
<tr><td>부세</td></tr>
<tr><td>조세지출</td></tr>
<tr><td colspan="2">사회보험료</td></tr>
<tr><td rowspan="4">민간부문</td><td colspan="2">이용료(user fee)</td></tr>
<tr><td colspan="2">기업복지</td></tr>
<tr><td colspan="2">자발적 기부</td></tr>
<tr><td colspan="2">가족 간의 이전</td></tr>
</table>

1) 공공부문

공공부문에서의 사회복지 재원 조달 방식은 형평성과 소득재분배(소득이전)에도 영향을 미칠 수 있기 때문에 사회복지 재원조달방식과 재정지원방식은 사회복지정책에서 매우 중요하다.

(1) 조세

공공부문에서 조달되는 사회복지정책 재원 중 가장 큰 부분을 차지하는 것이 조세와 사회보험료이다. 일반적으로 공공부문 예산이 사회복지 전체예산 중 차지하는 비중이 높을수록 사회복지정책이 발달하는 경향이 있다(송근원 외, 2003).

조세방식을 통하여 사회복지재정을 충당하는 근거로는 첫째, 국가가 저소득층의 생존권을 보장하여야 할 의무를 수행해야 한다는 데 근거한다. 따라서 국가는 국민들이 납부한 세금을 통하여 국민 전체의 생존권을 보장하는 사회복지정책을 수행할 수가 있다.

둘째, 사회복지정책은 그 자체가 공공재로서의 성격을 갖는다는 것이다. 즉 특정한 재화를 시장에서 생산하게 되는 경우, 생산에 소요되는 비용은 그 재화를 소비하는 소비자가 지불한다. 그러나 공공재는 가격을 지불하지 않는 사람도 해당 재화 소비의 편익(benefit)을 누릴 수 있다는 특성이 있고, 외부효과를 배제하기 힘들다는 문제가 있기 때문에 국가가 세금을 통하여 전 국민을 대상으로 재화를 생산하고 소비하도록 한다.

셋째, 사회복지정책은 기본적으로 소득을 재분배하는 기능을 한다. 자본주의 사회에서 시장경쟁에 의해 발생된 불평등은 국가의 각종 조세제도에 의해 완화되며, 조세방식에 의해 조성된 재원을 통하여 실시되는 사회복지정책들은 소득재분배 효과를 가져와 궁극적으로는 소득불평등을 완화시키는 효과가 있다.

이러한 조세의 종류로는 소득세, 법인세, 소비세, 부세, 조세감면 등이 있다.

(2) 사회보험료(social insurance contribution)

사회복지정책재정에서 중요한 역할을 하는 것이 사회보험료이다. 사회보험료는 강제성을 띠며, 사회보장을 위한 목적세의 특징을 가지고 있어 사회보험료를 사회보장성 조세(social security tax)로 분류하기도 한다(송근원 외, 2003).

사회보험을 공공재원으로 분류하는 이유는 보험료가 조세처럼 국가에 의해 강제적으로 부과되며, 관리 및 운영도 공공기관에 의해 이루어지며, 적립보험료는 국가에 의해 재투자되고, 그에 의한 수익은 사회보험 기금으로 재환원되기 때문이다.

사회보험료의 장점으로는 재원을 사회보장 및 소득보장에 사용하고 소득수준에 따라 보험료를 부담하고 급여를 보장받기 때문에 조세에 비해 국민저항이 약하는 점, 적정 수준에서 생활수준을 안정시킬 수 있다는 점, 다른 국가 정책 지출과 독립적으로 활용함으로써 재정운영의 안정성과 국민의 신뢰를 확보할 수 있다는 점이다. 단점으로는 사회보장에 대한 장기적인 사회계약을 체결하기 때문에 경제적·사회적 환경

변화에 유연하게 대처하는 능력이 부족하다는 점, 소득재분배 기능이 일반 조세에 비해 약하다는 점이 있다.

2) 민간부문

오늘날 선진 복지국가에서는 사회복지정책의 재원 가운데 공공부문의 재원이 압도적으로 많음에도 불구하고 여전히 민간부문의 재원이 사회복지정책에서 많이 사용되고 있다. 여기서는 민간부문의 재원을 이용자 부담, 자발적 기여, 기업복지, 가족 내 혹은 가족 간 이전(가족·친척·이웃) 등 크게 네 가지로 나누어 살펴보고자 한다.

(1) 이용자 부담

오늘날 사회복지정책이 앞선 국가에서도 어떤 국가가 제공하는 재화나 서비스를 받을 때는 이용자는 일정한 본인 부담금 납부를 원칙으로 하는 경우가 많다. 이처럼 이용자 부담금이 부가하는 이유로는 첫째, 사회복지서비스의 남용을 막을 수 있다. 건강보험의 경우 이용자 부담액 부과는 불필요한 의료서비스의 이용을 감소시킬 수 있다. 둘째, 정부부담 한계를 극복하는 방법으로 필요하다. 건강보험의 경우 보험료 외에 이용자가 지불하는 진료비가 건강보험재정의 안정에 많은 부분을 담당하여 사회복지서비스의 질을 높일 수 있다. 셋째, 낙인감을 경감시키고 자기존중(self-respect)을 높일 수 있다.

그러나 이용자 부담의 문제점이 있는데, 역진적이어서 저소득층의 부담이 고소득층에 비해 상대적으로 커서 소득재분배를 약화시킬 수 있고, 이용자 부담금이 저소득층에게는 경제적 부담이 되어 필요한 서비스 이용이 제한될 수 있다.

(2) 자발적 기여

자발적 기여란 민간에 의한 자발적인 기부금(후원금)을 말한다. 자발적 기여의 주된 동기는 자선이나 박애이지만, 정부의 조세감면정책, 즉 기부금에 대해 세금을 면제해 주는 정책이 큰 뒷받침이 되고 있다. 자발적 기여는 국가에 의한 사회복지정책이 발전되기 이전에는 중요한 역할을 하였으나 국가가 사회복지정책을 주도한 이후에는 점차 그 중요성이 감소되고 있다. 그러나 국가에 따라 혹은 사회복지정책의 영역에 따라 자발적 기여는 여전이 중요한 역할을 하고 있다. 자발적 기여로는 개인·재단·법인·유산으로 나누어지며, 개인기여금은 기부자 개인이 선택한 자선단체에 직접 기부하거나 공동모금단체를 통해 기부한다.

(3) 기업복지(occupational welfare)

민간부문에서 중요한 사회복지 재원의 하나는 기업이다. 기업은 직원에게 후생복지를 제공하고 지역사회의 복지증진에 기여한다. 직원의 후생복지를 위한 지출은 매우 다양한 형태로 발달되어 왔지만, 대표적인 것이 기업연금, 법정퇴직금, 여성 출산휴가, 장학금, 사내 탁아제도 등과 같은 프로그램이다. 이러한 프로그램들은 직원의 충성심과 양질의 노동력 확보를 위한 목적으로 제공되고 있다. 또한 직원에 대한 후생복지는 노동생산성 향상에도 기여하기 때문에 최근에는 대기업이 사회복지재단을 설립하여 지역사회에 현물 및 현금을 기부하거나 사회복지시설을 설치하는 등 사회복지 증진에 기여하고 있다.

(4) 가족 간의 이전(inter-family transfer)

사회복지정책이 정책되지 않은 시기에는 국가의 개입이 미치지 못하는 욕구와 사회문제에 대해 가족 및 친척이나 이웃 등의 비공식적 지원이 중요한 사회복지 재원이었다. 전통적으로 가족 구성원의 유대와 부양에 대한 책임의식이 강한 우리나라의 경우 이러한 가족 간의 이전은 지금까지도 중요한 역할을 감당하고 있다. 노인에 대한 부양비나 의료비 지출은 여전히 가족부담으로 남아 있는 경우가 많고, 집을 장만하거나 위급한 상황에서 도움을 주는 여러 가지 상황으로 가족간의 소득이전이 발생되고 있다. 또한 가족은 노인과 장애를 가진 구성원들에 대한 돌봄서비스와 지지서비스를 담당함으로 비경제적인 측면에서도 사회복지 기능을 감당하고 있다.

5. 우리나라 사회복지정책분석의 실제

〈사례 1〉 K대학교에서 진행하고 있는 취약계층아동 집중케어 프로그램

K대학교는 OOOO청년사업단은 2009년 7월부터 현재까지 보건복지부 지정 사업으로 사랑 나눔 멘토링사업을 운영하여 취약가정 아동의 위기 상태로의 전환을 사전에 예방하여 건전한 성장발달을 도모하고자 하고 있다.

구체적 활동으로는 OOO지역에 있는 다문화, 저소득가족과 더불어 전국평균 100%이하 소득가구의 초등학교, 중학교 아동을 대상으로 월 10시간의 학습 및 정서지원, 2시간의 부모 및 담임교사 상담, 8시간의 자원봉사 및 문화체험 활동을 지원하고 있다. 이러한 활동을 위해 20~30대 미취업 청년을 고용하여 멘토로 활용하며, 멘토 1명당 5명의 아동을 매칭함으로써 이 분야의 새로운 취업 기회를 제공함으로 일자리창출을 극대화하고 있다.

2009년 사업 시작 당시에는 제공자 지원방식이었으나 2010년부터는 이용자지원 방식인 바우처로 전환되어 아동의 부모들이 직접 읍·면사무소에 서비스를 신청하고, 일정액의 자부담을 부담하고 있다

〈출처: K대학교 OOO청년사업단 홍보지, 재구성, 2010.〉

위의 프로그램을 길버트와 테릴의 네 가지 선택의 차원들로 구성된 분석틀에 따라 분석해 보자.

〈사례 2〉 만성질환을 가진 저소득 독거노인의 경우

만성질환을 가진 저소득 독거노인이 가진 생활상의 욕구는 다음과 같다.

1. 경제적 어려움을 해결할 수 있는 생계비 지원에 대한 욕구
2. 만성질환 치료를 위한 의료서비스에 대한 욕구
3. 혼자 생활하는데서 오는 고독감과 소외감을 해소할 수 있는 대인관계에 대한 욕구

4. 가사활동과 주거문제를 도와줄 수 있는 서비스에 대한 욕구
5. 불균형한 영양 상태를 개선하기 위한 도시락 및 반찬배달 서비스에 대한 욕구
6. 종교 활동 참여를 위한 이동서비스 지원에 대한 욕구
7. 열악한 난방시설 및 주거환경으로 인한 목욕과 이불세탁 지원에 대한 욕구

이 독거노인이 자신의 욕구를 충족시키기 위하여 동원할 수 있는 자원은 매우 제한적이다. 소득활동을 하기에는 신체적 건강이 허락하지 않고, 친인척과의 관계가 단절되어 있거나 그들도 형편이 어렵기 때문에 지원을 기대할 수 없다. 거동이 불편하므로 이웃과의 관계도 단절되고 다양한 서비스 정보에도 접근하기 어렵다.

〈출처: 박지영 · 배화숙 · 엄태완 · 이인숙 · 최희경, 2010, 재구성.〉

이 사례에 대해 제공될 수 있는 다양한 서비스 전달체계를 제시하여 보자. 또한 제시된 욕구 이외에도 어떤 욕구가 숨어 있을 수 있는지, 그러한 욕구를 위해서는 어떤 전달체계를 활용할 수 있는지 토의해 보자.

생각해 볼 문제

1. 초등학교 무상급식에 대한 논쟁이 뜨겁게 대두되고 있다. 과연 초등학교 무상급식은 선별적으로 이루어져야 하는가? 보편적으로 이루어져야 하는가? 반대한다면 어떤 정책이 요구되는가?

2. 우리나라는 복지제도가 발전하면서 국제노동기구(ILO)가 권고하는 의료보험, 연금급여 등 9개 급여가 도입 운영되고 있으며, 권고하는 복지급여 중 유일하게 도입되지 않은 것은 아동(가족)수당이다. 아동수당은 지급되어야 하는가? 지급된다면 급여의 내용과 대상은 어떻게 결정되어야 한다고 생각하는가?

참고문헌

김태성(2009), 『사회복지정책입문』, 청목출판사.

박지영 · 배화숙 · 엄태완 · 이인숙 · 최희경(2010), 『함께하는 사회복지의 이해』, 학지사.

원석조(2007), 『사회복지개론』, 양서원.

윤찬영(2007), 『사회복지의 이해』, 학현사.

윤철수 · 노 혁 · 도종수 · 김정진 · 김미숙 · 석말숙 · 김혜경 · 박창남 · 장은숙(2010), 『사회복지개론』, 학지사.

이진숙 · 주은선 · 신지연 · 윤나리 · 노승택(2010), 『사회복지정책론』, 양서원.

송근원 · 김태성(2003), 『사회복지정책론』, 나남출판.

Gilbert, N. & Terrell, P. 2005. *The dimension of social welfare policy.* Mass.: Allyn & Bacon.

제 6 장

사회보장제도

사회보장제도는 현대사회에서 국민의 생활상의 사고와 소득불안정은 개인의 능력만으로는 대처할 수 없다는 전제하에, 전체 국민의 최저생활을 확보하기 위해 국가가 책임을 가지고 행하는 종합적·체계적인 시책이나 제도이다. 사회보장제도는 국민의 생존권을 보장함과 동시에 국가체제유지, 소득재분배의 기능도 있다.

이 장에서는 먼저 국가가 사회보장을 책임져야 하는 이유를 제시하고, 다음으로 사회보장제도의 개념과 구성체계를 살펴보고자 한다. 마지막으로 우리나라의 사회보장제도로 5대사회보험(산업재해보상보험, 국민건강보험, 국민연금, 고용보험, 노인장기요양보험)과 공공부조의 내용을 시행목적과 도입 시기, 서비스 적용대상, 재원, 관리운영기관을 중심으로 하여 살펴보고자 한다.

- 사회보장의 필요성을 이해한다.
- 사회보장제도의 개념과 구성체계를 이해한다.
- 사회보험의 특성을 이해한다.
- 우리나라의 5대 사회보험 내용을 살펴본다.

1. 사회보장의 필요성

사회복지정책이 사회복지를 실현하기 위해 공식적이고 의도적으로 선택한 행동지침이라고 한다면, 그것이 가시화되는 대표적인 산출물이 사회보장제도라고 할 수 있다. 사회보장제도는 생활 중에서 부딪히게 되는 불의의 사고와 소득불안정에 대하여 개개인의 능력만으로는 해결할 수도 없고, 미리 대처할 수 없게 되었다는 전제에서 출발되었다. 또한 이러한 위험은 자본주의 사회 구조상의 문제가 있다는 점을 분명히 하여 국민의 생존권을 확인하고 그 생활을 보장하기 위한 사회정책의 일부분으로서, 전체 국민의 최저생활을 확보하기 위해 국가가 행하는 종합적 · 체계적인 시책이나 제도로 이해할 수 있다.

그렇다면 '왜 국가가 국민 전체를 대상으로 최저생활을 보장하는 것에 대해 책임을 져야 하는가?'라는 의문이 생기는데, 이 문제는 역으로 만일 국가가 책임을 지지 않는다면 어떤 문제가 발생할 수 있는가를 예측해 봄으로써 그 해답을 얻을 수 있을 것이다.

첫째, 노동생산성의 측면에서 국가발전에 저해될 수 있다. 한 국가가 장기적인 경제발전을 이루기 위해서는 건강하고 잘 훈련된 노동력이 지속적으로 공급되어야 한다. 따라서 부실한 식사로 영양상태가 나쁘거나, 질병을 제때에 치료를 받지 못하거나, 정식적인 교육과 훈련을 받지 못할 경우에는 노동자의 질이 떨어지고 노동생산성이 낮아질 수밖에 없을 것이다. 이러한 상황은 곧 국가 총생산량의 감소와 연결된다. 또한 장기적인 관점에서는 이러한 빈곤한 가정에서 양육되는 미래사회의 원동력인 아동들의 인적자본의 수준도 낮아져 미래의 생산성도 낮아지게 된다.

둘째, 빈곤한 국민이 많아지면 경제적 안정 측면에서도 국가발전에 악영향을 미친다. 즉 빈곤한 사람들은 실업과 낮은 소득으로 구매력이 낮기 때문에 그 빈곤규모가 늘어날수록 국가 전체로 볼 때 산업이 위축되게 되고, 이러한 위축기간이 장기화되면 불경기로 이어질 가능성이 커지게 되어 결국 국가발전에 저해요소가 된다.

셋째, 빈곤층이 많아지면 개인적 범죄행위가 늘어나고, 국민정신건강에도 해가 되어, 사회에 대한 불만이 증가하게 된다. 또한 집단을 형성하게 되면 사회폭동으로 이어질 수 있어 자본주의 기본질서가 위협을 받게 된다. 즉 자본주의 기본질서인 사유재산권에 커다란 위협이 되고 나아가 사회가 불안정해짐으로써 국가발전에 해가 될 수 있다는 것이다(김태성, 2009). 우리나라가 IMF 경제위기 때 각종 범죄가 늘어난 것과 19세기 말 독일 비스마르크의 사회보장제도의 입법은 사회주의 세력이 커지는 것을 사전에 예방하기 위한 일종의 선제전략인 것으로 알려진 것이 이를 잘 설명하는 것이다.

넷째, 사회보장을 개인이나 민간부문에 맡기게 되면 사회가 바람직하다고 인정하는 수준의 사회보장을 효율적으로 수행하지 못하기 때문에 국가가 책임을 지게 된다. 즉 국가의 적극적인 사회보장정책으로 사회보장이 일정 수준 확보되어 빈곤계층이 감소하게 되면 사회구성원 모두가 안전하고 사회전체에 이익이 된다. 그러나 이를 민간부문의 자발적인 행위에 의존하여 빈곤계층이 줄어들게 되어 사회가 안전하고 개인에게 이익이 된다고 하면, 일반적으로 사람들은 내가 도움을 베풀지 않아도 누군가가 도울 것이라는 기대로 가난한 사람들을 적극적으로 도우려 하지 않는다. 이러한 현상으로 이른바 무임승차(free rider) 현상이 발생하게 된다. 따라서 모든 사람들이 이러한 방식의 행동을 하게 되면 빈곤계층에 대한 지원이 사회적으로 바람직하다고 인정되는 수준까지 이루어지지 않게 된다. 또한 민간에 의존할 경우 소년소녀가장가정과 같은 사회적으로 부각되는 계층이나 눈에 잘 보이는 계층에게만 집중적인 지원이 이루어질 수 있다는 것이다(최일섭 · 정은, 2009).

다섯째, 대부분의 사람들은 자발적으로 미래에 발생하는 위험에 스스로 대비하지 않기 때문이다. 모든 사람들이 소득이 있을 때 미래에 발생할 수 있는 위험에 대비하여 여유 있게 저축을 하지 않는다는 것이다. 또한 미래에 어떤 위험이, 언제 다가올 것이며, 어느 정도의 대비가 있어야 할지에 대한 정확한 정보가 없기 때문에 스스로, 개인적으로 대비하기가 힘들다.

마지막으로 만일 국가의 사회보장이 없을 경우, 평소에 미래의 위험에 대비해 열심히 일하고 소비를 줄여가며 저축을 한 사람들이 위험에 대비하지 않고 자신의 수입 대부분을 소비한 사람들을 도와야 하는 불공평의 문제도 발생하게 된다. 이렇게 되면 많은 사람들은 저축을 하지 않고 소비가 증가하게 되어 문제가 더욱 악화되게 된다. 이러한 이유로 국가가 개입하여 평소 수입이 있을 때 수입의 일부를 강제로 저축하도록 하여 미래 위험을 대비하게 하는 사회보험제도를 운영하는 것이다.

2. 사회보장의 개념과 구성 체계

1) 사회보장의 개념

사회보장(social security)이라는 용어가 최초로 사용된 것은 1935년 미국에서 사회보장법(Social Security Act)이 제정된 데서 비롯되었다. 그러나 사회보장제도가 실질적으로 실행된 것은 1880년대 독일의 비스마르크 통치하에서 사회입법으로서의 건강보험(1883년), 산재보험(1884년), 노령폐질연금(1889년)이 시행됨으로써 시작되었다고 할 수 있다(최일섭·정은, 2009). 이와 같이 사회보장이라는 용어는 미국에서 최초로 사용되고, 제도는 독일에서 최초로 시작되었지만, 사회보장이란 용어가 세계 각국에서 널리 사용하게 된 것은 제2차 세계대전 후라고 할 수 있다. 이 용어가 일반화하게 된 계기는 국제노동기구(ILO)의 「사회보장에의 길(Approaches to Social Security)」과 영국 「Beveridge 보고서」 등에서 찾을 수 있다(전재일, 2008).

오늘날 일반적으로 대부분의 국가에서 널리 통용되고 있는 국제노동기구(ILO)에서 사용하고 있는 사회보장은 '사람들이 살아가다가 직면하는 질병, 노령, 실업, 장애, 사망, 출산, 빈곤 등으로 인하여 소득이 일시적으로 중단되거나, 소득이 장기적으로 없어지거나, 지출이 크게 증가하여 사람들이 이전의 생활을 하지 못할 경우, 이전의 사회생활을 할 수 있도록 하는 국가의 모든 프로그램'을 말한다(김태성 · 김진수, 2006). 이 정의에서는 가령 질병이 발생하여 소득이 일시적으로 중단되면 질병수당으로, 치료비로 인해 지출이 늘어나게 되면 건강보험으로 해결한다는 것이다. 또한 실업으로 인해 일시적으로 소득이 중단되면 다음 취업할 때까지의 생활비를 고용보험으로 보장해 주고, 이 외에도 출산으로 지출이 늘면 아동수당으로 보장하고, 노령 · 장애 · 가구주의 사망 등으로 인해 소득이 장기적으로 중단될 때에는 국민연금으로 해결한다는 것을 의미한다.

한편 1995년에 제정된 우리나라 사회보장기본법에서는 '사회보장은 질병, 장애, 노령, 실업, 사망 등의 사회적 위험으로부터 모든 국민을 보호하고 빈곤을 해소하며 국민생활의 질을 향상시키기 위하여 제공되는 사회보험, 공공부조, 사회복지 서비스 및 관련 복지제도를 말한다.'라고 규정하고 있다. 여기에서 관련 복지제도라 함은 보건 · 주거 · 교육 · 고용 등의 분야에서 인간다운 생활이 보장될 수 있도록 지원하는 각종 복지제도를 말하고 있어(사회보장기본법 제3조), 우리나라 사회보장기본법은 사회보장의 개념을 광의의 개념으로 보고 있음을 알 수 있다.

그리하여 종합해 정리하면 사회보장이란 전 국민을 대상으로 생존권을 보장하고, 삶의 질을 향상시키기 위하여 국가가 일차적 책임을 가지고 문제 예방을 포함하여 질병, 빈곤, 노령, 실업 등 사회적 위험에 대하여 보호를 제공하는 것을 말한다. 특히 사회보장제도는 소득 중단과 감소, 지출 증가, 불확실한 미래 소득 등으로 인한 경제적 어려움에 대처하기 위한 사회복지정책으로, 국가 차원에서 '소득재분배'라는 방식을 통해 국민의 소득생활을 보장하는 정책이다. 또한 사회보장 개념의 공통된 원리는 국가책임 하에서 국민의 생활유지 및 확보를 위한 바람직하고 안정적인 새로운 제도를 확립하고자 하는 점이다.

2) 사회보장의 구성 체계

사회보장이 어떠한 형태로 시행되고 있는가는 각 나라마다 차이를 보이고 있다. 그러나 이론적으로 볼 때 사회보장의 형태는 기여와 급여의 관계를 기준으로 급여대상자를 결정하는 수급자격요건에 따라 크게 사회보험과 공공부조의 2개의 큰 틀로 구성되고, 부가적으로 사회복지서비스와 관련 공공정책이 있다(박지영 · 배화숙 · 엄태완 · 이인숙 · 최희경, 2010).

사회보험은 오늘날 대부분의 선진국가들에서 가장 중요한 사회보장 프로그램이다(윤철수 외, 2010). 사회보험은 미래에 부딪칠 수 있는 위험에 미리 대비하는 예방적 제도로 보험의 원리를 사회 전체 구성원에게 적용한 것이다. 즉 소득이 있는 사람이 또는 소득이 있는 기간 동안 보험료를 납부하고 질병, 노령, 산업재해, 실업을 당하여 소득이 상실되면 보험원리에 따라 급여를 제공받는 방식이다. 일반적인 보험은 개인이 선택하여 가입하고 개인이 운영하지만, 사회보험은 국가가 운영주체가 되어 소득이 있는 모든 국민을 대상으로 보험료를 강제적으로 징수하여 운영한다는 특징이 있다. 특히 대부분의 사회보험제도는 소득에 비례하여 보험료를 납부하기 때문에 소득이 많은 사람이 더 많은 부담을 하게 되어 소득재분배(소득이전)의 효과가 있다.

반면 공공부조는 사회보장제도 가운데 역사적으로 가장 오래되었고, 사회보험이 성숙되기 전까지 대부분의 나라에서 가장 중요한 사회보장의 역할을 담당하였다(윤철수 외, 2010). 사회보험이 보험료 납부라는 기여를 전제로 급여를 제공받는 방식인데 반해 공공부조는 기여와 상관없이 급여를 제공받는 것이 특징이다. 공공부조제도는 빈곤으로 이미 추락한 계층에 대하여 생계를 보호하는데 중점을 둔 사후보장적 성격을 가지고 있다. 즉 대상요건으로 기여와 관계없이 특정한 기준(예를 들면, 정부가 정한 최저생계비 혹은 이에 준하는 소득기준, 근로능력 상실 등) 이하의 소득을 가진 계층의 생활을 보장하기 위하여 생계비를 비롯한 각종 급여를 대상자에게 제공하는 것이다. 공공부조의 재원은 일반조세, 즉 국민들이 납부한 세금을 통해 충당되며 공공부조 급여의 기준에 부합하는 수급대상자로 선정되면 최저생계비에 모자라는 액수만큼 생계비와 급여를 보충하여 제공받는다.

사회보험과 공공부조는 〈표 6-1〉에 나타난 바와 같이 이념, 대상, 급여, 재원 등에서 차이점을 가지고 있다. 사회보험은 전체 국민 혹은 대다수의 사회구성원이 제도의 대상으로 포함되는 보편적이면서 동시에 예방적 성격을 지니고 결국에는 공공부조가 필요 없는 사회를 표방하고 있다. 그리하여 사회보험의 대상을 전 국민으로 점차 확대해 나가는 동시에 그 급여수준을 공공부조 이상으로 유지하려고 노력하고 있다. 반면 공공부조는 자산조사를 거친 선별적 대상에 대해 사회보장 전체의 최저수준이며, 또한 최후의 보장책이 되고 있다.

〈표 6-1〉 사회보험과 공공부조의 비교

구 분	사 회 보 험	공 공 부 조
이 념	능력주의, 보편성	평등주의, 선별성
발전근거	근로자의 자조적 공제활동	구빈사업
대 상	전국민(보험가입자)	전국민(생활무능력자, 저소득계층)
급여요건	정형적 사고(법정적)	생활곤궁(최저생계가 어려운 자)
급여수준	정형적(보호수준의 하한선이 최저생활 보장)	최소한도의 필요범위(보호수준의 상한선이 최저생활보장)
급여기간	장기적 생활보장	자활할 때까지의 단기적 보조
기여의무	있음	없음
자산조사	미실시	실시
재 원	갹출(피보험자, 사용자) 등	국고(일반조세)
목 적	빈곤화 방지의 사전조치(예방적 전략)	최저생활의 확보(완화적 전략)
특 성	수지상등의 원칙, 가입의 강제성	급여의 보충성, 자립조장의 원칙
권 리 성	구체적인 권리성이 강함	시혜적(추상의 권리)
급여의 양	예상 가능	예상 불가능

이상과 같은 차이점을 가지고 있는 사회보험과 공공부조는 공통적으로 최저생활을 보장하기 위하여 마련된 제도이며, 실제에서는 상호 보충적 기능을 가지고 있다.

3) 사회보험의 특성

사회보험이란 사회보장 구성체계의 하나로서 보험기술을 이용하여 사회정책을 실현하려는 경제적 사회제도라고 할 수 있다. 구체적으로는 국민을 대상으로 질병, 노령, 실업, 사망, 기타 신체장애 등으로 인하여 활동능력의 상실과 소득의 감소가 발생하였을 때에 보험방식에 의하여 그것을 보장하는 제도라고 할 수 있다. 즉, 국민에게 발생하는 사회적 위험에 대해 국가가 보험방식에 의하여 대처함으로써 국민의 건강과 소득을 보장하는 제도이다.

이와 같은 사회보험의 목적은 국민의 빈곤화를 예방하는 것으로서 사회적으로 정형화된 생활상의 불의의 사고에 의한 수입 중단이나 상실, 소득감소에 대하여 제1차적 방위로서의 역할을 하기 때문에 사회보장제도에 있어서 가장 중심적인 역할을 담당하고 있으며, 그만큼 중요하게 인식되고 있다.

사회보험은 사회보장제도의 중심이 되는 제도로서 원래 노동보험을 중심으로 하여 발전해 온 제도이며 노동보험은 생산과정으로부터 탈락하여 노동 기능을 상실한 상태에 있는 노동자의 노동력을 대상으로 하고 있고 결국 그러한 노동력에 대한 보존책의 일환으로 출발한 것이다. 그러나 사회보험은 이러한 노동보험을 중심으로 하고 같은 원리와 목적에 입각한 제도이면서도 그 대상을 근로자에게만 국한하지 않고 전 국민에게까지 확장 발전시킨 제도라 할 수 있다. 이러한 사회보험은 성립에 있어서 역사적으로는 상호부조 조직이라고 할 수 있는 근로자의 공제조합과 법적으로 근로자에 대한 무과실책임주의로부터 사용자 책임원칙의 승인이라는 두 가지 중요한 의의를 갖는다.

사회보험의 성립요건으로서 보험의 가입은 법률에 의하여 강제된다.

따라서 급여자격은 각자의 갹출을 토대로 하여 이루어지고 급여의 결정방법은 법률에서 규정한다. 각자의 급여수준은 통상 갹출액과 직접관계를 갖는 것이 아니고 그 이전의 소득과 가족 수에 따라 재분배된다.

사회보험은 장기적 관점에서 적절한 급여에 대한 재정계획이 미리 확립되어야 한다. 비용은 1차적으로 근로자와 사업주의 갹출에 의하여 부담된다. 사회보험계획은 정부에 의하여 관리되거나 혹은 적어도 정부가 운영·관리 기관을 두고 감독한다. 즉, 가입이 강제되고 급여조건과 급여내용이 법적으로 정형화되어 있으며 제도의 운영주체가 공적 기관이라는 점에서 민영보험과 뚜렷이 구별된다.

이러한 사회보험의 특성으로는 첫째, 강제적용으로 사회적 위험으로부터 국민들을 보호하기 위한 의무적 제도라는 것이다. 둘째, 사전에 규정된 욕구에 따라 급여가 지급되기 때문에 예방적 성격을 가지고 있다. 셋째, 자산조사가 없으며 급여수급권자가 계약에 다른 수급에 필요한 조건들이 충족되면 권리로서 수급받기 때문에 낙인감이 없다. 넷째, 자신이 낸 보험료에 비례하여 급여를 받는 개인의 형평성보다는, 모든 가입자에게 최저생계를 유지하도록 급여를 제공하는 사회적 연대 및 통합을 더욱 중시한다. 그리하여 결국 사회보험은 공평성, 적절성과 관련되어 있고 소득재분배의 결과를 초래한다.

이와 같은 성립 요건과 특성을 지닌 사회보험이 세계 각국에 공통되는 형태는 연금보험, 의료보험, 산업재해보상보험, 고용보험, 장기요양보험 등이며, 산업재해보상보험이 제일 먼저 도입되고 그 다음이 질병보험과 연금보험이 시행되었으며 노인장기요양보험이 가장 늦게 발달하였다. 이와 같이 제도화되어 있는 사회보험체계는 국민이 혜택을 받을 수 있도록 계층별, 생활사고별로 대응책이 마련되어 있다. 그러나 선진국들이 공통적으로 직면하고 있는 사회보장의 다양한 문제들이 제기되고 있는데, 이러한 문제들은 경제적 요인과 재원조달의 한계, 불안정한 인구추세, 사회적 형태의 변화, 사회보장제도 자체가 안고 있는 취약점 등에 기인하고 있는 것으로 분석되고 있다(전재일, 2008).

한편 사회보험이 가지고 있는 제도적 한계는 첫째, 개개인의 생활 전체를 보장하는 것이 아니라 특정한 보험사고에 관해서만 단편적으로 급여가 이루어지고 있다. 둘째, 보험원리 즉 수지상등의 원칙이 적용되기 때문에 급여의 내용에 있어서 일정한 제한을 받게 된다. 셋째, 사회보험제도는 보험사고의 발생원인 자체를 예방할 수 없다는 치명적인 결함이 있다. 넷째, 적용대상이 제한되어 있다는 점 등이다

3. 우리나라의 사회보장제도

우리나라에서는 서구 사회에서 볼 수 있는 바와 같은 오랜 시간에 걸친 사회보장제도의 전개과정은 존재하지 않았다. 다시 말하면 심각한 경제불황, 실업 등의 사회문제로 인하여 격렬한 노동조합운동이나 국민대중의 요구운동에 의하여 국민 자발적으로 사회보장법이 형성된 것이 아니라 정부가 일방적으로 실행한 것이 주종을 이루고 있다. 따라서 사회보장의 입법내용도 관주도형의 성격이 강하며 이러한 결과로 사회보장에 관련되는 법률 상호간의 체계상의 혼란이 초래될 수밖에 없었다. 이러한 문제점을 해결하기 위해 국민건강보험은 통합 일원화가 이루어졌고, 5대 사회보험의 통합을 위한 준비 작업이 진행되고 있다(이진숙 · 주은선 · 신지연 · 윤나리 · 노승택, 2010).

아래에서는 우리나라의 대표적 사회보장제도인 5대 사회보험제도인 산업재해보상보험, 국민건강보험, 국민연금, 고용보험, 노인장기요양보험에 대해 제도시행 순서대로 그 내용을 살펴보고 또한 최저생활보장을 확보하기 위한 공공부조제도인 국민기초생활보장제도를 살펴보고자 한다.

1) 사회보험제도

우리나라의 사회보험제도는 모두 다섯 가지로 그 내용은 〈표 6-2〉와 같다. 각각의 사회보험제도는 각기 산업재해, 질병, 노령, 실업, 장기요양 등의 사회적 위험에 대한 예방과 대처를 위한 것으로 서로 다른 시기에 도입되었다. 가입대상은 대체로 국민 전체 혹은 근로자를 고용한 모든 사업장을 그 대상으로 하며 정부가 전담기관인 공단을 통해 운영을 담당한다.

〈표 6-2〉 우리나라의 사회보험제도

사회보험	우리나라 제도명	가입대상	급여내용	관리운영기관
산업재해 보상보험	산업재해보상보험	상시 근로자 1인 이상 모든 사업장	요양, 휴업, 상병, 유족, 간병급여 등	근로복지공단
의료보험	국민건강보험	국내 거주 모든 국민	요양급여, 건강 검진	국민건강보험공단
연금보험	국민연금	18세 이상 60세 미만 국민	노령, 장애, 유족연금 등	국민연금공단
실업보험	고용보험	상시 근로자 1인 이상 모든 사업장	실업급여, 직업능력개발사업 등	근로복지공단
요양보험	노인장기요양보험	국민건강보험 가입자	요양급여(재가, 시설) 특별현금급여	국민건강보험공단

출처 : 박지영 · 배화숙 · 엄태완 · 이인숙 · 최희경, 2010, 재구성

(1) 산업재해보상보험

우리나라에서 1963년 가장 먼저 도입된 산업재해보상보험은 근로자의 재해에 대한 사용자의 보상책임을 보장하는 것을 목적으로 하는 사회보험제도이다. 산업화의 진전과 함께 각종 산업재해가 급속하게 증가하였고, 근로자는 치료가 필요할 뿐 아니라 재해로 인한 휴업, 근로 장해 등으로 소득이 중단되는 등 사회적 위험에 그대로 노출되게 되었다. 이에 적절한 치료 및 재활을 위한 급여를 제공하고 중단된 소득을 보장함으로써 근로자와 그 가족의 생활의 안녕을 보장하고자 하는 것이 산업재해보상보험이다. 산업재해보상보험제도는 재해의 과실 원인이 어디에 있는가를 묻지 않고 재해를 당한 근로자의 욕구에 집중하여 급여

와 보호를 제공하는 무과실책임의 원칙에 의하여 운영된다.

산업재해보상보험은 상시 근로자 1인 이상의 모든 사업장이 가입대상이 된다. 급여로는 의료기관에서 치료를 받는 동안 소요되는 비용을 지급받는 현물급여와 요양급여, 부상 또는 질병으로 인해 근무하지 못하는 기간에 대하여 근로자와 가족의 생계보호를 위해 임금 대신 지급하는 현금급여, 업무상 재해의 완치 후 장해가 남게 되는 경우 장해의 정도에 따라 지급하게 되는 장해급여, 유족급여, 상병보상연금, 간병급여, 장의비 등이 있다.

산업재해와 관련된 업무는 고용노동부 산하 근로복지공단이 맡고 있으며, 적용단위가 사업장인 만큼 재원이 되는 보험료는 사업자(사용자)가 전액 부담하고 정부는 운영사업비의 일부를 부담하는 형태로 운영되고 있다.

(2) 국민건강보험

국민건강보험은 질병, 부상, 분만, 사망 등으로 인해 발생되는 과다한 의료비 지출의 부담을 덜어주기 위한 사회보장제도로서, 보험가입자 전원에게 소득과 재산에 따라 보험료를 갹출하고 보험급여를 실시함으로써 국민의 건강증진 및 보건을 향상시키는 제도라고 할 수 있다. 우리나라는 건강보험 가입대상을 점차 확대하여 1989년 전 국민 의료보험시대가 열리게 되었고, 1999년 국민건강보험법이 제정되어 의료보험제도가 국민건강보험으로 통합되어 운영되고 있다.

국민건강보험은 사회보험 방식(National Health Insurance: NHI)의 단일관리 체계 하에 있으며 모든 의료기관이 건강보험 요양기관으로 당연 지정되어 있기 때문에 어느 곳에서든 치료와 건강 증진을 위한 의료서비스를 급여로 제공받을 수 있다. 가입자는 직장가입자 혹은 지역가입자로 나누어지며 피부양자는 가입자의 배우자 혹은 직계 존·비속 등으로 가입자에 의해 생계를 유지하면서 소득이 없는 자를 가리킨다. 주요 급여로는 질병, 부상, 출산 등에 대한 요양급여, 질병의 조기발견과 예방을 위한 건강검진 등이 있다.

건강보험의 재원은 가입자가 납부하는 보험료가 주재원이 되며 직장 가입자의 경우에는 정해진 보험료를 사용자와 근로자(가입자)가 절반씩 부담한다. 지역가입자의 경우 경제활동, 소득, 재산 등을 고려하여 세대당 통합보험료가 부과된다. 그리고 국고 및 건강증진기금 등 정부 지원금도 재원의 일부가 된다. 국민건강보험의 보험료 부과·징수, 급여비용의 지급 등은 보건복지부 산하 국민건강보험관리공단이 관리하고 있으며, 또한 의료기관이 청구하는 진료비에 대한 심사와 진료의 적정성을 평가하는 기능을 수행하는 건강보험심사평가원이 있다.

(3) 국민연금

우리나라의 가장 대표적인 노후보장제도제도인 국민연금은 1988년 제도가 시행되었으며, 도입당시에는 10인 이상 사업장의 근로자만을 그 대상으로 하였으나 이후 점차 적용대상을 확대 적용하여 1999년 4월 전 국민 연금 시대를 이루게 되었다.

연금제도는 노령에 따른 소득 중단에 대한 대비책으로서 국가가 일정한 자격을 가진 사람을 대상으로 강제적으로 적용하여 국민의 노후 생계보호를 위한 급여를 제공하는 소득보장제도이다. 우리나라의 공적 연금으로는 공무원연금, 사립학교교직원 연금, 군인연금이 있으며 또한 국민 대다수를 포괄하는 국민연금이 있다. 국민연금은 원칙적으로 국내에 거주하는 18세 이상 60세 미만의 모든 국민이 가입대상이다. 국민연금은 상시 1인 이상을 고용하는 사업장의 근로자와 사용자가 가입하는 사업장가입자와, 그 외 지역가입자로 구분되는데 지역가입자에는 수급권자의 배우자로서 별도의 소득이 없는 자가 포함된다.

한편 국민연금은 연금을 수급하는 시점에 급여의 실질적 가치가 하락하는 것을 막기 위하여 차등연금제를 적용하여 물가가 상승한 만큼 연금액수도 늘어나게 된다. 국민연금은 최소 10년 이상 보험료를 납부해야만 노후에 연금형태로 급여를 제공받을 수 있다. 주요 급여로는 60세에 도달하면 지급받는 노령연금, 국민연금 가입 기간 중 발생한 질병 또는 부상으로 장애가 남을 때 지급되는 장애 연금, 가입자가 사망한

후 가족에게 지급되는 유족연금, 사망일시금 등이 있다. 그런데 연금의 재정고갈의 문제가 대두되어 향후 5년마다 1세를 더하여 2033년에는 65세가 되어야 연금을 지급받도록 되어 있다. 직장가입자의 경우 보험료를 사용자와 근로자가 절반씩 부담하며 지역가입자는 전액을 본인이 부담한다. 국민연금의 전반적인 관리와 운영은 보건복지부의 감독을 받는 독립된 공단인 국민연금관리공단이 담당하고 있다.

전 국민이 연금통장 하나는 꼭! 있어야

20년 가입시 평균연금액 77만 원, 1인 최저생계비 50만원보다 많아

현재 국민연금 20년~22년 가입자들의 평균 연금수령액은 77만 원(올해 5월 기준) 정도며, 부부가 함께 가입하여 받는 연금수령액 합산금액이 200만 원을 넘는 경우도 나타났다. 올해 1인 최저생계비가 50만 원, 2인 가구가 86만 원 정도인 것을 감안하면 꽤 많은 금액이라고 할 수 있다. 최근 국민연금연구원에서 조사한 '주관적 판단에 따른 노후에 필요로 하는 최소·적정생활비'를 보면 부부가 서울에 사는 경우 매달 150만~215만 원, 도 단위에 사는 경우 109만~158만 원 정도로 평균 매달 150만 원 정도가 들어간다고 보고 있다.

국민연금에만 있는 화폐가치 보장 장치

여기서 이런 의문이 생길 수 있다. '현재 이 금액은 꽤 도움이 될지 몰라도 20년, 30년 후에는 화폐가치가 엄청 떨어질 텐데...'라는. 그러나 걱정할 필요 없다. 이런 걱정을 그대로 둔다면 '국민연금'이라고 할 수 없는 일이다. 국민연금에는 2개의 화폐가치 보장 장치가 있다.

그 첫 번째는, 처음으로 받게 되는 연금액 산정 시 과거에 납부한 금액을 현재가치로 환산하여 적용한다는 것이다. 예를 들어 88년 소득이 100만 원이었다고 치자. 처음 받게 되는 연금액을 산정할 때 변수 중의 하나로 적용되는 이 100만 원을 현재가치로 재평가하여 475만5,000원으로 계산한다. 두 번째는, 그 후에도 처음 정해진 연금액을 계속 지급하는 것이 아니라 매년 물가상승률을 반영하여 올려서 지급한다는 것이다. 실제로 2005년에 69만5,510원씩 받기 시작한 A씨 경우, 2010년 들어서는 10만9,830원 오른 85만5,340원씩 받고 있다.

노후준비에 대한 인식 확산돼... 임의가입자 수 빠르게 늘고 있어

최근 국민연금에 대한 장점들이 언론에 부각되면서 의무가입 대상은 아니지만 자발적으로 가입하는 임의가입자 수가 빠르게 늘어나고 있다. 지난 2008년까지 2만7천여 명이던 임의가입자 수가 2009년 12월에는 8,754명이 늘어 3만6,368명이었고, 올해는 6월 말까지 9,095명이 신규 가입, 작년 한 해 동안 늘어난 가입자 수를 벌써 넘어섰다. 7월 말 현재 임의가입자 수는 모두 5만여 명에 이른다.

서울 지역 임의가입자의 33%가 강남 3구에 몰렸다는 얘기가 나오면서 결국 국민연금도 있는 자들만의 것이라거나, 가입자가 느는 만큼 나중에 수급자가 늘어나면 국민연금기금 소진시기도 그만큼 앞당겨지지 않을까 하는 냉소적이고도 개인주의적인 시각이 나타날 수도 있다.

〈임의가입자 증가 추이〉

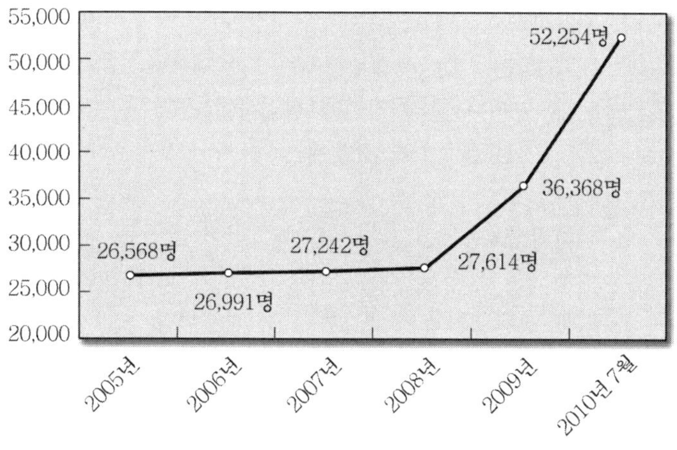

출처: 국민연금관리공단. http://www.nps.or.kr/jsppage/news/pr_news/pr_news_01.jsp

(4) 고용보험

우리나라에서는 1995년 시작된 고용보험은 근로자의 실업으로 인한 소득 중단으로 발생하는 생활상의 위험을 보장하고, 근로자의 재취업을 촉진하는 사회보험이다. 또한 사용자에게는 고용안정지원이 있어 근로자와 사용자 모두의 위험을 보장하는 적극적인 노동시장정책의 근간이 되고 있다. 즉 실직근로자에게 실업급여를 제공하는 전통적 의미의 사후적이고 소극적인 성격 이외에도 실업을 예방하고 고용을 안정시키며 근로자의 직업능력을 개발하는 등 사전적이고 적극적인 내용이 포함되어 있다(윤철수 외, 2010).

고용보험은 상시 근로자 1인 이상 고용하는 모든 사업장이 가입대상이 된다. 고용보험의 급여 종류는 고용안정사업과 직업능력 개발사업, 실업급여로 크게 분류된다. 실업급여에 해당하는 재원은 사용자와 근로자가 절반씩 부담하지만 나머지 두 사업은 사용자만의 부담으로 재원을 조달한다. 고용보험의 관리와 운영은 고용노동부 산하의 근로복지공단과 고용지원센터가 담당하고 있다.

★ 참고사항

1. 주간학생으로서 학업을 주업으로 하면서 부수적으로 단기간 아르바이트를 하는 자는 산재보험에는 적용되지만, 고용보험에는 적용이 제외된다. 그러나 졸업 직전에 취업하여 졸업 후에도 근로자로서 계속 취업이 예정되어 있는 경우에는 두 보험 모두 적용된다.

2. 야간학생, 방송통신대 재학생과 같이 취업을 주업으로 하면서 학업을 병행하는 경우와 학업을 중단하고 근로제공에만 전념하는 휴학생의 경우 고용보험과 산재보험 모두 적용된다.

3. 목사, 전도사, 승려, 수녀 등 성직자로서 근로자로 인정되지 않는 경우는 적용 제외된다.

〈출처 : 윤철수 외, 2010, 『사회복지개론』, p191, 재인용.〉

(5) 노인장기요양보험

최근 급속한 고령화로 인해 연금과 같은 소득보장만으로는 해결할 수 없는 노인부양 문제가 확대되었고, 아울러 약화되고 있는 가족의 기능만으로는 전적으로 노인 보호를 감당할 수 없어 장기요양서비스에 대한 사회적 수요가 급격이 증가하였다. 이에 따라 정부는 수년간의 시범사업을 거쳐 2008년부터 노인장기요양보험을 시행하게 되었다.

노인장기요양보험제도는 고령이나 노인성 질병 등으로 인하여 일상생활을 혼자 수행하기 어려운 대상자에게 요양시설이나 재가요양기관을 통해 신체활동 또는 가사지원 등의 서비스를 제공하는 사회보험제도이다.

노인장기요양보험의 서비스 대상은 장기요양 서비스가 필요한 65세 이상 노인과 65세 미만의 노인성 질환을 가진 자 중 요양등급 판정을 통해 수급자로 인정받은 자가 서비스 대상이 된다. 급여의 종류로는 방문요양, 방문간호, 방문목욕 등의 재가급여와 더불어 장기간 입소하여 신체활동지원과 보호를 받을 수 있는 시설급여가 있다.

이를 위한 재원으로는 건강보험료 납부액을 기준으로 일정비율을 정하여 부과하는 장기요양보험료, 국가 및 지방자치단체의 부담, 서비스 이용자의 일부 본인 부담 등이 있다. 노인장기요양보험제도는 국민건강보험공단이 보험료 수납 및 서비스 관리를 수행하고 있으며 민간 기관을 포함한 다양한 노인복지시설이 서비스 공급자로서 참여하고 있다.

2) 공공부조 제도

공공부조는 사회보장의 또 다른 하나의 방법으로서 사회보험과 양대축을 이루고 있다. 우리나라의 대표적인 공공부조제도는 국민기초생활보장제도다. 이 제도는 부양의무자가 없거나 부양의무자가 있어도 부양능력이 없거나 또는 부양을 받을 수 없는 자로서, 소득인정액이 정부가 정한 최저생계비 이하인 자에 대하여 보충급여 형태로 급여를 제공하는 제도이다. 예를 들어, 2010년 현재 4인가족의 소득이 100만원인 수급자의 경우에는 정부가 규정한 최저생계비인 130만원을 기준으로 차액인 30만원이 보충으로 지급된다. 최저생계비는 당해의 물가와 연동하여 해마다 조정이 된다.

기초생활보장 수급자에게 제공하는 급여는 생계급여 이외에도 주거급여, 교육급여, 해산급여, 장제급여, 자활급여, 의료급여가 있다. 급여는 생계급여를 기본으로 하고 필요에 따라 다른 급여를 병합하여 제공한다.

기초생활보장제도의 보장 기관은 국민기초생활보장법에 의하여 급여를 행하는 보건복지부장관, 특별시장·광역시장·도지사, 시장·군수·구청장이다. 보건복지부장관은 최저생계비, 소득인정액 산정방식, 급여기준, 수급권자 범위의 특례, 자활후견기관 지정 등 기초생활보장제도의 중요 정책사항을 결정하고, 시·군·구청장은 법령에서 위임된 구체적인 기초생활보장사업을 집행한다.

국민기초생활보장제도의 재원은 정부예산으로 중앙정부와 지방자치단체가 분담하여 마련한다. 서울의 경우 중앙정부가 총액의 50% 이하를 부담하고 그 외 지역은 총액의 80% 이상을 중앙정부가, 나머지 20% 중 절반 이상을 광역자치단체가, 절반 이하를 기초자치단체가 각각 부담한다.

한편 국민기초생활보장제도 이외에도 2008년부터 실행된 기초노령연금제도가 있다. 세계적으로 기초노령연금제도는 보편적인 제도로 일정 연령이상의 모든 노인을 대상으로 제공하는 방식으로 운영되는 경우가 많지만, 우리나라의 경우에는 자산조사를 통해 65세 이상 노인 중 소득이 하위 70%에 속하는 계층에게만 제공되는 공공부조 방식이다. 급여는 소득수준에 따라 2만원에서 8만 9,000원까지 차등 지급(2010년 기준)되며 부부가 각각 연금을 받을 때는 각각 16.5%씩 감액하여 지급된다.

기초노령연금의 재원은 국가가 조세로 부담하고 있으며, 지방자치단체의 노인인구 비율 및 재정여건 등을 고려하여 40~90% 범위 내에서 대통령이 정하는 비율을 부담한다.

생각해 볼 문제

1. 사회보장제도에 따른 부정수급자의 문제(예를 들면 가짜 교통사고 환자 문제, 실업급여를 수령하면서 아르바이트를 하는 경우 등)를 어떻게 대처할 것인가에 대해 논의해 보자.

2. 고용보험의 보장 내용 중 실업급여의 기간과 급여내용을 더욱 확대하여야만 한다는 주장들이 많다. 이러한 주장의 근거와 이를 반대하는 주장에 대해서도 토의해 보자.

3. 공공부조의 급여내용은 적정한가? 어느 정도가 가장 적정하다고 생각되는가? 또한 그 이유는 무엇인가?

참고문헌

김태성 · 김진수(2004), 『사회보장론』, 청목출판사.

김태성(2009), 『사회복지정책입문』, 청목출판사.

박지영 · 배화숙 · 엄태완 · 이인숙 · 최희경(2010), 『함께하는 사회복지의 이해』, 학지사.

전재일(2008), 『사회복지개론』, 형설출판사.

원석조(2002), 『사회보장론』, 양서원.

윤철수 · 노 혁 · 도종수 · 김정진 · 김미숙 · 석말숙 · 김혜경 · 박창남 · 장은숙(2010), 『사회복지개론』, 학지사.

이진숙 · 주은선 · 신지연 · 윤나리 · 노승택(2010), 『사회복지정책론』, 양서원.

최일섭 · 정 은(2009), 『현대사회복지의 이해』, 공동체.

제 7 장

사회복지실천

사회복지실천은 원조방법으로서의 사회적 기능을 신장시키고 바람직한 사회적 상황을 만들어 나갈 수 있도록 사람들의 능력을 향상시키거나 회복시키는 전문적 활동으로서 개인뿐만 아니라 가족, 집단, 그리고 지역사회를 대상으로 문제를 해결하도록 돕는다. 본 장에서는 사회복지실천의 개념과 목적, 구성요소가 무엇이며, 어떤 대상에게 제공될 수 있는지를 알아보고, 사회복지실천을 위한 기본적 수단으로서의 사회복지 전문원조관계와 원리, 사회복지실천의 과정과 기본기술에 대해 살펴보고자 한다. 본 장의 학습목표는 다음과 같다.

- 사회복지실천의 개념 및 목적을 이해한다.
- 사회복지실천의 일곱 가지 관계의 원칙을 이해한다.
- 사회복지실천의 과정을 학습한다.
- 사회복지실천의 기본 기술을 숙지한다.

1. 사회복지실천의 개념

사회복지실천에 대한 개념은 사회복지가 발달하던 초기에는 개인이나 개인의 성격변화에 초점을 둔 정의가 대부분이었다. 사회복지실천에 대한 최초의 정의는 메리 리치몬드가 사회복지 실천을 개인 대 개인 및 인간과 사회환경 간에 적응하는 능력을 갖도록 성격을 발달시키는 과정으로 보았다(엄명용 · 김성천 · 오혜경 · 윤혜미, 2005). 리치몬드 정의에서 발견할 수 있는 사회복지 실천의 구성요소를 살펴보면 첫째, 개인과 사회환경 간의 조정이다. 즉 개인과 그를 둘러싼 사회환경과의 관계를 중요시하여 개인과 사회환경 간의 부조화를 의도적으로 조정하는 것이다. 둘째, 개별적으로 행해지는 조정이다. 다시 말해서 사회복지사에게 제기하는 문제의 개별성을 잘 고려하는 조정이다. 셋째, 사회복지 실천 과정은 결과를 예측하는 의식적 조정이다. 사회복지실천 과정은 제 과학이 실증하는 법칙과 성과를 기반으로 한 합리성 위에 전개하여야 된다. 넷째, 사회복지실천 과정의 궁극적 목표는 성격의 발달이다. 클라이언트의 문제를 성격의 발달을 통해 클라이언트의 적응 능력을 강화하여 해결해야 한다. 개인을 둘러싼 사회환경도 매우 중요하지만 동시에 개인의 내면 강화도 중요하다. 즉 적응은 개인과 사회환경의 일정 조건을 동시에 달성하는 것이다.

2. 사회복지실천의 목적 및 목표

사회복지실천은 직접적 실행을 염두에 둔 목적과 이에 따른 구체적 목표를 가진 실천적 개입활동이다(김기태 · 김수환 · 김영호 · 박지영,

2007). 일반적으로 사회복지실천의 목적은 모든 사람의 삶의 질 향상을 위해 개인과 사회 간 서로 유익한 상호작용을 촉진시키거나 회복시키는 것을 말한다(NASW, 1992). 즉, 모든 개인의 삶의 질 향상을 위해 사회의 가용 자원 및 기회에 개인이 공정하게 접근할 수 있도록 보장할 뿐만 아니라 개인과 사회체계의 상호작용 과정에 적절한 균형이 이루어지도록 관심을 기울인다. 이러한 사회복지실천의 목적은 개인과 사회의 상호성을 인정한 것이며, 개개인의 삶의 질 향상에 궁극적 초점을 맞추는 것이다. 또한 개인과 환경 간의 관계증진 및 회복을 위한 개입을 하겠다는 의미이다. 이러한 목적을 근거로 미국사회복지협의회(CSWE, 1994)에서는 구체적으로 다음의 4개 항목을 제시하고 있다(권중돈 · 조학래 · 윤경아 · 이윤화 · 이영미 · 손의성 · 오인근 · 김동기, 2011).

첫째, 개인, 가족, 집단, 조직, 지역사회가 목적을 달성하고 고통을 완화하며 자원을 활용할 수 있도록 도움으로써 이들의 사회적 기능을 촉진, 회복, 유지, 향상시킨다.

둘째, 인간의 기본욕구를 충족시키고 인간이 가진 잠재력 및 가능성 개발을 돕기 위해 필요한 사회정책, 서비스, 자원, 그리고 프로그램을 계획하고 형성하며 실행한다.

셋째, 위기에 처한 집단에게 힘을 실어주고, 사회적 · 경제적 정의를 실현하기 위해 조직적 · 행정적 옹호와 사회정치적 행동을 통해 정책, 서비스, 자원, 프로그램을 구축한다.

넷째, 이러한 목적과 관련된 모든 전문적 지식과 기술을 개발하고 시험한다.

이러한 사회복지실천의 목적을 달성하기 위해서는 구체적인 목표가 필요하다. 사회가 급격하게 변화함에 따라 그 사회가 표출하는 문제의 양상도 다르게 나타나기 때문에 그에 따른 개입도 달라져야 한다. 따라서 사회복지사는 사회복지실천의 목적을 달성하기 위해 다음과 같은 목표를 달성하도록 노력해야 한다(엄명용·김성천·오혜경·윤혜미, 2005).

첫째, 개인으로 하여금 자신의 역량 확대와 문제해결능력 및 대처능력을 증진할 수 있도록 도움을 제공한다. 이러한 도움에는 클라이언트에게 문제 상황에 대한 새로운 시각이나 관점을 제시하는 일, 클라이언트가 지닌 장점 또는 강점을 스스로 깨달을 수 있도록 도움을 제공하는 일, 즉시 활용 가능한 자원 또는 잠재적 대처자원을 동원할 수 있는 방법을 제시하는 일, 대인관계기술을 개발하도록 돕는 일 등이 해당된다.

둘째, 유형·무형의 서비스를 포함하여 각종 자원을 확보할 수 있도록 도움을 제공한다. 사회복지사는 주거, 음식, 최소한의 생활필수품과 같은 유형의 서비스와 의료, 상담, 보호 및 법률 서비스 등과 같은 무형의 서비스를 클라이언트에게 직접 제공하거나 그런 서비스를 제공받을 수 있도록 도와주는 것이다.

셋째, 사람들의 욕구에 반응하는 조직이 될 수 있도록 감시한다. 서비스를 제공하는 조직이 클라이언트의 존엄성을 존중하면서 적절한 절차와 기준에 따라 시의적절하게 서비스를 제공하는지를 살피고 경우에 따라서는 시정을 요구하는 활동이 요구된다.

넷째, 개인과 개인 주변 환경에 속한 사람 간의 상호작용을 촉진한다. 클라이언트의 복지와 관련한 여러 당사자 간의 의사소통 경로를 구축하여 그들 간에 협동과 조정이 순조롭게 이루어지도록 하는 활동이다.

다섯째, 관련된 여러 조직과 기관의 상호작용에 영향력을 행사한다. 사회복지사는 조정과 중재 활동을 통해 조직이나 기관 사이의 협조가 원만하게 이루어지도록 연결고리 역할을 수행한다. 또한 이들 조직이나 기관에 클라이언트의 복지와 관련된 정보를 제공하는 일도 해당된다.

여섯째, 사회·환경의 정책에 영향력을 행사한다. 물리·사회적 환경의 개선, 물질적 서비스의 확보 등을 위한 정책 형성 및 법 제정 등을 위해 활동하는 것이다(권중돈 외, 2011).

3. 사회복지실천의 대상

다양한 단위가 사회복지실천의 원조대상인 클라이언트의 체계가 될 수 있다. 개인 클라이언트를 대상으로 원조가 시작되었더라도 경우에 따라서는 그 개인의 가족으로 클라이언트 체계가 확장될 수 있으며, 더 크게는 지역사회로까지도 확장이 가능하다. 즉 개인, 집단, 가족, 지역사회 등이 클라이언트 체계가 될 수 있다. 이를 자세히 살펴보면 다음과 같다.

1) 개인

개인을 대상으로 하는 사회복지실천은 개인 내부 측면에서 정서, 인지, 행동의 변화를 추구할 수도 있으며, 개인이 주변과의 관계 측면에서 의사소통 기술상의 기술을 변화시키는 데 초점을 둘 수도 있다. 또한 개인이 스트레스를 관리하고 문제해결 기술을 대처방식 측면에서 향상시키는데 역점을 두기도 한다.

개인에 대해 개입하기 위해서는 상황 속의 인간에 대한 이해, 클라이언트 개인이 가지고 있는 욕구나 문제에 대한 명확한 파악, 클라이언트가 가지고 있는 강점과 약점에 대한 파악이 필요하다. 또한 사회복지사들은 클라이언트의 다양한 욕구와 문제점들에 대해 면접이나 대화, 지적이고 감정이입적인 기법, 통찰, 자원의 개발 및 연결 등을 통해 개입하게 된다.

개인을 대상으로 한 실천은 공공기관의 사회복지전담공무원, 사회복지기관 및 시설의 사회복지사, 병원의 의료사회복지사, 정신병원 및 정신보건센터의 정신보건사회복지사, 학교사회복지사, 교정사회복지사 등의 분야에서 활발히 시행되고 있다(박옥희, 2010).

2) 가족

가족을 대상으로 하는 사회복지실천은 가족 구성원 개개인의 단순한 집합체를 넘어 물리적, 심리적 공감을 공유하는 하나의 전체 체계로서 이해되어야 한다. 가족구성원 개인의 문제행동은 가족 전체의 역기능을 표현하는 것으로 파악되며 누가 문제의 원인인가를 규명하기보다는 어떻게 문제가 가족 내에서 순환되는가에 관심을 둔다. 따라서 문제의 해결도 개인적 변화에 초점을 두기보다는 가족구성원들끼리 상호작용하는 방식의 변화에 초점을 둔다.

가족과의 사회복지실천은 주로 부부갈등, 부모·자녀간의 문제, 아동문제, 다세대 간의 갈등 등을 중재·해결하기 위해 사용되며, 교회, 병원, 가족치료센터, 가족치료연구소, 가정복지연구소, 사회복지관, 대학의 연구실 등 다양한 장소에서 실시되고 있다(엄명용 외, 2005).

3) 집단

사회복지실천에서의 집단의 활용은 경제적 효용성 외에도 특별한 가치를 지니고 있다. 특히 사회적으로 소외되어 있거나 정서적 지지를 필요로 하는 사람들의 경우, 개인 대상 위주의 개별적 사회복지실천보다는 유사한 경험을 지닌 다른 사람들과 함께 문제를 해결하거나 변화를 일으키도록 돕는 것이 훨씬 효과적이다. 즉 문제를 갖고 참여한 자신이 비슷한 문제를 가진 다른 참여자의 문제해결에 도움을 제공했다는 자긍심의 고조가 자신의 문제 해결에 도움을 제공한다. 그러므로 집단을 대상으로 사회복지실천을 하는 사회복지사는 각 구성원의 개별적 욕구보다는 전체로서의 집단역동성을 촉진시키는데 초점을 둔다.

사회복지실천에는 집단이 구성되는 목적에 따라 다양한 형태의 집단이 형성될 수 있다. 이들 집단은 크게 치료집단과 과업집단으로 구분할 수 있으며 구체적 내용은 〈표 7-1〉과 같다.

〈표 7-1〉 집단의 유형

<table>
<tr><td rowspan="4">치료집단
(treatment group)</td><td>교육집단</td><td>위탁모교육집단, 청소년성교육집단, 부모역할훈련집단 등</td></tr>
<tr><td>성장집단</td><td>성원들의 자기인식 고취를 목적으로 하는 집단
퇴직준비집단, 자아성장집단 등</td></tr>
<tr><td>치료집단
(therapy group)</td><td>역기능적 문제를 가진 개인 치유를 목적으로 하는 집단
정신치료집단, 금연집단, 약물중독자회복집단 등</td></tr>
<tr><td>사회화집단</td><td>사회적 기술 습득을 통해 지역사회에서 효과적으로 기능하도록 함에 목적을 둔 집단으로 게임이나 역할극, 야외활동 등의 프로그램 참여를 통한 학습을 중시
・사회적 기술 훈련집단 : (예) 자기주장훈련집단
・자치집단 : 치료적 지역사회
・여가집단 : 스카우트 활동, 캠프 등</td></tr>
<tr><td rowspan="4">과업집단
(task group)</td><td>위원회</td><td>과업집단의 가장 보편적 형태로 조직의 욕구 해결에 목적을 둠</td></tr>
<tr><td>행정집단</td><td>이사회</td></tr>
<tr><td>팀</td><td>각자의 지식과 기술을 갖춘 구성원들로 구성</td></tr>
<tr><td colspan="2">※ 이 외 협의회, 치료회의, 사회행동집단 등이 있다.</td></tr>
</table>

자료 : 박지영 외, 2010.

4) 지역사회

지역사회 대상의 사회복지실천은 지역주민이 자신들의 사회적 기능 향상을 위해 필요한 의식개혁, 환경 개선, 지역사회 조직화 등을 자발적, 주체적, 협력적으로 해 나갈 수 있도록 하는 데 목적을 두며 이때 사회복지사는 안내자, 조력자, 조정가, 운동가, 전문가 등의 역할을 수행한다(엄명용 외, 2005). 즉, 지역주민이 스스로 문제해결 과정에서 참여해서 해결능력을 발휘하도록 돕는 데 주요 목적을 둔다.

현재 우리나라 지역복지관에서 이루어지고 있는 지역사회 대상의 실천은 지역사회보호활동과 지역사회조직활동이 혼합되어 있는 형태이다. 지역사회보호는 지역사회 내에 존재하는 후원자원을 발굴하고 동원하여 지역 내 보호가 필요한 대상자들-예를 들어, 소년・소녀가장, 독거

노인, 빈곤 한부모세대, 장애인세대 등-의 생활안정을 도모하는 활동이다. 후원대상자에게 개별 통장을 지급하기도 하고 생필품이나 식품, 기타 물품 등을 지급하기도 한다.

지역사회조직활동은 잠재된 지역사회의 인적자원을 찾아내고 조직화함으로써 지역 스스로 지역문제를 해결해 나가는 역량을 함양하도록 돕는 활동이다. 이를 위해 사회복지사는 지역사회와 공동사업을 추진하기도 하고 지역주민들이 서로 만나서 연결되고 조직화될 수 있도록 장소와 기회를 제공하기도 한다. 지역주민의 유대와 공동체의식을 강화시키기 위한 지역 바자회나 지역주민 축제의 개최, 살기 좋은 동네 만들기 운동 등이 이에 포함된다. 이 밖에도 복지관 내 강당, 회의실, 프로그램실 등과 같은 편의시설을 주민 모임을 위해 제공하거나 주민 동아리를 조직하고 관리하는 활동 역시 지역사회조직활동의 예가 될 수 있다(박지영 · 배화숙 · 엄태환 · 이인숙 · 최희경, 2010).

4. 사회복지실천에서의 관계

사회복지실천에서의 관계는 사회복지사와 클라이언트 간의 감정이나 태도의 역동적 상호작용을 말하며, 궁극적인 목적은 클라이언트가 자신과 사회환경 간에 보다 효율적인 적응을 하도록 도와주는 데 있다.

1) 관계의 개념과 특성

인간은 죽을 때가지 타인과의 관계 속에서 산다. 가령, 부모와 자녀, 교사와 학생, 남편과 아내, 의사와 환자, 윗사람과 아랫사람, 친구와 친구, 사회복지사와 클라이언트 등 모든 것이 인간관계이다. 이러한 인간관계를 잘 맺느냐 그렇지 못하냐에 따라 행복과 불행이 결정되기도 한다. 물론 인간관계가 생활의 전부는 아닐지라도 주어진 일을 행하기 위해 필요한 기초가 된다.

사회복지실천에서의 관계는 사회복지사와 클라이언트와의 관계를 말하는 것이며 그 관계는 사회복지서비스 결과에 결정적 영향을 미치기 때문에 전문적 관계라고 할 수 있다. 전문적 관계는 클라이언트의 문제해결 및 적응이라는 분명한 목적을 가지고 제한된 시간과 정해진 장소 속에서 이루어지는 특수한 관계로, 상호작용에 의해 형성되며, 상호간의 신뢰를 바탕으로 이루어진다. 전문적 관계를 위해 필요한 사회복지사의 바람직한 태도 및 행동 특징은 타인에 대한 관심, 헌신과 의무, 권위, 진실성으로 집약된다고 할 수 있다.

(1) 타인에 대한 관심

타인에 대한 관심이란 사회복지사가 클라이언트와 관련된 모든 일에 대하여 관심을 가지며, 이들의 감정과 교류할 수 있음을 의미한다. 그러나 이러한 관심은 사회복지사의 개인적 관심에 의한 감정을 의미하는 것이 아니라 전문적 기술과 지식 그리고 관계가 가지고 있는 일정한 목표에 의한 관심을 말한다. 그러므로 전문적 관계에서 말하는 타인에 대한 관심은 클라이언트를 주체로 생각하며 그들의 이익을 위해 노력하며 전문적 기술과 지식을 활용할 수 있는 관계에서 나오게 된다.

(2) 헌신과 의무

헌신과 의무는 사회복지사와 클라이언트가 동시에 노력해야 하는 특성이다. 즉 전문적 관계 속에서 어느 한쪽의 일방적인 헌신과 의무는 존재할 수 없으며 이는 상호책임성을 말한다고 할 수 있다. 사회복지사의 헌신은 클라이언트의 문제해결에 최선의 노력을 다해야 한다는 것이며 이러한 헌신은 법적인 영역 내에서 이루어져야 한다. 사회복지사의 의무는 관계를 맺을 때 기본적인 절차, 예를 들면 면담의 약속이나 장소, 클라이언트의 성장과 변화에 초점을 두는 것을 말한다.

클라이언트의 헌신은 자기 자신의 문제해결을 위해 적극적이고 최선의 노력을 다하는 것을 말한다. 또한 클라이언트의 의무는 사회복지사와의 협력을 충실히 하며 관계에 있어서 성실하고 개방적인 태도를 지니도록 하는 것이다.

(3) 권위

전문적인 관계에서 사회복지사의 권위는 사회복지기관으로부터 나오는 제도적이고 사회적인 허가와 클라이언트로부터 자발적으로 나오는 위임된 힘을 말한다. 이러한 권위를 사용하는 사회복지사는 클라이언트에게 자신의 권한의 종류와 범위를 밝히고 어떻게 사용될지에 대해서도 설명해야 한다.

(4) 진실성

진실성은 사회복지사가 클라이언트와 관계를 맺을 때 일관성 있고 정직한 개방성을 유지하는 것을 말한다. 사회복지사가 진실성을 갖기 위해서는 자신에 대한 정직한 인식을 가져야 하고 클라이언트에게는 기관의 정책과 역할을 인식시켜야 하며 타인에 대한 관심, 수용, 헌신 등 전문적 관계의 기본요소들이 자연스럽게 내면화되어야 한다.

2) 관계의 기본 원리

사회복지사와 클라이언트 간의 관계가 형성되어야 비로소 전문원조가 가능해진다. Biestek(1978)은 사회복지사와 클라이언트 간의 원조관계는 원조과정 전반에 중요한 영향을 미치므로 클라이언트가 지닌 기본욕구에 부응하는 원조관계의 형성과 유지를 강조하면서 이를 위한 일곱 가지 원칙을 다음과 같이 제시하였다.

(1) 개별화의 원리

이것은 인간이 개별적 차이를 지닌 특정한 존재로서 취급되어져야 한다는 원리이다. 따라서 사회복지사는 클라이언트의 독특한 특성을 이해하여 클라이언트를 돕는 과정에서도 개인에 따라 적절한 이론이나 기법을 활용해야 한다. 그 개인에게 알맞은 지원체계를 제공함으로써 클라이언트의 성장과 자발적 변화를 촉진시킬 수 있기 때문이다.

(2) 의도적 감정표현의 원리

사회복지사는 클라이언트가 자신의 감정, 특히 부정적인 감정을 표현하고 싶어하는 욕구를 인식하여, 자유로운 자기표출이 가능하도록 따뜻한 분위기를 조성해 주어야 한다. 무엇보다도 클라이언트의 감정 표현을 중단시키지 말고 끝까지 귀담아듣는 것이 중요하다. 사회복지사의 이와 같은 진지함은 클라이언트가 개방적이고 솔직하게 의사소통을 하도록 고무한다.

(3) 통제된 정서적 개입의 원리

사회복지실천에서 원조관계는 정서(감정적인 측면)가 큰 비중을 차지하므로 클라이언트와 사회복지사의 관계는 인지적이라기보다는 감정적인 경향을 띄게 된다. 사회복지사가 클라이언트의 감정에 반응하기 위해서는 상대방의 정서적 변화를 민감하게 이해하고 그에 대한 적절한 대응책을 갖출 수 있도록 원조 과정에서 적극적인 정서적 개입이 필요하다.

(4) 수용의 원리

사회복지사는 클라이언트에게 따뜻하고 수용적인 태도를 가져야 한다. 수용의 상은 클라이언트의 특성이나 행동 가운데 긍정적이고 좋은 것만이 아니고 실제로 있는 그대로의 것이어야 한다. 즉 사회복지사는 클라이언트의 장단점, 바람직하거나 그렇지 못한 성격, 긍정적이거나 부정적인 감정, 건설적이거나 파괴적인 태도나 행동 등 있는 그대로 이해하고 상대방의 인격적 존엄 및 가치에 대한 신념을 지켜 나가야 한다.

(5) 비심판적 태도의 원리

일반적으로 클라이언트는 자신의 문제점이나 잘못에 대해 비판받지 않을까 하는 두려움을 갖고 있다. 특히 죄책감, 열등감, 소외감에 빠져 있는 클라이언트라면 타인의 비판에 대해 극도로 민감하여 방어적이

되기 쉽다. 따라서 사회복지사는 클라이언트의 행동이나 태도 등을 객관적으로 평가는 하되, 이것이 클라이언트를 이해하기 위해서이지 비판하기 위해서가 아님을 유의해야 한다.

(6) 자기결정의 원리

사회복지실천 전 과정에서 개인의 선택의 자유와 책임을 인정하여 클라이언트가 자신의 힘으로 문제를 해결해 나갈 수 있다는 신념을 전제로 한다. 이 점에서 볼 때 사회복지실천 과정에서는 근본적으로 문제해결이 가능하도록 도와주는 것이지 문제해결 그 자체가 결코 아니다. 따라서 사회복지실천 과정에서 스스로 자신이 나아갈 방향을 숙고하고 선택하려는 클라이언트의 결정은 존중되어야 하며, 사회복지사는 그와 같은 욕구 및 잠재가능성을 자극하여 클라이언트가 실현시켜 나갈 수 있도록 도와주어야 한다.

(7) 비밀보장의 원리

사회복지실천 과정은 클라이언트가 사회복지사를 신뢰하는 것에서 출발한다. 비밀을 보장받는다는 것은 클라이언트에게서 자기존중감의 체험이자 신뢰로운 인간관계의 성립을 의미하는 반면, 사회복지사에게 있어서는 직업적, 윤리적 의무이기도 하다. 따라서 사회복지사는 클라이언트의 사생활을 존중하고 면접내용을 주위 사람들에게 이야기하는 습관을 가져서는 안된다.

5. 사회복지실천의 과정

과정이란 시간을 두고 전개되는 단계와 변화를 의미하는 것으로 일반적으로 사회복지실천의 과정은 클라이언트가 가지고 있는 욕구나 문제를 제한된 시간 속에서 계획에 근거하여 변화시키기 위해 개입하는 과정이다. 실천과정은 학자에 따라 다양하게 구분하고 있지만 일반적으로 실천과정은 ① 접수, ② 자료수집 및 사정, ③ 목표설정 및 계약, ④ 개입, ⑤ 평가 및 종결로써 다섯 단계로 구분하는데 학자에 따라서는 초기단계, 중간단계, 종결단계로 구분하기도 한다.

1) 접수(intake)

접수(intake)란 클라이언트가 문제를 해결하기 위하여 기관에 도움을 요청하러 찾아오는 단계로서 기관의 목적과 서비스에 부합되는지 여부를 판단하는 과정이다. 접수단계에서 중요한 것은 클라이언트와 관계 혹은 라포(rapport)를 형성하는 것이 가장 중요하다.

접수단계에서 사회복지사의 역할은 클라이언트에게 기관의 서비스에 대해 설명하고, 클라이언트의 욕구를 파악하며, 클라이언트의 욕구와 기관의 서비스 내용이 관련성이 적거나 없을 경우는 다른 전문기관으로 의뢰하는 것이다. 의뢰 시에는 클라이언트가 심리적으로 위축을 받지 않도록 지지와 적절한 정보를 제공하여야 한다.

2) 자료수집 및 사정

자료수집은 클라이언트의 문제를 정확하게 이해하고 분석하는데 필요한 자료와 정보를 수집하는 단계이다. 수집된 자료를 기본으로 사정이 이루어지며, 사회복지사가 앞으로 진행과정에 있어서 도움의 범위를 결정하는데 중요한 의미를 가진다고 볼 수 있다. 따라서 사회복지사는 클라이언트의 욕구와 관련된 정확한 정보를 수집하기 위하여 클라이언트를 둘러싸고 있는 관련된 사회체계에 대해 정확한 관찰이 필요하다. 또한 클라이언트의 심리적, 인간관계, 환경적 요소에 대해 명확하게 이해하고 이들 간의 상호작용에 대해 이해하여야 한다.

사정(assessment)은 클라이언트가 호소하는 주된 문제가 무엇인지, 어떤 원인에 의하여 문제가 발생하는 지, 그 문제를 해결하기 위하여 우선적으로 무엇을 변화시켜야 하는 지에 대한 실천과정의 핵심적 단계라 할 수 있다. 사정과정에 있어서 클라이언트의 욕구, 능력, 장단점, 문제에 미치는 요인들, 문제해결 동기, 문제 인식형태, 문제해결 노력 정도와 형태, 가족이나 직장체계들의 관계, 클라이언트가 처해진 상황과 환경요소들까지 구체적이고 다차원적인 측면에서 조사가 행해지게 된다. 즉 사회복지실천에서 환경 속의 인간(PIE)이라는 관점이 유지되어야 하는데, 이것은 인간과 환경 사이에 일어나는 상호작용 영역에 초점을 두고, 양자 간의 상호교환을 통하여 어떤 일이 진행되고 있는 지에 관심을 두어야 한다(조흥식 외, 2010).

3) 목표설정 및 계약

클라이언트의 문제를 해결하기 위해 목표가 수립되어야 한다. 최종적으로 이루어야 하는 사항을 목적이라고 하고 이를 달성하기 위한 세부적인 사항을 목표라고 한다. 사회복지사는 클라이언트의 욕구와 사정에 기초하여 달성 가능한 목표를 설정하며, 목표달성을 위해 클라이언트의 능력과 동기에 기초하여 개입전략을 수립해야 한다. 목표설정 시 클라이언트에게 도움이 되는 지역사회 내 다양한 자원과 사회체계와 연결을 모색하여야 하며, 사회사업 지식에 기초한 개입전략을 수립해야 하는데 클라이언트의 능력을 고려하여 실현 가능하고 구체적으로 계획되어야 한다. 이를 바탕으로 개입전략에 대해 클라이언트와 합의하여 수정·보완한 뒤 계약을 수립한다.

계약은 목표를 달성하기 위한 전략이나 역할분담 등을 구체적으로 기술한 계획에 대해 사회복지사와 클라이언트가 서로 동의하는 것을 계약이라고 한다(이경남 외, 2008).

4) 개입

개입은 사회복지사와 클라이언트가 설정한 목표를 달성하기 위해 실현하는 활동단계이다. 사회복지사는 클라이언트와 함께 설정한 개입목표를 달성하도록 사회복지사의 전문적인 활동을 수행하여야 한다. 즉,

클라이언트에게 도움이 되는 지역사회 자원 및 사회체계와 연결, 개인상담, 집단상담, 가족개입, 역할극, 사이코드라마 등 다양한 전략과 활동을 활용할 수 있다. 사회복지사는 클라이언트가 자신의 문제를 해결하거나 자신이 수립한 목표를 달성할 수 있는 능력이 있음을 믿고 클라이언트를 격려하며, 모든 변화의 주된 책임은 클라이언트에게 있음을 명심한다. 계획단계에서 설정한 목표나 개입방법 등은 이 단계에서 실천하는 동안 수정 · 보완될 수 있다.

5) 종결 및 평가

평가는 계획에 따라 이루어진 활동에 대하여 결과를 사정하는 것을 의미한다. 목표가 달성되었는지, 계획대로 실천과정이 잘 적용되었는지, 그 개입결과가 문제해결에 도움이 되었는지를 점검하는 과정이다. 평가는 일반적으로 결과평가, 과정평가, 원조자평가 등 다양한 차원에서 평가가 가능하다.

종결은 평가 결과 여러 가지 이유로 인하여 종결이 필요하다고 판단될 시 이루어지는데 미리 종결에 대해 예고하고 종결 시기에 가까워 올수록 만남의 횟수와 시간을 줄여 나가야 한다. 그동안의 변화 결과를 앞으로 유지하기 위한 계획을 마련하다는 점에서 종결은 새로운 시작으로 간주될 수도 있다. 이때 여전히 해결될 문제가 있을 경우 다른 기관으로 의뢰를 추진하기도 한다. 종결에 대해 사회복지사와 클라이언트 모두 정서적 반응을 가질 수 있으므로 이를 공유하는 시간이 필요하다. 사후관리를 위해 추후 만남의 시기나 방법을 정하는 것으로 마무리한다.

6. 사회복지실천의 기본 기술

사회복지사가 갖추어야 할 기본적인 실천기술에는 다양한 종류가 있다. 이러한 기술들은 사회복지실천 상황에 따라 각각 별도로 활용되기도 하지만 종합적으로 혼합되어 사용되는 경우가 더 많다. 사회복지사가 갖고 있는 실천기술들이 종합적으로 잘 활용될 때 클라이언트와 긍정적인 원조관계가 형성되고 이러한 긍정적인 원조관계는 사회복지실천 결과에 영향을 준다. 사회복지사의 실천기술이 실천의 결과에 직접 영향을 주기보다는 이러한 기술이 사회복지사와 클라이언트 간의 협력적 관계 형성에 긍정적인 영향을 주고, 이것이 실천의 결과에 영향을 준다. 따라서 사회복지실천을 통하여 긍정적인 결과를 얻어내기 위해서는 사회복지사가 실천에 필요한 다양한 기술을 습득하고, 이 기술을 클라이언트와의 긍정적인 원조관계 형성을 위해 사용해야 한다. 사회복지사가 활용하는 기초적인 기술에는 다음과 같은 것이 있다.

1) 경청

경청이란 단순히 듣기가 아니라 상대방의 사고와 감정을 이해하기 위한 적극적인 청취활동이다. 주의깊고 정중한 경청은 상대를 이해하기 위한 가장 중요한 활동이다. 클라이언트 역시 사회복지사가 자기 말을 얼마나 성의있게 열심히 경청하는가를 평가하면서 그 정도에 따라 마음을 열게 된다. 경청은 사회복지사가 클라이언트가 가지고 있는 준거틀을 이해할 수 있게 해 주고 클라이언트에 대한 성급한 판단이나 평가를 내릴 위험을 예방해 주며 급히 문제를 해결하려는 경향을 막아줄 수 있다. 또 사람들은 일단 하고 싶은 말을 잘 들어주는 사람에게 다하고 나면 감정적으로 매우 홀가분하게 정화되기도 하므로 경청은 치유의 효과도 있다고 할 수 있다.

2) 공감적 이해

공감적 이해란 자신이 직접 경험하지 않고도 다른 사람의 감정을 거의 같은 내용과 수준으로 이해하는 것이다. '공감적'이라는 것은 내담자가 말하는 내용처럼 관찰될 수 있는 것으로부터 그의 감정, 태도 및 신념처럼 쉽게 관찰될 수 없는 것까지도 정확하게 의미를 포착하는 것이다. 클라이언트를 공감적으로 이해하고 있음이 전달되면 클라이언트는 자신이 이해받고 있다는 느낌을 갖게 되며, 사회복지사를 보다 신뢰하게 되어 자신을 깊이 드러내 보이게 된다. 이러한 과정이 진행됨에 따라 촉진적인 관계가 이루어진다.

클라이언트를 공감적으로 이해하기 위해서는 먼저 클라이언트의 의사결정 문제, 불안, 좌절, 환경적 압력 등에 관하여 클라이언트의 입장에서 느끼려고 노력해야 한다. 이때 사회복지사 자신은 클라이언트가 아니기에 그러한 클라이언트의 감정, 신념, 가치관의 내용 등을 아는 것만으로는 충분치 않다. 사회복지사가 관찰하고 추론하고 느낀 바를 클라이언트에게 전달하는 것이 보다 중요하다.

사회복지사의 공감적인 이해 능력에는 두 가지 기초적인 요소가 있다. 첫째는 사회복지사가 클라이언트의 말 속에 깔려 있는 중요한 감정, 태도, 신념 및 가치기준을 포착하는 것이다. 이것은 '감수성'의 차원이다.

두 번째로 사회복지사가 클라이언트의 외적인 측면뿐만 아니라 내적인 측면까지 이해하고 알게 되었다는 것을 클라이언트에게 전달하는 것이다. 이것은 '의사소통의 차원'이다. 클라이언트를 이해하는 데 도움이 되는 중요한 단서는 클라이언트의 말과 행동이다. 사회복지사는 클라이언트의 감정과 경험의 강도가 반영되어 있는 말을 경청함으로써 클라이언트의 감정에 초점을 맞출 수 있다. 또한 클라이언트의 동작도 중요한 단서가 될 수 있다. 즉 얼굴 표정, 눈의 초점, 손의 움직임, 의자에 앉아서 우물쭈물하는 것 등은 모두 클라이언트의 감정을 이해하는데 가치 있는 단서이다.

3) 명료화

명료화는 상대방의 대화내용을 분명히 하고 상대방이 표현한 바를 정확히 지각하였는지 확인하는 대화기술이다. 상대방이 전달하는 메시지를 잘 이해하지 못했을 때, 상대방이 표현한 내용을 보다 정교하게 이해하려 할 때, 또는 자신이 들은 내용의 정확성 여부를 직접 점검하고 싶은 때 명료화 기술을 사용할 수 있다.

면담을 하다보면 대화 도중에 불명확한 대명사, 애매모호한 어휘, 다중 의미를 가진 어구, 뒤틀린 문법의 사용 등으로 혼란스러워질 때가 있는데 이런 경우 사회복지사는 명료화 기술을 적용할 필요가 있다. 클라이언트의 대화내용 중 전후 관계가 불명료화한 경우, 논리의 비약이 심해서 생략된 부분이 많은 경우에도 마찬가지다. '그것이 정확하게 무엇을 뜻하는 거지요?', '방금 000이라 하셨는데 잘 못들었습니다. 다시 말해 주겠어요?', '그 사람이 마음에 들지 않는다고 했는데 어떻게 마음에 들지 않는지 그게 분명하지 않군요', '방금 말한 그 두 가지가 어떻게 연결되는지 잘 모르겠는데요?', '내가 듣기에 그 사람이 어떻게 속였기 때문에 더 믿을 수 없다, 그런데 그 사람이 싫지는 않다 이런 것 같은데 정확합니까?' 이 같은 명료화 기술은 중간중간 사실을 확인함으로써 사회복지사로 하여금 검증되지 않는 가정과 추리에 섣부른 결론에 도달하지 않도록 돕는 역할을 수행한다. 아울러 클라이언트로 하여금 사회복지사가 자신의 말을 정확히 이해하고 있고, 자신의 말에 전력을 다해 집중하고 듣고 있구나 하는 신뢰감을 심어주기도 한다.

4) 요약

클라이언트의 이야기를 어느 정도 듣다 보면 그가 표현한 내용 중에서 반복적으로 또는 일관성 있게 등장하는 주제들이 발견된다. 사실 클라이언트가 무언가 털어놓고 싶은 주제가 있어 사회복지사를 찾은 것이므로 자신의 심리 에너지가 쏠려 있는 그 주제는 대화를 통해 표출하기 마련이다. 반복해서 강하게 표현되는 이 주제들을 확인하여 드러내는 면담기술이 바로 요약이다.

이렇게 보면 요약은 단순히 앞에서 언급된 내용들을 간추려 정리하는 수준이 아니라 여러 상황과 장면들 속에 흩어져 표현된 이야기 주제들을 찾아내어 묶고 이를 클라이언트에게 되돌려 주는 기술이다.

클라이언트의 말을 요약하기 위해서는 말의 내용, 말할 때의 감정, 그가 한 말의 목적, 시기, 효과에 대해서 주의를 기울여야 한다. 요약은 면담과정에 초점을 맞추거나 방향을 제시하기 위해 언제든지 사용할 수 있지만 특별히 요긴하게 사용될 때가 있다. 매회 면담이 시작되거나 끝나는 시점에, 면담 시간 중 클라이언트가 산만하게 이야기하는 것처럼 느껴질 때, 클라이언트가 어떤 주제에 대해 하고자 했던 말을 전부 한 것처럼 보일 때 등이다.

5) 구체화

대화하는 클라이언트의 세계를 잘 이해하는 방법은 클라이언트가 표현하는 내용을 정확히 아는 것이다. 클라이언트의 표현 내용을 정확히 알기 위해서 필요한 것이 표현 내용이 의미하는 바를 구체적으로 파악하는 일이다. 구체화 기술은 클라이언트의 메시지 중에 불분명하고 불확실한 부분, 애매모호해서 혼란을 주는 부분, 클라이언트 고유의 지각이 반영되어 선뜻 이해하기 어려운 부분 등을 정밀하게 확인하는 방법이다. 이렇듯 구체화는 클라이언트로 하여금 자신의 체험내용과 내면세계를 명확히 드러내어 표현함으로써 클라이언트의 이해를 돕고 면담과제의 전모를 파악하는데 도움을 주는 대화 핵심기술이다. 앞에서 언급한 명료화가 클라이언트의 메시지의 전후문맥을 분명히 하기 위한 기술이라면, 구체화는 클라이언트가 사용하는 언어내용의 정체를 구체적으로 확인하는 기술이라는 점에서 차이가 있다.

사회복지사가 구체화해야 될 첫 대상은 클라이언트가 즐겨 사용하는 어휘와 개념들의 의미이다. 특히 클라이언트의 핵심문제와 연결된다고 생각되는 사태에 대하여 클라이언트가 사용하는 어휘의 의미와 지각내용을 정확히 확인하는 것은 매우 중요하다. 개인의 주관세계, 준거틀이 같지 않으므로 동일한 언어를 전혀 다른 뜻으로 사용하는 경우가 의외로 많기 때문이다. 따라서 사회복지사는 클라이언트에게 중요한 의미가 있을 법한 내용에 대해서는 상식 수준에서 이해된다고 그냥 넘어가지 말고 그 뜻을 철저히 밝혀야 한다. '남편과 성격이 맞지 않아 이혼하고 싶어요'라는 클라이언트의 말에서 '성격이 맞지 않는다'는 진술을 자명한 것으로 받아들이지 말고 성격이 맞지 않다는 것이 정확히 무슨 뜻인지 확인해야 한다. 남편의 성격이 거칠어서 싫다는 뜻인지, 남편과 성문제가 있다는 것인지, 남편의 돈 씀씀이가 마음에 들지 않는다는 것인지, 남편이 처가를 대하는 태도가 못마땅하다는 것인지, 구체적으로 확인해야 한다. 특히 감정과 정서를 표현하는 어휘들은 개인에 따라 엄청나게 다른 의미를 내포할 수 있으므로 철저한 검색이 필요하다.

6) 질문하기

질문은 면담과정에서 다양한 기능을 가진다. 질문은 클라이언트의 자기탐색과 이해를 돕는 유용한 기법이기도 하지만 잘못 사용될 경우 질문은 오히려 클라이언트를 혼돈시키거나 위축시키기도 한다. 질문의 효율적인 활동을 돕기 위해 질문의 몇 가지 유형과 의미를 살펴보기로 한다.

(1) 개방형 질문과 폐쇄적 질문

"그 말을 들었을 때 화가 났나요?"와 같은 폐쇄적인 질문은 클라이언트에게 특정한 답변만을 요구한다. 하지만 "그 말을 들었을 때 느낌이 어땠나요?"와 같은 개방적인 질문은 클라이언트 스스로 자신의 반응을 되돌아보고 표현할 수 있는 기회를 제공한다. 또한 폐쇄적인 질문은 오로지 명백한 사실만을 요구하지만 개방적인 질문은 클라이언트의 의견, 사고, 감정까지고 끌어내는데 효과적이다.

"당신과 다툰 후 그녀에게 무슨 일이 있었나요?"
"당신과 다툰 후 그녀가 자살하려고 했나요?"

"지난 주에 무슨 일이 있었습니까?"
"지난 주에 혹시 기분 나쁜 일이 있었는지요?"

(2) 간접질문과 직접질문

간접질문은 넌지시 물어보는 것임에 반하여 직접 질문은 직선적으로 물어보는 것이다. 간접질문은 그 끝에 물음표가 없는 서술형으로 이루어지는 것이 보통이지만 분명히 물어보는 것이고 내담자의 반응을 요구하고 있는 것이다. 간접질문은 묻는 이의 관심을 전달하면서도 질문처럼 들리지 않는다는 점에서 가치가 있다

"당신은 그런 상황에 대해 어떻게 생각하십니까?"
"당신이 그런 상황에 대해 어떻게 생각하시는지 궁금하군요."

"그 다음에 무슨 일이 일어났습니까?"
"그 다음에 무슨 일이 일어났는지 궁금하군요."

(3) 이중질문과 질문 공세

두 가지 질문을 동시에 포함하는 이중질문이나 여러 가지 질문을 한꺼번에 쏟아붓는 질문공세는 흔히 클라이언트를 혼란스럽게 하고 사회복지사 쪽에서도 클라이언트의 반응이 어느 질문에 대한 것인지 판단하기 힘들게 한다. 이러한 형태의 질문들은 클라이언트의 생각과 감정을 탐색하고 자신을 자유롭게 표현하는 것을 돕기보다는 오히려 클라이언트의 자기탐색과 표현에 걸림돌이 될 수 있기 때문에 가급적이면

사회복지사는 한번에 한 가지 질문을 하는 것이 좋다.

(4) "왜"라는 질문

'왜'라는 말은 정보를 구하거나 사건 또는 행동의 원인이나 이유를 탐색하는데 국한되어 사용됨이 마땅하지만 불쾌감이나 불찬성의 뜻까지 함축되어 사용되는 경우가 흔하다. 따라서 사회복지사가 클라이언트에게 '왜'라는 질문을 사용할 때 클라이언트는 그것을 비난이나 추궁, 혹은 힐책의 말로 받아들일 수도 있다. 이런 점에서 '왜'라는 질문은 사회복지사의 본래 의도와는 달리 클라이언트로 하여금 자신을 방어하거나 그 상황에서 회피하려 들거나 혹은 공격적으로 만들 가능성이 있다. 또한 '왜'라는 질문은 클라이언트에게 즉시 어떤 한가지 답을 생각해 내야 한다는 부담감을 안겨줄 수도 있다.

생각해 볼 문제

1. 사회복지실천에 있어서의 사회복지사와 클라이언트의 관계와 일반적인 인간관계와의 차이점은 무엇인가?

2. 사회복지실천에서 면접은 기술이면서도 예술이라고도 한다. 그 의미에 대해 생각해 보자.

3. 한 사람은 사회복지사, 한 사람은 클라이언트, 그리고 나머지 한 사람은 기록자의 역할을 맡아서 친구들과 30분 정도 실제로 면접 역할극을 시행해 보고 면접의 어려운 점과 기술 적용에 대해 토의해 보자.

참고문헌

고영인(2001), 『상담연습워크북』, 문음사.

권중돈 · 조학래 · 윤경아 · 이윤화 · 이영미 · 손의성 · 오인근 · 김동기(2011), 『사회복지개론』, 학지사.

김기태 · 김수환 · 김영호 · 박지영(2007), 『사회복지실천론』, 공동체.

김창대(2006), 『상담 및 심리치료의 기본기법』, 학지사.

박옥희(2010), 『사회복지의 이해』, 학지사.

박지영 · 배화숙 · 엄태환 · 이인숙 · 최희경(2010), 『사회복지의 이해』, 학지사.

신원식 · 김민주 · 김순애 · 박선태 · 박진필 · 이종운(2011), 『사회복지개론』, 공동체.

엄명용 · 김성천 · 오혜경 · 윤혜미(2005), 『사회복지실천의 이해』, 학지사.

이경남 · 김인숙 · 김현주 · 박은주 · 서화정 · 이순영 · 이찬희 · 조윤득 · 허영숙(2008), 『사회복지실천론』, 학지사.

이인정 · 최해경(2009), 『인간행동과 사회환경』, 나남출판.

이장호 · 금명자(2008), 『상담연습교본』, 법문사.

조흥식 · 김혜래 · 신은주 · 우국희 · 오승환 · 성정현 · 이지수(2010), 『인간행동과 사회환경』, 학지사.

Biestek, F. P.(1978), *The Casework Relationshop*. Chicago : Loyola University.

National Association of Social Workers(1992), *Standards for the Classification of Social workers Practice*. Washington, DC : NASW.

제3부

사회복지 실천대상과 쟁점

제 8 장

가 족 복 지

후기 산업사회에 도달해 있는 한국 사회는 가족제도에 대한 위기를 우려할 만큼 지속적인 이혼율 증가현상을 보여 왔다. 서구사회는 우리보다 이러한 상황을 훨씬 먼저 경험하였는데, parsons는 이를 가족해체로 여기지 않고 '사회의 변화에 따른 가족의 적응'이라고 보았다. 실제로 서구사회의 급증하는 이혼율은 1970년대 말을 정점으로 안정세를 되찾았으며 우리나라도 이혼율의 급증세가 2003년도를 정점으로 조금씩 소강상태에 있어 귀추가 주목된다(통계청, 2009).

이혼은 당사자들만의 단순한 문제로 끝나지 않고 사회문제로 까지 이어지고 있다. 이혼으로 인해 발생하는 대표적인 문제는 '한 부모가족'의 증가와 '빈곤의 여성화' 등 우리 사회의 새로운 사회문제를 불러오게 되었다. 특히 한 부모가족들은 경제적 어려움뿐만 아니라 아동빈곤과 학대, 사회적 위축, 그리고 사회적 낙인문제 등 복잡하고 다양한 문제들을 경험하게 된다. 따라서 각 부처와 정부는 우선 이혼을 발생시키는 원인이 무엇인지 파악한 후 대처방안을 제시하여야 하며, 더 나아가 예방적 차원으로서 각종 서비스와 정책방안을 모색하여야 할 것이다.

- 한국사회에서 변화되고 있는 가족의 개념과 유형을 학습한다.
- 사회문제로 이어지고 있는 이혼문제와 그로 인해 발생하는 가족문

제에 대해 살펴본다.

- 이혼문제를 예방하고 해결하기 위한 정부와 각 관계 부처들의 대처방안과 관련 프로그램에 대해 알아본다.

1. 가족의 개념

우선 가족을 사전적 정의에서 살펴보면, 가족은 "부부, 부모, 자녀, 형제 등 혈연에 의하여 맺어지며 생활을 함께 하는 공동체 또는 그 구성원"이라고 정의하고 있다. 우리에게 가족은 인간의 존엄성과 인간다운 생활을 할 권리를 보장받음으로써 가족 구성원이 행복하고 만족스러운 삶을 영위할 수 있도록 하는 것이다. 그만큼 가족은 개인을 이해할 때 매우 중요하고 밀접한 관계에 있다. 오늘날 가족의 형태는 다양화되어 가고 있을 뿐 아니라 각각의 가족이 새로운 가치관, 생활규범 그리고 새로운 가족 생활양식으로 변화되어 가고 있다(박성석 · 오정아 · 이영주 · 최경화 · 최금해, 2009).

일반적으로 사람들은 가족이란 울타리 안에서 태어나서 성장하고 생활한다. 그러므로 가족은 우리에게 가장 원초적이고 친밀한 집단이다. 가족은 오랜 세월에 걸쳐 형성된 문화와 관습을 바탕으로 주위 환경에 적응되어 나타난 제도로서 개인의 인격형성에 강한 영향력을 미친다. 그리고 사회 공통의 행동 특징과 문화 규범을 습득시키는 사회화 과정을 담당하는 사회의 가장 기본 집단이 되며, 사회를 존속시키는 가장 중요한 기본 단위이다. 현대 산업사회에서는 전통적인 핵가족뿐만 아니라 법적인 결연관계 없이 살아가는 동거가족, 자발적으로 자녀를 낳지 않는 무자녀 가족, 여성세대주 가족, 동성애 가족, 독신가구 등 다양한 형태의 가족들이 존재하고 있다.

Murdock에 의하면 "가족은 부부와 그들의 자녀로 구성되고, 주거와 경제적인 협력을 같이하며 자녀의 출산을 특징으로 하는 집단"이라고 정의하고 있다. 반면 Levi-Strauss는 가족은 결혼으로 시작되며 부부와 그들 사이에서 출생한 자녀로 구성되지만 이들 외에 가까운 친척이 포함될 수 있고, 가족구성원은 법적 유대 및 경제적·종교적인 것 등의 권리와 의무, 성적 권리와 금기, 애정, 존경 등의 다양한 심리적 정감으로 결합되어 있다고 하였다(류종훈, 2006).

우리나라 민법에 있는 가족에 대한 정의를 살펴보면 "호주의 배우자, 혈족과 그 배우자, 기타 본 법에 의하여 가(家)에 입적한 자는 가족이 된다."고 가족의 범위를 확정하고 있다. 이는 부부와 자녀 이외에 다세대로 구성된 가족성원이 포함되는 개념이다. 건강가정기본법에서도 "가족은 혼인, 혈연, 입양으로 맺어진 관계"라고 규정하고 있는 것을 보면 우리나라의 가족 개념은 부모와 자식으로 이루어진 전통적 가족 형태를 전제로 한 정의임을 알 수 있다.

이상에서 살펴본 바와 같이 가족이란 첫째, 그 외형적인 구성면에서 혼인과 혈연 또는 양자 관계를 통하여 결합된 집단이라고 할 수 있다. 둘째, 기능면에서 개념 정의로 가족은 사회 전체의 맥락과 연결되는 여러 가지 과업을 수행하는 제도이다. 셋째, 가족은 가족 구성원 상호간의 정서적인 표현을 위한 심리적인 집단이라고 정의할 수 있다(박성석 외, 2009).

2. 한국 가족형태의 변화

가족이 변화된 주원인으로는 산업화로 인한 현대인들의 가치관의 변화를 먼저 생각해 볼 수 있다. 산업화는 생활양식에 대한 총체적인 변화를 가져왔다. 그래서 가족의 규모가 축소되고 기능이 바뀌었으며 가족관계도 변하였다. 또한 가치관의 변화로 가족의 기능과 가족 간의 관계 및 역할에 변화가 초래되었다. 이러한 변화의 양상을 살펴보면 다음과 같다.

1) 가족규모와 유형의 변화

지금 우리 사회는 예전에 비해 가족의 규모가 축소되었다. 농업중심의 사회는 노동력의 확보를 위해서 남성위주 중심의 대가족제도를 이루었다. 그러나 1960년대부터 시작된 공업화는 엄청난 사회변동을 초래하였고 사회구조적 변화와 함께 가족 규모도 축소되었다. 산업사회는 인구의 이동이 많아지기 때문에 이동에 편리한 소규모의 가족으로 축소될 수밖에 없다. 언제 어느 곳으로 직업과 일자리를 옮겨가야 할지 모르기 때문에 가족의 규모가 작아지게 마련이다. 그래서 공업화 시작단계인 1966년의 평균 가구원 수는 5.5명이었고, 총 출산율은 4.8명이었다. 그러나 1990년의 평균 가구원 수는 3.8명으로 나타났고 총 출산율은 1.6명으로 나타났다. 1995년 평균 가구원 수는 3.1명, 총 출산율은 1.7명이었으며, 2003년 사회통계조사에 의하면 가임 여성 한 명당 출산율은 1.17명으로 더 낮아졌고, 2005년에는 1.08명으로 세계적으로 가장 낮게 나타났다(통계청, 2008).

이렇게 출산율이 급격히 감소하면서 부부가 한 명 또는 두 명의 자녀와 함께 사는 형태로 변했다. 이렇게 가구원 수가 줄어들면서 가족규모가 작아지고 축소되는 반면 가족의 형태는 다양화되어 가고 있다. 그래서 여성가구주 가구, 노인가족, 복합가족, 한부모가족, 별거가족, 독신가구, 비혈연가족, 다문화가족 등의 다양한 형태로 나타나고 있다.

이와 함께 친족 간의 관계도 변하여 친족의 범위 자체가 축소되고 친족끼리의 유대가 약화되어 가고 있다. 이전에는 8촌까지 친족의 범위에 포함되었으나 이제는 4촌으로 줄어들었다. 또한 친족과 교류가 멀어지다 보니 먼 곳에 사는 4촌보다 이웃이나 직장동료가 더 가깝게 느껴지고 있다. 이러한 친족 간의 유대는 앞으로도 더 소원해질 것이며 친족 간에 나누었던 기능을 이제는 사회전문기관 내지 동호회 등에서 대신해 주고 있다. 이렇게 핵가족 중심의 생활패턴이 보편화되었고 친족의 보호망이 점점 무너져 가면서 핵가족은 더욱더 불안정하게 되었다

(박민자, 1995).

2) 가족 기능의 변화

가족의 중요한 기능의 하나로 여겨져 왔던 성과 출산의 통제기능도 약화되어 가고 있다. 성관계가 가족 밖에서도 가능하며 이제는 미혼모가 늘어가고 있다. 외국의 경우에는 독신으로 살면서 아이를 원하는 여성이 늘어남에 따라 '선택에 의한 미혼모'라는 집단이 결성되어 서로에게 지지적 역할을 해 주고 있다. 이와 함께 부부의 성생활기능이 강화되고 성이 자녀출산 수단으로서 뿐만 아니라 애정표현 수단으로서 강조되고 있다.

가족의 기능 중 큰 비중을 차지해 오던 자녀양육의 기능을 이제는 사회전문기관과 공유하고 있다. 예전에는 초등학교에 들어갈 때까지 부모가 돌보던 아동이 이제는 2~3세만 되어도 어린이 집과 유치원, 학원 등으로 보내지고 전문기관에 의한 양육 및 교육으로 분담되고 있다. 이와 함께 중요한 변화는 노인의 보호와 같이 가족에 의해서 이루어지던 보장기능이 이제는 국가의 사회보장제도에 의해서 대체되고 있다는 것이다. 옛날에는 남아선호사상으로 아들을 가져야만 한다고 생각했다. 왜냐하면 아들이 있어야 늙고 병들었을 때 돌봐주기 때문이다. 그러나 이제는 늙어서 아들에게 의지하겠다는 생각이 줄어들면서 남아선호사상도 줄어들고 있다. 이러한 가족의 보장기능이 점점 축소되고 대신에 사회보장기능에 의해서 이러한 기능을 국가와 공유하게 되었다.

이전에는 어른과 노인이 존중되었으나 가족 내에서의 중심적 역할도 변화되고 있다. 농경시대에는 가장 많은 경험과 지식을 노인이 가졌지만 현대사회에서는 지식정보의 발달로 인해서 더 이상 노인의 지식은 가족의 중심에서 밀려나고 있다. 그 대신 부부 중심의 가족생활로 변하고 있어 노인은 가정에서의 위치를 잃게 된 반면 현대의학의 발달로 평균수명이 늘어감에 따라 노인문제가 심각한 사회문제로 대두되고 있다(변화순 외, 2003).

3) 가족의 주기 및 관계의 변화

한국가족의 생활과업수행의 변모를 요약하면 다음과 같다. 첫째, 가족주기 전 기간이 길어지고 있다. 둘째, 결혼에서 자녀출산 완료까지의 가족형성 및 확대기는 초혼연령의 상승과 출산율 저하로 매우 단축되고 있다. 셋째, 자녀출산 완료 이후 자녀 결혼이 시작될 때까지의 자녀양육 및 교육기에 해당하는 가족확대 완료기는 점점 길어지는 양상을 띠고 있다. 넷째, 자녀결혼 완료 이후 남편의 사망을 거쳐 부인의 사망에 이르기까지의 축소완료 및 가족 해체기는 길어지고 있다(공세권, 1994). 이러한 가족주기의 특성은 교육기간이 연장됨으로써 결혼연령이 높아지고 자녀를 적게 가짐으로써 출산간격과 자녀양육기간이 짧아졌으며 평균수명의 연장으로 노년기가 연장되었기 때문이다. 이러한 주기상의 변화는 가족관계에도 영향을 미치고 있다.

가족 주기상의 변화로 인해서 가족관계에도 변화가 일어나고 있다. 종래의 부자 중심의 관계에서 부부 중심으로 변화되고 있다. 여성의 사회적 지위 향상에 따라 부부관계에서 애정적 동반자 관계가 중요해지고, 평등한 부부관계가 강조되어 남편주도형에서 부부 의논형으로 변하고 있으며 부부 중심의 활동이 증대되고, 정서적·성적 유대감이 가장 중요한 요소로 등장하였다. 자녀에 대한 태도도 변하여 자녀가 소외감을 느끼거나 세대 간의 갈등 및 단절이 일어나고 있다. 노부모와 성인자녀가 함께하는 시간이 길어지고 있다. 가정 폭력에 대한 태도도 변하여 더 이상 가정폭력을 허용하지 않는다. 그러므로 이러한 관계에 문제가 생길 때에는 해체의 가능성이 높아지고 있다.

혈통계승과 노후보장책으로 여겼던 자녀의 기능이 사회보장제도에 의해서 수행됨에 따라 부모-자녀 관계는 자녀의 노동력 제공과 보장적 성격보다는 성장과 성숙의 관계로 변하고 있으며 남아선호사상도 이전에 비해서 퇴색되고 있다(박태영, 2003).

4) 가족병리현상의 증가

현대사회에서의 가족병리현상은 사회 전반적 변화와 가치관의 변화 등과도 맞물려 있다. 부모 자식 간 관계의 변화로 인한 노인 학대 및 유기, 아동학대 및 유기와 배우자 학대가 늘어나고 있다. 좀더 극단적인 예로 존속살인도 요즘은 자주 보도되고 있다. 가정 폭력은 노인이나 아동과 같은 약자에 대한 폭력뿐만 아니라 결혼 상대자에 대한 폭력과 성폭력, 근친상간 등의 형태도 나타나고 있다. 부부관계에서도 가정 내 이혼, 정서적 이혼, 세대 간의 가치관의 차이에 의한 갈등 등이 심각해지고 있다.

이와 함께 빈곤가족에 대한 생활대책과 한 부모가족에 대한 사회적 지원의 부족으로 이들 가족이 많은 어려움에 직면해 있다. 일반 가족의 경우에도 유사시에 가족기능상에 문제가 생길 때 이를 대신해 줄 만한 대책이 없다는 것이 가족이 붕괴되는 요인으로 작용하기도 한다. 요즘 소년소녀가정도 대부분은 부모 중 어느 한쪽이나 양쪽이 생존해 있는 경우가 많고 부나 모의 가출에 의해서 소년소녀가정으로 남는 경우가 많다. 이와 함께 가족의 불안정으로 인한 자녀의 유기 및 학대, 방임 등도 늘어나고 있다. 그래서 이는 옛날과는 다른 이유로 고아원에 오게 되는 경우도 많다. 즉, 부모의 사망으로 인해서 고아원에 오는 경우보다는 부모가 이혼하는 경우 양쪽 모두가 자녀 양육을 꺼리기 때문에 또는 유기에 의해서 고아원으로 보내지는 경우가 늘어 가고 있다(김재엽, 1998).

이상에서 살펴본 한국가족 실태의 변화에서 알 수 있듯이 지금 한국사회의 가족은 많은 문제점을 안고 있다고 볼 수 있다. 이러한 한국가족의 문제를 조흥식(2001)은 다음과 같이 규정하고 있다.

첫째, 한국 가족의 문제는 경제적 부양의 문제로 빈곤과 박탈감의 문제를 안고 있다.

둘째, 가족보호기능의 약화이다. 여성의 사회참여에 따라서 가족이 감당해 온 보호기능을 대신해 주지 못함으로써 문제가 생기고 있다.

셋째, 가족의 통제 능력과 기능이 약화됨으로써 원활한 가족기능에 문제가 발생하고 있다. 가장 심각한 가족의 문제로는 결손가족이 늘어나고 있다는 것이다.

상기의 내용을 토대로 지금 우리 사회의 가족 해체의 대표적인 원인을 살펴보면 두말할 필요 없이 이혼이다. 한국의 조 이혼율은 1975년도 23,000여건에서 1990년도 45,000여건으로 증가하다가 2003년 167,000여건을 정점으로 다소 감소하는 양상을 보이고 있다. 1990년도 이후의 이혼율 증가는 이 시기에 30대를 맞은 베이비 붐 세대의 이혼율 급증과 이혼 후 면접교섭권, 재산분할권, 이혼 후의 모의 친권 인정 등 남녀평등을 향한 방향으로 모색된 가족법의 변화, IMF의 경제위기로 인한 가족 간의 갈등고조에 의한 것이라 할 수 있다. 특히 2002년도의 한국의 이혼율은 세계 2위를 차지하였으며, 2003년도는 전년보다 15%나 증가하였는데, 그 성장률과 수준에 있어서 가히 세계 최고의 이혼국가라 할 만하였다(통계청, 2009).

우리나라의 조 이혼율이 2003년 최고조에 달하다가 최근까지 지속적인 감소세를 보이고 있는데, 통계청은 이를 15~49세 유배우 인구의 감소 및 IMF 외환위기 및 카드사태 진정 등으로 인한 경제적 안정, 이혼숙려제도 도입 등의 영향으로 해석하고 있다. 그러나 최근 몇 년간의 이러한 감소추세가 현 우리나라의 이혼율이 사회전반에서 안심을 할 수준이라는 것을 의미하는 것은 아니다. 즉 OECD 국가 중에서도 높은 이혼율을 보이고 있는 영국의 조 이혼율보다도 훨씬 웃도는 것을 감안할 때 우리나라 이혼율은 여전히 높은 수준에 있다는 것을 알 수 있다(유재성, 2004).

또한 국제결혼의 증가로 인해 외국인 배우자와의 이혼율 급증이 새로운 사회적 이슈로 대두되고 있는데, 2007년 한국인과 외국인과의 이혼건수는 8,800여건으로 총 이혼건수의 7%를 차지하고 있으며, 한국남자와 외국 여자와의 이혼은 5,700여건으로 전년보다 44%증가한 것으로 나타났다.

연령별 이혼을 살펴보면, 남녀 모두 30~40대가 이혼의 72%를 차지하고 있다. 초혼 연령의 상승으로 결혼 20년 미만 부부의 이혼율이 증가하고 있는 가운데, 노부부들의 황혼 이혼 또한 최근 들어 계속 증가하고 있는 추세여서 우리사회의 이혼에 대한 견해는 나이를 불문하고 변화하고 있다는 것을 알 수 있다(이원숙, 2007).

이상의 논의를 토대로 오늘날 가족문제 중 사회적으로 가장 큰 반향을 불러일으키고 있는 이혼문제에 대해 살펴보면서, 이혼이 부부 당사자와 그 자녀들에게 미치는 영향에 대해 언급하고자 한다. 그리고 이혼가족을 위한 사전 대책과 사후 대책을 살펴보면서 이혼에 대한 개인적인 입장 즉, 가족의 보존을 위해 참고 살아야 하는가? 아니면 여성 및 남성의 인권을 위해 이혼을 해야 하는가?에 대해 자료를 토대로 서로의 입장을 논의하려 한다.

3. 이혼에 대한 이해

오늘날 가족문제 중 사회적으로 가장 큰 반향을 불러일으키고 있는 것은 이혼율의 상승 문제이다. 이혼은 법률상으로 유효하게 성립된 혼인을 결혼 당사자들이 모두 생존한 동안에 그 결합관계를 협의 또는 재판상의 절차를 거쳐 소멸시키는 행위로서 보통 가족해체를 입증하는 대표적 지표로 인식되며, 복합적인 요소들이 상호작용함으로써 심각한 스트레스를 가져다주는 사회현상이다. 이에 대해 구체적으로 이혼에 대한 전반적인 이해와 이혼의 증가 원인 및 이유를 살펴보면 다음과 같다.

1) 이혼의 개념과 유형

이혼이란, 법률상으로 완전하고 유효하게 성립한 혼인을 당사자인 부(夫)와 처(妻)가 살아 있는 동안에 그 결합관계를 해소시킴으로써 혼인으로 인하여 발생했던 일체의 효과를 소멸시키는 것을 말한다(이소희, 2005). 이러한 관점에서 볼 때 이혼은 단일한 사건이 아니라 결혼부터 이혼에 이르기까지의 일련의 전이과정이며, 복합적인 요소들이 상호작용함으로써 심각한 스트레스를 가져다주는 사회현상이라고 말할 수 있다.

성정현(1998)은 이혼과정을 개념화하는 데 유용한 준거틀을 제시하였는데, 이혼이 완료되기까지 6단계로 구분하였다. 이들 단계는 반드시 일정한 순서로 발생하는 것은 아니며, 모든 사람이 각 단계에서 동일한 고통을 느끼는 것도 아니다. 그러나 이혼은 법적으로는 하나의 간단한 사건이지만 심리사회적으로는 일련의 사건들이 고리를 이룬 복합적인 과정이라는 것이다.

- **법적 이혼**(legal divorce) : 부부관계의 합법적 종결과 함께 양측에 재혼할 권리가 부여되는 과정이라고 할 수 있다.
- **정서적 이혼**(emotional divorce) : 한쪽 혹은 양쪽 배우자가 부부관계에 회의를 갖고 정서적 철회행위를 보임으로써 시작됨, 이혼 전·후에 모두 발생할 수 있음, 이혼을 생각하게 하는 요인이면서 동시에 이혼 적응을 어렵게 하는 요인으로서 법적인 이혼보다 성취하기 어렵고 때로 수십 년이 걸리기도 한다.
- **경제적 이혼**(economic divorce) : 재산을 분할하는 과정으로 종종 상당한 갈등을 수반하기도 한다.
- **공동-부모역할 이혼**(coparental divorce) : 부모로서의 이혼이며, 자녀양육권, 면접교섭권, 자녀부양의무 등을 결정한다.
- **공동체 이혼**(community divorce) : 부부가 함께 공유하면서 친지와

사회적 관계가 분리, 상실되는 과정이다.

- 정신적 이혼(psychic divorce) : 배우자와의 관계로부터 완전히 분리되어 자신을 재정의하고 독신으로 돌아가는 과정이다.

2) 이혼의 증가 원인과 이유

이혼이 급증하고 있고 이혼사유도 점점 주관적 경향을 보이고 있지만, 우리나라는 아직 배우자 중 한 사람에게 이혼의 주된 원인을 제공한 책임이 있는 경우 이혼을 허용하는 유책주의(有責主義)를 따르고 있다. 우리나라는 민법 제840조[1)]에서 이혼의 사유로 규정하고 있는 것은 배우자의 부정행위, 배우자의 악의의 유기, 배우자 또는 직계존속에 의한 심히 부당한 대우, 자기의 직계존속에 대한 배우자의 심한 부당한 대우, 배우자의 3년 이상의 생사불명, 기타 혼인을 계속하기 어려운 중대한 사유이다. 1990년대 중반까지 우리나라 이혼원인의 절대비율을 차지했던 것은 부부불화에 따른 이혼이다. 그러나 최근 들어 이러한 이혼의 사유 또한 변화하고 있다. 1999년도부터 2001년도까지의 재판이혼의 판결사례를 분석한 결과에 따르면, 재판이혼을 청구하게 되는 주된 원인은 배우자의 가출 및 유기이며, 그 다음 폭력, 경제적 이유, 외도, 그리고 기타로서 도박과 친족 간 성폭행, 강간치사, 행방불명 등이다. 이렇게 가출 및 유기가 이혼사유의 절반에 가까울 정도로 높게 나타난 것은 기존의 연구에서 가장 심각한 이혼사유로서 배우자의 부정행위, 폭력, 부부간의 불화, 경제적 이유 등을 지적하고 있는 것과 매우 상이한 결과이다. 여기서 가출 및 유기가 이혼의 일순위로 나타난 것은 배

---

1) 민법 제840조 (재판상 이혼원인) 부부의 일방은 다음 각 호의 사유가 있는 경우에는 가정법원에 이혼을 청구할 수 있다. (개정 1990.1.13)
   1. 배우자에 부정한 행위가 있었을 때
   2. 배우자가 악의로 다른 일방을 유기한 때
   3. 배우자 또는 그 직계존속으로부터 심히 부당한 대우를 받았을 때
   4. 자기의 직계존속이 배우자로부터 심히 부당한 대우를 받았을 때
   5. 배우자의 생사가 3년 이상 분명하지 않을 때
   6. 기타 혼인을 계속하기 어려운 중대한 사유가 있을 때

우자의 가출 후 생계가 어려워진 한부모들이 사회보장 혜택을 받기 위해 배우자의 가출을 신고한 이후 이혼하는 절차를 밟았기 때문으로 풀이할 수 있다(성정현, 2002).

한편 2000년도의 이혼원인에서는 상당한 변화가 나타난다. 이혼원인의 1순위였던 배우자의 부정행위는 줄어들고, 성격 차이로 인한 이혼과 가족 간 불화는 계속 증가하고 있는 것이다. 2005년도의 경우, 이혼원인 중 성격차이가 차지하는 비율이 2000년도보다 많이 증가하였다. 물론 성격차이로 인한 이혼이 증가하였다고는 하지만 2006년도에는 소폭 감소함으로써 성격 차이로 인한 이혼은 점증할 가능성이 매우 높다. 이외에 2007년도의 이혼사유에서는 전년도까지의 동향과는 다른 특징이 나타나고 있다. 다른 이혼사유의 비율은 모두 감소한 반면 배우자의 부정행위와 정신적·육체적 학대, 기타 사유가 증가하였다. 이 중 특히 배우자의 부정행위가 증가한 것은 여성의 사회경제적 활동이 증가하고 기혼 여성도 이성교제의 기회나 가능성에 더 많이 노출되면서 여성 배우자의 외도로 인한 이혼이 증가한 것이 원인으로 작용하였다고 할 수 있다(통계청, 2009).

4. 이혼가족의 문제

이혼은 당사자와 그들의 자녀에게 극도의 정신적 혼란과 상처를 야기하는 심각한 위기 상황이 될 수 있다. 이혼 당사자들은 이혼 후 가족 내·외의 역할과 가족구성원 간의 관계를 새로이 정립해야 함으로 인해 생계유지와 자녀양육의 과부담에 시달리게 되고, 대인관계상에도 문제를 경험하게 되는 경우가 종종 발생하게 된다. 한편 자녀의 입장에서는 이혼한 부모에 대한 원망과 배신감 그리고 자신이 부모로부터 버려질지도 모른다는 공포와 두려움으로 인해 인성발달에 어려움을 겪고 극단적인 경우에는 반사회적 태도를 보이는 경우가 나타날 수 있어 특별히 부모의 이혼 직후 자녀의 정서적 안정을 위한 사회적 배려가 요구된다(김영화, 2007).

1) 이혼이 부부에게 미치는 영향

(1) 정서적인 측면

이혼의 심리적·신체적 스트레스는 이혼의 초기 단계에서 더 많이 나타나는 것으로 보인다. 이혼 초기에 이혼여성들의 지배적인 감정은 분노와 상실감이다. '분노'는 결혼생활을 유지하기 위해 지금까지 참고 지냈다는 사실과 자신에 대한 분노 그리고 이혼으로 인해 상실된 현실적인 조건에 대한 것이다. '상실감'은 자신을 보호하고 위안을 줄 대상이 사라졌다는 것, 사랑하는 사람이 없어졌다는 것, 일상의 기쁨과 슬픔을 공유할 대상을 잃었다는 것 등으로부터 연유된 감정이다. 이때 전 배우자에 대한 애착을 떨쳐 버리지 못하는 여성들도 있다. 특히 이혼 후 자녀와 떨어져 살게 된 여성들은 자녀에 대한 '죄의식'을 경험하는 것으로 나타났다. 또한 이혼 후 시간이 경과되면서 이혼여성들은 '외로움'을 경험한다(성정현, 1998).

이혼에 대한 낙인이 우리나라보다 심하지 않은 서구에서도 이혼자들이 기혼자나 미혼자보다 건강하지 않은 것으로 나타났다. 이혼 후 조기 사망률, 교통사고 및 기타 상해, 만성적 무능력과 질병, 자살, 우울증, 알코올중독, 마약 등의 유혹에 빠지는 경우가 많다는 결과는 이혼이 심리적·신체적 건강에 부정적 영향을 미친다는 것을 보여준다. 보통 이혼자들의 정서적 안정의 회복 시기는 남·녀 구별 없이 2년 이상 걸리는 것으로 보고 있다(고정자, 1999).

(2) 경제적인 측면

이혼은 대다수의 남성과 여성에게 수입의 감소를 가져온다. 특히 이혼 후 여성은 주거 및 생계의 어려움 등으로 이혼 전보다 낮은 수준으로 생활하는 것으로 나타난다. 전 배우자로부터 양육비를 받지 못하거나, 받는다 하더라도 생활비를 충당하기에는 불충분하기 때문에 대다수의 이혼한 여성들은 필연적으로 직업을 갖는다. 그러나 전업주부의 경우 새로운 직장을 잡으려 할 때 미숙련 상태이므로 저임금과 취업기회의 제한 등에 봉착하게 된다. 따라서 이혼한 여성이 경제적으로 자립할 능력이 있는 경우 이혼의 수용과 적응이 좀더 용이한 것으로 나타난다(김현주, 2005).

(3) 역할 변화에 관한 측면

이혼으로 인해 가족구조가 변하면서 가족구성원들 간의 관계와 역할이 변화된다. 역할 혼란에서는 자녀양육을 맡은 남성 한 부모의 어려움이 더 심각할 수 있다. 자녀양육과 가사 일에 거의 경험이 없는 우리나라 남성들은 이혼 후 직장을 다니면서 자녀를 양육하며, 동시에 가사일을 책임져야 하는 역할적응에 어려움을 경험한다. 여성들은 가장의 역할을 수행하고 자녀훈육에 대한 책임을 단독으로 지게 되면서 역할부담과 두려움, 부적절감을 느끼게 된다(박성석, 2009).

2) 이혼 자녀에게 미치는 영향

성인에게 있어서 이혼은 한 세계(a world)의 종식을 의미하지만, 어린 아동은 삶의 초점이 가족이기 때문에 유일한 세계(the world)가 종식되는 것과 같은 영향을 받을 수 있다. 1990년대 미국에서 이혼한 부부의 대다수가 이혼 당시 6세 미만의 아동이 있었고, 이러한 아동은 성인이 될 때까지 오랜 시간을 이혼가정에서 자라게 되었다. 그런데 이와 같은 이혼가정의 자녀가 교사에 의해 심리적 지원을 받도록 의뢰되는 비율이 일반가정의 자녀에 비해 세 배나 높으며, 약물·알코올중독 그리고 성행동도 일반가정의 청소년보다 일찍 시작하는 것으로 조사되고 있다. 또한 성인이 되어서도 일반가정의 자녀들보다 혼인율이 낮고 반대로 이혼율이 높으며 나아가 성인기의 심리적 어려움도 훨씬 많은 것으로 보고되고 있다(이원숙, 2007).

아래의 기사를 통해 알 수 있듯이 우리나라에서도 부모의 이혼으로 인해 시설로 보내지는 아이들이 계속 증가하는 것을 알 수 있다. 문제는 가정이 아닌 시설 등에서 성장한 아동들이 일탈행동을 할 가능성이 일반 가정에서 성장한 아동들보다 높다는 점이다. 이처럼 이혼은 부부 당사자들만의 문제로 끝나는 것이 아니라 그들의 자녀에게 까지 악영향을 미치게 된다.

〈사례〉 위기의 아이들, '부모의 이혼으로 매일 11명 시설로'

보건복지가족부의 국감자료를 분석한 결과 2008년 상반기 보호가 필요한 아동은 총 5,902명으로 이 중 42.4%인 2,054명이 부모 이혼으로 인해 발생했다. 매월 342명, 하루 평균 11명의 아동이 부모 이혼으로 인해 '보호가 필요한 아동'의 처지에 놓이게 되고, 이들은 부모 이혼 이후 시설로 가거나 위탁가정에 맡겨지게 되는 것이다. 이것은 이혼 부부 아동 100명 중 2명이 시설로 보내지는 것이다. 이어 양육시설이나 위탁보호를 받게 되는 아동 중 미혼모 자녀가 26.9%인 1,587명, 부모의 빈곤·실직으로 인한 아동이 11.9%인 701명으로 나타났다.

(국민일보 2008년 10월 5일)

(1) 정서적인 측면

일반적으로 이혼 당시 아동의 나이가 어릴수록 이혼 후 더 많은 파괴 행동을 보이는 반면, 나이 든 아동은 우울증이 더 많았다는 연구결과(최경화, 2009)와 같이 사춘기의 청소년보다는 오히려 어머니, 아버지와의 관계에 더 높은 관심을 받는 4~6세의 아동이 가장 치명적인 타격을 받는다고 볼 수 있다. 이혼 당시 아주 나이가 어린 아동은 이혼 당시의 고통스런 기억을 적게 가지기 때문에 고통을 덜 받는 편이다. 연령에 따른 자녀의 이혼에 대한 반응은 〈표 8-1〉과 같다.

〈표 8-1〉 부모의 이혼에 대한 자녀의 반응

연 령	반 응 특 징
학령 전기 (2.5~6세)	• 부모의 이혼에 매우 놀라고 혼란스러워하며 자신의 잘못으로 생각한다. • 성인과의 많은 신체적 접촉이 요구된다. • 이 시기의 아동은 자신이 유기되거나 다른 곳으로 보내질 것을 두려워하게 된다.
잠복기 초기 (7~8세)	• 슬픔, 두려움, 불안정성, 상실감을 나타낸다. • 거부당했거나 유기되었다고 느끼지만 자신을 비난하지는 않는다. • 부모에게 자신의 분노를 표현하는데 어려움을 느끼며, 부모의 재결합에 대한 열망을 가지게 된다.
잠복기 후기 (9~10세)	• 이혼에 대해 좀더 현실적으로 이해하며, 자신의 감정이나 강력한 분노를 잘 표현할 수 있다. • 이혼에 대한 책임감을 더 이상 느끼지는 않으나 두 부모에 대한 사랑 사이에서 갈등을 느끼게 된다. • 부모로부터 자신들이 거부되었다는 사실에 분노한다.
청소년기 (15~18세)	• 이혼으로 인해 청소년은 부모를 한 사람의 인간으로 인식하게 된다. • 부모 각자와의 관계에 대해 새롭게 평가한다. • 훌륭한 결혼 생활에 대한 자신들의 가치나 개념을 재평가한다.

출처 : 최신 가족복지론(류종훈, 2006).

(2) 사회적인 측면

이혼가족 자녀들은 한쪽 부모의 상실로 인한 역할모델의 부재, 상호협력의 부족, 부모-자녀관계에서 오는 거리감으로 자녀의 사회적 재능과 사회성에 직접적이고 부정적인 영향을 주고 있는 것으로 나타났다. 또한 이혼 경험 아동들은 학교부적응 문제를 나타내는데, 특히 남아에게서 두드러진다. 학교적응 문제에 있어 부모이혼 전 학업성적이 좋았고, 인성이나 행동 상 문제가 없었던 아동은 1~2년이 지나면 다시 학교생활에 잘 적응하지만, 학습의 기초가 형성되는 시기인 학교 입학 무렵에 이혼을 경험한 아동은 학업성적이나 적응 면에서 위험이 큰 것으로 나타났다(이소희, 2005).

많은 연구들은 부모의 이혼이 이혼 초기에 자녀들에게 미치는 영향이 크다는 것을 인정하면서도 많은 이혼 가족 자녀들이 그 상황에 맞게끔 적응해 나가는 것도 인정하고 있다.

5. 이혼가족을 위한 사회복지 서비스

이혼가족 구성원들이 우리 사회에서 낙인찍히지 아니하고 그들 자신의 삶이 위축되지 않는 정상적인 생활을 영위할 수 있도록 하기 위해서는 여러 가지 사회 복지적 대안이 필요하다. 그 중 가족복지정책관점에서 이혼을 사전에 예방하는 사전적 서비스 지원과 이혼 과정상의 지원 그리고 이혼 후 발생할 수 있는 여러 가지 문제를 예방하는 사후적 서비스에 대해 살펴보면 다음과 같다.

1) 이혼 예방정책

현재 심각한 문제는 없으나 더 좋은 관계를 원하는 부부를 위해서 인간관계향상 프로그램, 즉 가족 내 인간관계, 갈등해결방법, 의사소통방법, 이성간의 관계 등에 관한 가족생활교육이 필요하다. 이혼예방을 위한 장기적 대책으로는 젊은이들을 위한 결혼준비교육이 필요하다. 우리나라에서는 가족향상이 가족생활교육에 통합되어 프로그램이 개발되고 있으며, 가족치료는 가족 상담과 같은 의미로 통용되고 있다. 문제가 있는 가정을 대상으로 개인상담, 부부상담, 가족상담 및 치료 프로그램을 실시할 필요성이 있다.

2) 이혼 과정상의 정책

(1) 이혼숙려제도

2008년 6월 22일부터 시행되고 있는 '이혼숙려기간제'는 협의이혼신청 후 얼마간의 유예기간을 두어 성급한 이혼을 막으려는 이 법의 취지이다. 이 제도는 부부가 협의이혼 신청 시점을 기준으로 자녀양육 합의를 위해 자녀가 있을 경우 3개월, 없으면 1개월 동안 이혼에 대해 생각할 시간을 준다. 단, 가정폭력 등 이혼해야 할 급박한 사정이 인정되면 숙려기간을 줄이거나 면제받을 수 있다(박성석 외, 2009).

이와 함께 법원이 필요하다고 판단할 경우 협의이혼을 신청한 부부에게 전문가 상담을 권유할 수 있는 '상담권고제도[2)]'도 신설되었다.

(2) 감치제도

감치(監置)제도는 전 배우자가 충분한 경제적 능력이 있음에도 불구하고 자녀양육비 지급을 이행하지 않을 경우에 신체적 구속을 가하는 방식으로 국가가 개입할 수 있는 제도이다. 이것은 이혼 후에 서로 대면하여 양육비를 논의하기 어려운 상황에서 국가가 중재역할을 하는 것을 의미한다. 그러나 법적 규정이 있음에도 불구하고 제 역할을 하지 못한 것이 현실이다. 최근 이혼가족이 경제적 어려움이 가중되면서 감치제도를 신청하는 대상도 늘어나고 있기는 하지만, 좀더 실효성을 높이기 위해서는 감치제도를 강화하여 아동의 복리를 향상시키는 데 기여하도록 하여야 할 필요가 있다(박성석 외, 2009).

(3) 면접교섭권

양육비 지급이 자녀의 경제적 복지와 연결된다면, 면접교섭권은 자녀의 정서적 복지와 연관이 있다. 이혼 이후 함께 살지 않는 아버지나 어머니와 정기적이고 규칙적으로 만남으로써 자녀는 안전의 욕구에 대한 위협이나 유기의 두려움으로부터 벗어날 수 있다. 또 계속 부모로부터 사랑받고 있다는 것을 확신하게 되어 적응을 촉진하기도 한다. 자녀와 부모 간의 연대를 유지하기 위해 필요한 자녀들의 권리이지만, 대부분 이혼할 당시에는 자녀의 권리에 대한 정보가 부족하고 이혼 후 부모와의 만남을 허락하지 않는 동거 부모의 태도 때문에 면접교섭권이 이루어지지 못하는 경향이 있다. 그러나 자녀의 나이가 어릴수록 자주 짧은 만남

---

2) 가정법원은 필요한 경우 당사자에게 상담에 관하여 전문적인 지식과 경험을 갖춘 전문상담원의 상담을 받을 것을 권고할 수 있다. 상담권고의 목적은 상담을 통해 가정의 문제를 치유하거나 바람직한 자녀양육 방안에 대하여 깊이 생각하게 하기 위함이다.

을 통해 정서적 안정을 이루는 것이 필요하다(박성석 외, 2009).

3) 이혼 후의 대책

(1) 상담

이원숙(2007)은 이혼상담을 이혼 '의사결정단계', '재구조화단계', '이혼 후 회복단계'의 3단계로 나누어 보았는데, 이 중 이혼 후의 상담은 3단계인 '이혼 후 회복단계'로 부부가 각자의 삶을 재구축하고 상실을 다루고 대안적 관계를 발달시키도록 돕는 상담이다. 아래 〈표 8-2〉에서와 같이 이혼상담의 실천목적을 살펴보면 다음과 같다.

〈표 8-2〉 이혼상담의 목적

- 결혼이 끝났다는 사실을 수용한다.
- 전 배우자와 기능적인 이혼 후 관계를 성취한다.
- 합리적인 정서적 적응에 도달한다.
- 결혼의 실패를 가져온 역기능적 행동에 각자가 기여한 바를 이해하도록 한다.
- 정서적 지원의 출처를 발견한다.
- 이혼 후 부모역할에 대해 자신감 있고 편안하게 느낀다.
- 자녀들의 비현실적 기대를 부추기거나 그들과 동맹을 형성하지 않은 채, 자녀들이 상실에 적응하도록 돕는다.
- 이혼이라는 위기를 학습과 개인적 성장을 위한 기회로 활용한다.
- 쌍방이 합리적으로 형평성 있다고 느끼는 방식으로 법적 과정을 타협한다.
- 모든 사람을 위한 적응과 부합되는 신체적 건강 및 개인적 습관을 발달시킨다.

출처 : 가족복지론 (이원숙, 2007).

위에서 언급한 것 이외에도 이혼상담에서는 개인, 부부 그리고 가족생활단계가 고려되어야 한다. 어느 단계에서든 이혼은 고통스럽지만 주요 전환기 즉, 자녀양육이 끝날 무렵, 다가오는 퇴직, 출산을 앞두고 있을 때 더욱 고통스러울 수 있다. 특히 자녀가 있다면 이혼 부모는 서로 협동하는 것을 배워야 하는 과제를 가진다.

(2) 사회경제적 지원강화

사회적 자원의 강화는 가족의 사회적 기능을 강화시켜 주어 구조적 결손에도 불구하고 가족성원이 가족의 역할을 원만히 지지할 수 있도록 지지한다. 대표적인 사회적 자원으로는 공식적 또는 비공식적 차원에서 제공되는 가사보조서비스, 아동양육서비스, 정보제공서비스 등의 여러 서비스와 각종 법률, 제도적 지원을 포함한다.

우리나라에는 이혼자를 위한 공공부조체계는 따로 없지만 저소득 한부모가족을 위한 사회제도는 마련되어 있어 이를 통해 이혼가족에 대한 경제적 자원이 제공되고 있다.

4) 이혼가족을 위한 교육프로그램

이혼 가족을 대상으로 하는 구조화된 프로그램은 아직 많지 않은 것이 우리 사회의 현실이다. 이혼 가족을 위한 가족생활 교육, 부모-자녀 간의 관계향상과 사회적 기능을 향상시키는 예방 프로그램, 개인 및 집단 상담과 치료 프로그램들이 부모, 자녀, 부모-자녀를 대상으로 이루어지고 있다. 우리나라에서 지금 현재 시행되고 있는 이혼가족에 관한 프로그램과 그 내용을 소개하면 〈표 8-3〉과 같다.

〈표 8-3〉 이혼가정을 위한 교육 프로그램

구분	프로그램	회기	주요활동	강사자격	실시기관
1	이혼가정 여성교육 프로그램	90분 / 10회	• 이혼 어떻게 받아들일 것인가 • 집단상담 • 가족법, 재산법, 세법, 재산관리 • 이혼 후 심리적 · 정서적 문제 • 건강관리 및 자녀교육 • 재혼	각 분야 전문가	한국가정 법률 상담소 (2004)
2	이혼 후 적응 프로그램	2시간 / 8회	• 슬픔의 과정과 어려움 나누기 • MBTI 검사 • 자신의 미해결된 문제 다루기 • 자녀이해 • 부모-자녀 대화기술 • 재혼 바로보기 • 내 안의 아름다운 나 • 용서하기와 새로운 인생 설계	이혼 전문가	가정을 건 강하게 하 는 시민의 모임 (2004)

구분	프로그램	회기	주요활동	강사자격	실시기관
3	Divorce Care 프로그램	3시간 / 14회	• 이혼의 과정과 후유증 • 회복에 이르는 12단계 • 이혼의 현실직면 • 분노 대처하기 • 수치감과 죄책감 다루기 • 외로움과 우울증 대처하기 • 나는 왜 그런 배우자를 선택했을까? • 용서와 화해 이해하기 • 이혼가정의 자녀양육 • 이성교제와 가정회복	각 분야 전문가	군포민우회 (2005) 새중앙 상담 센터 (2003)
4	Divorce Revover School	2시간 / 5회	• 왜 나에게 이런 일이 일어났을까 • 아픔과 상처 극복하기 • 이혼 후 법적 문제 사례 • 우리 아이는 어떻게 하고 있나 • 하나님과 동행하는 삶	각 분야 전문가	온누리교회 (2005)
5	이혼가정 부모-자녀관계 개선 프로그램	2시간 / 6회	• 이혼가정 부모의 역할 • 자존감 형성하기 • 이혼가정 자녀 이해하기 • 책임감 키우기 • 서로 협력하기 • 이혼문제 해결하기	한부모 가정 지도사	한국 한부모가정 연구소 (2005)
6	한부모가정의 부모자녀관계 향상교육 프로그램	2시간 / 4회	• 부모-자녀 관계 만들기 • 인간관계 훈련 • 대화교실	교육 수료자	한국가족 상담 교육단체 협의회 (2004)
7	한부모가정 부모교육 프로그램	2시간 / 12회	• 자존감 향상 프로그램 • 아동학대 방지 프로그램 • MBTI, MMPI를 통한 성격알기 • 직업알선 프로그램	한부모 가정 지도사	한국 한부모가정 연구소 (2003)
8	재혼클리닉	2-8회	• 나는 치유 되었는가? • 재혼가정에서의 부부역할 • 축복된 가정 바로세우기 • 성공적인 재혼가정을 위한 부부역할	각 분야 전문가	온누리교회 (2002)

출처 : 한 부모 가정연구 (황은숙, 2007)

이처럼 위기가족을 위한 많은 대책과 제도개선이 이루어지고 있는 시점에서 무엇보다 중요한 것은 '이혼 가족에 의한 복지'를 넘어서 '이혼 가족을 위한 복지'와 '이혼 가족을 통한 복지'를 병행하여 추진하여야 한다. 이혼 가족을 통한 복지는 복지수요를 충족시키기 위해 가족의 부양 기능을 활용·지원하는 것이며, 이혼가족을 위한 복지는 가족단위의 삶의 질을 종합적으로 제고하기 위해 필요한 다양한 물질적·문화적 욕구를 파악해 적절한 지원서비스를 마련하는 것이기 때문이다. 이렇게 이혼가족이 생애위기인 이혼을 수용하고 이혼 이후의 변화된 가족구조에 적응하도록 하기 위해서는 다양한 사회복지실천이 필요하다.

생각해 볼 문제

1. 지금 현재 이혼가족을 대상으로 하는 가족복지정책의 필요성과 실천적인 과제는 무엇인지 토론해 보자.

2. 폭력 등으로 인권을 무시당한 채 살아가는 사람에게 있어, 이혼을 자신의 새로운 인생을 찾아가는 용기 있는 사람으로 볼 것인지? 아니면 가족해체의 장본인으로 볼 것인지 각자의 생각을 나눠보자.

참고문헌

고정자(1999), 『오늘날의 결혼과 가족』, 형설출판사.

공세권(1994), 「가족의 변화 그 관점과 쟁점」, 한국청소년연구, 16호, 11-21.

김영화(2007), 『성인지적 가족복지론』, 양서원.

김재엽(1998), 「실직과 가족의 위기와 사회복지」, 한국가족사회복지학회 제3회 학술세미나 자료집, 105-110.

김현주(2005), 『부모의 이혼과 자녀의 자리』, 『이혼가족의 자녀』, 『우리시대의 이혼이야기 - 가족주기별 사례연구』, 양서원.

류종훈(2006), 『최신 가족복지론』, 학현사.

박민자(1995), 「한국의 가족정책과 가족」, 덕성여대 논문집.

박성석 외(2009), 『가족복지론』, 양서원.

박태영(2003). 『가족생활주기와 가족치료』, 학지사.

변화순 외(2003), 한국가족의 변화와 여성의 역할 및 지위에 관한 연구, 한국여성개발원.

성정현(1998), 성역할 태도와 이혼여성의 적응에 관한 연구, 서울대학교 박사학위논문.

성정현 외(2002), 재판이혼의 사례를 통해 본 한부모 가족의 자녀양육비 실태와 대안, 한국사회복지연구회.

유재성(2004), 한국의 이혼율 감소를 위한 제언 : 이혼숙려기간도입 논의와 관련하여, 한국기독교 상담학회지.

이소희(2005), 『가족문제와 가족복지』, 도서출판 양지.

이원숙(2007), 『가족복지론』, 학지사.

정현숙(2008), 『가족생활교육』, 도서출판 신정.

조흥식(2001), 『가족복지학』, 학지사.

최경화(2009), 양육미혼모와 원가족의 관계에 관한 연구, 한국청소년보호지도학회.

통계청(2008). 2007 인구동태통계연보.

통계청(2009), 2008 인구동태통계연보.

제 9 장

아 동 복 지

아동복지를 이해하기 위해 우선적으로 아동에 대한 이해가 전제되어야 한다. 그리고 아동이 성장하는데 있어 최선의 환경을 제공하고 아동이 처해 있는 구체적인 문제의 해결책을 찾기 위해 아동들이 다른 인구 집단과 구별되는 특성이 무엇이며, 어떠한 권리를 가지고 있는지를 이해해야 한다. 그 후 아동복지의 개념이 무엇이며 어떠한 원칙을 바탕으로 아동복지서비스가 제공되고 있는지에 대해 살펴보아야 할 것이다. 아동복지는 아동의 지위와 권리가 향상되고 복지사회에 대한 관심이 증가하면서 사회와 국가가 아동의 기본적인 욕구를 보장하고 그들이 건전한 성장과 발달을 할 수 있도록 제반노력을 기울이면서 삶의 요람이 될 수 있는 환경의 가정과 사회를 만들어야 하는 것이다.

인간발달의 가장 중요한 아동기 기간 중 가족 내에서의 경험과 적응은 이후 아동의 신체적, 정서적, 사회적 행동발달에 대하여 인생전반에 걸쳐 지속적인 영향을 미친다. 최근 급속히 증가하고 있는 아동학대는 현대사회의 가족생활전반에 걸쳐 다양한 형태로 일어나고 있다. 20세기 후반부터 증가하고 있는 가족해체를 포함한 가족의 불안정성 증가, 지역사회기능의 혼란 및 컴퓨터시스템에 의한 인간의 면 대 면 상호작용의 결여 등이 아동학대의 범위와 정도를 증가시키고 심화시키고 있다. 특히 빈곤층 및 저소득층과 같이 사회경제적 취약계층의 조건들은 아동학대를 촉진시키는 위험한 요인으로 지적되어 아동학대 예방과 보호 서비스의 정책이 절실히 요구되고 있다.

- 아동의 개념과 주요권리, 아동복지에 대하여 전반적으로 이해한다.
- 최근 우리사회에서 증가하고 있는 아동학대의 유형과 사례들에 대해 살펴본다.
- 아동학대를 치료·예방할 수 있는 사회복지 서비스에 대한 방안을 모색한다.

1. 아동의 개념과 주요권리

어느 가정에서나 아동의 탄생은 부모와 가족에게 기쁨을 주는 동시에 책임을 부여하게 된다. 아동이란 상당한 기간 동안 독립적인 개인으로 활동할 능력과 조건을 갖추지 못해 일차적으로는 부모를 포함한 가족에 의존해야 하는 존재이다. 동시에 아동기는 인생의 전 과정 가운데에서 가장 많은 변화가 일어나는 시기로서 양육환경에 따라 성장의 결과도 매우 다르게 나타날 수 있다. 인간발달에 있어 가장 중요한 시기에 있는 아동에 대해 개념과 특징, 법적인 연령적 규정을 어떻게 구분하고 있는지 알아보고, 아동의 권리 보장이 아동복지의 주요 과제라는 맥락에서 아동의 핵심 권리에 대해서 살펴보면 다음과 같다.

1) 아동의 개념

아동은 일반적으로 성인에 비해 체중과 키가 작고, 언어와 운동능력, 정신적, 정서적인 대처능력이 부족하며, 아동기 후기에는 신체적 발달의 속도와 정도가 매우 급속히 성장하며, 십대 후반에 이르면 신체적으로 성인과 유사하지만 정신적인 면이나 대처능력은 완전히 성숙한 단계는 아니다. 또한 전반적인 삶에 있어서 성인의 돌봄과 애정을 필요로 하는 시기이며 의존적이고, 미성숙에서 성숙의 단계로 지속적인 성장을 하고 있는 과정에 있다. 아동의 발달은 개개인의 생태적, 생물학적 그리고 개인의 타고난 기질과 양육환경에 따라 다르다. 아동의 욕구는 인간의 본능이며, 건전하게 성장·발달하기 위해 사랑과 관심, 인정을 받고 격려받기를 요구하며, 많은 새로운 경험을 필요로 한다. 이러한 다양한 욕구들이 충족되기 위해서는 가족과 사회가 아동이 건강한 시민으로 성장할 수 있도록 애정과 관심을 가지고 보호하고, 양육하며 사회화시킬 책임을 가져야 한다.

아동을 보는 관점이나 사회의 변화에 따라 아동은 다양하게 표현되고 있다. 사회적으로 합의된 일반적인 정의로는 현대 사회에서 인간이 생명체로 태어나 미성숙한 단계에서 하나의 독립된 인간으로서 성숙되기까지는 신체적으로 20년, 정신적·사회적으로는 25년의 세월이 필요하며, 이러한 미성숙 또는 성숙하는 과정에 있는 사람을 아동이라고 부른다(김명희, 2006).

인간발달에 관한 연구에서는 아동을 영·유아기, 학령전기, 아동기, 청소년기 등으로 구분하지만 발달연구의 내용과 연구자에 따라 아동의 연령적 규정은 편차가 있다. 국내 법률에 의한 아동의 연령 구분은 헌법과 아동복지법, 모자보건법, 국민기초생활보장법에서는 18세 미만의 자로 규정하고 있다〈표 9-1〉. 아동권리협약에서도 아동은 18세 미만인 자로 정의하고 있어(중앙아동보호전문기관, 2011), 이에 포함되는 청소년 역시 신체적, 정신적, 사회적으로 건전한 성장과 발달을 위하여 사회적인 보호와 책임을 필요로 한다는 의미에서 따로 구분하지 않고 아동의 범주에 포함한다.

〈표 9-1〉 국내 법률에 의한 아동의 연령

호칭	법률	연령 구분
영유아	영유아보육법	6세 미만의 취학 전 아동
	모자보건법	출생 후 6세 미만의 자
아동	헌법	18세 미만의 자
	아동복지법	
	모자복지법	
	국민기초생활보장법	
청소년	청소년 기본법	9세 이상 24세 이하의 자
	청소년 보호법	19세 미만의 자

2) 아동의 주요권리

'아동의 권리'란 일반적으로 모든 아동은 적절한 의식주를 제공받으며 건강하고 위생적인 삶을 향유하며 문화적인 생활을 누릴 수 있는 복지권을 가지고, 폭력과 공포, 학대나 방임으로부터 보호받을 권리를 갖는다. 또한 자신의 의견을 주장하고 결정할 수 있는 권리와 자신이 원하는 각종 활동에 참여할 수 있는 권리를 갖는다. 그럼에도 불구하고 아동의 권리는 권리의 주체인 아동이 법률상의 미성년자이며 사회관습적으로 양육의 대상일 수밖에 없었기 때문에 아동이 부모의 자산이나 소유물로, 그리고 종족의 유지나 국가의 보호를 위한 수단으로 간주되었던 시대에는 아동의 권리는 존재하지도 존재할 수도 없었다.

그러나 아동관이 변화되기 시작한 20세기에 들어서면서 국제사회의 노력으로 수동적인 아동보호에서 능동적인 아동권리 보장이라는 적극적인 아동권리사상이 발달하게 되었다. 이에 유엔총회는 1949년 세계인권선언을 채택하였고 그 내용 속에 아동의 권리를 포함하였다. 그러나 아동의 특별한 요구를 다룰 수 있는 별도의 선언이 필요로 하는 입장에서 1959년 19개항으로 구성된 아동권리선언을 채택하였으며, 1989년 11월 20일 아동권리협약이 완성되고 유엔총회는 이를 만장일치로 채택하였다(중앙아동보호전문기관, 2011). 이 협약은 54개 조항으로 되어 있으며, 아동권리선언에는 아동의 존중정신을 계승함과 동시에 환경보호, 약물남용, 성폭력과 같은 문제들을 다루고 있다. 아동권리협약의 내용을 크게 4가지 권리로 구별하여 살펴보면 다음과 같다.

첫째, 생존의 권리이다. 이는 아동들의 삶에 대해 갖는 권리, 즉 살아가기 위해 필요한 기본 조건인 적절한 생활수준, 쾌적한 주거환경, 영양, 보건 등의 내용을 담고 있다.

둘째, 발달의 권리이다. 이는 아동들이 가진 잠재 능력을 최대한 발휘하도록 하기 위해 필요한 기본 조건들을 다루고 있다. 예를 들어 교육을 받을 권리, 여가를 즐길 권리, 전통적인 문화생활을 할 권리, 정보를 얻을 권리, 생각과 양심, 종교의 자유를 누릴 권리 등이다.

셋째, 보호의 권리이다. 이는 모든 형태의 학대와 방임, 폭력으로부터 아동이 안전하게 보호받을 수 있는 권리를 의미한다. 특히 중점적인 내용은 난민 아동에 대한 특별보호 및 고문, 부당한 형사처벌, 징집, 노동, 약물과 성폭력으로부터의 보호 등이다.

마지막으로 참여의 권리이다. 이는 아동들이 자신의 나라와 지역사회의 활동에 적극적으로 참여할 수 있는 권리를 의미한다. 즉 자신의 의견을 표현하고, 자신의 삶에 영향을 주는 문제들에 대해 발언권을 가지며, 단체에 가입하거나 평화적인 집회에 참여할 수 있는 자유를 뜻한다. 이를 통해 아동은 능력의 발달과 함께 사회참여의 기회를 많이 경험하게 되어 책임감 있는 성인으로 성장하게 된다.

2. 아동문제와 아동복지

아동문제와 관련하여 빈곤, 가족해체, 아동학대와 방임, 가정 및 학교에서의 폭력, 적절한 아동보육시설의 부족, 열악한 교육환경, 약물남용 등과 같은 요인들은 아동의 발달에 매우 심각한 저해요인으로 작용하고 있다. 이러한 저해요인들은 아동이 발달하는 전 생애에 걸쳐 위협이 되는 것도 있고, 특정한 발달시기에 다른 시기보다 더 큰 위협이 되는 것도 있다.

그렇다면 아동문제에 영향을 미치는 요인들은 어떠한 것들이 있는지 먼저 살펴보고, 아동복지에 대한 개념과 원칙, 기능, 서비스유형에 대해 살펴보면 다음과 같다.

1) 생태체계적인 관점에서의 아동문제

아동문제와 관련하여 생태체계적인 관점에 따라 아동자신의 문제, 아동이 속해 있는 가족문제, 사회·환경적인 문제로 나누어 살펴보고자 한다.

먼저 아동자신의 문제를 꼽을 수 있다. 즉 미숙아, 신체적 장애가 있는 아동, 기질적으로 성격에 결함이 있는 아동 등은 일반아동에 비해 양육상 여러 어려움을 경험하게 된다. 그리고 아동이 속해 있는 가족문제는 오늘날 빈곤이나 실업에 의해 가족의 경제적 불안정, 가족 구조상의 결함, 부모의 양육미숙 등 다양한 형태로 아동문제를 유발시키고 있다. 특히, 부모의 불화, 이혼 또는 사망으로 인한 가족해체나 최근 급증하고 있는 가족 내 아동학대 및 방임 등은 아동에게 심각한 심리적·정서적 상처를 주게 된다. 이는 아동에게 평생에 걸친 상처로 남는 위험요인이므로 이에 대한 예방적 차원에서의 대안이 시급히 마련되어야 한다.

또한 사회적·환경적인 문제로 환경오염, 교통문제, 위험지역, 유해환경 등도 아동에게 부정적인 영향을 미치고 있다. 지나친 경쟁의식과 학교주변의 상업화 현상, 음란물이나 폭력적인 대중매체의 영향으로 아동의 건전한 성장과 발달을 저해하고 있다. 최근 급속한 사회·환경 변화로 맞벌이 가정의 증가와 여성의 저출산으로 인한 핵가족의 증가도 아동양육과 돌봄에 있어 문제를 발생하고 있다. 그러나 이에 대한 사회적 지원체계의 부족으로 아동문제를 더욱 가중시키고 있다. 특히 저소득층의 가정에서 이러한 현상이 증가되고 있어 저소득층 가정의 아동을 보호하기 위한 사회적 지원체계의 확대가 시급한 실정이다. 그리고 경제적 문제인 빈곤도 아동문제를 가중시키는 요인으로 작용하고 있다. 빈곤은 신체적 발달의 저하뿐 아니라 심리적·사회적 발달을 저해하여 사회적 재원을 낭비하게 되고, 성인이 되어서도 또다시 경제적 어려움에 처하게 함으로써 빈곤의 악순환을 발생시킨다. 빈곤은 특히 아동의 건강, 교육 등 직접적인 측면과 함께 가정생활의 불안정성, 부족한 소득을 보충하기 위한 부모의 초과근무 등으로 부모와 지내는 시간의 부족, 열악한 주거환경 등의 문제를 가져올 수 있다. 이러한 이유로 아동에게 필요한 기본적 욕구를 충족시켜 주지 못하여 건전한 성장과 발달에 장애요인이 될 수 있다. 따라서 아동이 생활하는 가정에 공적·사적 프로그램을 적용하여 경제적 지원을 통한 생활안정을 보장해 주는 것이 궁극적으로 사회적 재원의 낭비를 감소시키는 역할일 것이다.

2) 아동복지의 이해

아동복지 개념은 원가정이 원활하게 기능할 수 있도록 지지하는 것뿐만 아니라 특히, 아동양육의 책임을 수행하는데 장애가 있는 가족의 기능을 대리하고 보충하는 데 있다. 아동복지서비스의 기능이 작동되고 있을 경우 보호가 필요한 아동이 그의 본래의 환경에서 계속 보호를 받게 하고, 가능한 한 아동이 원가정으로 복귀될 수 있도록 돕는 것이다. 또한 그러기 위해 그가 성장해 온 지역사회의 능력을 함양하는 것도 매우 중요한 일이다. 이처럼 아동복지라는 용어는 가족제도의 기능을 보호하는 잔여적 의미의 개념과 하나의 독립된 사회제도로서의 개념, 활동분야 서비스로서의 개념들을 각각 내포하고 있음을 전제해야 한다.

(1) 아동복지의 개념

우리나라 아동복지의 역사는 사회복지 역사의 시작이라 할 수 있으며, 핵심적인 사회복지 정책의 하나라 할 수 있을 것이다. 한국전쟁 이후 전쟁고아와 기아, 혼혈아, 빈곤아동 등 요보호 아동을 대상으로 시작된 이래 그 대상과 내용이 다양화되어 가고 있다. 또한 아동복지는 사회복지 분야 중의 한 영역으로 아동의 기본적 욕구와 가족의 욕구를 만족하기 위한 서비스로 이해되고 있다. 아동복지의 개념은 학자마다 다르지만 일반적으로 아동(child)과 복지(welfare)라는 두 용어의 합성어로 '아동이 편안히, 안녕히 잘 지내는 환경과 상태'를 뜻한다.

아동복지의 궁극적인 목표는 아동의 권리선언, 어린이헌장 등에서 표출되고 있는 권리로서의 아동복지를 최대한 보장하여 실현시키는 것이며, 이에 따라 국가의 역할이 강조되고 있다(김명희, 2006). 그러나 실제적인 대책은 그 국가의 상황에 따라 선택적으로 조절하여 전개한다는 것이고, 이때 조절기준이 되는 것이 복지이념 또는 사회정책의 원리가 된다.

이를 종합해 보면 아동복지란 아동을 대상으로 한 주관적인 행복한 삶의 상태만이 아니라 그러한 상태로 향한 실천적인 행동까지도 포함하는 적극적이고 능동적인 개념인 것이다. 또한 가족이 정상적인 아동보호와 사회화기능을 수행할 수 없을 때 국가와 그 사회제도가 후원하고 승인하고 직접 실천하는 구체적이고, 명백한 정책과 서비스의 체계를 말한다.

(2) 아동복지의 원칙

아동복지의 원칙은 크게 권리와 책임의 원칙, 보편성과 선별성의 원칙, 예방성과 치료성의 원칙, 개발성의 원칙, 포괄성의 원칙, 전문성의 원칙 6가지로 나누어 살펴보면 다음과 같다(김명희, 2006).

첫째, 권리와 책임의 원칙이다. 아동은 인간의 발달단계와 생활주기에서 가장 특별한 관심과 보호, 지도, 지지, 격려를 필요로 하는 중요한 시기이므로, 아동의 건전한 성장과 발달, 양육 및 교육을 위해서는 다양한 아동복지정책과 교육, 행정 프로그램과 서비스가 요구된다. 이에 대해 사회와 국가는 사회생활의 질서를 유지하고 아동복지를 증진시킬 권리와 책임을 가진다.

둘째, 보편성과 선별성의 원칙이다. 우리나라 초기 아동복지는 그동안 선별성의 시각에 치우쳐 왔으며 특수한 요보호 대상을 위한 대책이었으나, 최근에 들어 정상발달과 이상발달, 특수아동과 일반아동 모두를 대상으로 하고, 아동복지의 사각지대 안팎으로 확대된 아동복지 정책과 행정 프로그램으로 제도적 기능이 수행되는 방향으로 지향되고 있다.

셋째, 예방성과 치료성의 원칙이다. 아동복지의 가장 바람직한 방향은 아동문제의 예방과 영·유아, 아동기의 가족과 사회 환경으로부터 받은 부정적인 영향에 대하여 적절히 치료를 받아 신체적·심리적 발달상의 장애를 갖지 않도록 조기 개입하는 것이다.

넷째, 개발성의 원칙으로 아동의 타고난 기질적 성향과 능력 그리고 잠재력을 발휘할 수 있도록 하는 것이다. 즉, 영재아동이나 장애아동의 경우 그들이 가진 잠재력을 최대한 발휘할 수 있도록 특별교육을 실시하고, 저소득층 가정의 아동의 경우 열악한 환경으로 인해 방임되거나 성인의 보호의 사각지대에 놓이지 않게 하며, 학업성취 및 발달과 성숙에 저해요인이 없도록 개별화된 서비스를 지원하는 것이다.

다섯째, 포괄성의 원칙으로 아동복지는 건강한 가정생활, 경제적 안정, 교육받을 권리, 건강과 안전의 권리, 노동으로 인한 학대, 특수보호 등에 대하여 프로그램이나 아동복지 서비스가 포괄적으로 제공되어야 한다.

마지막으로 전문성의 원칙이다. 아동의 욕구나 사고 및 문화와 그들의 행동을 이해하기 위해서는 다양한 시각에서 전문 인력을 양성하고 아동문제에 대한 치료적 접근을 할 수 있는 아동전문인 양성이 필수적이다.

(3) 아동복지의 기능

아동복지서비스는 제공되는 장소나 아동복지서비스가 수행되는 주 기능에 따라 지지적 서비스, 보충적 서비스, 대리적 서비스로 분류될 수 있다. 서비스 기능에 따른 분류를 살펴보면 〈그림 9-1〉과 같다.

① 지지적 서비스

지지적 서비스는 아동이 속해 있는 원가정의 구조가 붕괴되지 않으면서 그 가정의 기능이 순기능으로 원활하게 기능할 수 있도록 다양한 각도에서 지원해 주는 외부의 서비스를 의미한다. 즉, 지지적 서비스는 도움을 필요로 하는 아동의 가족과 아동에게 사회는 적절한 아동복지 서비스를 제공할 의무가 있다는 것을 전제로 하며, 아동복지 대상자의 다양한 욕구를 충족시키기 위해 포괄적이고 다면적이며, 집중적인 서비스를 제공하는 것이다.

그 예로 가족의 문제를 회복시키고 가족관계를 개선 및 성장시킬 수 있는 부모교육, 가족상담 및 가족치료, 아동학대에 관한 예방책 및 대처방안 모색, 개별사회사업 서비스, 문제아동 행동지도 및 치료, 예비부모교육 프로그램, 다양한 지역 사회프로그램 등을 들 수 있다. 이러한 서비스를 제공하는 기관은 아동상담소, 가정상담 및 가족치료센터, 건강가정지원센터, 아동보호 기관 등이 있다.

② 보충적 서비스

보충적 서비스는 부모역할에 있어 부족함을 일부 보조하는 서비스로 부모의 보호, 양육환경개선 및 양육의 질이 부적절하거나 많은 제약에 처해 있을 때 보충할 수 있도록 제공되는 서비스이다. 보충적 서비스는 부모의 사망, 유기, 이혼, 별거 등으로 인해 부모의 역할이 수행되기 어렵거나, 교도소 수감, 질병, 직업상의 이유 등으로 인해 일시적으로 부모의 역할 수행이 적절히 이루어지지 못할 상황일 때 제공될 수 있다. 보충적 서비스는 지지적 서비스로 제공되는 즉, 가정의 기능회복이나 강화가 되지 않을 경우 제공되거나, 또는 사회가 부분적으로 아동양육에 대한 책임을 갖고 부모역할을 일부 대리역할을 해주는 2차적 방어선으로 제공될 수 있다.

그 예로 경제적 지원을 하는 사회보험과 공적부조, 가사지원서비스, 보육서비스, 장애아동보호서비스 등을 들 수 있다.

③ 대리적 서비스

대리적 서비스는 부모의 역할이 순기능적으로 수행되지 않을 때 서비스를 받을 아동의 대리 부모역할을 제공하는 서비스를 의미한다. 아동의 원가정이 해체 및 붕괴되어 일시적 혹은 영구적으로 부모의 역할이 수행될 수 없을 때 아동은 자신의 가정 밖의 가정이나 시설에서 서비스를 받게 된다.

대표적인 예로 가정위탁보호서비스와 입양서비스가 있다. 가정위탁보호서비스는 서비스대상 아동의 가정에서 양육이 이루어지기 어려운 환경이거나 시설보호가 불가능하고 적절하지 못할 때 일정기간 동안 타인의 가정에서 제공된다. 위탁보호 혹은 대리보호의 기간 동안 위탁의 사유가 된 상황이 해소되면 다시 원가정 및 친부모의 가정으로 돌아갈 수 있다. 입양서비스는 법적·사회적 관계에 의해 영원한 친자관계를 맺는 것이다. 이에 친부모가 가지고 있던 아동의 현재와 미래에 대한 모든 권리와 의무가 소멸되고, 행정적, 법적 권한에 의해 혈연관계가 없는 타인에게 양육의 권리와 의무가 이양되는 것이다(노병일, 2006).

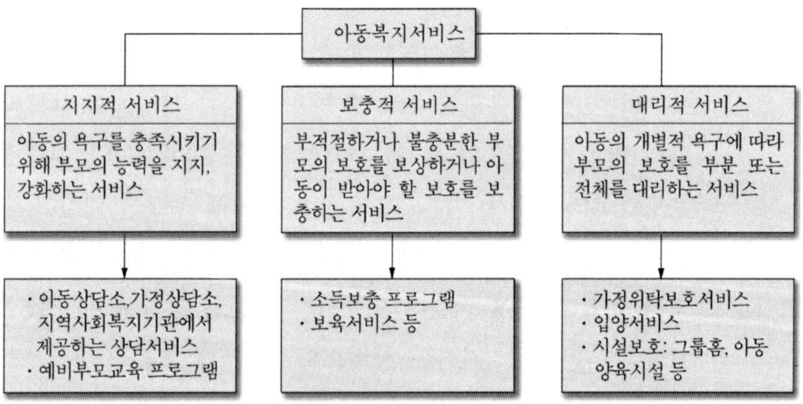

〈그림 9-1〉 서비스 기능에 따른 분류

지지적 서비스와 보충적 서비스를 제공하는 목적은 가족을 그대로 유지하고자 하는 것이다. 그러므로 지지적 서비스와 보충적 서비스는 가족중심적 경향이 있다. 물론 지지적 서비스와 보충적 서비스가 아동복지 측면을 무시한다는 것은 아니다. 하지만 지지적 서비스와 보충적 서비스에 비해서 대리적 서비스가 그 성격상 아동을 더 중심에 두고 있다.

(4) 아동복지의 정책 유형

아동복지의 정책은 아동과 부모 그리고 가정에 영향을 주는 모든 정책과 프로그램 및 활동을 의미한다. 따라서 일반정책이 정책의 대상이 되는 대다수의 사람에게 영향을 주는 것과 같이 아동복지정책은 대상이 되는 아동과 부모 그리고 가정과 아동복지기관 등에 영향을 주는 국가정책이라 할 수 있다.

아동복지의 정책으로 먼저 사회보험제도를 들 수 있는데, 가정이나 개인이 감당하기 어려운 사회적 위험에 대해 지원하는 제도이다. 사회보험제도는 개인의 소득이나 사회적 위치에 의해 결정되지만 가족 내 아동의 복지를 위해서 소득보장이나 의료보장의 형태로 지원된다. 즉, 아동의 주 양육자인 부모가 사망하거나 장애, 실업 등으로 가구의 소득이 중단되거나 급격히 낮아졌을 때 사회보험제도인 연금제도나 국민건강보험, 산업재해보상보험, 고용보험을 통해 아동이 속해 있는 가정에 복지급여를 지급하고 있다. 또한 장애아동이 있고 소득이 낮은 가정의 경우 장애아동부양수당을 지원하거나, 다자녀가정의 경우 출산수당 지원 등 사회수당을 지급하여 일차적인 방법으로 아동이 속한 가정생활을 안정하게 지원하기도 한다.

그리고 아동관련 공공부조로서 국민기초생활보장법 등에 의해 시설에 수용되어 있는 아동, 소년소녀가장의 아동, 최저생계비 이하의 빈곤가정의 아동을 대상으로 생계급여와 교육급여, 의료급여를 지원하고 있다.

마지막으로 사회서비스로 아동복지법, 영유아보육법, 건강가정기본법 등에 의한 입양, 가정위탁보호, 공동생활가정보호 등이 있다. 이외에도 아동급식지원, 아동방과후 보호, 아동학대예방서비스, 아동상담 및 치료서비스 등도 우리나라의 대표적인 아동복지 서비스의 예이다.

3. 아동학대

20세기 중반 후기산업사회에 접어들면서 경쟁의 심화, 가족의 소외, 지역사회의 와해 등으로 아동학대가 증가되었다. 아동학대는 아동권리협약의 '보호받을 권리'와 관련해서 더욱 많은 관심이 집중되고 있는 문제이다. 아동학대와 방임은 아동이 생존과 발달을 의지하고 있는 보호자나 성인에 의해 발생하는 신체적·정서적·성적폭력과 방임으로, 아동의 건전한 발달을 저해하고 성인기까지 그 부작용이 지속되는 인권유린의 중대한 범죄이다(한국아동학대예방협회, 2005). 그러나 대부분 가정이라는 울타리 안에서 일어나거나 면식범에 의해 진행되어 노출이 어렵고 개입 또한 어렵다는 특성을 갖고 있다. 우리나라는 2000년대 후반 아동복지법 개정과 아동학대예방센터의 설치를 통해 학대피해아동의 발견과 치료 및 예방에 개입하고 있다.

따라서 아동학대와 방임에 대한 개념과 실제 보건복지부 콜 센터에 접수된 피해사례를 중심으로 알아보고, 아동학대 및 방임의 발생원인과 아동복지 차원에서의 개입방법과 예방대책에 대해서도 살펴보면 다음과 같다.

1) 아동학대에 대한 이해

(1) 정의와 유형

사회사업사전(The Social Work Dictionary)에서는 아동학대를 '부모나 아동의 양육을 책임지고 있는 사람이 의도적으로 때리거나 절제 없이 마구 때리는 것과 지속적인 조롱, 정서적인 손상을 계속해서 가한 행위'로 정의한다. 그러나 아동학대에 대한 정의는 시대, 사회, 문화 및 인종에 따라 다양하며, 같은 시대 또는 사회 안에서도 정의하는 사람에 따라 차이가 있다. 이는 그 나라의 문화적, 사회적, 심리적, 역사적, 환경적 요소들에 따라 아동양육 방법이 다르기 때문이다. 예를 들어, 아동 훈육에 있어 체벌이 어느 한 문화나 사회에서는 정상적인 양육방법이라고 할지라도, 다른 문화나 사회에서는 비정상적이라고 간주되는 경우도 많다. 따라서 아동학대에 대한 기준이나 범위가 다를 수 있기 때문에 한 마디로 간단히 정의하기는 어렵다.

또한 아동학대는 접근하는 사람의 학문영역에 따라 주로 의료적, 법적, 사회복지적으로 나누어 정의할 수 있다. 아동학대에 대한 의료적 및 법적 정의에서는 부모의 권리를 보호하고 아동학대에 대한 사후처리적 개입을 추구하는데 초점을 두는 반면, 아동학대를 유형별 즉, 신체적 학대, 정서적 학대, 성적 학대와 방임으로 정의하는 사회복지적 접근은 아동권리를 보호하고 예방적 개입을 추구하는데 초점을 두고 있다(전남련 · 김재환 · 박혜경 · 전대성 · 김경희, 2009).

종합해 보면 의료적 정의는 부모나 보호자의 행위 혹은 태만으로 인하여 비우발적인 신체적 상처가 생겼을 때를 아동학대로 정의한다. 그러나 아동의 신체에 나타나는 특별한 증후와 손상에 초점을 두고 있기 때문에 아동학대의 발생이 쉽게 발견되지만, 정서적 학대나 성적 학대가 포함되지 않는 문제가 있다. 이에 반해 법적 정의에서는 아동학대의 유형 및 범위를 관련법에 의해 규정하고 있다. 우리나라에서는 아동복지법 제2조에 의거하여 아동학대를 '보호자를 포함한 성인에 의하여 아동의 건강 · 복지를 해치거나 정상적 발달을 저해할 수 있는 신체적 · 정신적 · 성적 폭력 또는 행위 및 아동의 보호자에 의하여 이루어지는 유기와 방임을 말한다'라고 정의하고 있다(한국아동학대예방협회, 2005). 그러나 이러한 유형별 학대구분이 상호배타적인 것이 아니어서 정서적 학대와 방임은 그 내용이 상당히 중복적이며, 아동학대가 발생할 때 어느 한 유형에 국한하여 일어나는 것이 아니라 오히려 신체적 학대와 정서적 학대, 또는 신체적 학대와 성적 학대 등 중복적인 학대유형이 더 많이 발견된다는 점을 기억해야 한다.

아동학대에 대하여 유형별 정의와 실제 보건복지부 콜 센터에 접수된 사례를 중심으로 유형별 살펴보면 다음과 같다.

① 신체적 학대

신체적 학대는 보호자를 포함한 성인이 아동에게 고의적으로 신체적 손상을 입히는 모든 경우를 말한다. 신체적 손상이란 구타나 폭력에 의한 멍이나 화상, 찢김, 골절, 장기파열, 기능의 손상 등과 충격, 열, 화학물질이나 약물과 같은 방법에 의해서 발생된 손상 등을 포함한다(한국아동학대예방협회, 2005).

〈사례〉

■ 피해아동 : 박○○(여, 만5세)
■ 가 해 자 : 정○○(여, 35세) - 친모
■ 신고접수 : 병원 응급실로 4세 7개월 된 여자아이를 아동모(母)가 데리고 내원함. 아동모의 우울증과 분노조절 부족으로 아동의 머리를 쳐서 아동이 얼굴에 멍이 심하게 든 채로 병원에 왔음.
■ 학대사항 : 아동모의 우울증과 분노조절능력 부족, 높은 학습기대로 인해, 기대에 미치지 못하는 아동에게 폭력을 행사하여 아동의 얼굴에 심하게 멍이 듦. 평상시에는 아동의 이야기를 잘 들어주고 의사소통하는 것처럼 보이나, 학습과 교육적인 면에 무의식적 혹은 의식적으로 강조하는 모습이 보이고, 아동모의 이루지 못한 학습욕구가 아동을 통해 강요되고, 행동과 말이 느린 아동이 그것을 받아들이기 어려워하자, 아동에게 분노를 표출하고 학대함. 이후 미안한 감정에 아동을 달래지만 악순환이 계속됨.

② 정서적 학대

정서적 학대는 정신적 학대 또는 심리적 학대라고도 불리며, 아동의 심리와 정서에 깊은 상처나 폭력을 가하는 행위로 아동의 인격이나 존재의미를 언어와 행동으로 폄하하거나 거부하고 경멸적, 위협적 언동을 사용하는 것, 감금행위, 아동을 상업적으로 부당하게 이용하는 행위 등을 말한다(한국아동학대예방협회, 2005). 이 학대는 아동의 심리적 · 정신적 · 사회적 기능에 손상을 가져오고, 정서적으로는 소외감과 불안감을 느끼게 하면서도 외관상으로는 잘 드러나지 않는 형태의 학대라는 특징을 지닌다.

〈사례〉

■ 피해아동 : 김○○(여, 15세)
■ 가 해 자 : 김○○(남, 60세) - 친부
■ 신고접수 : 아동이 머리가 너무 아프다며 학교 양호실에 옴. 보건교사가 부모에게 연락하여 동행하고자 했으나, 아동이 심하게 부모와의 동행을 거부하여 119구급차로 ○○대학병원 응급실로 후송되어 CT촬영과 여러 가지 검사를 하였다고 함. 아동은 집으로 들어가면 부모가 추궁을 하거나 맞을 것이 두려워 집으로 가기를 거부하고 있는 상태라고 함.
■ 학대사항 : 아동의 의복이 불결하고 몸에서 악취가 남에도 불구하고 부모가 관심을 가지지 않음. 그리고 아동이 부모에게 요구를 할 수 없도록 위협적인 행동을 자주하여 불안과 공포에 떨게 함. 위협을 가하는 도구로는 칼과 망치 등을 사용하였으며, 때로는 실질적으로 이러한 도구를 사용하여 신체적인 상처를 주기도 하였음. 또한 자신의 몸이 허약한 이유를 빌미로 부모가 아동이 보는 앞에서 자주 싸웠으며, 그럴 때마다 화가 난 아버지는 아동에게 소리를 지르거나 욕을 하며 물건을 집어던짐.

③ 성적 학대

성적 학대란 성인이 자기 신체나 도구를 사용하여 성적 충족을 목적으로 아동에게 성적 행동을 강요하는 행위로 성추행에서 성폭행과 성착취까지 모두 포함한다.

〈사례〉

■ 피해아동 : 김○○(여, 15세)
■ 가 해 자 : 최○○(남, 42세) - 계부
■ 신고접수 : 이웃주민이 ○○파출소에 신고하여 본 센터로 의뢰한 사례로 아동은 평소 밖으로 나오는 일이 거의 없으며, 15세의 나이임에도 불구하고 초등학교 3학년까지만 다니고 현재 학교를 다니지 않고 있으며, 계부에 의한 성적 학대가 의심된다고 신고됨.
■ 학대사항 : 친모가 계부와 함께 살게 된 초등학교 3학년 때부터 경제적으로 어렵다는 이유로 학교를 못 가게 하여 교육적 방임은 물론, 잠자고 있는 동안 계부가 아동을 뒤에서 안고 가슴과 성기를 만지는 행동을 계속해 옴. 또한 아동으로부터 계부의 성기도 만지게 하는 등 성적 학대를 지속적으로 가해 왔으며, 이러한 사실을 친모도 알고 있음에도 불구하고 남편의 폭력이 두려워 묵인해 옴.

이러한 아동의 성적 학대는 성범죄와 같은 맥락으로 볼 수 있으며, 현재 지속적으로 증가하고 있는 아동 성범죄에 대한 내용을 좀더 살펴보면 다음과 같다.

성폭행, 성희롱, 성추행 등을 명확하게 구분하기는 힘들지만 법적인 처벌의 규정에 따라 분류해 보면 성폭행은 상대가 원하지 않은 상태에서 강제력을 동원하여 성행위를 할 경우를 말하며, 성추행은 상대가 원하지 않은 상태에서 강제력을 동원하지만 성행위는 하지 않고 신체접촉 등의 행위를 말한다(한국아동학대예방협회, 2005). 그 외 강제력은 아니지만 성적 수치심을 자아내는 행위 등을 성희롱으로 정의할 수 있다.

아동 성폭력은 만 13세 미만의 미성년자에게 성적 만족을 위해 신체, 언어적인 추행에서부터 부적절한 신체적 접촉, 강간에 이르기까지 다양한 행위로 나타나고 있다. 대검찰청 통계자료를 살펴보면 2010년 아동 성폭력 피해신고 건수 1만 5,709명 중 13세 미만 아동 대상 성폭력 피해 건수가 6.3%인 990명으로 나타났다. 하지만 신고되지 않은 피해자 수를 고려한다면 더 많은 피해자가 있을 것으로 추정된다. 아동은 아직 생각이나 판단이 성숙되지 않았기 때문에 자기를 보호할 능력이 없고

'싫다, 좋다'의 성적 결정을 충분히 내리지 못해 성인에 의한 성폭력에 이용당할 우려가 높다. 따라서 아동을 대상으로 한 성적인 행동은 모두 강력히 처벌되어야 할 것이다. 아동 성폭력의 특징으로는 폭력이 동반되지 않고 돈이나 음식, 선물, 놀이 등의 유인책에 이끌려 폭력을 당하는 경우가 많으며, 성추행을 당한 경우에는 상처가 쉽게 아물어 흔적을 찾기 어려울 수 있고 장기파열 등의 손상이 발생하지 않을 수도 있다. 또한 가족 및 친인척, 면식자가 가해자인 경우가 흔하고 모르는 사람의 경우에는 누군가를 사칭하는 방법을 많이 사용한다. 아동에게 성폭력 사실을 발설하지 못하도록 위협을 하거나 압력을 가하여 성폭력이 은폐되는 경향이 있으며, 가해자가 아동과 가깝고 친숙한 경우 주변인들이 성폭력 발생을 알아채기 어려워 장기화되는 경향이 있어 아동의 심리적 후유증 또한 심각한 경우가 많다.

아동이라도 신체적 생리기능은 정상적으로 이루어지기 때문에 신체적 반응을 할 수 있지만 대부분의 아동은 자신에게 일어나는 일의 의미를 충분히 이해하지 못하거나, 〈그림 9-2〉와 같이 '희생자화'하는 경우도 있다.

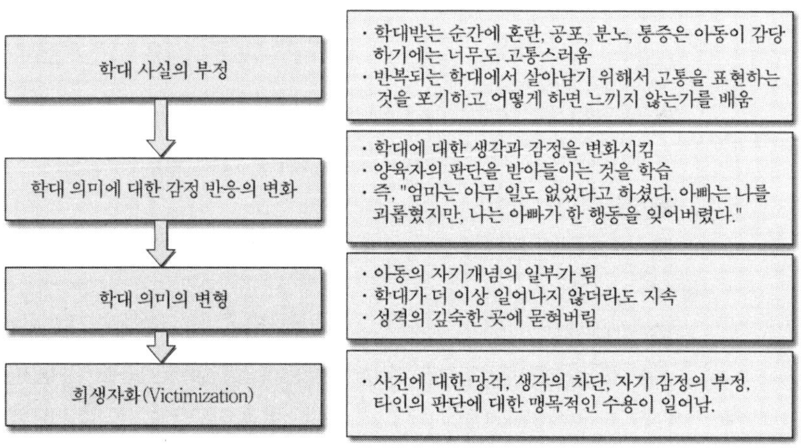

출처 : 서울해바라기아동센터, 2011.

〈그림 9-2〉 희생자화 과정

④ 방임

방임은 보호자가 고의적이고 반복적으로 아동양육과 보호의 책임을 소홀히 하여 아동의 건강이나 복지를 해치거나 정상적인 발달을 저해하는 행위를 말하며, 세부적으로 물리적 방임, 교육적 방임, 의료적 방임으로 구분할 수 있다. 구체적으로 물리적 방임은 기본적인 의식주를 제공하지 않는 행위, 불결한 환경이나 위험한 상태에 아동을 방치하는 행위, 아동의 출생신고를 하지 않는 행위, 보호자가 아동들을 가정 내 두고 가출한 경우, 보호자가 아동을 병원에 입원시키고 사라진 경우, 보호자가 아동을 시설 근처에 두고 사리진 경우 등이 있으며, 교육적 방임으로는 보호자가 아동을 학교(의무교육)에 보내지 않거나 아동의 무단결석을 허용하는 행위(초·중등교육법시행령 제25조 제1항에 의거하여 정당한 사유 없이 계속하여 7일 이상 결석을 하는 경우), 학교 준비물을 챙겨주지 않는 행위, 특별한 교육적 욕구를 소홀히 하는 행위 등이 있다. 의료적 방임은 아동에게 필요한 의료적 처치를 하지 않는 행위, 예방접종이 필요한 아동에게 예방접종을 실시하지 않는 행위, 장애아동에 대한 치료적 개입을 거부하는 행위 등이 있다.

〈사례〉

■ 피해아동 : CT1 박○○(남, 12세), CT2 박○○(남, 10세), ct3 박○○(남, 8세), CT4 박○○(남, 3세), CTt5 박○○(남, 1세)

■ 가 해 자 : 이○○(여, 34세) - 친모

■ 신고접수 : 친부모에 의한 방임으로 사회복지전담공무원이 본 센터에 의뢰함.

■ 학대사항 : 친모가 있음에도 불구하고 정신장애로 인하여 자녀들을 돌보지 않고 방치함. 10세 된 CT2가 CT4와 CT5를 돌보고 있었으며, CT1은 동생인 CT3와 학교에 가지 않고, PC방과 동네를 배회하고 다님. 일용직으로 근무하는 친부는 아침 6시경에 일하러 나갔다가 대부분 만취상태로 밤 12시~새벽 1시경에 집에 들어와서 잠만 자고 나감. 자녀에 대한 관심이 전혀 없음. 아동들이 신체적으로 청결하지 못하였으며,

영향결핍으로 인하여 피부질환과 동시에 체격도 또래 아동들에 비해 매우 왜소하였음.

(2) 현황

전국의 아동보호전문기관에서는 24시간 아동학대 신고전화를 개설하고, 아동학대 신고에 즉각적으로 대응하고 있지만, 아동학대는 지속적으로 증가하고 있는 추세이다. 2001년 이후 아동보호전문기관에 상담신고 사례를 분석하면 〈표 9-2〉와 같다.

2001년 4,133건으로 신고 되어, 2004년 6,998건, 2009년 9,309건으로 2001년에 비해 2009년 신고 건수는 2.3배 증가한 실적이다. 한편 매년 지속적으로 증가하던 신고 실적은 2007년 이후 소폭 증가하고 있는데, 이는 2007년 이후 아동보호전문기관의 확대가 이루어지지 않았으며, '1391'의 아동학대 신고전화가 폐지되고 보건복지 통합 콜센터 '129'로 통합되어 신고방법이 변화된 것과 관련이 있다. 또한 매년 아동보호전문기관에 접수된 상담 중 아동학대 의심 사례 비율을 살펴보면, 2001년에는 2,606건을 기록하였으나 매년 증가하여 2009년에는 7,354건을 기록하고 있다.

〈표 9-2〉 연도별 아동 학대관련 상담신고접수 건수

(단위 : 건)

구분	총 신고실적	아동학대 의심사례	일반상담 사례
2001년	4,133	2,606	1,527
2002년	4,111	2,946	1,165
2003년	4,983	3,536	1,447
2004년	6,998	4,880	2,118
2005년	8,000	5,761	2,239
2006년	8,903	6,452	2,451
2007년	9,478	7,083	2,395
2008년	9,570	7,219	2,351
2009년	9,309	7,354	1,854

출처 : 중앙아동보호전문기관, 2011. 재구성.

2001년 이후 우리나라에서 아동학대로 보호받은 실적을 학대유형별로 살펴보면 다음 〈표 9-3〉과 같다. 매년 방임과 중복학대가 가장 많음을 알 수 있다. 특히 방임의 경우 2001년부터 2009년까지 전체 아동학대 사례 중에서 40% 이상을 차지하는 경우가 3년이나 나타나 방임에 대한 근본적이고 현실적인 대책마련이 필요하다.

중복학대의 경우 2001년 29.6%를 기록하였으며, 2003년 39.5%로 최고를 기록하다가 2008년에 34.0%로 소폭 감소하였다가, 2009년에 다시 39.4%로 증가하였다. 매년 학대아동의 1/3정도가 중복학대를 당하는 것으로 보고되고 있어, 이들 사례에 대한 다각적이고 종합적인 접근과 지원이 필요함을 보여준다.

〈표 9-3〉 연도별 아동학대 유형

(단위 : 건, %)

구분	신체적 학대	정신적 학대	성적 학대	방임	중복학대	계
2001년	476(22.6)	114(5.4)	86(4.1)	806(38.3)	623(29.6)	2,105
2002년	254(10.3)	184(7.4)	65(2.6)	1,026(41.4)	949(38.3)	2,478
2003년	347(11.9)	207(7.1)	134(4.6)	1,078(36.9)	1,155(39.5)	2,921
2004년	364(9.4)	350(9.0)	177(4.5)	1,492(38.5)	1,508(38.8)	3,891
2005년	423(9.1)	512(11.1)	206(4.4)	1,782(38.5)	1,710(36.9)	4,633
2006년	439(8.4)	604(11.6)	249(4.8)	2,111(40.6)	1,799(34.6)	5,202
2007년	473(8.5)	589(10.6)	266(4.8)	2,166(38.7)	2,087(37.4)	5,581
2008년	422(7.6)	683(12.2)	284(5.1)	2,294(41.1)	1,895(34.0)	5,578
2009년	338(5.9)	778(13.7)	274(4.8)	2,057(36.2)	2,238(39.4)	5,685

출처 : 중앙아동보호전문기관, 2011. 재구성.

(3) 원인

모든 사회문제가 그렇듯이 아동학대의 경우에도 원인이 있다. 아동학대의 원인을 연구해 온 많은 학자들은 아동학대의 발생요인이 매우 다양하기 때문에 어느 한 가지 이론으로 이를 설명하기가 어렵다는데 의견을 같이 한다. 아동학대의 발생원인을 정신병리적 관점, 발달론적 관점, 사회문화적 관점, 생태체계적 관점을 중심으로 살펴보면 다음과 같다.

정신병리적 관점은 학대부모들의 심리적 특성 및 성격구조상의 결함에 초점을 두어 학대부모들의 성격문제, 알코올중독 등을 학대원인으로 보는 것이다(윤혜미 · 김혜래 · 신영화, 2007). 아동을 학대하는 부모는 정신이상이기보다는 불안수준이 높거나, 부적절한 부모역할 등의 문제를 가지고 있다. 학대부모는 자신의 양육경험에 불충족된 욕구와 의존성을 갖고 있거나 자신의 정서적 욕구를 충족시킬 수 있는 능력과 기술의 부족으로 분노, 갈등, 공포를 통제하지 못한다. 또한 자존감이나 기대수준이 낮고 아동양육능력과 기술이 부족하며 아동에 대한 비현실적인 기대를 하고 있는 경우가 많다.

발달론적 관점은 학대부모에 초점을 두기보다 아동 개인의 기질적 · 성격적 특징과 신체질환 등 아동의 부정적인 특성이 양육자의 아동학대를 유발한다고 보는 입장이다. 충동성, 잦은 울음과 같은 기질적인 특성, 우울증과 공격성 같은 다루기 힘든 기질의 아동을 가진 부모들은 아동양육에 부담감을 느끼고 또한 그런 문제들은 부모들의 인내력을 감소시키며, 일관성 없는 양육을 하게 하여 학대를 유발할 수 있다(윤혜미 · 김혜래 외, 2007). 또한 조산아나 저체중아, 발달장애아는 지능과 언어능력 및 기억력이 낮고 운동발달능력도 지체되어 전반적으로 사회적 성취도가 낮아 학대받기 쉽다.

사회문화적 관점은 사회학습이론으로 대표되는데 아동기학대 피해경험이 이후 성인기에 자신의 자녀를 학대하게 된다는 세대간 전승이론의 입장으로 설명된다. 사회구조적 접근인 사회체계이론은 아동의 형제수, 가족의 크기, 결손가족 여부, 가족의 경제적 상황 등 구조적 불평등의 요인으로 인해 학대가 발생한다고 보는 것이다(전남련 · 김재환 외, 2009). 즉, 체벌에 대한 허용성, 아동에 대한 태도, 가족의 사회적 고립 등을 들 수 있다. 한편 실직, 급여의 삭감 및 직업 불만족과 같은 경제적 스트레스가 높을 것으로 가정되는 저소득층 가정에서 아동학대 발생률이 높게 나타나고 있다. 따라서 아동학대 현상을 잘 이해하고 예방하기 위해서는 사회문화적 특성의 이해와 사회 · 환경적 스트레스를 감소시키기 위한 지원체계를 잘 구성하는 것이 필요하다.

마지막으로 오늘날 아동학대의 발생요인을 생태체계 관점에서 찾아보는 경향이 있는데, 이 접근은 아동자신의 특성, 부모의 개인적 특성, 가족관계의 역동적인 관계, 지역사회의 특성, 사회의 문화규범이나 가치, 신념, 법, 제도 등에서 원인을 찾는 것이다. 따라서 생태체계 접근은 부모의 심리적·성격적 특성을 중심으로 하는 정신병리학적 접근, 아동자신의 발달특성에 초점을 둔 발달론적 접근 그리고 가정의 특성과 사회·문화적 측면을 다루는 사회심리학적 접근 등 통합적 접근이라 볼 수 있다.

(4) 징후

여러 관점에서 발생하고 있는 학대피해아동에게 나타나는 징후로는 아동이 명백한 이유 없이 상처를 입었거나 의기소침해 있거나, 새로운 행동문제를 나타내며 평소와 다른 모습을 보일 때, 그리고 성인을 두려워하는 행동을 보인다면 학대의 가능성을 고려해야 한다. 아동학대를 신체적 징후와 행동적 징후로 나누어 살펴보면 〈표 9-4〉와 같다.

〈표 9-4〉 학대피해 아동의 징후

구분	신체적 징후	행동적 징후
신체적 학대	▶ 설명하기 어려운 상처 - 발생 및 회복에 시간차가 있는 상처 - 사용된 도구의 모양이 그대로 나타나는 상처 ▶ 설명하기 어려운 화상 - 담배불자국, 뜨거운 물에 의한 화상자국 ▶ 설명하기 어려운 골절 - 시간차가 있는 골절, 복합 및 나선형 골절 ▶ 설명하기 어려운 절상 - 입, 입술, 치은, 눈, 외음부 상처 ▶ 머리카락이 없어진 부분, 스트레스로 인한 원형 탈모 ▶ 흔들린 아기증후군(S.B.S) ▶ 두뇌손상 ▶ 사망	▶ 어른과의 접촉회피 ▶ 다른 아동이 울 때 공포를 나타냄 ▶ 공격적이거나 위축된 극단적 행동 ▶ 부모에 대한 두려움 ▶ 집에 가는 것을 두려워함 ▶ 위험에 대한 지속적인 경계

정서적 학대	▶ 성장장애 ▶ 신체발달저하 ▶ 언어장애	▶ 특정물건을 계속 빨고 있거나 물어뜯음 ▶ 행동장애(반사회적, 파괴적 행동장애) ▶ 신경성 기질장애(수면장애, 놀이장애) ▶ 정신신경성 반응(히스테리, 강박, 공포) ▶ 극단행동, 과잉행동, 발달지연, 자살시도
성적 학대	▶ 신체적 지표 - 학령전 아동의 성병감염 - 임신 - 걷거나 앉는데 어려움 ▶ 생식기의 증거 - 아동의 질에 있는 정액 - 찢기거나 손실된 처녀막 - 질에 생긴 상처나 긁힌 자국 - 질의 홍진(紅疹) ▶ 항문 증후 - 항문 괄약근의 손상 - 항문주변의 멍이나 찰과상 - 항문 내장이 짧아지거나 뒤집힘 - 항문 입구에 생긴 열창 - 항문이 좁아짐 - 회음부의 동통과 가려움 ▶ 신체적 지표 - 입천장의 손상 - 인두(咽頭), 임질(pharyngeal gonorrhea)	▶ 성적(性的) 지표 - 나이에 맞지 않는 성적행동 - 해박하고 조숙한 성지식 - 명백하게 성적인 묘사를 한 그림들 - 타인과의 성적인 상호관계 - 동물이나 장난감을 대상으로 하는 성적인 상호관계 ▶ 비(非)성적인 행동지표 - 수면장애 - 유뇨증/유분증 - 위축, 환상, 유아적 행동(퇴행행동) - 자기 파괴적(자살시도) 또는 위험을 무릅쓴 모험적인 행동 - 충동성, 산만함 및 주의집중장애 - 혼자 남아 있기를 거부 - 특정유형의 사람들 또는 이성에 대한 두려움 - 방화/동물에게 잔혹함(주로 남아의 특징) - 섭식장애(폭식증/거식증) - 비행, 가출 - 범죄행위 - 우울, 사회관계의 단절 - 늘 외톨이로 친한 친구가 없음
방임	▶ 지속적인 배고픔, 열악한 위생상태 ▶ 계절에 맞지 않는 부적절한 옷차림 ▶ 의학적 치료와 치과 치료의 불이행 ▶ 지속적인 피로, 불안정감	▶ 수업 중 조는 태도 ▶ 음식을 구걸하거나 훔침 ▶ 비행 또는 도둑질 ▶ 학교에 일찍 등교하고 집에 늦게 귀가함

출처 : 한국아동학대예방협회, 2005.

2) 아동학대에 대한 사회복지 서비스

아동학대에 대한 신고의무자 및 지원체계에 대해 살펴보고, 아동학대를 경험한 당사자나 아동의 부모에게 지원되는 치료적인 서비스와 예방적인 서비스에 대하여 사회복지적인 측면에서 살펴보면 다음과 같다.

(1) 신고 및 지원체계

성폭력범죄의 처벌 및 피해자보호 등에 관한 법률 제22조의 5항에 '18세 미만의 사람을 보호하거나 교육 또는 치료하는 시설의 책임자 및 관련 종사자는 자기의 보호 또는 감독을 받는 사람이 범죄의 사실을 안 때에는 즉시 수사기관에 신고하여야 한다'라고 명시되어 있다(서울해바라기아동센터, 2011). 교원, 의료인, 아동복지시설 종사자 및 기관장, 영유아보육시설의 종사자, 장애인복지시설에서 장애아동에 대한 상담, 치료, 훈련 또는 요양을 지원하는 자, 복지시설 종사자 및 여성복지상담소의 상담원, 모자복지상담소의 상담원 및 모자복지시설 종사자, 가정폭력관련 상담소의 상담원 및 가정폭력 피해자 보호시설의 종사자, 사회복지전담공무원이 그 예다.

아동보호전문기관은 국가, 지방자치단체가 학대아동의 발견, 보호, 치료에 대한 신속한 처리와 아동학대예방을 전담하기 위해 설치하도록 하고 있다. 그 업무로는 학대받는 아동의 발견, 보호, 치료의뢰, 아동학대의 예방 및 방지를 위한 홍보, 아동학대 행위자를 위한 상담교육, 아동학대행위자로 신고된 자 및 그 가정에 대한 조사, 기타 학대받는 아동의 보호를 위하여 필요한 사항이다〈그림 9-3〉.

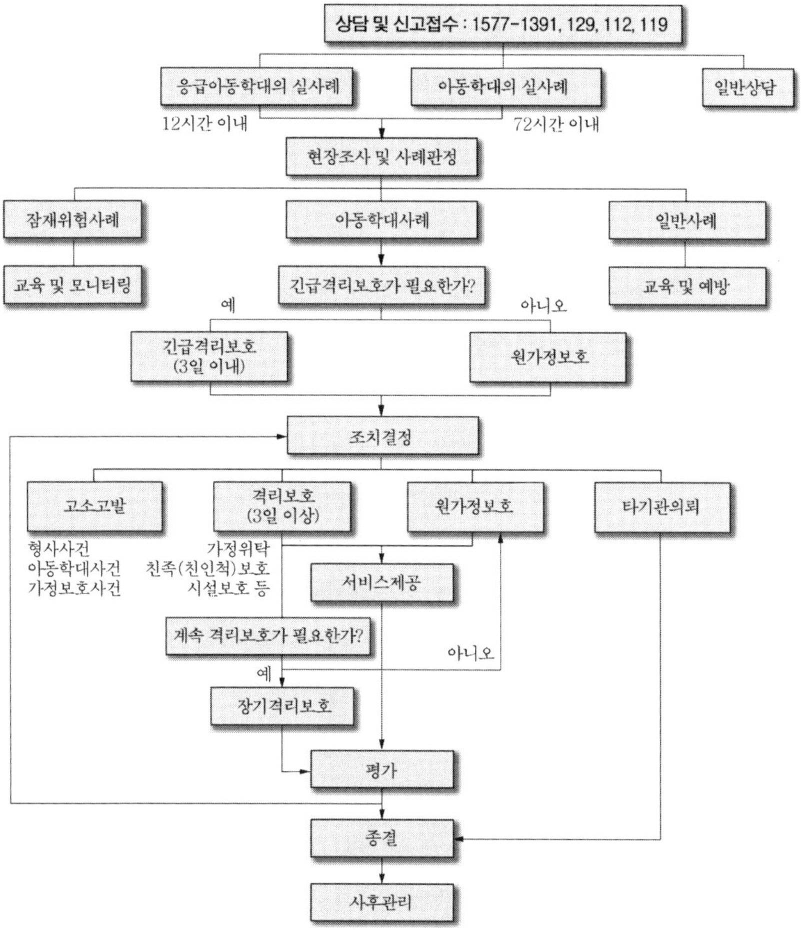

출처 : 중앙아동보호전문기관, 2011.

〈그림 9-3〉 학대아동에 대한 지원체계

(2) 치료적인 서비스

① 아동에 대한 지원

아동학대로 인한 후유증을 최소화하기 위한 직접적인 서비스와 더불어 건전한 성장발전을 도모하기 위한 예방적인 서비스도 함께 실시되어야 함을 전제한다.

불안감, 공포감, 우울감이나 분노감, 혹은 행동조절 능력의 저하 등 정서적 어려움이 클 때는 심리치료와 함께 약물치료가 병행되거나 우선되는 것이 필요하다(한국아동학대예방협회, 2005). 이러한 경우 전문의의 진료를 통해 적절한 약물치료를 제공한다. 심리치료로는 놀이치료, 상담치료, 인지행동치료, 집단치료가 있다. 놀이치료는 놀이와 치료자와의 관계를 매개로 하여 아동학대 피해의 후유증을 비롯한 정서적 어려움을 표현하고 해소하며 스스로 치유해 나가는 과정을 제공한다. 특히 언어발달이 충분히 이루어지지 않은 학령전기나 초등학교 저학년 아동이 주요 대상이 된다. 상담치료는 언어적 의사소통 능력이 비교적 충분히 발달한 초등학교 고학년 이상의 아동에게 대화를 통하여 정서적 표현 및 교류를 하는 것이다. 이때 대화와 치료자와 관계를 매개로 한 상담치료를 통해 정서적 어려움을 회복해 나가게 된다. 인지행동치료는 아동학대 피해를 입은 학령후기 아동에게 효과적인 것으로 불합리하거나 왜곡된 사고를 교정하고 부적응적인 행동을 수정한다. 특히 성적학대 피해를 입은 아동이 사건 당시 고통스러운 감정을 회피하기 위해 기억을 차단하려 노력할 때가 많다. 이럴 경우 '노출법'이라는 행동기법을 중심으로 한 치료적 개입으로 사건 당시의 기억과 연합된 공포감과 불안감을 감소시키는 치료기법이다(이원숙, 2003). 집단치료는 비슷한 경험과 어려움을 가진 또래아동 2~6명을 집단으로 하여, 집단놀이치료, 집단상담치료, 집단인지행동치료 등 다양한 형태로 진행된다. 이 기법은 유사한 경험으로 인하여 동질감과 정서적 지지, 또래조언 및 또래관계 형성 등의 장점이 있으나, 아동 각각의 연령이나 정서적 어려움의 정도, 치료시기 등 여러 가지 요인들을 고려하여 구성되어야 한다. 또한 학대 아동들의 자아기능을 강화시키기 위하여 그들의 방어기제와 충동의 조절을 강화시키고, 특히 공격성을 승화시킬 수 있는 방법을 가르친다(이인정 · 최해경, 2004). 자신감을 증가시키고 특히 자기 자신을 학대의 원인으로 여기지 않도록 인지시켜 준다.

② 부모에 대한 지원

아동의 어려움과 함께 부모도 심리적, 신체적 어려움을 겪을 수 있으며, 부모의 어려움은 아동에게 그대로 전달되어 아동의 어려움을 가중시킬 가능성이 높기 때문에, 부모들이 자신의 어려움을 스스로 잘 다룰 수 있도록 부모상담을 통하여 도움을 주는 것이다. 부모 중 개인의 정서적, 성격적 문제가 아동의 문제해결에 장애가 되는 경우 부모 개인에 대한 치료적인 도움이 함께 제공되기도 한다. 또한 부모교육은 다양한 부모훈련 프로그램을 제공하여 어려움에 처한 아동을 부모가 적절하게 도와주고 대처할 수 있도록 도움을 준다. 부모훈련 프로그램에서는 아동행동의 이해, 경청, 나 전달법, 대인찾기 등의 의사소통 방법, 책임감 훈련법을 포함하는 '유능한 부모역할훈련'과 아동의 문제행동을 감소시키고 바람직한 행동을 증가시키기 위해, 아동 훈육의 기본원칙 및 아동행동 조절을 훈련시키는 '행동조절부모훈련' 등이 있다(김영옥, 2007). 부모자조집단은 어느 정도 심리적인 안정을 회복한 부모들이 자조모임을 이루고 활동하면서, 서로 지지적인 환경 속에서 긍정적인 생활을 유지해 갈 수 있도록 도움을 준다. 마지막으로 사후관리를 통하여 추후 회기에 걸쳐 치료가 종결된 사례들에 대해서도 지속적인 관리 프로그램을 제공한다.

(3) 예방적인 서비스

① 아동학대 신고의무자 확대 및 보호장치 마련

아동학대에 관한 신고율이 낮은 이유 중 하나는 국민들의 의식부족과 신고로 인하여 불이익을 당하게 될까 두려워 신고를 기피하게 되는 데서 이유를 찾을 수 있다. 따라서 일반신고인을 포함한 신고의무자들이 신고하였을 때 불이익을 당하지 않도록 신분을 철저히 보호하고, 신변보장을 약속할 필요가 있다. 또한 신고의무자의 신고가 저조한 이유는 신고의무자들이 스스로 신고의무자로 인식하지 못하고 있는 것도 하나의 이유인데, 이들을 위한 교육과 홍보가 이루어져야 한다. 즉, 신고의무자에 대한 양성교육 과정시 아동학대예방 및 방지를 위한 교육을 실시하고, 즉시 신고하여 아동을 위기에서 구출한 경우 포상제도를 도입하여 신고의 활성화를 도모하는 것도 필요하다. 이와 반대로 신고

의무자의 신고불이행에 대해서는 가중한 과태료를 부과하는 것도 검토해야 한다.

② 아동학대에 대한 사회전반의 인식전환 유도

아동학대와 관련하여 특히 중요한 것은 무엇보다 아동도 시민권을 지닌 주체라는 전 사회적 인식의 전환이 필요하며, 이를 위해 TV방송 매체를 활용한 예방캠페인, 대중교통장소나 학교주변, 우범지역 등의 옥외 광고홍보 등이 적극 활용되어야 한다.

③ 아동학대예방교육 실시

아동학대의 예방을 위해 일반인에 대한 예방교육과 아동학대의 심각성에 대한 홍보활동이 지속적으로 이루어져야 할 것이다. 일단 아동에게 가해진 학대의 경험은 쉽게 치유될 수 없는 상처를 남기며, 심할 경우 평생을 학대의 기억 속에서 살아갈 수 있기 때문에 아동학대가 발생 후 그에 대한 서비스 제공보다는 처음부터 아동학대의 경험을 아동들이 갖지 않도록 예방하는 것이 훨씬 중요하다. 아동학대는 인권의 한 부분이며 교육은 사회화의 한 부분이다. 따라서 시급히 교과과정 안에 아동학대 예방교육을 개설하고 이론적인 교육내용보다 아동 스스로가 대처능력을 기를 수 있는 실질적인 교육내용이어야 할 것이다. 또한 학교 내 아동학대 상담이 실시간으로 이루어질 수 있도록 전문상담원을 상시 배치하여 사고에 대해 즉각적이고 적극적인 개입을 할 수 있도록 해야 한다.

생각해 볼 문제

1. 일상생활에서 아동의 권리를 침해하고 있는 예에 대하여 설명해 보자.

2. 우리나라에서 제공되고 있는 아동복지 서비스에는 어떠한 것들이 있는지 토론해 보자.

3. 우리나라의 아동훈육에 있어 체벌의 범위와 정도를 어디까지 아동학대로 볼 것인지에 대해 각자의 생각을 말해 보자.

참고문헌

김명희(2006), 『아동복지론』, 교문사.

김영옥(2007), 『부모교육』, 공동체.

노병일(2008), 『아동복지론』, 공동체.

박정란 · 서홍란(2009), 『아동복지론』, 양서원.

이인정 · 최해경(2004), 『인간행동과 사회환경』, 나남출판.

이원숙(2003), 『성폭력과 상담』, 학지사.

윤혜미 · 김혜래 · 신영화(2007), 『아동복지론』, 청목출판사.

전남련 · 김재환 · 박혜경 · 전대성 · 김경희(2009), 『아동복지론』, 학현사.

보건복지부(2011), 2010년 전국아동학대현황보고서.

한국아동학대예방협회(2005), 아동학대예방교육자료집.

대검찰청(2011), http://www.spo.go.kr

법제처(2011), http://www.moleg.go.kr

서울해바라기아동센터(2011), http://www.child1375.or.kr

중앙아동보호전문기관(2011), http://www.korea1391.org

제 10 장

청소년복지

최근 우리나라에서 심각하게 대두되고 있는 청소년 비행과 청소년과 관련된 전반적인 문제들은 청소년복지에 대한 가정, 학교, 지역사회, 국가 등 다양한 차원에서의 관심과 적극적, 계획적, 통합적인 관리 및 지원활동을 절실히 필요로 하는 상황이다. 특히 청소년들의 문제행동에 관련된 변인들은 매우 복잡하게 얽혀 있으며, 청소년의 문제나 비행이 가시화된 시점에서는 문제를 해결할 수 있는 대처방안을 선택하는 데는 한계가 있다. 청소년 문제의 이러한 특수성을 감안할 때, 효과적인 청소년 문제 예방과 개입 전략을 구상하기 위해서는 무엇보다도 청소년 문제의 원인 및 관련 요인들에 대한 보다 종합적이고 심층적인 이해를 바탕으로 한 청소년복지정책이 절실히 필요하다.

본 장에서는 현대사회의 다양한 사회구조 속에서 발생될 수 있는 청소년의 문제행동을 살펴보고, 청소년과 청소년복지의 개념 및 특성 등에 대한 전반적인 이해와 더불어 각종 비행행동을 유발하는 청소년 가출문제를 중심으로 원인과 대책에 대해 살펴보고자 한다. 본 장의 학습목표는 다음과 같다.

- 현대사회의 청소년 비행 문제를 이해한다.
- 청소년복지의 기능과 특성을 학습한다.

• 청소년 가출에 대한 복지개입의 활동을 이해한다.

1. 현대사회의 청소년문제

현대사회는 급속한 경제성장과 빠른 산업화, 정보화 등으로 다양한 사회구조적 변화를 겪고 있다. 이러한 사회구조의 변화 속에서 청소년들은 다양한 유해환경에 노출될 가능성이 높으며, 이로 인해 많은 부정적 감정 혹은 갈등을 경험하게 된다. 청소년기는 아동기, 성인기, 노년기 등 인간 생애주기에 있어 중요한 과도기라고 할 수 있다. 이 시기는 다양한 발달 과업을 이루는 시기이기도 하며, 또한 다양한 문제행동이나 부정적 감정을 표출하는 시기이기도 하다. 청소년의 문제 행동 중 대표적인 행위가 비행행동이라고 할 수 있는데, 이러한 청소년들의 일탈행위 혹은 범죄행위는 심각한 사회문제로 대두된 지 오래이며 청소년들의 비행은 점차 저연령화, 집단화되어 가고 있다. 청소년 시기에는 다양한 유형의 비행을 경험하지만 이 중 법적인 처벌규정을 위반한 범죄행위를 저지른 청소년들은 더욱 심각한 비행으로 이어질 가능성이 높을 뿐만 아니라 향후 성인 범죄로 이어져 개입의 여지가 크다.

이와 같이 우리 사회에서 일어나고 있는 다양한 형태의 청소년 비행은 전반적으로 재범률이 계속적으로 증가하고 있으며, 남자 청소년 비행은 감소추세에 있는 반면 여자 청소년 비행률이 증가추세에 있고, 학교 청소년 비행률이 꾸준히 증가하고 있다(홍봉선 · 남미애, 2005). 따라서 잠재비행청소년들이 비행청소년으로 전락하는 것을 예방하고 또한 이미 비행이나 범죄를 저지른 청소년들이 재비행화되는 것을 막고 사회복귀와 재활을 돕기 위한 다각적인 노력들이 강구되어야 할 것이다.

1) 청소년과 비행

청소년비행은 보통 청소년 일탈행위로 불리며 사회와 문화에 따라 다르게 정의될 수 있는 속성을 갖고 있다. 일반적으로 우리나라에서 청소년 비행이라 함은 형벌법령을 어긴 행위에 해당하는 소년범죄와 법에는 어긋나진 않지만 사회의 윤리와 규범상 청소년으로서 바람직하지 않는 행위를 모두 포함한다.

청소년비행이 청소년복지에 부정적인 영향을 미치는 이유는 다음과 같다. 첫째, 청소년비행에 대한 적절한 대책이 없을 경우 범죄문화에 젖어 비행이 습관화되고, 성인 범죄로 이어질 가능성이 크다. 둘째, 비행으로 말미암아 미래에 대한 준비가 소홀해짐으로써 이것이 청소년의 이후 인생에 부정적인 영향을 미칠 수 있다. 셋째, 앞의 두 가지와 연관하여 청소년 및 성인 범죄의 처리, 미래 준비 소홀로 인해 초래된 빈곤 및 기타 사회부적응 상태에 대한 개입 및 처방 등에 많은 사회적 비용이 소요될 수 있다. 즉 청소년비행이 청소년복지에 부정적 영향을 미치게 되고 이것은 곧 사회적 비용을 발생하게 할 수 있다(김성천 외, 2010).

「2009 청소년통계」(보건복지부, 2009)에 나타난 청소년의 비행 및 범죄 현황을 간략히 살펴보면 다음과 같다. 2009년 15~24세 청소년의 사망원인 1순위는 '자살'이며, 8.9%가 지난 1년 동안 한 번이라도 자살을 생각한 적이 있다고 보고하였으며, 자살하고 싶었던 가장 큰 이유로 15~19세는 '성적', 20~24세는 '직장'문제로 나타났다.

또한 청소년의 10명 중 6.4명이 '학교생활'에서 스트레스를 받고 있으며 중·고등학생은 부모와 갈등이 있거나(23.3%), 성적에 대한 부담감 등 학교가 싫을 경우(19.4%)에 가장 많이 가출하고 싶은 충동을 느낀다고 보고하였다.

청소년 범죄도 〈표 10-1〉에서 보는 바와 같이 2005년 총 범죄 대비 3.4%를 기록한 후 증가하여 2008년에는 5.5%까지 증가하였다가 2009

년에는 감소하여 4.5%를 보였다.

〈표 10-1〉 범죄대비 청소년 범죄 구성 현황

(단위 : 명, %)

구분 \ 연도	2005	2006	2007	2008	2009
총범죄	1,965,571	1,932,729	1,989,862	2,472,897	2,519,237
소년범죄	67,478	69,211	88,104	134,992	113,022
구성비율(%)	3.4	3.6	4.4	5.5	4.5

자료: 여성가족부, 2010.

2009년 전체 청소년범죄 건수 중에 16세 소년의 범죄가 23.1%에 달해 가장 높은 비율을 차지하였고 이어 15세 21.8%, 17세 20.6%, 18세 19.0%, 14세 13.7%, 14세 미만 1.8%의 순이었다.

〈표 10-2〉 청소년 범죄의 연령별 현황

(단위 : 명, %)

연도 \ 연령	계	14세 미만	14세	15세	16세	17세	18세	19세
2005	67,478 (100)	523 (0.8)	7,121 (10.6)	11,640 (17.3)	12,030 (17.8)	10,755 (15.9)	11,561 (17.1)	13,848 (20.5)
2006	69,211 (100)	400 (0.6)	8,484 (12.3)	13,400 (19.4)	13,369 (19.3)	11,087 (16.0)	10,637 (15.4)	11,836 (17.1)
2007	88,104 (100)	578 (0.7)	10,884 (12.4)	18,081 (20.5)	17,306 (19.6)	14,539 (16.5)	13,603 (15.4)	13,113 (14.9)
2008	134,992 (100)	3,800 (2.8)	16,638 (12.3)	26,385 (19.5)	26,932 (20.0)	21,784 (16.1)	20,808 (15.4)	18,645 (13.9)
2009	113,022 (100)	1,989 (1.8)	15,431 (13.7)	24,657 (21.8)	26,153 (23.1)	23,307 (20.6)	21,485 (19.0)	-

자료: 여성가족부, 2010.

이처럼 각종 통계들에 의하면 청소년들의 정신적 갈등과 비행이 날로 증가되고 심각해지면서 폭력이나 청소년 범죄에 대한 불감증이 만연해 있지만 이에 대한 적절한 노력은 가시화되고 있지 못한 실정이다. 따라서 청소년 비행 예방과 문제를 해결하기 위해 다양한 체계들을 대상으로 하여 복합적이고 통합적으로 접근해야 할 것이다. 특히 사회복지사는 청소년의 개인의 특성 뿐만 아니라 영향을 주는 복합적인 요인들을 체계적이고 전문적으로 다룰 수 있는 능력을 갖추어야 할 것이다.

2) 청소년의 정의와 특성

일반적으로 청소년이라 함은 청년과 소년을 아울러 이르는 말이다. 청년은 청춘기에 있는 젊은 사람, 소년은 아주 어리지도 않고 아직 성숙하지도 않은 아이로 정의될 수 있다. 따라서 일반적인 의미의 청소년은 대체로 초등학생부터 대학생 연령대의 젊은 남녀를 포함한다고 할 수 있다. 이러한 일반적인 청소년의 정의를 반영한 듯 청소년 육성 정책의 기본 사항을 규정하고 있는 청소년기본법은 만 9세 이상 24세 이하의 자를 청소년으로 정의하고 있다. 청소년복지지원법과 청소년활동진흥법도 청소년기본법에 준해 청소년을 만 9세 이상 24세 이하의 자로 정의하고 있다(김성천 외, 2010).

한편 각종 유해물질 및 환경으로부터 보호함을 목적으로 제정된 청소년보호법에서는 만 19세 미만의 자를 청소년으로 정의하고 있고, 이에 따라 청소년 관련 각종 단속법규에서도 청소년 보호연령이 만 19세 미만의 자로 통일되었다. 개인으로서의 법적 권리에 관한 내용을 담고 있는 민법과 반사회성 있는 소년에 대한 특별조치 내용을 담고 있는 소년법에서는 20세 미만의 자를 미성년자 또는 소년으로 정의하고 있다. 소년법에서는 20세 미만의 자를 미성년자 또는 소년으로 정의하고 있다. 소년법에서는 촉법소년과 우범소년을 규정할 때 10세 이상의 나이를 명시하고 있다. 청소년복지와 밀접히 관련되어 있는 아동복지법에서는 만 18세 미만의 자를 아동이라고 정의하고 있다. 이는 아동복지의 대상에 통념상의 아동과 청소년이 모두 포함되어 있음을 보여주는 것이다. 이렇듯 <표 10-3>에서 보는 바와 같이 한국의 법체계 속에서 청소년은 아동의 개념과 혼재되어 다양한 연령대로 정의되고 있다.

이처럼 청소년의 개념이 다양한 연령대로 정의되듯 청소년기의 특성도 변화무쌍하다. 청소년기는 신체적 성장, 호르몬의 분비로 인한 성적 변화, 인지능력의 발달 등 생리학적으로 커다란 변화의 시기이다. 동시에 심리적으로 자아의식이 발달하면서 부모로부터의 독립과 권위자와 기성세대에 대한 비판과 반항적인 태도를 보이게 되고, 이를 통해 자아정체감을 형성하게 된다.

또한 아동기에 비해 지적, 감정적 작용이 복잡하고 다양해져 공상이 많고 자신에 대한 과대평가와 과소평가가 교차하는 경우가 많다. 이밖에 친구관계의 의존성이 높아지며, 자신 및 타인에게 보여지는 신체이미지에 집착하고 이를 중요하게 생각한다.

〈표 10-3〉 국내 법률에 의한 청소년의 연령구분

법 률 명	용 어	나이 기준
민법	미성년	20세 미만
형법	미성년	14세 미만
아동복지법	아동	18세 미만
청소년기본법	청소년	9세 - 24세
청소년보호법	청소년	19세 미만
소년법	소년	20세 미만
근로기준법	연소자	18세 미만
모자복지법	아동	18세 미만

자료 : 박옥희, 2008, 재구성.

2. 청소년복지의 이해

청소년복지는 청소년이 행복하게 살아갈 수 있도록 돕는 제도와 실천적 기술로 개념과 특성, 기능, 실천의 체계 및 내용을 중심으로 살펴보고자 한다.

1) 청소년복지의 개념

청소년복지는 국가나 사회가 청소년복지에 대한 책임을 인식하고 청소년복지 증진에 적극적이고 주도적으로 개입함으로써 청소년들로 하여금 가정적·사회적 위험요소로부터 보호를 받으면서 자신들의 과업이나 문제를 원만하게 해결할 수 있도록 도울 뿐 아니라 그들의 잠재능력을 최대한 발휘하여 자아실현은 물론 책임있고 건강한 사회 구성원으로 기능할 수 있도록 돕는 데 의의가 있다.

김성이(1993)는 청소년복지는 가정이나 사회로부터 버려지거나 적응하지 못하는 청소년들뿐만 아니라, 모든 청소년들의 안녕에 관심을 가지며, 청소년복지활동을 청소년들의 기본적 욕구를 충족하고 정신적·정서적·신체적으로 최상의 발달을 기하기 위해서 청소년 자신들에게 직접적으로 또는 가정이나 사회를 통해 간접적으로 제공되는 모든 사회제도적인 전문적인 활동이라고 정의한다.

청소년복지는 소극적인 측면에서는 사회적으로 소외되거나 적응에 실패한 청소년에게 정책 및 서비스 전달을 통하여 사회구성원으로서 올바르게 생활하고 신체적·심리적·사회적인 자립능력을 갖도록 하는 복지이며, 보다 적극적인 측면에서 청소년복지는 성과 능력, 신체 및 정신과 사회적 조건에 관계없이 모든 청소년들이 인간답게 생활하는 데 필요한 권리와 책임을 갖게 하여 청소년기의 삶을 풍요롭게 누리고 잠재적 능력을 개발하는 데 초점을 두는 포괄적인 지원활동이다(노혁, 2010). 청소년기본법에서 청소년복지는 청소년이 정상적인 삶을 영위할 수 있는 기본적인 여건을 조성하고 조화롭게 성장·발달할 수 있도록 사회적·경제적 지원(법 제3조 4호)을 말한다.

청소년복지는 대상 집단이 요보호청소년 등 특정 집단에 국한되는 것이 아니라 일반 청소년 및 청소년의 생활에 가장 직접적인 영향을 미치는 가족까지도 포함하고 있으며 또한 청소년에 대한 직접적 서비스뿐 아니라 간접적으로 제공되는 모든 정책과 제도를 포함하는 광범

위한 개념이다.

2) 청소년복지의 특성

청소년기는 인간의 생애주기 중 아동기와 성인기 사이에 위치해 있는 생의 중요한 한 부분인 동시에 의존적인 아동기에서 벗어나 독립되고 개별화된 생활로의 전이를 준비하는 시기이기도 하다. 따라서 인생주기의 한 부분에서 누릴 수 있는 기본적인 삶의 질과 권리들이 청소년에게 우선적으로 보장될 필요가 있다.

홍봉선·남미애(2005)는 청소년복지의 특성을 다음과 같이 설명하고 있다. 첫째, 청소년은 독립적이고 통합된 인격체로서 존중되어야 한다. 둘째, 청소년은 완성된 존재가 아니라 성장과정 중에 있기 때문에 청소년복지에서의 접근은 긍정적이며 신속하게, 지속적으로 이루어져야 한다. 셋째, 청소년복지는 독립된 발달단계인 청소년기를 고려한 과학적이고 체계적이고 전문적인 개입이어야 한다. 넷째, 현재 사회 구성원인 청소년은 청소년복지의 대상인 동시에 주체이다. 다섯째, 청소년복지는 관련 사회정책과 밀접한 관계 속에서 통합적으로 다루어져야 한다. 여섯째, 청소년복지가 본래의 이념과 목적을 달성하기 위해서는 청소년 개인의 변화뿐 아니라 환경의 변화도 함께 수반되어야 한다. 일곱째, 청소년복지에는 정부와 민간의 협력은 물론 전문가에서부터 지역주민 등 다양한 사람들의 협조가 필요하다. 마지막으로 청소년복지는 문제가 있는 청소년에서부터 일반청소년까지 모든 청소년을 대상으로 하며 또한 치료나 재활뿐만 아니라 예방적 차원에서의 다양한 서비스가 행해져야 한다.

3) 청소년복지의 기능

청소년복지는 모든 청소년들이 심신의 불완전한 상태를 극복하고, 나아가 사회의 구성원으로서 역할을 수행할 수 있도록 다양한 서비스를 제공하여 이들이 원만한 인격체로서 성장하고, 삶을 영위할 수 있도록 바람직한 환경을 조성하는 것을 목표로 한다. 이러한 목표를 효과적으로 실현하기 위한 청소년복지의 기능을 노혁(2010)은 다음과 같이 정리하고 있다.

(1) 사회문제 예방

복지가 갖고 있는 기능 중의 하나는 가족 기능의 정상적 작동이다. 많은 청소년문제 배경에는 가정의 문제를 갖고 있다. 따라서 가정을 통한 청소년문제와 동시에 청소년들에게 건강한 삶의 터전을 만들어주고 건전하게 성장할 수 있는 기회와 동기를 제공함으로써 사회문제를 예방하는 역할을 한다.

(2) 세대간의 갈등 조정 및 완화

고령화 사회로의 이행은 노인에 대한 사회적 부담을 가중시키고 있다. 이 부담은 저출산으로 인해 시간이 흐를수록 커질 전망이다. 청소년복지는 청소년들에게 사회현상의 전환에 따른 불가피한 상황을 슬기롭게 받아들일 수 있는 환경을 조성해 줄 수 있다. 특히 청소년복지에서 경제적인 문제로 발생하는 세대 간의 갈등을 솔직히 표현하고 대처방법과 조정역량을 키워주는데 기여할 수 있을 것이다.

(3) 미래 노동인력의 보호 및 개발 역량 강화

지식정보화 사회에서 노동력은 창의성과 탄력성을 겸비하고 사회 전반을 조망하는 윤리성과 철학을 가져야 한다. 그래야 소수의 인력이 다수의 사람을 부양할 수 있다. 복지는 기본적으로 생산된 경제적 자원을 '잘 사용'하는 분야이다. 복지 자체가 직접 생산성을 가질 수는 없다. 그러나 청소년복지는 청소년의 건강한 삶과 그 삶을 토대로 자신의 욕구를 충족시킬 수 있는 동기와 역량을 지원한다. 이와 같은 토양이 장기적이고 간접적으로 경제적 생산성에 크게 기여할 수 있다. 이러한 점에서 청소년복지는 미래 양질의 노동인력을 보호하고 그들이 자립할 수 있는 역량을 강화하는데 적극적인 개입을 한다.

(4) 복지권에 대한 의식 고취

청소년복지는 강한 보편적이고 제도적인 복지를 지향한다. 즉, 우리 사회에서 생활하는 모든 청소년들의 행복한 삶의 관심을 갖는 동시에 그들이 성인이 되어서도 스스로 행복할 수 있도록 자신의 욕구를 충족하는 방법과 역량을 갖추도록 하는데 있다. 이런 관점에서 청소년복지는 청소년들에게 권리로서의 복지를 강조한다. 정의와 평등의 기초로 한 인간의 기본적인 권리로서 복지를 고찰하고 자신뿐만 아니라 다른 사람의 복지권을 지키고 향상시킬 수 있는 방향을 모색한다.

(5) 복지교육의 활성화

청소년복지교육은 복지사회를 향한 사회참여의 통로이다. 청소년들의 현재의 생활과 미래의 삶을 창조적으로 만들어 나갈 수 있는 과정이다. 이와 같은 청소년 복지교육을 통하여 사회화되어지는 것이 아니라 스스로 사회적 구성원으로서의 역할과 책임을 인식하고 배워간다. 이것은 자신을 사회의 중심위치에 두고 사회를 받아들이는 것에 대한 확고한 자기인식을 획득하는 과정이다. 이처럼 청소년복지는 청소년들이 복지권을 고취하고 사회참여를 하는 데 중점을 두는 복지교육을 자연스럽게 이해하고 활성화시킬 수 있을 것이다.

4) 청소년복지 실천체계 및 내용

(1) 청소년복지 실천체계

청소년기본법은 국가 및 지방자치단체가 청소년 활동의 지원, 청소년 복지의 증진 및 청소년보호의 수행에 필요한 법적·제도적 장치를 마련하여 시행하도록 명시하고 있다(제8조 제1항). 뿐만 아니라 이에 필요한 여건 조성과 필요한 재원의 안정적 확보를 위한 시책을 수립·실시하도록 하고 있다(제8조 제3항). 또한 국가 및 지방자치단체는 청소년의 삶의 질을 향상시키기 위하여 구체적인 청소년복지 시책을 마련하도록 되어 있다(제49조 제3항). 이러한 국가 및 지방자치단체의 법적 의무를 다하는 국가의 청소년 업무 전담조직으로서 국무총리 산하 국가청소년위원회가 있었으나 2008년 이명박 정부의 출범과 함께 폐지되고, 그 기능은 보건복지부의 아동청소년정책실로 옮겨졌다가, 다시 2010년 여성가족부로 청소년 업무가 이관되었다. 그 외에 중앙 각 부처는 고유기능에 따라 청소년 관련 업무를 추진하고 있다. 16개 시·도의 청소년 관련 행정은 지방자치단체의 특성에 따라 다양한 부서에서 추진되고 있다. 이들 부서에서는 시·도 청소년 업무 총괄기능을 수행하는 한편, 청소년육성위원회를 설치·운영함으로써 중앙과 연계하여 청소년 업무를 추진하고 있다.

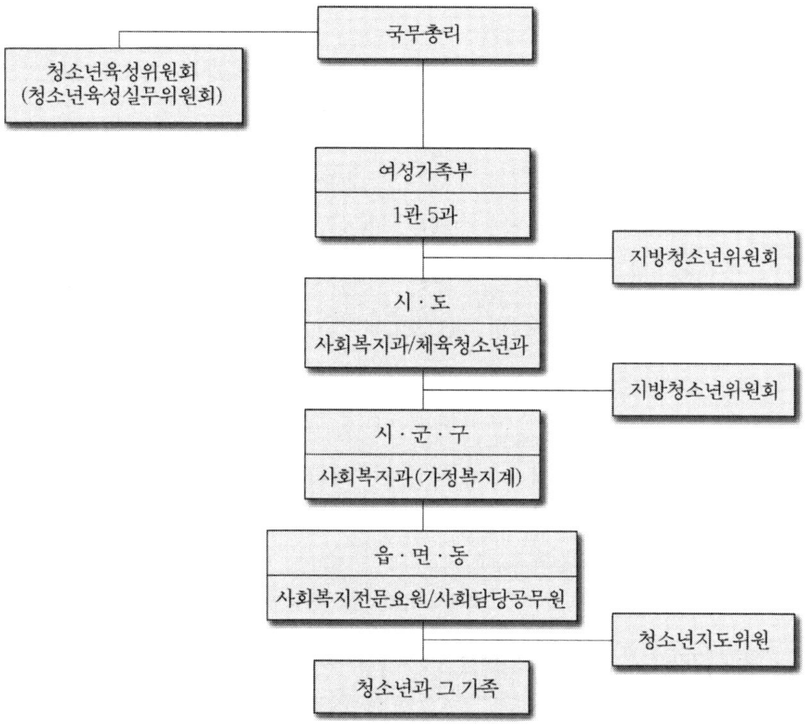

〈그림 10-1〉 청소년복지서비스 실천체계

교육과학기술부에서는 교육복지우선지원사업을 추진하고 있다. 이 사업은 도시 빈곤아동 및 청소년을 위해 교육, 문화, 복지의 종합적 지원체계를 구축하고, 이를 바탕으로 학교가 중심이 되어 지역사회에서 빈곤아동에 대한 교육 기회를 보장하기 위해 실시되고 있다(김성천 외, 2010).

(2) 청소년복지 활동 내용

청소년 관련 전반적 정책의 실천을 위한 공간으로는 다양한 청소년 시설이 있어 청소년을 위한 다양한 활동과 서비스가 제공되는 한편, 개별 청소년에 대해서는 청소년상담 활동이 청소년 전문 상담기관에 의해 이루어진다. 그 밖에 청소년지도자의 활동과 청소년단체의 활동이 청소년의 전반적 복지 향상을 위해 노력하고 있다. 청소년시설은 크게 청소년활동시설, 청소년복지시설, 청소년보호시설로 분류된다. 청소년활동시설은 수련활동, 교류활동, 문화활동을 위한 공간으로서 전국에 720여 개의 청소년수련시설과 청소년이용시설이 있다. 청소년복지시설은 청소년이 정상적인 삶을 영위할 수 있는 기본여건을 조성하고 조화롭게 성장·발달할 수 있도록 제공되는 사회적·경제적 지원을 제공하는 시설이다. 가출청소년쉼터, 청소년공부방, 청소년선도시설 등이 포함된다. 청소년보호시설은 청소년을 각종 청소년 유해환경으로부터 보호하기 위한 시설로 청소년보호센터와 재활센터가 여기에 속한다.

이 밖에 지역 내 종합사회복지관에서도 청소년을 위한 각종 사업들을 전개하고 있으며 특히, 보호관찰소나 학교와 연계하여 부적응 학생이나 청소년의 사회 적응과 재활을 위한 활동들이 종합사회복지관에 의해 활발히 진행되고 있다.

3. 복지개입의 실제 : 청소년 가출

현대의 청소년들은 다양한 위기 상황을 경험하게 된다. 자연재해뿐만 아니라 청소년들의 주변에서 일어나는 갖가지 사고는 청소년들을 혼란과 고통 속으로 빠뜨린다. 이러한 경험에는 가까운 가족과 친구의 죽음,

자살, 가정해체와 부모이혼, 외상의 경험, 교통사고, 가정폭력 및 아동학대와 이에 따른 경찰이나 아동보호기관의 개입에 따른 후속조치, 학교폭력, 집단따돌림, 가출청소년 쉼터 등 다양한 상황이 포함된다. 청소년들은 이러한 문제들에 대처능력이 충분히 발달되어 있지 않을 뿐더러 이들 문제를 객관적으로 효과적으로 판단할 판단능력이 미약하다. 따라서 청소년들은 이러한 위협적인 요인들에 매우 취약할 수밖에 없다.

또한 청소년기는 스트레스를 초래할 수 있는 변화가 많은 시기이다. 청소년은 자신의 발달과업에 충분히 대응할 수 있게 하는 개인적이고 사회적인 자원이 충분히 발달되지 못한 상황에서 다양한 행동적·정서적 어려움에 직면하게 된다. 때로 청소년들은 개인적, 환경적 요구에 의해 스트레스를 완화시키기 위하여 잘못된 행동 양식을 보이기도 하며, 이는 청소년문제로 나타난다.

청소년의 이러한 문제의 대책으로 현재 시행되고 있는 개입방안들은 특정 문제행동을 보이고 있는 청소년들에 대한 처벌이나 선도 및 치료 위주의 사후 개입이 주류를 이루고 있다. 그러나 이와 같은 사후 대책은 문제행동을 일으킨 청소년들을 낙인찍음으로써 오히려 더 부정적인 영향을 미칠 수 있으며 또한 공식적으로 파악된 문제청소년들에 대해서만 개입하기 때문에 문제행동이 있으나 공식적으로 파악되지 않는 청소년들이라든지, 문제화될 소지를 가진 잠재적 문제청소년들, 혹은 문제행동들을 발전시킬 가능성은 적지만 부정적인 또래관계나 유해한 주변환경에 지속적으로 노출되어 있는 청소년들에 대한 예방차원의 개입은 거의 이루어지지 않고 있는 실정이다. 이와 같이 청소년문제가 발생된 후의 개입은 여러 가지 문제점을 가지고 있으며, 그 효과면에서도 개입의 노력에 비해 떨어지므로 청소년의 여러 가지 문제행동에 가장 적극적인 개입방법은 예방이라고 할 수 있다. 즉 청소년들이 당면한 스트레스에 잘 적응할 수 있도록 대처능력을 키워준다든지, 혹은 문제를 보일 가능성이 있는 청소년들을 조기에 발견하여 적절한 도움을 주는 등 문제가 심각해지는 것을 사전에 방지하기 위한 예방적인 노력이야말로 심각한 사회문제로 자리잡고 있는 청소년문제에 대한 가장 경제적이며 효율적인 대처방안이라 하겠다.

따라서 이 장에서는 청소년의 다양한 문제행동 중에서 심각한 사회문제로 대두되고 있고 각종 비행행동을 유발하는 청소년 가출문제를 중심으로 개념과 원인, 이를 위한 복지서비스를 살펴보고자 한다.

1) 가출에 대한 이해

가출은 청소년의 신체적 · 정신적 · 사회적 기능을 손상시킴으로써 장래에 악영향을 줄 수 있으며 가족의 역기능을 강화시키고, 사회적 측면에서 학교와 지역사회에 악영향을 준다. 따라서 청소년 가출은 일시적이고 우발적으로 발생하는 문제라기보다는 성장하는 청소년 자신의 장래와 관련된 것으로 단순히 개인이나 가정 또는 학교의 문제가 아니라 사회국가적 문제라고 할 수 있다.

(1) 가출의 개념

가출이란 일반적으로 자기 집을 뛰쳐나가는 행위를 말한다(연성진 · 민수홍, 2004). 김준호와 박정선(1993)은 자신 및 자신을 둘러싼 주위환경에 대한 불만이나 갈등에서 비롯된 대안 반발이나 해결을 위해 보호자의 승인없이 최소한 하룻밤 이상 무단으로 집을 나가 돌아오지 않는 충동적 혹은 계획적 행위라고 정의하였다.

Roberts(1987)는 가출청소년이란 부모나 보호자의 동의없이 집을 떠나서 24시간 이상 집에 들어가지 않는 18세 미만의 청소년으로 정의하고 있다(나동석 · 이용교 역, 1991). 또한 안창규 · 문선화 · 전윤식(1995)은 가출청소년이란 자신 및 주변의 문제에 직면하여 이의 해결 혹은 대안을 추구하고자 (비)의도적으로 가정에서 떠밀려 나온 도움을 요청하는 18세 미만의 청소년으로 정의하여 가출의 원인 및 동기까지 포함하는 개념으로 보았다.

이상의 개념에서 볼 때 가출은 자신 및 자신을 둘러싼 환경의 문제를 해결하기 위해 부모나 보호자의 동의 없이 가정에서 나온 후 적어도 24시간 내에 집에 들어가지 않아 도움이 필요한 청소년으로 정의할 수 있다.

또한 청소년 가출은 가출 자체가 지니는 가정적인 문제뿐만 아니라 가출 이후에 빚어지는 청소년 불법고용, 약물남용 등 각종 사회적 부작용으로 직결되는 경우가 많으므로 가정, 학교 뿐 아니라 정부관련기관, 시민단체 및 사회전반의 적극적인 관심이 요망되는 문제이다.

(2) 가출 실태

우리나라 청소년 가출현황을 살펴보면 9-13세의 실종아동을 포함한 가출청소년은 2006년 14,164명, 2007년 18,636명, 2008년 23,097명으로 증가하였고, 실종아동을 포함하지 않은 2005년까지의 통계에서도 매년 만 명 이상이 가출을 하는 것으로 경찰서에 신고되었다(경찰청, 2009). 그러나 경찰청에 신고되지 않는 가출을 포함한다면 가출청소년의 수는 훨씬 많을 것이다.

〈표 10-4〉 신고된 가출청소년의 현황

(단위 : 명)

구분	2002	2003	2004	2005	2006	2007	2008
계	14,865	13,374	16,894	13,294	14,164	18,636	23,097
남	5,796	5,722	7,153	6,195	3,406	7,995	8,851
여	9,069	7,652	9,741	7,099	5,984	10,641	14,246
기타	-	-	-	-	4,774	-	-

자료: 경찰청, 2009.

2007년도 한국청소년쉼터협의회의 청소년대상 실태조사 결과에 의하면(한국청소년쉼터협의회, 2007) 조사대상자의 총 가출횟수는 6번 이상이 63.7%로 가장 높았고, 2-3번이 15.0%, 4-5번이 12.9%, 1번이 8.4%이었다. 이는 2004년도 조사 결과와 비교할 때 2-3번 이하의 청소년 수는 감소하였으나, 6번이상의 청소년 수는 2배 이상 증가한 것으로 나타났다. 이것은 가출청소년들이 반복, 장기가출하는 경향이 있으며, 가출

이후 숙식문제 등의 애로상황을 겪고 있고 비행을 하거나 비행의 대상이 됨을 알 수 있다.

(3) 가출 원인

가출이란 청소년들이 단순히 집을 떠나는 행동이 아님은 물론 몇 가지 요인만으로는 설명될 수 없는 현상이다. 가출행위 자체는 심각한 비행은 아니지만 일단 집과 학교를 떠나며 아동과 청소년을 위한 사회적 보호가 없는 현실에서 아직 경제적으로나 심리적으로 독립할 수 있을 정도로 성숙하지 못한 이들은 비행가능성이 높아질 수밖에 없다. 또한 한번의 가출이 재가출로 이어지면서 점차 심각한 비행청소년으로 발전하게 된다.

청소년의 가출을 이해하기 위해서는 상호 복합적, 역동적으로 작용하는 요인을 아는 것에서 출발해야 한다. 가출에 대한 여러 연구에 의하면 청소년가출은 개인, 가족, 학교, 지역사회 등 다양한 요인들에 의해 강화되거나 실행되고 있다고 보고한다(박명숙, 2006). 이와 관련하여 가출에 영향을 미치는 요인을 개인, 가정, 또래, 학교, 사회환경을 중심으로 그 원인을 살펴보고자 한다.

① 개인적 요인

가출청소년에게는 일반인과는 구분되는 심리적·정신적 이상 혹은 부정적인 태도 등이 존재하는 것으로, 이는 가출이나 비행의 일차적 책임이 자신의 행동선택에 있다고 본다. 여러 연구결과에 의하면 가출청소년들은 비가출청소년들에 비하여 낮은 자아개념을 소유하고 있으며 자신감이 결여되어 있다. 또한 대인관계가 원만하지 못하고, 자기의심이 많으며, 방어적이라는 특성을 지닌다. 그리고 이들은 비가출청소년과 비교해 볼 때 자신의 환경에 대해 낮은 통제감을 느끼며 평정감도 낮은 편에 속한다. 또한 가출자의 성격특성은 독립성이 결여되어 있고 흥미에 마음을 빼기며 배회하는 것을 좋아하고 인내심이 부족하며 게으르고 근면성이 결여되어 있다.

② 가족적 요인

가정은 청소년들에게 규범이나 가치를 일차적으로 제공하는 곳으로 자녀들이 건전한 성인으로 성장하도록 양육과 교육을 받을 수 있도록 해주어야 한다. 즉 청소년의 다양한 욕구를 충족시켜 줄 뿐만 아니라 청소년의 사회화를 통한 인격형성을 돕고 책임지는 중요한 집단이 가정인 것이다. 그러나 가족구조의 변화로 인한 가족의 해체 및 결손, 양육형태와 의사소통 양상, 신체적 학대와 정서적 학대 혹은 방임 등으로 인해 가족의 유대감이 약해짐에 따라 많은 수의 청소년들이 가정을 이탈하여 거리를 배회하고 있다(김경희 · 김지수, 2007).

가출을 야기하는 가정요인은 구조적 · 기능적 결함, 빈곤, 학대 등이 있으며 이는 우리 청소년에게 있어서 생활의 근거지인 가정이 애정과 안정 그리고 사회화를 훈련하는 장이기보다는 따분하고 지겨운 고통의 장으로 받아들여지고 있어서 문제가 야기되며 이러한 고난의 현장을 벗어나고자 함이 바로 가출로 이어진다고 볼 수 있다.

③ 또래 요인

가족 내의 구조적 기능적 결함 혹은 부가된 사회 표준에 대한 반발이 가출에 대한 방출 요인인 반면 또래집단은 이를 수용하는 요인의 성격(예: 줄줄이 가출, 집단가출) 즉, 가출청소년들은 세계에 대한 자신의 관점을 공유할 수 있는 친구들을 가지는데 그들은 자신들의 가치와 행동이 수용될 수 있는 곳으로 도피한다.

④ 학교 요인

입시위주의 교육은 압박감과 열등의식을 조장하고 있으며 학교교육의 본질적 기능 변질, 획일화, 공부기피, 학교기피, 장기결석, 등교거부 등의 학교문제뿐만 아니라 가출, 흡연, 음주, 약물남용, 이성문제, 절도, 교내외 폭력, 폭력집단 가입, 노이로제, 자살 등의 형태로 대표되는 사회병리현상을 초래한다. 학업성취도 수준에 따라 교사나 부모, 동료로부터 인정받는 기준과 입시위주의 교육방식은 열등한 성적을 보이는 학생들로

하여금 탈선 내지 비행에 이르는 매개변인으로 작용하고 있다.

⑤ 지역사회 요인

가출청소년의 압도적인 수가 대부분 상업지역의 뒷거리 이른바 빈민가에 거주하고 있음을 입증하고 있고 상업지역에서 멀어짐에 따라 비행이 적어진다고 보고한다. 즉 지역사회의 유해 환경 속에서 청소년들은 직·간접적 경험을 얻음으로써 문제행동을 보이게 된다.

2) 가출에 대한 대책

(1) 청소년 가출의 문제점

청소년 가출의 심각성은 가출행위가 단순한 수준에서 중지되지 않고, 상습화되는 경향이 있다는 점에서, 그리고 그것이 청소년비행의 출발점이 된다는 점에 있다. 가출청소년들이 가출을 거듭하게 되면서, 비행의 정도는 심해지며 각종 청소년범죄에 연루되기도 하는데, 사회에 만연한 유해환경과 향락산업 등에 쉽게 접하게 되면서, 폭력, 절도, 약물사용, 임신과 매춘, 성병 및 성폭력 등 사회문제를 초래하게 된다(김성이 외, 2010).

청소년이 처음 충동적으로 가출한 이후 집과 학교로 돌아왔을 때, 부모와 학교에서 가출을 유발한 문제점들에 대한 세심한 진단과 대응책을 수립하고, 개선해 나가지 않는다면 한 번의 가출은 그것으로 끝나지 않고, 재가출로 이어지고 나아가 심각한 청소년 비행을 초래한다는 점을 중시해야 한다.

청소년의 반복적인 가출은 가출 이전부터 지속되어온 자신과 환경에 대한 낮은 충동통제, 신경증, 낮은 자아개념으로 인한 개인적, 심리적 혼란상태, 부정적인 성격변인과 오랫동안 누적되어 온 가정 내 갈등, 불만과 스트레스 상황으로부터의 탈출의 한 형태이다. 재가출의 원인도 3가지 측면에서 볼 수 있다. 첫째, 개인적인 취약성으로 충동성, 소외감, 스트레스에 약한 성격 등을 예로 들 수 있고, 둘째, 가정적 변인으로 가정불화, 이혼, 가정폭력, 부모의 학대나 폭력, 무관심, 심각한 갈등 등이 있으며, 셋째, 학교 및 사회변인으로 학업 및 학교부적응, 또래의 압력, 사회의 유해환경의 유혹 등이 있다. 특히 재가출은 첫 가출을 유발한 원인들이 개선되지 않고 더 지속되거나 심지어 더 심해질 때 쉽게 일어나는 것으로 알려져 있다.

대부분의 청소년들은 가출한 지 얼마 되지 않아 가정으로 복귀하게 되지만 문제는 집으로 돌아온 후에도 여전히 자신을 둘러싼 문제가 해결되지 않고 가족을 비롯한 의미있는 타자들로부터의 지지가 상실된 상태이므로 귀가 후 소외감이 더욱 가중되어 결국 가출을 반복하게 된다.

가족으로부터의 소외와 스트레스와 문제로부터의 도피로 선택한 가출은 도피일 뿐이므로 집으로 돌아왔을 때 가출을 하도록 영향을 끼친 요인들에 대한 대응책을 마련하고 변화시키지 않는 한 문제는 더욱 누적될 뿐이다. 따라서 문제해결능력이 부족하여 도피를 선택한 가출경험 청소년들은 집과 학교로 돌아온 후에도 자신에게 놓여진 문제들과 환경적 문제들이 가출 전 상황보다 개선되지 않는다면, 누적되는 소외감, 좌절감, 스트레스를 이기지 못하고 결국 다시 가출할 수밖에 없다.

또한 학업실패나 학업부진으로 인한 학교부적응도 가출을 유발시키는 원인인 동시에 재가출을 유발시키는 주요한 원인이 되고 있다. 학습 및 학교부적응은 가출 후 돌아온 후에도 더욱 가중될 가능성이 높고, 특히 가출경험으로 인해, 학교로부터 문제아라는 사회적 낙인과 함께 정학이나 퇴학 등의 징계는 가출청소년으로 하여금 더 심각한 학교부적응을 초래하게 되어 결국 재가출을 유발시키는 또 하나의 중요한 원인이 되고 있다.

청소년의 반복적인 가출은 개인의 문제로 발생되는 문제로만 국한하기보다는 청소년을 둘러싼 가정, 학교, 사회 등 장기간에 누적된 개인과 환경간의 복합적인 상호작용에 의해 야기된 결과로 보고, 개인, 가정, 학교에서의 부적응 또는 가출유발문제들을 찾아 해결책을 모색하고 개선해 나가야 한다.

(2) 가출 청소년을 위한 복지서비스

정부는 점차 복잡해지고 다양해져 가는 청소년문제에 대처하기 위해 사후대책과 예방대책을 병행하여 펴나가고 있다. 특히 가출한 청소년에 대하여는 가출이 장기화, 습관화되는 문제에 효과적으로 개입할 수 있는 사후대책이 중요하다 할 수 있다. 현재 정부에서는 가출청소년들이 이용할 수 있는 청소년상담실, 청소년 쉼터 및 그룹홈, 일시보호소 등을 전국적으로 운영하고 있지만, 이들을 위기의 상황으로부터 보호할 수 있는 법적, 제도적 체계가 아직 미흡한 실정이다.

청소년상담실은 전국 어디에서나 이용할 수 있는 전화번호 1588-0924를 통하여 가출청소년 자신과 그 부모가 1차적으로 상담하는 서비스를 제공하고 있으며, 청소년 쉼터 및 그룹홈은 가출청소년의 보호기관으로 가출청소년에 대한 긴급상담이나 단기보호, 중장기적인 생활을 목적으로 운영하고 있다. 그리고 일시보호시설은 무료숙식과 상담서비스를 제공함으로써 청소년들의 유흥업소 유입을 방지하고 조기귀가를 도울 뿐 아니라 재가출을 막기 위한 가족상담서비스 및 사후관리 서비스를 제공하고 있다.

생각해 볼 문제

1. 청소년의 발달특징과 발달과업에 따른 복지 지원 내용은 무엇이 되어야 하는가?

2. 현대사회에서 청소년과 관련된 문제영역에는 어떤 것이 있으며 그 개입방법에 대해 토론해 보자.

3. 청소년복지를 실천하기 위해 청소년의 특성이 무엇이며, 어떠한 사회복지 방법이 있는지 토론해 보자.

참고문헌

김경희 · 김지수(2007), 고등학생의 가출에 영향을 미치는 위험요인. 아동간호학외지 13권 3호.

김성이(1993), 『청소년복지론』, 한국청소년개발원.

김성이 · 조학래 · 노충래 · 신효진(2010), 『청소년복지학』, 양서원.

김성천 · 강욱모 · 김혜성 · 박경숙 · 박능후 · 박수경 · 송미영 · 안치민 · 엄명용 · 윤혜미 · 이성기 · 최경구 · 최현숙 · 한동우(2010), 『사회복지학개론: 원리와 실제』, 학지사.

김준호 · 박정선(1993), 청소년 가출과 비행의 관계에 관한 연구. 한국형사정책연구원.

나동석 · 이용교 역/A. R. Roberts(1991), 가출청소년연구. 한국청소년연구원.

노혁(2010), 『청소복지론』, 교육과학사.

민수홍 · 연성진(2004), 가출 청소년의 비행에 관한 연구. 한국형사정책연구원.

박명숙(2006), 청소년 가출의 잠재적 위험요인에 관한 연구. 청소년학연구 제 13권 1호.

박옥희(2008), 『사회복지의 이해』, 학지사.

보건복지부(2009), 2009 청소년통계.

안창규 · 문선화 · 전윤식(1995), 『청소년과 학교 관리 체제』, 집문당.

여성가족부(2010), 2010 청소년백서.

한국청소년쉼터협의회(2007), 가출청소년 및 청소년쉼터 실태조사.

홍봉선 · 남미애(2005), 『청소년복지론』, 양서원.

경찰청(2009), http:www.police.go.kr

제 11 장

노 인 복 지

최근 급격한 평균수명의 증가는 산업혁명을 통해 인류가 획득한 성과 중에서 가장 큰 선물이라고 할 수 있다. 그러나 개인적으로 볼 때 장수한다는 것은 매우 축복받은 일임에 틀림이 없으나 수명의 연장으로 인해 노쇠하고 의존성이 높은 노인인구가 새로운 인구집단으로서 사회문제의 주요 대상자로 인식되고 있다는 것도 간과할 수 없는 사실이다. 모든 사람이 필연적으로 겪게 되는 노화로 인해 스스로 독립된 생활을 할 수 없게 되어 누군가에게 의존해야 한다는 것은 노령기에 있어 가장 어두운 면이라 할 수 있겠다. 특히 의학의 발달 및 식품과학의 발달 등으로 치유가 불가능했던 질병을 정복하고 인간의 수명을 연장시켰으나, 노화와 함께 나타나는 노인성 질환인 치매는 장기간의 보호가 필요한 의존적인 고령 노인인구를 증가시키는 데 큰 몫을 하게 되었다.

- 산업화에 따른 노인인구의 증가와 관련하여 고령화 사회가 미치는 영향을 살펴본다.
- 노인에 대한 이해와 노인복지의 개념 및 특성 등에 대해 학습한다.
- 노인성 치매에 대해 살펴보고, 치매가족의 부양부담 경감을 위한 지원방안을 모색한다.

1. 고령화 사회와 노인

1960년대 이래 우리나라는 소득수준의 향상에 따른 식생활 개선, 보건의료기술의 발전, 건강에 대한 관심 증가 및 주거환경의 향상 등 생활여건의 개선에 힘입어 평균수명이 지속적으로 연장되고 있다. 동시에 출산율은 지속적으로 감소하는 반면, 인구고령화는 앞으로 더욱 가속화되어 우리나라는 세계에서 최단기간에 고령화 사회[1])에서 고령 사회[2])와 초고령 사회[3])에 진입할 것으로 예상되고 있다. 한국금융연구원(2010)의 보고서에 따르면 고령화 사회에서 초고령 사회까지 가는데 프랑스 154년, 미국 94년, 일본 36년이 걸리는 반면, 우리나라는 불과 26년 안에 진입할 것으로 예상됐다(세계일보, 2011). 이는 프랑스에 비해서는 6배, 미국보다는 4배 가까이 빠르고 대표적인 노인국가인 일본에 비해서도 10년이나 빠른 것이다. 그런데 문제는 우리나라의 경우 그 속도가 일본보다 더 짧기 때문에 각종 노인문제에 효과적으로 대처할 수 있을지 염려된다. 평균수명은 계속 증가하고, 출산율은 계속 감소되어 어쩔 수 없이 고령 사회로 가는 것은 당연할 수밖에 없다.

따라서 저출산과 급격한 노인인구의 증가로 인하여 이미 고령 사회로 진입한 선진국과 같이 노인부양 및 보호문제, 생산연령인구 감소에 의한 경제활력 저하, 의료와 연금을 비롯한 사회보장비용 증대 등 다양한 사회적·경제적 문제가 과제로서 제기될 것이며, 이에 대하여 우리 국민 모두가 현명하게 대처해야 할 것이다.

이에 노인인구 증가로 인한 고령화 사회가 미치는 영향과 노인의 정의, 특성에 대하여 살펴보고자 한다.

---

1) 전체인구에서 65세 이상이 차지하는 비중이 7% 이상일 경우
2) 전체인구에서 65세 이상이 차지하는 비중이 14% 이상일 경우
3) 전체인구에서 65세 이상이 차지하는 비중이 20% 이상일 경우

1) 노인인구 증가와 고령화 사회가 미치는 영향

우리나라 평균수명은 20세기 초까지만 해도 30세에 못 미쳤고, 평균수명 50세를 넘은 것도 1960년대 가까이 되어서였다. 그 이후 1960년대 산업화 과정을 거치면서 평균수명은 지속적으로 상승하여 〈표 11-1〉에서 보듯이 1980년에 남녀 평균수명이 65.8세였던 것이 2000년에는 평균 75.8세로 20여년 만에 평균수명이 약 10년 정도 연장되었으며, 2005년에는 무려 여성노인의 평균수명이 80세를 넘었다.

〈표 11-1〉 평균수명 증가추이

(단위 : 세)

구분	1960년	1970년	1980년	1990년	1995년	2000년	2005년	2010년	2020년	2030년
남	51.1	59.8	62.7	67.7	69.6	72.1	74.8	75.5	77.5	78.4
여	53.7	66.7	69.1	75.7	77.4	79.5	81.5	82.2	84.1	84.8
평균	52.4	63.2	65.8	71.6	73.5	75.8	77.9	78.9	80.8	81.6

출처 : 국가통계포탈, 2011. 재구성.

반면 출산율은 지속적으로 감소세를 보여 우리나라 여성의 합계출산율(한 여성이 가임기간 동안 낳은 자녀수)은 1981년 2.57명에서, 1998년 1.45명으로 낮아졌고, 2004년에는 1.08명으로 최저수준을 기록한 이후, 2010년 1.24명으로 세계 평균 2.52명의 절반수준에 미치는 것으로 집계됐다(국가통계포탈, 2011). 이같이 '2010 세계인구현황 보고서'에 의하면 한국은 홍콩 1.01명, 보스니아-헤르체고비나 1.22명에 이어 조사대상 186개국 가운데 세 번째로 합계출산율이 낮았다(국가복지정보포털, 2010). 이러한 낮은 출산율은 인구고령화를 가속화시킬 뿐만 아니라 경제, 정치, 사회, 문화 전반에 심각한 문제를 파생시킬 것이다. 또한 이 같은 배경하에서 전체 인구에서 차지하는 노인인구 구성비는 지속적으로 증가하고 있다. 〈표 11-2〉에서 보듯이 1960년만 하더라도 국민 전체에서 65세 이상의 노인인구가 차지하는 비율은 2.9%로 매우 낮았으나, 1990년에는 5.1%를 기록하게 되었다. 그 후 20년이 지난 2010

년에는 전체 국민 대비 노인인구비율이 11.0%를 기록하여 고령화 사회에 진입하였던 것이다. 또한 2026년에는 20.8%로 20%를 초과할 것으로 전망되어 초고령 사회도 멀지 않음을 예상할 수 있다.

〈표 11-2〉 노인인구의 증가추이

(단위 : %, 만명)

구분	1960년	1970년	1980년	1990년	2000년	2010년	2018년	2026년
노인인구비율	2.9	3.1	3.8	5.1	7.2	11.0	14.3	20.8
노인인구수	726	991	145	219	339	536	707	1,022

출처 : 국가통계포탈, 2011. 재구성.

국가·사회적 측면에서 인구구조의 고령화는 경제성장의 저하, 증가하는 노인의 부양과 보호문제, 의료에 들어가는 비용과 연금부담의 급증, 주택과 생활환경, 고용과 여가문제 등 각 부문에 심각한 영향을 주게 된다. 이에 대하여 인구고령화가 사회·경제에 미치는 대표적인 문제인 노인부양지수[4] 및 노령화지수[5]의 급격한 상승과 사회보장 부담의 증가, 노인보호의 문제를 들 수 있다(이은희, 2009).

먼저 〈표 11-3〉에서 보듯이 노인부양지수는 1980년 6.1%에서 점차 증가하여, 2000년에는 10.0%, 2020년에는 18.9%, 2050년에는 무려 72.0%로 증가할 것으로 추정된다. 따라서 노인부양지수와 노령화지수의 급격한 상승은 사회적 노인부양부담을 증가시키고, 생산층 인구보다 노인인구가 증가하게 됨으로써 미래사회의 활력이 저하되어 사회·경제적 발전을 저해하는 주요 요인으로 작용하게 될 것이다.

〈표 11-3〉 노인부양지수와 노령화지수의 증가추이

(단위 : %)

구분	1980년	1990년	2000년	2010년	2020년	2030년	2050년
노인부양지수	6.1	7.4	10.0	14.2	18.9	29.8	72.0
노령화지수	11.2	20.0	32.9	49.9	76.5	119.8	429.3

출처 : 이은희. 2011. 재구성.

4) 노인부양지수 = (65세 이상 인구 / 15~64세 인구) × 100
5) 노령화지수 = (65세 이상 인구 / 0~14세 인구) × 100

그리고 고령화 사회가 미치는 두 번째 영향은 사회보장비용의 급격한 증가이다. 우리나라는 1988년 10인 이상 사업자를 대상으로 국민연금을 도입했고, 1999년 4월에는 도시자영업자까지 포함시킴으로써 전 국민 연금제도를 실시하였다(권중돈, 2008). 연금제도를 실시한 역사가 짧기 때문에 현재는 수급자 수와 연금지출이 크지 않다고 할 수 있지만 연금제도가 성숙되면 인구의 고령화에 따라 선진국과 같이 연금수급자수와 연금지급비용이 급증할 것으로 예측되고 있다. 또한 노년기에는 신체적 및 정신적 기능저하, 노인성 질병 등으로 발병률이나 입원율, 입원일수 등이 비고령자에 비하여 높기 때문에 그 만큼 의료비 지출이 증가하게 되어 더 많은 의료비 지출이 압력 요인으로 작용할 것이다. 그 외에도 주택과 사회복지서비스 비용의 증가로 국민의 부담이 가중되면서 생산연령층과 노인계층과의 갈등으로 사회불안이 야기될 수 있다.

마지막으로 노인보호의 문제 또한 고령화 사회에서 빼놓을 수 없는 요인이다. 현대 의료과학기술의 발전과 식생활수준의 변화 등에 의해 평균수명이 급격하게 연장되어 사회적 퇴직 이후 약 40여 년간 노인부양과 장기질환에 대한 노인돌봄 등의 의존욕구가 증가되고 있다. 하지만 현재 생산층 인구의 감소와 노인부양의식의 약화로 향후 노인부양 및 보호문제에도 심각성이 우려된다. 따라서 현재 고령화 속도에 근거하여 이러한 문제 발생 예방을 위해 사회적 차원의 노인부양 및 보호를 위한 제도적 장치가 시급히 마련되어야 할 것이다.

2) 노인의 정의와 특성

노인의 정의는 개인이 속한 사회나 국가의 사회·경제·정치·문화적 요소가 고려되며, 개인의 생물학적·심리적·사회적 요인 등이 함께 고려되기 때문에 학자에 따라 다소 차이가 있다. 노인에 관한 일반적인 개념으로는 생물학적인 측면에서 퇴화기에 있는 사람, 심리적인 면에서는 정신기능과 성격이 노인 특유의 보수, 온건, 의존, 경직 성향으로 변화되고 있는 사람, 사회적인 측면에서는 지위와 역할이 상실된 사람으로 정의된다. 1951년 제2회 국제노년학회에서는 노인을 인간의 노령화 과정에서 나타나는 생리적·심리적·환경적 변화 및 행동의 변화 등이 상호작용하는 복합형태의 과정에 있는 사람이라고 규정하고 있다. 또한 환경변화에 적절히 적응할 수 있는 자체조직의 결핍이 있는 사람, 자신을 통합하려는 능력이 감퇴되어 가는 시기에 있는 사람, 생활자체의 적응이 점진적으로 약화되어 가고 있는 사람, 인체의 조직 및 기능저장의 소모로 적응이 감퇴되어 가는 시기에 있는 사람이라고 정의하고 있다(김기태 외, 2009).

그리고 일반적으로 노인을 정의할 때 기준으로 역연령(달력상의 나이), 사회적 역할, 생물학적 노화, 그리고 늙음에 대한 자각 등에 의해 설명된다. 그러나 현재 여러 나라에서는 공식적으로 65세 이상을 노인으로 규정하고 있으며, 우리나라에서는 기준에 따라 다양하게 적용하고 있다. 고령자고용촉진법에서는 준고령자 및 고령자를 정의할 때, 준고령자는 50세 이상 55세 미만이고 고령자는 55세 이상으로 정의한다(박석돈·박순미·이경희, 2008). 국민연금법상의 노령연금 급여대상자로서의 노인은 60세부터이다. 또한 노인복지법이나 국민기초생활보장법상에서 규정하고 있는 노인은 65세 이상이다. 그러나 우리나라의 문화적 전통에서는 회갑이라는 의식이 남아 있어 만 60세부터 노인 범주에 포함하기도 한다.

이러한 노인들은 신체적, 심리적, 사회적으로 다양한 특성을 경험한다. 신체를 구성하고 있는 세포 및 기관 등의 기능이 감퇴되면서 피부의 변화, 골격 및 수의근의 약화, 소화기능 및 호흡기능의 약화, 혈액순환과 심장기능이 불규칙해지며 수면시간이 감소하게 된다. 또한 심리적으로는 시각과 청각, 후각 및 미각, 촉각, 통각, 지각 능력 등이 둔화되며, 우울성향과 조심성, 경직성, 애착성, 의존성이 증가될 뿐만 아니라 사회적으로는 정년퇴직으로 인하여 공식적인 사회적 지위 상실과 이로 인한 수입 감소로 경제적 능력까지 저하시켜 가정에서까지 권위가 약화되고 이로 말미암아 소외와 고독을 느끼게 된다.

2. 노인문제와 노인복지

고령화 현상으로 노인의 신체적 노화는 보건의료서비스와 수발이 요구되고 있다. 또한 소득의 상실로 사회적 피부양자로 전락하게 하고, 역할의 상실, 심리적 고립을 개인 내지 가족 차원에서 겪어 내야 하므로 다양한 사회문제를 야기하고 있다. 특히 우리나라의 경우 세계에서 유래를 찾아보기 힘들 정도로 급격한 고령화 현상을 경험하게 됨으로써 사회적 차원의 대안 수립이 절실히 요구되게 되었다. 이러한 현상을 종합해 볼 때 노인문제는 인간다운 삶을 가족의 힘으로 해결할 수 없고 노인의 생존이나 기본적 욕구 충족이 불충분한 상태를 노인문제라고 보는 것이 바람직할 것이다. 이러한 노인문제를 예방하거나 공적 및 사적으로 적절한 서비스를 제공함으로써 노인들의 안락한 삶을 영위해 나갈 수 있도록 지원해야 할 것이다.

따라서 노인문제에 대한 이론적 관점을 살펴보고, 노인복지에 대한 개념과 목표, 기능, 서비스 유형에 대하여 구체적으로 살펴보고자 한다.

1) 노인문제의 개념

노인문제란 대다수의 노인에게 공통적으로 나타나는 어려운 문제로, 노인 자신이나 가족의 힘만으로는 해결할 수 없는 것을 말한다. 즉, 노인문제는 노인 개인이나 그 가족의 결함 또는 문제에서 비롯된 것이 아니라, 사회의 전반적인 변화에 적절하게 대처하지 못한 사회제도와 사회구조상의 문제에서 비롯되는 사회문제이다. 이와 같이 노인문제를 사회문제와 연관지어 설명하면 다음과 같다.

첫째, 사회적 가치에서 벗어난 현상이란 사회에서 일반적으로 수용되고 있는 가치기준에서 위배되는 현상을 의미한다. 이 경우 노인유기나 노인학대 등의 문제는 우리나라가 수용하고 있는 인간존엄, 평등주의, 경로효친 등의 가치기준에 위배된다(이은희, 2009). 둘째, 상당수의 사람들이 그 현상으로 인하여 부정적인 영향을 받고 있다는 것은 전체 인구에 있어서 그 현상과 관련하여 고통, 손해 또는 부당한 처우를 받고 있는 인구의 비율이 상대적으로 높은 것을 의미한다. 이 경우 우리 사회에서 다양한 노인문제로 인하여 고통받고 있는 노인인구의 비율은 매년 급속히 증가하고 있다. 셋째, 그 현상의 원인이 사회적인 것이어야 한다는 것은 문제의 근본적인 원인이 사회의 구조적, 제도적인 문제를 의미한다. 다시 말해, 노인의 빈곤문제, 무주택문제, 역할상실문제 등은 노인 개인이나 가족의 결함으로 인한 잘못이라기보다는 실업이나 사회보장제도의 미성숙 등과 같은 우리 사회의 구조적, 제도적인 문제에서 기인된 것이다. 넷째, 다수의 사람들이나 일부의 영향력 있는 사람들이 그 현상을 문제로 판단하고 있어야 한다는 것이다. 우리나라의 경우 노인문제 관련 전문가들은 물론 사회의 모든 계층에서 노인자살, 노인유기, 노인학대 등이 단순한 개인이나 가족문제가 아니라는 점을 사회적으로 폭넓게 인식하고 있으며, 또한 많은 경우 신문 등의 대중매체에서 사회문제로 보도되고 있다. 다섯째, 사회가 그 현상의 개선을 원하고 있어야 한다는 것은 전체 사회 대부분의 구성원이 그 현상의 개선을 원하고 있어야 한다는 것을 의미한다. 이 경우 노인문제는 노년기가 되면 거의 모든 사람들이 겪게 되는 보편적인 문제로 대부분의 국민들이 현재의 노인뿐만 아니라 미래의 노인까지 포함한 노인문제의 개선과 해결을 원하고 있다. 마지막으로 그 현상의 개선을 위해서 집단적인 사회적 행동이 요청된다는 것은 개인적인 차원에서의 노력, 조치에 의한 개선이나 해결로는 거의 불가능하며, 지역사회와 국가적 차원에서의 개입과 제도에 의해서만 해결될 수 있다는 것을 의미한다. 이상의 관점에서 볼 때 노인문제는 사회문제로 볼 수 있으며, 사회적 대책이 강구되지 않는 한 현재 빠르게 진행되고 있는 고령화의 진전은 더 큰 사회문제로 대두될 것이다.

2) 노인문제에 대한 이론적 관점

노인문제에 대하여 기능주의, 갈등주의, 상호작용주의, 교환주의 관점에서 살펴보면 다음과 같다.

기능주의적 관점에서 노인문제는 산업화 이후 급속하게 변화되는 전반적인 사회변화 과정에서 노인이 적절한 사회적 기능을 찾지 못하고 사회체계의 유지와 발전에 공헌하는 기능을 수행하지 못한 경우, 사회변화와 함께 빠르게 변화되는 사회적 가치나 규범에 대하여 노인이 적응하지 못한 경우, 사회가 노인을 사회변동에 적응하도록 사회화하는데 실패한 경우 등으로 노인의 사회적 기능이 역기능적으로 작용하여 발생한다고 본다(이은희, 2009). 또한 이 과정에서 노인문제는 노년기가 노년기 이전의 긴 기간 동안 생산적인 활동을 한 것에 대한 보상이라는 의미에서 사회가 노인들에게 물질적, 사회적 및 심리적 보상을 제공해야 하는 기간인데, 사회의 이러한 분배기능이 실패하게 되면 노인문제가 발생하는 것으로 본다.

갈등주의적 관점에서 노인문제는 연령계층 간의 갈등에서 찾고 있다. 현대사회에서 청·장년층이 희소자원을 더 소유하거나, 희소자원에 접근할 수 있는 기회를 상실한 노인층이 불만을 가지고 기존의 희소자원 분배방식에 있어 변경을 요구하여 청·장년층이 이를 문제라고 인식할 때 발생한다고 본다. 따라서 이 관점에서 보면 노인문제는 급속한 사회변동으로 인하여 노인에 합당한 새로운 문화, 규범, 가치관이 정립되지 못한 상황에서 노인이나 청·장년이 모두 가치갈등과 새로운 환경적응에 어려움을 겪으면서 생긴 결과로 본다.

상호작용주의 관점에서 노인문제는 사회의 주요 집단이 노인을 늙고 병들고 가난하고 의존적이며, 쓸모없는 사람으로 보게 될 때 발생한다고 본다. 또한 이러한 부정적인 의미부여는 노인 스스로 가정과 사회에서 쓸모없는 존재로 인식하여 더욱 무능하고 수동적, 의존적인 존재로 만든다는 것이다. 이 관점에서는 노인문제의 원인을 노인에 대한 사회의 부정적인 낙인에 따라 행동하는 노인에게서 찾고, 또한 더 일차적 원인으로 노인에게 그러한 낙인을 찍는 사회제도나 사회에 만연된 편견이라고 본다.

교환주의 관점에서는 노인이 가지고 있는 경험과 기술이 전통사회에서는 교환가치를 지닌 자원으로 인정되어 가정과 사회에서 권위자로서 평가받았으나, 산업화와 과학기술의 발달로 점차 노인의 지식과 기술이 사회에서 효용가치, 즉 교환가치를 상실하게 되고 결과적으로 노인의 권위가 하락하게 되면서 발생한다고 본다.

이상과 같이 노인문제를 사회문제와 연관시켜 다양한 이론적 관점에서 살펴보았다. 그러나 한 가지 이론적 관점으로만 노인문제를 설명하기란 한계가 있으며, 통합적인 관점에서 인식해야 할 것이다.

3) 노인복지의 이해

노인복지를 이해하기 위해서 먼저 개념을 살펴보고, 다음으로 노인복지의 목표와 서비스 기능 및 서비스 유형을 살펴보면 다음과 같다.

(1) 노인복지의 개념

노인복지는 한마디로 '개별 노인의 사회적 욕구를 사회 또는 국가가 최종적인 책임을 지고 복지적인 상태를 유지하도록 이를 충족시키고자 하는 시책 · 제도 및 사회적 활동'을 말한다. 일반적으로 노인복지라 하면 상당히 포괄적인 개념으로 파악되는데, 광의로 해석하여 노인생활의 전반적인 보장을 말하는 경우도 있고, 또 지나치게 협의로 생각하여 양로원이나 최소한의 생계유지를 의미하는 경우도 있다. 노인의 복지를 위해서는 노인이 한 인간으로서의 기본적 욕구충족과 그 문화적 생활유지를 하도록 주어진 자원을 효과적이고 효율적으로 활용하여 물질 · 인적자원을 조직하는 것 등을 의미한다. 즉 노인도 사회적 활동을 함으로써 타인과 정상적인 대인관계를 유지하고 일정한 사회적 역할을 수행하여 만족감과 생의 의의를 갖게 된다. 따라서 노인의 사회적 활동에 대한 욕구를 충족시켜 주도록 하는 것이 노인복지의 기본이다.

노년기는 전반적으로 삶의 다양한 영역에서 상실을 경험하는 시기이다. 개별노인에 따라 큰 차이가 있을 수 있지만, 노인은 대체적으로 신체 기능의 저하, 만성질환으로 인한 건강문제, 은퇴와 관련한 경제적·사회적 지위의 변화, 배우자의 사망, 고립, 정신건강의 문제, 자율성의 상실 등을 경험한다. 이런 점을 감안하여 1948년 UN은 노인정책의 일환으로 인권에 관한 세계선언을 발표하고, 그 선언문에서도 약자로서의 노인보호와 노인들의 자유와 존엄성의 보장 그리고 생계 외적인 문화적 혜택을 받을 수 있는 권리를 규정하였다(박차상·김옥희·엄기옥·이경남·정상양·배창진, 2007). 이와 같은 의미에서 노인복지란 노인생활의 경제적인 면, 육체적인 면, 정신적인 면, 사회적인 면 등 다양한 측면을 내포하고 있다고 하겠다.

종합해 보면 노인복지의 개념은 '노인이 인간다운 생활을 영위하면서 자기가 속한 가족과 사회에 적응하고 통합될 수 있도록 필요한 자원과 서비스를 제공하는 공적 및 사적 차원에서의 조직적·전문적 제반 활동'으로 정의할 수 있다. 여기서 인간다운 생활이란 그 노인이 속한 국가사회의 발전적 수준에 비추어 의식주의 기본적인 욕구를 충족하고 건강하고 문화적인 삶을 사는 것을 뜻하며, 가족과 사회에 적응하고 통합되는 것은 노인이 그가 속할 수 있는 사회적 조직망에서 사회적 및 심리적으로 소외감을 느끼지 않게 되는 것을 의미한다. 자원과 서비스를 제공하는 것은 이용 가능한 인적 및 물적 자원을 찾아 연결시켜 주거나 또는 보충해 주며, 또한 사회적 적응에 있어서의 문제를 해결해 주고, 나아가서 개인의 발전을 위해 욕구충족에 필요한 서비스까지 제공해 주는 것을 의미한다.

(2) 노인복지의 목표

노인복지의 목표는 노인복지법의 기본 이념에 명시된 건강한 삶의 보장, 안정된 생활보장, 사회통합의 보장이라 할 수 있다. 그 구체적인 내용을 살펴보면 다음과 같다.

① 건강한 노후생활의 보장

성공적인 노후생활의 필수조건은 건강유지이다. 많은 선진국에서 초기 노인의 보건정책의 초점을 질병치료와 노인병원 및 요양원에 입원시켜 의료서비스를 제공하는 것이 주였으며, 그 결과 과다한 의료비 지출을 야기시켰다. 그러나 최근 노인의 건강한 노후생활을 보장하기 위하여 치료중심에서 질병예방, 보건관리 등 건강증진 프로그램을 적극 추진하고 있다.

② 생산적인 노후생활의 보장

노인의 취업활동이나 지역사회 봉사활동을 통하여 생산적인 노후생활을 계속하도록 지원하는 방법이다. 이를 위해 정부에서는 정년을 연장하거나 자유정년 퇴직제, 은퇴한 노인들의 재취업 기회를 제공하여 생산적인 활동을 계속할 수 있도록 지원하고 있다.

③ 노인 사회통합의 보장

은퇴한 노인들은 가정이나 사회에서 소외되고 고독한 나날을 보내는 경우가 많다. 핵가족화로 인한 자녀와의 별거, 배우자 및 친구들의 사망, 은퇴 후 역할상실과 수입 감소에서 오는 무력감, 무능력감 등은 수많은 노인들에게 사회적 및 심리적 고립과 소외라는 문제를 주고 있다. 노인들은 일반적으로 청·장년층과 같이 일하기를 원하며, 무엇인가 국가사회에 유익한 생산적인 일을 계속하고 싶어하는 동시에 가족 및 여러 사람들과 더불어 인간관계를 유지하며 지내기를 희망한다. 이러한 노인들의 사회적·심리적 욕구를 충족시키고, 노후생활의 고독과 소외감을 방지하기 위해서는 노인들을 사회적으로 통합시킬 수 있는 프로그램이 필요하다.

(3) 노인복지의 기능

노인복지의 기능을 크게 구분하면, 노인문제를 예방하는 기능과 사후치료하는 기능으로 나눌 수 있다. 사후치료 기능은 다시 보호적 기능, 조정적 기능, 개발적 기능으로 분류할 수 있다. 보호적 기능은 공공부조, 생활상담, 노령수당, 요양원, 주·단기보호시설, 보장구 제공, 지역 노인대학 운영, 집단사회사업 등이 있으며, 조정적 기능은 경제적 안정 및 의료보장 프로그램, 사회참여 확대를 위한 회의참여 등이 있다(김기태 외, 2009). 마지막으로 개발적 기능은 노령자 직업훈련, 노인의료제도 개선, 노인자원봉사활동, 노인여가활동 활성화 등을 들 수 있다.

즉, 노인복지는 현재 표출된 욕구와 문제를 해결하고 잠재된 욕구와 문제를 예방하는 기능을 수행하며, 노인문제에 대한 사회적 대책으로써 노인생활의 일부만을 보장하기 위한 것이 아니라, 노인생활 전체를 제도적으로 보장하기 위한 종합적인 대책이라고 할 수 있다.

(4) 노인복지 서비스의 유형

노인복지 서비스는 크게 소득보장, 의료보장, 주거보장, 고용보장, 사회적 서비스로 나눌 수 있다.

첫째, 소득보장은 노인의 빈곤을 개인적 나태함과 도덕적 결함에 의한 것이라기보다 생물학적 노화와 사회적인 제약으로 빈곤에 빠지는 경우로 보기 때문에 노인의 소득보장 대책은 사회적인 차원에서 필요하다. 정부는 경제 곤란을 겪고 있는 노인들의 경제적 기반을 위한 지원책으로 〈표 11-4〉와 같이 마련하고 있다. 우리나라의 경우 노인을 대상으로 한 직접적인 소득보장으로 사회보험방식인 국민연금법의 특례노령연금, 3특수직 연금(공무원, 사립학교 교직원, 군인), 그리고 공공부조방식인 국민기초생활보장법상의 생계급여와 기초노령연금이 있다. 간접적인 급여는 노인으로 하여금 지출을 억제해 주는 것으로 세제감면, 경로우대제도 및 취업증진 등이 이에 속한다.

둘째, 의료보장은 노인이 육체적·정신적 노화로 인하여 질병의 발병률이 높고 만성 노인성 질환으로 일정한 소득이 없는 노인들의 과도한 의료비 지출의 부담을 덜어주기 위한 제도이다. 현재 우리나라의 경우 공공부조 형태인 의료급여제도, 사회보험 형태인 국민건강보험제도와 노인장기요양보험제도, 그리고 기타 서비스로 노인건강검진제도와 치매상담 등이 있다.

셋째, 노인주거보장은 노년기에 쾌적한 생활환경으로 삶의 질을 결정하는 주요 요인이므로, 안정되고 노인을 위하여 특별히 계획된 질 높은 주거환경을 구축해야 한다. 이 중에서 주거공간의 확보는 주택보장이며, 질 높은 주거환경의 구축은 주거보장과 관련되어 있다. 주택보장(住宅保障)은 개인 자신의 독립성을 유지하면서 안전하고 안락한 일상생활의 공간을 확보하고 유지할 수 있도록 주택의 건설과 공급, 그리고 이에 관련된 서비스를 통하여 지원하는 사회적 노력을 의미한다(박석돈 외, 2008). 이에 비해 주거보장(住居保障)은 주택보장을 전제로 그 주택에서 생활하는 노인에게 적합한 주거환경을 조성하기 위한 지원노력, 즉 노인을 위한 계획주거를 통하여 주택의 복지기능 증진을 위한 노력을 의미한다. 이러한 주거보장의 방법은 크게 재가보호목적 주거보장과 시설보호목적 주거보장으로 구분된다. 재가보호목적 주거보장으로는 주택수당, 주택임대로 보조 및 할인, 주택수리 및 개조비 융자, 임대료 및 재산세 변제, 공영주택입주권 우선 부여 등이 있다. 그리고 시설보호목적의 주거보장은 노인공동생활가정 등이 있다.

넷째, 노인복지분야에서 고용보장의 문제는 간접적 노후소득보장방법으로 간주되면서 상대적으로 소홀하게 다루어진 개념이다. 그러나 노인인구의 증가에 따라 노인의 경제활동 참여는 지속적으로 늘어날 것이므로 앞으로 노인을 위한 고용보장체계의 강화가 요구된다. 현재 우리나라의 경우 고용보장은 고령자 취업촉진대책이 주류를 이루고 있다. 노인복지법에 의한 고용보장은 노인취업지원센터, 시니어클럽 운영, 노인일자리사업, 노인일자리 박람회, 노인일자리 전담기관 운영 등의 노인 고용촉진사업을 통해 추진하고 있다.

마지막으로 노인을 위한 사회적 서비스로는 상담, 각종 정보제공, 서비스 의뢰, 주·야간보호 서비스, 가정방문 서비스, 건강보호 서비스, 노인학대예방 서비스 등이 제공되고 있다.

〈표 11-4〉 우리나라 노인소득 제도

구분	종류	해당제도
직접급여	사회보험	국민연금(특례노령연금) 3특수직연금(공무원 연금, 사립학교 교직원연금, 군인연금)
	공공부조	국민기초생활보장(생계급여), 기초노령연금
	사적연금/퇴직금	사보험(노후설계보험 등), 퇴직금제도
간접급여	세제감면	상속세 공제, 소득세 공제, 양도소득세 면제, 저축 이자소득 면제, 경로우대제도
	할인, 고용촉진	노인취업알선센터, 공동작업장, 고령자 인재은행, 고령자 고용장려금, 고령자 고용권장, 시니어 클럽

출처 : 박차상・김옥희 외, 2007. 재구성

3. 노인성 치매

산업화, 도시화로 인한 핵가족화, 여성의 사회활동 증가에 따라 노인 부양문제는 사회적으로 주요한 관심의 영역으로 되고 있으며, 특히 치매노인의 경우 특성상 인지기능의 저하로 독립된 일상생활이 힘든 상황이기 때문에 가족과 사회에 대해 의존도가 매우 높아서 이들의 관리 문제는 더욱 심각하다. 일반적으로 치매가 단지 노화의 한 과정으로 알려져 있지만 치매는 노년기의 기질적 정신장애의 하나로 다양한 정신기능장애 때문에 노인 자신의 정신적 활동과 기본적인 일상생활 대부분을 어렵게 한다. 치매노인을 부양하고 있는 가족까지도 경제적, 신체적, 심리적, 사회적 제약으로 많은 어려움을 겪고 있다.

따라서 치매에 대한 정의와 현황, 원인 및 증상, 간이 측정법을 통하여 노인성 치매에 대해 전반적으로 이해하고, 이를 바탕으로 치매노인과 치매노인이 속해 있는 가족들의 부양부담을 감소시킬 수 있는 방안을 사회복지적인 차원에서 구체적으로 살펴보고자 한다.

1) 치매에 대한 이해

(1) 정의

치매는 여러 가지 원인에 의한 기능 저하로 발생하는 인지장애로 기억장애나 혼돈 및 전반적 기능장애를 나타내는 상태를 의미한다. 또한 치매는 후천적으로 기억, 언어, 판단력 등의 여러 영역의 인지기능이 떨어져서 일상생활을 제대로 수행하지 못하는 임상증후군으로 정의된다. 물론 인지기능 장애뿐만 아니라 망상, 배회 등의 정신병적 증상이나 보행장애 등의 신경학적 증상이 동반되는 경우도 많지만, 치매를 진단하는데 반드시 있어야 하는 증상들은 아니다(보건복지부, 2008). 치매는 반드시 노인에게만 생기는 병은 아니며, 원인질환에 따라 젊은 나이에도 얼마든지 생길 수 있다. 통상 '치매'라고 할 때 알츠하이머나 뇌혈관질환 같은 퇴행성 뇌질환에 의한 '노인성 치매'를 떠올리게 되는 것은 이런 유형의 치매가 젊은 연령층보다는 고령에서 훨씬 더 흔하고 고령화와 함께 그 수가 급격히 증가하고 있기 때문이다. 따라서 의학적 측면뿐만 아니라 사회·문화·경제적으로 해결하지 않을 수 없는 시급한 현안이 되고 있다.

(2) 현황

우리나라는 세계적으로 유례를 찾기 어려울 만큼 급격하게 고령화가 진행됨으로 인하여 이미 65세 이상 한국 노인인구 중 치매 환자수가 40만을 넘어선 것으로 추정된다(보건복지부, 2010). 전체 치매 환자의 2/3이상이 적절한 진단이나 치료 없이 단순 보호 또는 방치 상태에 놓여 있는 것으로 추산되며, 무엇보다 치매는 조기 진단과 치료가 중요하지만, 치매에 대한 인식부족으로 진단과 치료의 적기를 놓쳐 가정과 사회의 심리적·경제적 부담이 가중되고 있다.

2008년 발표된 치매유병률에 대한 보고서에 따르면 급속한 고령화로 치매노인의 수도 빠르게 증가하여 매 20년마다 치매노인의 수가 2배로 증가될 것으로 추정하고 있다. 또한 65~69세 연령층에 비해 70~74세는 1.5배, 75~79세는 3.4배, 80~84세는 5.7배, 85세 이상은 11.6배나 높으며, 남성보다는 여성이 1.3배 가량 치매에 걸릴 확률이 더 높다고 보고하였다(서울대학교병원, 2008). 2010년 보건복지부 발표에 의하면 65세 이상 치매노인의 수가 2010년을 기점으로 급속히 증가할 것으로 예상하고 있다〈표 11-5〉.

〈표 11-5〉 치매노인의 수와 유병률

(단위 : 천 명, %)

구분	2008년	2009년	2010년	2020년	2030년	2040년	2050년
65세 이상 인구 수	5,016	5,193	5,357	7,701	11,811	15,041	16,156
65세 이상 치매노인 수	421	445	469	750	1,223	1,685	2,127
치매 유병률(%)	8.4	8.6	8.8	9.7	10.4	11.2	13.2

출처: 보건복지부, 2010. 재구성.

(3) 원인

보통 치매를 단일한 질병이며, 모두 다 똑같은 증상이고, 특별한 치료법이 없다고 속단해 버린다. 그러나 치매는 단일 질환을 가리키는 것이 아니며, 의학 용어를 사용한다면 특정 증상들의 집합인 하나의 '증후군'에 해당하는 것이다. 그러므로 치매라는 임상 증후군을 유발하는 원인 질환을 세분화하면 수십 가지에 이르며 지금까지 약 70가지에 이르는 것으로 밝혀졌다(한국치매협회, 2011).

치매의 원인 중 가장 흔한 것은 퇴행성 뇌질환의 일종인 알츠하이머병으로 약 50~60%를 차지하고 그 다음으로는 혈관성 치매가 20~30%를 차지하며, 나머지 10~30%는 기타 원인에 의한 치매라고 보고되고 있다(보건복지가족부, 2008). 치매의 기타 원인으로는 우울증, 약물, 알코올 및 화학물질 중독, 대사성 원인으로 인한 전해질장애, 갑상선질환, 비타민 결핍증, 뇌 기능장애를 초래하는 감염성 뇌질환, 두부외상, 다발성 경색증 등이 있다.

배우자가 없는 노인이 배우자가 있는 노인에 비해 치매위험이 2.4배

높았고, 흡연 노인은 비흡연 노인에 비해 치매위험이 1.5배 높았다. 그리고 학력에 있어서는 중등 이상 교육을 받은 노인에 비해 초등학력 이하의 노인인 1.6배, 무학 노인은 4.5배나 치매에 걸릴 확률이 높은 것으로 나타났다. 머리를 다친 경험(머리를 다쳐 10분 이상 정신을 잃은 적이 있는 경우)이 있는 노인은 그렇지 않은 노인에 비해 치매위험이 2배 정도 높았으며, 우울증이 있는 노인은 그렇지 않은 노인에 비해 3배 정도 치매위험이 높았다(한국치매협회. 2010).

(4) 증상

치매의 증상은 원인에 따라 차이가 있으며, 동반되는 징후도 각각 다르게 나타날 수 있다. 가장 흔한 치매의 원인인 알츠하이머병의 경우 초기 증상은 일에 대한 의욕이 감소된다든지, 매일매일 반복되는 일들을 빼먹는다든지 하는 등의 사소한 증상으로부터 시작되며 이 시기에 주위사람들은 약간 이상하다고 느낄 정도이지 어떤 병이 있다고 인식하기는 어렵다. 대체로 이와 같은 증상들이 과로나 권태 등에서 기인하는 것으로 간주하게 된다.

병이 점차 진행됨에 따라 건망증의 정도가 심해지고 일상생활에 장애가 될 정도로까지 발전하여, 마침내는 모든 과거사를 기억해 내지 못하는 정도에 이르게 된다. 예를 들어, 병이 진행될수록 평소 잘 알던 길을 잃는 경우가 발생하고, 감정이 불규칙적으로 되어 사소한 일에도 화를 내거나 우는 등의 증상을 보이고, 더욱 진행되면 감정이 무뎌져서 우울한 듯이 보이며 감정표현이 사라지게 되고 말도 줄어들게 된다. 동작이 경직되고 느려져 대소변을 가릴 수 없게 되고, 가족이나 친지들을 알아보지도 못하게 되며, 질병에 대한 저항력이 감소된다. 마침내는 누워서 간호를 받아야만 하는 상태로 진행되다가 대개 발병 5~10년 이내에 폐렴 등의 다양한 합병증으로 인해 사망할 가능성이 높다.

(5) 진단(MMSE-K) 방법

치매의 진단은 환자가 치매 상태인지를 판단하고, 환자에게 치매상태를 유발시킨 원인을 찾아내는 과정이다. 현재 뇌 조직검사뿐만 아니라 임상에서는 전문의가 철저한 병력확인과 이학적 검사, 신경학적 검사 및 정신상태검사, 신경심리학적 검사(신경인지기능 검사), 혈액 및 뇨검사, 심전도검사, 뇌 단층촬영(CT)과 뇌 자기공명촬영(MRI) 등을 포괄적으로 시행하고 그 결과를 종합 분석하여 치매를 진단하게 된다. 또한 〈표 11-6〉과 같이 치매진단 척도(Mini-Mental State Examination)를 이용하여 검사할 수도 있다.

〈표 11-6〉 치매진단 척도(MMSE-K)

한국판) **Mini-Mental State Examination(MMSE-K)**

대상자 :
검사일 : 년 월 일

■ 지남력
1.(5점) 오늘은 년 월 일 요일, 계절은?
2.(4점) 집 주소는 시(도) 구(군) 동(면) 번지
3.(1점) 여기는 어떤 곳입니까? (예: 학교, 병원, 시장, 가정집 등)

■ 기억등록
4.(3점) 물건이름 세 가지 듣고 따라하기 (예: 나무, 모자, 자동차)

■ 기억회상
5.(3점) 3~5분 후 4번 질문에서 말한 3개의 단어 말하기

■ 주의집중 및 계산능력
6.(5점) 100 - 7 = ( ) - 7 = ( ) -7 = ( ) - 7 = ( ) - 7 = ( )

■ 언어기능
7.(2점) 물건 이름 맞추기 (연필, 시계 등)
8.(3점) 3단계 지시따르기-오른손으로 종이를 집는다/ 반으로 접는다/ 무릎위에 놓는다
9.(1점) 5각형 2개를 겹쳐 그린 그림을 보고 따라 그리기
10.(1점) "간장 공장 공장장"을 따라 하기

■ 이해 및 판단
11.(1점) 옷은 왜 빨아서 입습니까?
12.(1점) 길에서 남의 주민등록증을 주웠을 때 어떻게 하면 쉽게 돌려줄 수 있겠습니까?

전체점수(30점 만점): 점

판정	① 확실한 치매 : 19점 이하 ② 치매의심 : 20 ~ 23점 ③ 정상 : 24점 이상

출처 : 박차상 외, 2007. 재인용

2) 치매노인을 위한 사회복지서비스

치매노인을 위한 서비스로 노인장기요양보험이 그 대표적인 예이다. 이는 65세 이상 노인 또는 65세 미만자로서 노인성 질환으로 인하여 6개월 이상 혼자서 일상생활을 수행하기 어려운 자이면 누구나 서비스 신청이 가능하다. 단, 서비스 이용을 원할 경우 해당 지역 국민건강보험공단에 장기요양인정 신청서를 제출하고 등급판정위원회로부터 등급(1급, 2급, 3급)을 받은 자로서 총 서비스 이용료 중 재가서비스의 경우 15%, 시설서비스의 경우 20%의 개인부담금을 지불해야 한다. 그러나 국민기초생활보장 수급권자는 무료이며, 법에 정한 저소득층 또는 생계곤란자, 경감대상자, 의료급여 수급권자는 50% 감면혜택을 받을 수 있다. 서비스 종류로는 크게 재가서비스, 시설서비스, 특별현금서비스로 구분되며, 재가서비스와 시설서비스를 중심으로 살펴보면 다음과 같다.

(1) 재가서비스

재가서비스 내용을 구체적으로 살펴보면 방문요양서비스, 주·야간보호서비스, 단기보호서비스, 방문목욕서비스, 방문간호 등이 있다. 방문요양서비스는 가정에서 일상생활을 영위함에 있어 치매로 인하여 신체적·정신적 어려움을 겪고 있는 노인에게 필요한 각종 편의를 제공하여 건전하고 안정된 노후를 영위하도록 하는 서비스이다. 주·야간보호서비스는 부득이한 사유로 가족의 보호를 받을 수 없을시 주간 또는 야간에 보호시설에 입소시켜 필요한 각종 편의를 지역사회 안에서 제공하는 서비스이다. 이를 통해 치매노인들은 생활안정과 심신기능의 유지·향상을 도모하고, 그들의 가족은 신체적·정신적 부담을 덜어주기도 한다. 단기보호서비스는 부득이한 사유로 가족의 보호를 받을 수 없어 일시적으로 보호가 필요한 치매노인을 보호시설에 단기간 입소시켜 보호함으로써 복지증진을 도모하기 위한 서비스이다. 방문목욕서비스는 이동식 목욕장비를 갖추고 치매노인 가정을 직접 방문하여 목욕서비스를 제공하는 것이다.

(2) 시설서비스

노인의료복지시설은 노인요양시설, 실비노인요양시설, 유료노인요양시설, 노인전문요양시설, 유료노인전문요양시설, 노인전문병원 등으로 구분되었다. 그러나 2008년 노인장기요양보험제도로 인하여 노인의료복지시설을 통합, 개편하여 노인의료복지시설이 무료, 실비, 유료의 구분이 없어졌다. 따라서 노인요양시설과 노인전문요양시설이 통합되고 시설유형에 노인요양공동생활가정이 추가되었다.

노인요양시설은 치매로 인하여 심신에 상당한 장애가 발생하여 도움을 필요로 하는 노인을 입소시켜 급식·요양과 그 밖에 일상생활에 필요한 편의를 제공함을 목적으로 하는 시설이고, 노인요양공동생활가정은 치매노인을 가정에서 돌볼 수 없을시 가정과 같은 주거여건하에 급식·요양 그 밖에 일상생활에 필요한 편의를 제공함을 목적으로 하는 시설이다. 단, 장기요양 3등급을 받은 자는 시설서비스를 받을 수 없다.

3) 치매노인 가족을 위한 사회복지서비스

치매노인부양이 일차적으로 가족에게 책임의식이 강조되고 있는 만큼, 치매노인을 모시는 가족들은 노인의 의존성으로 인한 부양부담과 이로 인한 스트레스를 경험하게 된다.

아직까지 치매노인의 상당수가 가정에서 그들의 가족에 의해 돌보아지고 있다. 이로 인하여 치매노인의 부양자인 경우 부양자의 절반 이상이 치매노인을 부양한 이후 신체 및 정신적 질환을 경험한 것으로 나타났다(김수영, 2003; 이애숙·김한곤, 2003). 특히 신경정신과적 질환, 심장질환, 요통, 고혈압, 관절염, 소화기질환 등이 많으며(송미영·최경구, 2007; 이영휘·박경희, 2007), 가족 구성원들 간에 갈등이나 스트레스를 경험하는 경우도 많다. 이와 반대로 치매노인과 치매발생 이전에 비하여 친밀감이 증진되고 결속력이 강화되는 등의 긍정적인 변화가 일어나는 경우도 있다.

치매노인 가족을 위한 사회복지서비스 내용에 대하여 구체적으로 살펴보면 다음과 같다.

(1) 정보제공 및 교육

치매노인 가족들이 치매의 원인과 치료, 앞으로의 전망, 행동변화에 관해 자세히 알고 싶어하는 내용들에 대해 사회복지사는 가족들에게 숙지시켜야 한다. 또한 가족들이 직접적인 치료는 불가능함으로 간접적으로 보호자로 도움을 줄 수 있다는 점을 알려주는 것이 좋다.

치매노인을 부양하는 가족의 부양부담을 감소시키기 위한 방안으로 집단사회사업적 개입방법이 있다. 개입형태로는 교육집단, 지지집단, 교육·지지집단, 그리고 자조집단 프로그램 등의 다양한 형태가 있다. 이 중 치매가족 교육·지지집단은 교육집단과 지지집단의 목적을 동시에 추구하는 집단으로 치매에 대한 의학적 이해나 치매노인의 증상과 기능 저하에 대한 대처방법, 환자와의 효과적 관계형성방법, 자기보존전략 등에 대한 교육과 정보를 제공하며, 집단성원이 경험하는 부양부담을 공유하고 상호 지지하는 데 목적을 두고 있다(권중돈, 2008). 또한 가족중심적 개입방법으로는 가족에 대한 심리교육적 접근, 가족자문, 가족워크숍 등이 있다(송영선, 2006).

가족에 대한 치매교육을 통해 환자의 상태와 부양자의 어려움을 이해하게 하고, 부양자의 일상적 부양과업 수행능력을 증진시켜야 하며, 가족생활시간 관리기법을 활용하여 부양자의 생활시간을 관리하고 전체 가족성원의 역할을 분석하여 이를 재조정해야 한다. 그리고 가족 내에 지지자원이 없는 경우는 치료자가 외부의 지지자원이나 서비스와 연결해 주는 중개자의 역할을 수행하여야 한다. 이러한 외부자원의 동원이 불가능할 경우 부양자를 대상으로 간호기술, 부양부담 관리기법, 효과적 가족관계 형성기법에 대한 훈련과 교육프로그램을 실시하여 부양역할 수행능력과 부양부담 관리능력을 증진시키는 방안도 고려되어야 한다.

〈교육 · 지지집단에서 다루어져야 할 주요 내용〉

- 치매와 치매노인의 기능 변화에 대한 이해
- 치매증상별 대처방법과 간호방법
  (증상관리, 영양관리, 신체질병관리, 일상간호 등)
- 치매노인을 위한 각종 치료방법
  (인지 · 작업 · 미술 · 음악 · 문예 · 회상 · 운동요법 등)
- 가족생활환경의 정비 및 효과적 가족관계 형성방법
- 부양자의 건강 및 스트레스 관리기법
- 사적 또는 공적 시설 및 재가 서비스에 대한 정보 제공과 자원연계
- 치매가족 자조모임의 조직화

(2) 상담과 치료

① 전화상담

치매와 관련된 상담유형 중에서 가장 활용도가 높다. 그 이유는 정신장애에 대한 낙인을 피할 수 있을 뿐만 아니라 사회적 활동에 제한을 받는 부양자의 상담접근성이 높기 때문이라고 할 수 있다. 즉, 치매가족 부양자의 경우 상담을 목적으로 한 외출이 제한되어 전화로 심리적 문제, 치매 간호방법, 시설입소상담 등을 요청해 오는 경우가 많은데 전화상담은 질문에 즉각적이고 정확한 응답이 용이하다(양은심, 2004).

따라서 전화상담원은 전문성과 상담내용의 신뢰성을 결정하는 중요한 요소이기 때문에 치매에 대한 임상적 지식뿐만 아니라 간호방법, 전국의 치매시설에 대한 정확한 정보파일을 갖고 있어야 한다. 또한 치매시설 입소에 관한 전국 치매전문 의료기관과 시설의 입소자격 및 월 이용료, 그리고 제공하는 서비스에 대한 매우 구체적인 자료를 확보하여 유익한 정보를 제공해야 한다(이은희, 2009).

② 인터넷 상담

정보화시대의 도래로 치매관련 인터넷 웹사이트가 수백 개에 이를 정도로 치매관련 상담과 정보를 제공하는 인터넷 사이트가 급격하게 늘어나고 있다. 인터넷을 이용한 상담은 약간의 시간적 간격을 두고 상담에 응할 수 있어 이점이 있지만, 이 역시 빠른 답을 제공하는 것이 바람직하다(송미영, 2006). 인터넷 동영상을 이용한 실시간 정보제공과 사이버 치매간호교육이 가능하지만, 인터넷 사이트 중에는 정확하지 않은 치매관련 정보를 올려놓은 곳도 많이 있으므로 치매전문기관에서 이들 사이트에 대한 자료수정 요구를 하는 것도 기관의 책임 중의 하나라 할 수 있다.

③ 가족치료

가족성원 중 한 명이 치매증상을 보이는 것은 전체 가족의 적응과 가족관계에 부정적인 변화를 가져올 수 있다. 가족이 위기상황에 효과적으로 적응하였을 경우 가족결속력이 높아지고 부양자의 자기존중감과 유능성이 증진하는 긍정적 결과를 낳기도 하지만, 그렇지 못할 경우 가족관계의 위계질서가 무너지고 갈등관계에 직면하게 된다.

치매가족에 대한 가족치료 개입의 주된 대상은 현재 드러난 치매노인보다는 나머지 가족성원이 되어야 하며, 그 중에서도 치매노인의 부양을 주로 담당하고 있는 부양자에게 초점이 맞추어져야 타당하다. 그리고 가족치료의 표적문제는 치매증상의 개선이 아니라 부양자의 끝없이 이어지는 부양과업과 이에 따른 부양부담, 역기능적 가족상호작용 해결에 주안점을 두어야 한다. 치료목표는 부양자의 부양부담 경감과 가족성원 간의 역할재조정을 통한 협력적 가족부양체계를 구축하는 것이 되어야 한다.

(3) 자조집단

치매가족으로 구성된 자조집단은 정서적 지지 뿐만 아니라 자신들이 필요로 하는 자원과 정보를 상호 교환할 수 있는 이점을 지니고 있다.

우리나라에서와 같이 노인복지재정이 미흡한 상황에서 치매노인에 대하여 가족부양기능을 강화하고 가족의 부양부담을 경감하기 위해서는 이러한 형태의 자조집단을 활성화할 필요가 있다.

현재 일부 지역의 치매가족협회와 노인복지관에서 실시되고 있는 치매가족 자조모임은 주로 치매간호방법에 대한 교육과 가족 간의 정보교류와 정서적 지지를 주된 목적으로 하고 있다(이은희, 2009). 그러나 앞으로 이러한 치매가족 자조모임의 조직화와 연계강화를 통하여 치매가족의 권익옹호사업을 적극적으로 전개하는 것도 바람직하다. 즉, 치매가족과 관련된 단체에서 치매노인 특별 부양수당 지급, 치매의 폭넓은 등급인정, 치매노인 의료비 경감 등과 같은 복지권 회복운동 등을 적극적으로 전개해 나가야 할 것이다.

(4) 휴식서비스

치매노인에게 일상생활 원조와 같은 구체적인 서비스를 제공함과 동시에 부양자들에게는 부양책임에서 벗어나 자신만의 시간을 가질 수 있도록 해야 한다. 이로 인해 부양자의 부양부담과 역할부담의 경감은 물론 신체 및 정신건강과 사기를 증진시키며, 지속적인 부양역할 수행에 대한 확신을 증진시킬 수 있다.

가장 직접적인 휴식서비스인 노인장기요양보험 서비스를 통하여 치매노인 가족의 부양과업을 대리 지원하는 것이다. 그러나 등급판정을 받지 못했거나 혹은 등급판정을 받았더라도 본인부담금이 부담스러워 서비스를 이용하지 못하는 경우, 제한적 서비스 이용시간 등의 문제점은 보완해야 할 것이다. 이에 대한 대책으로 치매노인 간호를 위하여 훈련된 준전문가나 치매노인을 부양한 경험이 있는 지역사회의 자원봉사자를 활용하는 방안을 모색해야 할 것이다. 그 외 치매가족을 위하여 문화기행이나 다양한 형태의 여가서비스개발 등을 통해 심리적인 부담감소와 정서적 안정을 되찾을 수 있도록 적극적인 지원체계가 마련되어야 할 것이다.

(5) 사례관리의 활용

치매와 같은 만성적 질환을 가진 노인을 돌보는 보호자의 욕구를 충족시키는데 가장 효과적인 방법이 사례관리 기법이다. 이 기법은 지역사회기관과 일정기간 동안 계약을 맺어 정기적으로 노인의 증상과 보호자들의 욕구를 측정하고, 지역사회 자원을 지속적으로 연결하고 점검하는 것이다. 이를 통해 개별화 계획에 맞춘 서비스로 수혜자들의 만족감을 더욱 높일 수 있다.

〈사례〉 "자식에게 짐 되기 싫다"… 투병 노부부 동반 자살

치매와 암으로 투병 중이던 노부부가 "함께 사는 자식에게 짐이 되기 싫다"며 어버이날에 동반 자살했다. 8일 오후 5시 30분경 경기 용인시 신봉동의 한 아파트에서 전모(69), 노모(62)씨 부부가 숨져 있는 것을 경비원이 발견, 경찰에 신고했다. 경비원은 경찰에서 "노부부의 아들로부터 전화가 와 '부모님 두 분이 집에 계시는데 전화를 받지 않는다. 대신 방문해 달라'고 부탁해 가봤더니 이미 숨져 있었다"고 진술했다. 발견 당시 전씨는 침실의 침대에 반듯하게 누운 채, 노씨는 베란다에서 목을 맨 채 발견됐다. 경찰은 전씨의 목 주변에 목을 맨 흔적이 있는 점 등으로 미뤄 부인 노씨가 남편 전씨의 자살을 도운 뒤 스스로 목을 맨 것으로 추정하고 있다.

전씨는 치매 증상을, 노씨는 암 수술을 받고 오랜 기간 치료를 받아온 것으로 드러났다. 특히 전씨는 명문고교와 법대를 졸업하고도 법조계에 진출하지 못해 평소 스트레스와 우울증을 앓다 지난 해부터 종종 노인성 치매 증상까지 보였던 것으로 밝혀졌다. 또 노씨는 이런 남편의 수발을 들어오다 7개월 전 암 수술까지 겹쳐 심신이 크게 약해진 것으로 알려졌다.

이들은 징검다리 연휴기간을 이용해 함께 사는 아들 내외와 초교생 손자 2명이 지방으로 여행을 떠나자 극단적인 선택을 했다. 현장에서는 노씨가 직접 쓴 것으로 보이는 편지지 5장 분량의 유서가 발견됐다. 유서에서 이들은 아들에게 "고맙다. 미안하다. (부부가) 같이 죽어야지 어느 한 명만 먼저 죽으면 짐이 될 것"이라고 했고, 며느리에게는 "손자들 잘 키워라"고 당부했다. 손자들에게는 "엄마 아빠와 행복해라. 사랑한다"며 일일이 마지막 인사를 남겼다.

출처 : 한국일보(2011. 05. 08)

생각해 볼 문제

1. 앞으로 예상되는 노인문제는 어떠한 것들이 있을지 토론해 보자.

2. 현재 노인복지서비스의 문제점을 찾아보고, 그 대안에 대해 논의해 보자.

3. 치매가족의 부양부담을 정서적 · 사회적 · 경제적 측면으로 나누어 설명해 보자.

참고문헌

권중돈(2008), 『노인복지론』, 학지사.

김기태 · 성명옥 · 박봉길 · 이은희 · 최송식 · 최희경 · 박미진(2009), 『노인복지론』, 공동체.

김수영(2003), 치매노인 가족부양자의 삶의 질에 미치는 영향요인: 가족부양자를 위한 정책 대안의 모색. 한국사회복지정책학회, 17, 77-105.

박석돈 · 박순미 · 이경희(2008), 『노인복지론』, 양서원.

박차상 · 김옥희 · 엄기옥 · 이경남 · 정상양 · 배창진(2007), 『한국노인복지론』, 학지사.

보건복지가족부(2008), 치매관리종합대책 보고서.

서울대학교병원(2008), 치매노인유병률 조사.

송미영(2006), 재가노인복지서비스 유형별 치매노인 주부양자의 부양부담 완화 효과. 경희대학교 석사학위 논문.

송미영 · 최경구(2007), 치매노인 주부양자의 부양부담에 영향을 미치는 요인. 한국노인복지학회, 37, 131-160.

송영선(2006), 치매노인 부양가족의 부양부담 경감을 위한 부양자의 지지 방안. 대구대학교 석사학위 논문.

양은심(2004), 치매노인 가족의 부양부담 경감을 위한 지역사회자원 활용방안에 관한 연구. 대구대학교 박사학위 논문.

이애숙 · 김한곤(2003), 치매노인 부양자의 부양부담 실태 및 부양부담에 영향을 미치는 요인. 보건과 사회과학, 13, 29-60.

이영휘 · 박경희(2007), 치매노인 부양자의 부양부담, 피로, 우울과 생활만족도. 간호학 탐구, 16(2).

이은희(2009), 『최신 노인복지론』, 학지사.

국가복지정보포털(2010), http://www.bokjiro.go.kr

국가통계포탈(2011), http://www.kosis.kr

국민건강보험공단(2011), http://www.npc.or.kr

보건복지부(2011), http://www.mw.go.kr

세계일보(2011), http://www.segye.com

인구보건복지협회(2011), http://www.ppfk.or.kr

한국치매협회(2011), http://www.silverweb.or.kr

한국일보(2011.05.08), "자식에게 짐 되기 싫다"…투병 노부부 동반 자살.

제12장

장애인복지

현재 우리나라를 비롯한 세계 많은 나라들은 현대과학 문명의 발달과 산업화로 인해 예전보다 훨씬 행복한 삶을 살고 있다. 그러나 환경오염, 교통사고, 산업재해와 같은 요소들로 인해 예전에 없었던 새로운 사회문제가 대두되었으며, 특히 우리사회에 후천적 장애발생이 계속 증가하고 있는 것은 부정할 수 없다. 장애인을 보호하는 가족구성원들은 간병, 보호 등으로 과중한 부담과 정신적 · 신체적 · 경제적으로 많은 고통을 받고 있으며, 사회인들의 부정적인 시각과 편견은 장애인 가족을 더욱 어렵게 하고 있다. 최근 우리사회에서는 장애인에 대한 사회적 관심이 증대되면서 장애인에 대한 사회복지 차원의 지원과 서비스가 이루어지고 있으나 아직도 미흡한 상태이다.

앞으로 우리사회에서의 장애인복지정책은 장애인이 비장애인과 동등하게 자유와 행복을 누릴 수 있도록 인권을 보장하는 복지정책과 지원체계로 변화되어야 하며 장애인과 그 가족의 욕구를 최대한 반영하여 장애인복지를 실천하는 것이 바람직하다고 본다.

- 세계보건기구와 우리나라의 장애개념에 대해 살펴본다.
- 장애인 복지의 특성과 재활 그리고 현재 우리나라 장애인복지정책에 대해 학습한다.

- 향후 장애인복지가 우리사회에 안정적으로 자리잡을 수 있는 방안을 모색해 본다.

1. 장애에 대한 이해

장애는 시대에 따라 그리고, 관점에 따라 다르게 정의되어지는 개념이라고 할 수 있다. 어느 시대와 사회에서는 장애로 수용되어지는 부분도 다른 시대나 사회에서는 장애로 수용되지 않는 경우도 있고, 그 반대의 경우도 있다. 또한 특정 관점에서는 장애로 인정되나 다른 관점에서는 그렇지 않은 경우도 있다.

최근 장애를 보는 관점은 개인의 신체적 조건이나 질병을 강조하는 의학적 모형(medical model)에서 개인과 환경은 상호작용을 한다고 보는 생태학적 모형(ecological)으로 그 관점이 바뀌고 있다. 의학적 모형은 관찰되는 문제, 손상 및 장애의 원인에 초점을 맞추는 이론이며, 생태학적 모형은 개인이 경험하는 문제나 장애는 대부분 개인 내의 문제가 아니라 개인과 개인이 활동하는 사회적 환경이나 제도 간의 상호작용에 있다고 본다. 이런 입장에서 개인과 환경 간에 부적합이 있는 경우 개인은 이런 환경을 벗어나거나 환경에 기여하는 요인들을 바꿔야 한다고 요구한다. 그러므로 장애를 보는 관점이 의학적 모형에서 생태학적 모형으로 바뀌었다는 의미는 장애를 개인의 문제나 병리라기보다는 사회의 문제나 병리로 보는 관점으로 그 입장이 바뀌었다는 의미이다(정무성 외, 2010).

장애발생 빈도를 살펴보면, 예전에는 선천적 장애요소가 많이 있었으나 현대사회에서는 후천적 장애로 인한 빈도가 훨씬 높게 나타나고 있다. 이러한 시대에 장애인을 위한 사회복지적 접근은 우리사회에서 필수적인 요소로 자리잡고 있다. 우리나라 장애인 수는 2009년 보건복지부 전국 장애인 등록현황을 자료로 살펴보면 2,283,580명으로 전체 인구의 4.7%로 추정되며, 이 수치는 장애인복지법에 의한 등록 장애인이다. 그 내용은 〈표 12-1〉과 같다.

〈표 12-1〉 등록장애인 현황(2009년 1월 현재)

(단위 : 명)

<table>
<tr><th>계</th><th>지체장애</th><th>뇌병변장애</th><th>시각장애</th><th>청각장애</th><th>언어장애</th></tr>
<tr><td rowspan="6">2,283,580
(출현율
: 4.7%)</td><td>1,221,710</td><td>236,018</td><td>234,584</td><td>222,504</td><td>16,131</td></tr>
<tr><td>지적장애</td><td>자폐성장애</td><td>정신장애</td><td>신장장애</td><td>심장장애</td></tr>
<tr><td>150,220</td><td>13,138</td><td>88,133</td><td>51,499</td><td>15,451</td></tr>
<tr><td>호흡기장애</td><td>간장애</td><td>안면장애</td><td>장루,
요루장애</td><td>간질장애</td></tr>
<tr><td>15,391</td><td>7,044</td><td>2,336</td><td>12,110</td><td>9,343</td></tr>
</table>

자료 : 2009 보건복지부 전국 장애인 등록현황.

1) 장애개념

(1) 국제장애분류의 개념

1975년 UN의 '장애인권리선언'에서는 장애인을 '선천적이든 후천적이든 신체적 또는 정신적 능력의 결함으로 인하여 일상의 개인 또는 사회생활에 필요한 것을 확보하는데 스스로는 완전히 혹은 부분적으로 행할 수 없는 사람'으로 정의하고 있다. 세계보건기구(WHO)에서는 1980년 국제장애분류(ICIDH/International classification of Impairments, Disabilities and Handicaps)[1]를 통하여 장애의 계층적 분화를 정의하고 있는데, 장애인에 대한 일반적 개념을 손상(impairments), 기능장애(disabilities), 사회적 불리(handicaps)라는 개념을 포괄하는 동시에 장애의 형태와 범위를 정하고 있는데 그 내용을 살펴보면 다음과 같다(정일교 외, 2010).

1) 1997년 세계보건기구는 ICIDH를 수정·보완하여 ICIDH-2(International classification of Impairment, and Participation : A manual of dimensions of disablement and functioning)를 마련하였다. ICIDH가 질병의 결과로 나타나는 장애에 초점을 맞추었다면, ICIDH-2의 주요한 특징은 환경과의 상호적인 관계성 속에서 장애를 규정하는 것이라 할 수 있다(이경남 외, 2009).

첫째, 손상(impairments)은 신체구조학적 및 해부학적 관점에서 신체조직의 기능의 일부 또는 전부를 상실한 상태를 말하는 것으로 미국의학협회의 정의에 의하면 손상은 전문가적 결정으로 이는 증후나 증상, 검사실 소견 또는 심리적 검사에 입각해서 평가된 해부학적 또는 기능적 이상이나 의미 있는 행동상의 변화를 말한다. 즉, 지체장애, 청각장애, 언어장애 등 인간의 신체조직과 신경계통의 일부가 결핍되어 있거나 비정상적으로 기능하는 상태를 의미한다.

둘째, 능력장애(disabilities)는 인간에게 정상적으로 간주되는 일상생활과 경제활동을 수행하는 능력이 하락 또는 결여된 상태를 말한다. 일반적으로 이러한 능력장애는 운동신경 및 정신적 인지능력의 장애로 인해서 지능의 발달이 지체되거나 정신적으로 이상이 발생하여 생활능력이 현저하게 저하된 상태에 놓이게 된다. 즉 능력장애는 정신적・신체적 손상의 결과만이 아닌 그 상태에 대한 그 개인의 적응의 결과를 의미하며, 이러한 장애 개념을 장애범주로 보고 있는 대표적인 국가는 독일이다.

마지막으로 사회적 불리(disabilities)는 손상이나 능력저하로 인하여 일상생활이나 사회생활을 하는데 제한을 받거나 지장을 초래하는 상태를 의미하는 것으로 장애인과 그를 둘러싼 주변 환경과의 관계에서 발생되는 문제이다. 이것은 장애로 인하여 '정상적'으로 간주되는 사회적 규범과 역할에 적응하지 못하거나 수행할 수 없는 사람에게 사회적 불이익과 차별을 주는 것을 의미하며 이러한 사회적 불이익과 차별을 야기하는 상황을 의미한다. 그 결과 장애인은 교육적, 성적, 사회적, 경제적 및 문화적 차별을 수용하게 되고 그들의 능력과 개성을 발전하는데 제약을 받게 된다.

(2) 국제기능장애건강분류의 개념

최근 세계보건기구 총회에서 국제기능장애건강분류(International Classification of Functioning, Disability and Health, Geneva, ICF, 2001)를 제안하고 세계적으로 통용하도록 하였다. ICF는 ICIDH-2 내용

을 대부분 계승하면서 분류체계와 언어사용을 보다 긍정적이며, 환경적인 측면을 강조한 분류로써, 장애뿐만 아니라 모든 사람의 건강과 관련된 요소들을 설명해 줄 수 있는 보편적인 적용이 가능한 틀이다(문선화 외, 2009).

〈표 12-2〉 ICF의 개요

<table>
<tr><th>구분</th><th colspan="2">영역1 : 생활기능과 장애</th><th colspan="2">영역2 : 배경 요인</th></tr>
<tr><td>구성 요소</td><td>신체기능·구조</td><td>활동·참여</td><td>환경요인</td><td>개인요인</td></tr>
<tr><td>영역</td><td>신체기능·구조</td><td>생활영역</td><td>생활기능과 장애의 외적영향</td><td>생활기능과 장애의 내적영향</td></tr>
<tr><td>구성개념</td><td>·신체기능의 변화
·신체구조의 변화</td><td>·능력 : 표준적 환경에서 과제수행
·실제상황 : 현재 환경에서 과제수행</td><td>물리적·사회적·심리적 측면의 특징들이 미치는 촉진효과 및 재해효과</td><td>개인의 특성이 미치는 효과</td></tr>
<tr><td rowspan="2">긍정적 측면</td><td>기능적·구조적 통합성</td><td>활동·참여</td><td rowspan="2">촉진요인</td><td rowspan="2">해당 없음</td></tr>
<tr><td colspan="2">생활 기능</td></tr>
<tr><td rowspan="2">부정적 측면</td><td>기능장애</td><td>활동·참여 제한</td><td rowspan="2">저해요인</td><td rowspan="2">해당 없음</td></tr>
<tr><td colspan="2">장애</td></tr>
</table>

자료 : WHO(2001). 보건복지부 (2007). 국제기능·장애·건강분류

(3) 우리나라의 장애개념

우리나라의 장애개념은 장애인복지관련법에 근거하고 있다. 장애인복지관련법은 장애인복지법, 장애인고용촉진 및 직업재활법, 특수교육진흥법, 장애인·노인·임산부 등의 편의시설증진에 관한 법률 등으로 각 법에서 정의하는 장애는 〈표 12-3〉과 같다.

〈표 12-3〉 장애인관련법에 따른 장애 정의

관련법	정 의
장애인복지법	제2조 제1항에 의하면 장애인은 신체적 장애와 정신적 장애로 인하여 장기간에 걸쳐 일상생활 또는 사회생활에 상당한 제약을 받는 자를 말한다.
장애인고용촉진 및 직업재활법	제2조에 의하면 장애인이라 함은 신체 또는 정신상의 장애로 인하여 장기간에 걸쳐 직업생활에 상당한 제약을 받는 자로서 대통령령이 정하는 기준에 해당하는 자를 말한다.
특수교육진흥법	제10조에 의하면 특수교육대상자는 특수교육을 필요로 하는 사람으로 진단·평가된 시각장애, 청각장애, 정신지체, 지체부자유, 정서장애, 언어장애, 학습장애, 심장장애·신장·간장 등 만성질환으로 인한 건강장애, 기타 교육인적자원부령이 정하는 장애를 가진 사람을 말한다.
장애인·노인·임산부 등의 편의시설증진에 관한 법률	제2조에 의하면 장애인 등이라 함은 장애인·노인·임산부 등 생활을 영위함에 있어 이동과 시설이용 및 정보에의 접근등에 불편을 느끼는 자를 말한다.
장애인차별 금지 및 권리구제 등에 관한 법률	제2조에 의하면 장애인이라 함은 신체적·정신적 손상 또는 기능상실이 장기간에 걸쳐 개인의 일상 또는 사회생활에 상당한 제약을 초래하는 상태의 장애가 있는 사람을 말한다.

자료: 보건복지부(2007), 장애인복지법.

2) 장애의 종류와 유형

오늘날 보편적으로 통용되고 있는 장애의 개념은 크게 협의의 개념과 광의의 개념으로 구분할 수 있다. 즉, 협의의 개념에서 볼 때 장애는 신체 또는 정신의 기능저하, 상실 등을 지칭하는 의학적 수준에서의 개념이고, 반면 광의의 개념은 세계보건기구에서 정의한 바와 같이 의학적 차원뿐만 아니라 이로 인해 발생되는 사회적 차원까지 망라하는 포괄적인 개념이다(김민주 외, 2010).

우리나라 장애인복지법에서는 장애 유형을 일상생활 또는 사회생활의 활동을 기준으로 하여 1999년 법 개정 이전까지는 지체장애, 시각장애, 청각장애, 언어장애, 정신지체 등의 5대 장애 유형을 장애범주에 포함시켰으나, 개정 후 뇌병변장애를 지체장애로부터 분리하여 뇌병변장애, 정신장애와 발달장애, 신장과 심장의 내부장애 등 5종이 포함되어 10가지 장애로 확대되었다. 이어 2003년 7월부터 2단계 장애 범주가 확대 실시되면서 지체, 뇌병변, 시각, 청각, 언어, 정신지체, 발달장애, 정신, 심장, 호흡기, 간, 안면변형, 장루·요루, 간질장애 등 15종으로 확대되었다. 그러나 아직 우리나라는 선진국에 비하면 법적으로 인정되는 장애범주는 협소한 편이다.

장애인복지의 규정에 따른 장애 범주는 <표 12-4>와 같다.

<표 12-4> 장애인복지법에 따른 장애분류 및 장애범주

대분류	중분류	소분류	세분류	등급	향후예상범주
신체적장애	외부장애	지체장애	절단장애, 관절기능장애, 지체기능장애, 변형 및 단축	1-6등급	피부질환장애
		뇌병변장애	중추신경의 손상으로 인한 복합적인 장애	1-6등급	
		시각장애	시력장애, 시야결손장애	1-6등급	
		청각장애	청력장애, 평형기능장애	2-6등급	
		언어장애	언어자애, 음성장애, 구어장애	3-4등급	
		안면장애	안면부의 추상, 함몰, 비후 등 변형으로 인한 장애	2-4등급	
신체적장애	내부장애	신장장애	투석중인 만성신부전증, 신장이식	2,5급	소화기 장애, 비뇨기장애, 혈우병, 기타 내부장애.
		심장장애	중증 심장기능장애, 심장이식	1-3급	
		간장애	일상생활이 현저히 제한되는 만성·중증의 간기능 이상	1-3급, 5급	
		호흡기장애	일상생활이 현저히 제한되는 만성·중증의 호흡기기능 이상	1-3급	
		장루·요루장애	일상생활이 현저히 제한되는 장루·요루	2-5급	
		간질장애	일상생활이 현저히 제한되는 만성·중증의 간질	2-4급	
정신적장애	지적장애		지능지수가 70이하인 경우	1-3급	
	정신장애		정신분열증, 분열정동장애, 양극성 정동장애, 반복성 우울장애	1-3급	알코올 및 약물중독, 치매, 기질성 뇌증후군, 기타정신장애
	자폐장애		소아자폐 등 자폐성장애	1-3급	기타 발달장애

자료 : 보건복지부·한국보건사회연구원. (2007년도 장애인 실태조사).

3) 장애인복지의 기본원리

장애인복지의 기본이념은 인간으로서의 가치실현이다. 즉, 그들이 속한 사회에서 차별을 받지 않고 인간의 존엄성과 가치를 누리며 사회구성원이 받는 권리와 기회를 평등하게 받는 것을 의미하는 것이다. 이는 UN의 1971년 정신지체인 권리선언, 1975년 장애인의 권리선언 등과 1979년 채택된 세계장애인 해의 행동계획 및 1981년 세계장애인 해의 주제인 '완전참여와 평등'에도 나타나고 있는 이념들이다.

이와 같은 다양한 선언들에서 나타나는 장애인복지의 이념을 종합해 볼 때 가장 대표적인 것을 정상화, 사회통합, 자립이라고 할 수 있는데 이를 살펴보면 다음과 같다.

(1) 정상화의 원리

정상화(normalization)는 1981년 세계장애인의 해를 기점으로 확산된 장애인복지의 이념 중 하나로서 1959년 덴마크의 정신지체인 부모회에서 처음으로 사용하게 된 용어이다. 즉 정신지체인을 대상으로 '정신지체인을 가능한 한 최대로 정상적인 생활조건에 가깝게 생존하도록 하는 것'이라고 정의한 정신지체인법에서 출발하였으며, 장애인의 시설보호에 대하여 반대하며 장애인의 생활방식과 내용도 비장애인의 생활과 같은 정상적인 생활을 하도록 강조하는 개념이다. 이렇게 스칸디나비아 반도에서 시작된 정상화의 이념은 북미에 유행하여 1970년대와 1980년대 초반을 거치면서 장애인재활, 교육, 그리고 복지측면 등에서 중요성이 더욱 강조되었다(양정하 외, 2006).

정상화는 기존의 지배적인 서비스 이데올로기에 반대하고, 정상적이고 일상적인 생활의 리듬을 존중할 것을 강조한다. 이 사상의 제창자인 미켈센(B, Mikkelsen)은 이의 구현을 위해서 인간생활의 조건을 주거조건, 일과, 여가의 세 가지로 나누어서 그 각각의 국면이 어떠해야 하는가를 제시하고 있다. 즉, 주거조건에 있어서 장애아, 특히 정신지체아동의 생활을 정상화하기 위해서는 시설이 아닌 부모의 집에서 가족들과 함께 살도록 하는 것이며, 성인장애인의 경우는 다른 성인들과 함께 생활하도록 하고 가능한 한 자립할 수 있는 여건을 조성하는 것이다. 일과에 대해서는 장애아동의 경우에는 교육을 받을 권리가 다른 아동들과 동등하게 존중되어져야 하며, 성인의 경우 능력에 맞는 노동을 할 수 있는 여건이 마련되어야 한다. 또한 여가에 있어서는 다른 사람과 똑같이 여가시설을 이용할 수 있는 기회와 권리가 확보될 필요가 있다(남일재 외, 2006).

이상과 같이 정상화란, 장애인들도 사회의 다른 성원들과 함께 같은 교육을 받아야 하며, 비장애인과 동일한 작업환경 내에서 일할 수 있어야 하며, 사회성원들의 일반적인 활동에 속하는 종교, 여가, 체육활동 등에 적극적으로 참여할 수 있어야 한다는 것을 의미한다.

(2) 사회통합(social integration)의 원리

장애인복지의 기본이념은 완전한 사회참여와 평등한 기회를 통한 장애인의 사회통합이다. 장애인의 사회통합(social integration)은 더불어 사는 사회이며 장애를 갖고 있는 사람이 차별 없이 모든 사회활동에 참여하는 복지사회구현을 의미한다. 사회통합이 더욱 기본적인 가치이념으로 간주되는 이유는 첫째, 장애를 가진 사람은 누구나 인간이라는 기본적인 사실과 둘째, 어느 누구도 장애로부터 자유롭지 않다는 철학에 근거하고 있기 때문이다. 따라서 장애인의 사회통합은 우리 사회가 추구해야 하는 사회가치의 정당성을 갖는 이외에도 장애인과 비장애인을 포함한 우리 사회의 모든 구성원이 공감하는 목표이기도 한 것이다. 이렇게 장애인복지의 이념에 있어서의 사회통합이란 장애를 가진 사람들이 가치 있는 방법에 의해 정상적인 지역사회 안에서 인격적인 개인으로서 성공적으로 참여하게 하는 것을 의미한다. 즉 통합화의 과정은 장애인과 비장애인들이 모든 기회에 서로 공동·협력해 갈 가능성을 위한 조건추구를 지향하는 과정을 말한다(전용호, 2000).

그러므로 이러한 통합화의 과정이 성공적으로 이루어질 때 모두가 더불어 사는 정상화의 이념이 구현될 수 있는 것이다.

(3) 자립(Independence)의 원리

자립(自立, independence)이란, 한자로 스스로 일어선다는 의미이며, 또한 자립은 영어로 의존(dependence)의 반의어(反意語)로서 타인에 대한 의존 또는 종속에서 벗어나는 것을 의미한다.

영국의 장애운동가 Brisenden은 "자립생활은 우리 삶의 목표를 취하기 위한 간단한 방법으로서 실천적으로 상식적인 방법이다. 자립적인 사람은 자신들의 생활전반을 조정하고 관리하는 것이며, 자신들의 모든 과업을 수행하는 것은 아니다. 자립이란 장애인들의 신체적인 것이나 지능적인 능력과 연관되는 것이 아니다. 자립이란 장애인 자신을 스스로 보호하고 관리하기 위하여 아무런 지원 없이 이룰 수 있는 것이 아니다. 장애인들이 스스로 필요한 원조와 지원을 다양한 지원체계를 통해 제공받음으로써 장애인의 자립생활이 이루어지게 되어 결국 이로 인해 자립이 가능하게 되는 것"이라고 자립을 정의하고 있다(남일재 외, 2006 ; 298), 이렇게 장애인들에게 있어서 자립적인 생활은 장애인들이 자신의 삶을 스스로 선택하고 조정하고 자신의 삶의 전부를 관리하는 일로서 장애인들이 언제 어디서나 자신들이 영위할 수 있는 자유를 누릴 수 있음을 의미한다. 또한 장애인의 자립생활이란 장애인들이 스스로 자신의 삶을 선택하고 관리할 수 있도록 필요한 기술과 원조를 제공하는 일이 필수적으로 요구되는 것이다. 다시 말해 장애인의 자립이란 장애인 자신이 가지고 있는 능력을 최대한 활용하여 직업적, 경제적으로 자립적인 생활을 영위하는 것을 의미한다(양정하, 2006).

4) 장애인복지의 특성

장애인복지는 장애를 가지고 있는 특정인을 대상으로 하기 때문에 일반적인 사회복지의 공통적 특성 외에도 다른 복지대상과는 구별되는 몇 가지 특성을 가지고 있다. 이에 신섭중(2000)은 장애인복지의 특성을 다음과 같이 들고 있다.

첫째, 개별성과 통합성이다. 장애는 손상 부위의 영역에 따라 장애의 유형이 다르며, 손상의 정도에 따라 장애등급 또한 다르다. 따라서 장애인 개개인의 발달 단계별로 지니고 있는 장애의 구분에 따라 장애문제에 대한 욕구가 다르기 때문에 장애인 개인을 위한 개별적인 복지가 이루어져야 할 것이며, 이들의 사회 재적응을 위해 의료적·교육적·사회적·직업적·재활적인 모든 차원에서의 통합적인 서비스가 요구된다.

둘째, 복잡성이다. 장애인은 장애라는 사실로부터 부차적으로 파생되는 여러 가지 문제, 이를테면 학교 입학의 어려움이나, 취직의 문제, 사회구성원으로서의 역할 문제, 그리고 본인의 결혼은 물론이요 다른 가족구성원의 결혼에도 나쁜 영향을 미치는 등 많은 어려움이 있다. 이와 관련해 장애인에게 있어서 문제는 신체부자유라는 단순한 문제만 있는 것이 아니라, 여러 가지 복잡한 구조로 나타나는 것을 알 수 있다. 복잡한 양상을 드러내는 장애인 문제의 근저에는 사회 전체가 갖는 그릇된 장애인관이 있다. 따라서 장애인에 대한 그릇된 가치관에 대하여 사회를 향한 변혁을 추구하는 노력이 있어야 한다.

셋째, 역동성이다. 초기에는 정책수립자, 전문가 중심으로 장애인복지정책이 이루어졌으나 점차 장애인 스스로 자신이 가지고 있는 권리를 확보하기 위한 의식이 높아지고 사회적, 경제적 수준도 높아짐에 따라 장애인의 욕구도 계속해서 확대되고 있다. 이러한 시대적 상황에 따라 장애인복지는 역동적으로 이루어져야 한다.

넷째, 책임성이다. 장애인복지는 장애발생의 원인부터 치료 및 재활에 이르기까지 장애인 본인이나 가족에게만 국한되는 문제가 아니라 그 사회에서 책임져야 하는 사회적인 문제를 내포하고 있기 때문에 사회연대책임의 기초 위에서 사회와 국가의 책임이 강조된다. 그렇기 때문에 장애인문제는 상호간 협력하여 해결해야 하는 책임성을 가진다.

2. 장애인을 위한 사회복지서비스 및 정책

장애인을 위한 사회복지서비스 중 가장 중요한 한 가지를 말하자면 재활(rehabilitation)을 빼놓을 수 없을 것이다. 재활이란, 신체적·정신적 기능장애가 있는 사람들이 자신의 능력을 최대한으로 개발하여 사회에 재투입되어 신체적, 사회적, 교육적, 직업적으로 최적의 상태로 생활할 수 있도록 도와주는 역동적인 과정을 말한다. 그리고 장애인을 위한 소득, 의료, 교육, 고용정책 또한 중요한 요소인데 이를 자세히 설명하면 다음과 같다.

1) 장애인을 위한 사회복지서비스

(1) 의료재활

① 의료재활의 개념

국제노동기구(ILO)에서는 의료재활을 '장애인이 자립하고 활동적인 생활을 영위할 수 있도록 개인의 기능적 혹은 심리적 능력을 발달시키는 의료적인 접근방법'으로 정의하였고, 국제보건기구(WHO)에서는 '질병이나 사고에 대한 후유증, 만성질환, 노인병 등 치료기간이 장기화되기 쉬운 환자의 잠재능력을 활용하여 자연치료를 적극적으로 촉진시키는 기술이며 내·외과적 치료의 응용과 함께 물리적·심리적 수단을 보완하고 보충하는 의료적 조치'라고 정의하고 있다(남일재 외, 2006).

의료적 욕구는 일반적으로 장애인이 가장 필요로 하는 영역이라고 볼 수 있기 때문에 의료재활 서비스의 공급확대는 장애인의 가장 절실한 필요를 충족시킨다는 측면과 아울러 장애인의 사회통합 촉진과 기여면에서 가장 필수적인 분야이다. 의료재활은 장애인 재활의 기초가 되는 동시에 가장 중요한 부분이며 질병의 발생 및 외상 초기부터 실시되어야 할 뿐만 아니라 장애인들이 사회생활을 영위하는 중에도 계속 필요로 하는 분야라고 볼 수 있다(우주형, 2001).

② 의료재활의 대상

의료재활을 필요로 하는 사람은 심신에 장애가 있는 사람으로 만성질환이나 장애를 지니고 있는 사람들이다. 실제로 임상에서 재활의학전문가가 주로 다루는 분야는 뇌졸중, 편마비, 뇌성마비, 척수질환 및 손상에 의한 하지마비 또는 사지마비, 소아마비, 신경손상, 관절염, 골절, 근육 및 결합조직질환, 경부 및 요추부 동통, 사지절단, 화상, 호흡기 장애, 순환기 장애 등이다. 이러한 사람들을 위한 의료재활은 환자의 신체적, 심리적 능력의 회복을 꾀하고 그가 가진 잠재능력을 발휘할 수 있도록 하는 의학적 수단으로 그 영역은 우선적으로 신체적 장애를 예방하는 일과, 신체적 장애를 제거 혹은 경감시키는 일이다. 그리고 장애가 잔존하더라도 그 제약 내에서 그의 능력을 최대한으로 발휘해서 생활할 수 있도록 훈련시키는 일이다(남상만 외, 1998).

③ 의료재활의 내용

남상만(1998)은 의료재활의 내용을 크게 다음의 세 가지 내용으로 분류하여 설명한다.

첫째, 수술, 변형의 과정, 마비의 회복훈련 등 기본적인 기능장애의 개선을 도모하는 방법이다.

둘째, 기본적인 기능장애의 회복에 한계가 있는 경우, 다른 기능의 훈련 등을 통해 통상적인 기능을 발휘할 수 있도록 하여 전체적인 능력의 향상을 도모하며, 보장구 등을 활용하여 기능장애를 대체할 수 있는 방법이다.

셋째, 장애인이 자립생활을 영위할 수 있도록 생활환경, 직장생활의 개선 등을 의료적 입장에서 자문하고 서비스하는 방법이다.

의료재활에 있어서 치료의 종류로는 장애의 원인이 되는 병적 요소를 제거하기 위한 약물치료와 수술치료, 기능을 향상시키기 위한 물리치료, 작업치료, 언어치료 등이 주로 실시된다.

(2) 교육재활

① 교육재활의 개념

교육재활이란 장애인이 가지고 있는 능력을 최대한으로 향상시키고 발휘하게 하여 잠재능력의 가능성을 개발하며 사회생활에 스스로 적응해 가도록 도움을 주는 교육제도와 교육방법 및 기술을 총칭한다. 우리나라 헌법 제31조 1항에서 '모든 국민은 능력에 따라 평등하게 교육을 받을 권리를 가지고 있다'고 명시되어 있는 것으로 보아 장애인에게 평등한 대우를 부여하기 위한 교육재활은 필수적인 재활영역이다. 특히 장애인 중에서도 장애아동의 능력향상을 위하여 교육재활은 반드시 필요한 재활분야이다(전용호, 2000).

② 교육재활의 대상

많은 학자들에 의하면 특수교육의 대상을 '신체적, 심리적 특성의 정도가 평균으로부터 차이가 있는 아동으로 장애아의 각자 능력에 맞는 수준에까지 성취시키기 위하여 특수교사나 특수한 보조적 지도가 필요한 아동'이라고 하였다. 우리나라 특수교육진흥법 제10조에서는 특수교육대상자를 '시각장애, 청각장애, 정신지체, 지체부자유, 정서장애(자폐성 포함), 언어장애, 학습장애, 기타 교육부령이 정하는 장애를 지닌 자'로 규정하고 있다(박옥희, 2004).

③ 교육재활의 내용

장애인을 대상으로 한 교육은 장애인이 가지고 있는 특성에 맞추어 교육내용이나 교육방법이 특수한 성격을 띠므로 이를 특수교육이라고 한다. 특수교육은 장애로 인해 일반학교 과정을 일반학급에서 교육받기 곤란한 아동이나 교육상 특별한 배려가 필요한 아동에게 특성에 맞는 교육환경을 마련하여 아동의 가능성을 최대한 발휘하도록 하기 위한 교육의 한 분야이다. 이러한 특수교육의 기본과정과 원리는 다음과 같다(박옥희, 2004).

첫째, 특수교육의 목적은 일반교육에 비하여 특이하지 않으며, 특수교육의 방법은 일반교육과 다르지 않다.

둘째, 특수교육은 종합적인 노력의 소산이다. 즉, 특수아동을 발견하여 효과적인 교육적 조치를 하기 위해서는 여러 영역의 전문가들의 관여가 필수적이다.

셋째, 특수교육은 이질적인 집단이기에 동일영역의 장애아동이라 할지라도 개인차가 심하므로 획일적인 교육프로그램을 사용할 수가 없다.

넷째, 대부분의 특수아동에 대한 교육은 의료서비스, 특별한 시설 및 기자재, 특별한 훈련프로그램 등을 필요로 한다.

다섯째, 특수아동은 필요한 만큼만 특수교육전문영역에 배치하여 교육받게 하고 될 수 있는 한 일반학급에서 일반아동과 함께 교육을 받는 통합교육을 한다.

(3) 직업재활

① 직업재활의 개념

국제노동기구(ILO)에서는 직업재활이란 "직무지도와 훈련 그리고 취업알선 등과 같은 직업적 서비스를 포함하는 연속적이고 협력적인 재활과정의 일부로써 장애인이 적절한 고용을 확보하고 유지할 수 있도록 원조하는 것"이라고 정의하고 있다. 직업재활이란, 심신의 결함을 지닌 장애인들의 신체적, 정신적, 사회적, 직업적, 경제적 능력을 최대한으로 찾고 길러 줌으로써 일할 권리와 의무를 비장애인과 똑같이 갖게 하는 것이라 할 수 있다. 또한 장애인의 성공적인 사회통합을 위한 최대 과제인 자립생활을 영위하도록 하는 재활사업 중 가장 중요하고 핵심이 되는 과정이 직업재활이다(남일재 외, 2006).

② 직업재활의 대상

직업재활의 대상은 장애의 원인이나 특성, 연령에 관계없이 그들이 준비가 되어 있고 적절한 고용을 확보하고 유지할 수 있다면 모든 장애인들에게 적용될 수 있다. 그러나 직업재활은 심신의 결함이 있는 모든 장애인에게 필요한 것은 아니다. 즉, 장애의 정도가 경미하여 특별한 개입 없이 비장애인과 같이 직업에 종사할 수 있는 사람은 직업재활의 대상이 아니라고 볼 수 있다. 따라서 심신의 결함이 직업을 찾는데 장애가 되나 일정한 의료적, 직업적, 교육적, 사회적 재활서비스를 제공하면 직업을 가질 수 있는 가능성이 있는 장애인을 직업재활의 대상자로 보아야 한다(남상만 외, 1998).

③ 직업재활의 내용

직업재활은 장애인의 잔존하는 기능을 극대화하여 경제적, 정신적, 사회적, 신체적 자립을 할 수 있도록 원조하는 것으로 이러한 과정은 여러 분야의 전문가들의 지도와 개입에 의하여 이루어진다. 직업재활의 과정은 일반적으로 직업평가, 직업훈련, 취업알선, 사후지도로 구분되며 이를 자세히 살펴보면 다음과 같다(전용호, 2000).

첫째, 직업평가는 장애인이 직업훈련의 어떤 분야에 직업적인 능력과 가능성이 있는지를 평가하는 것이다. 직업평가의 목적은 서비스의 대상자를 어느 범위로 정할 것인가에 따라 달라진다. 그러나 공통적으로 다음의 사항들이 직업평가에서 고려되어야 하는데, 우선 재활의 가능성을 결정하고, 개인의 능력을 확인할 것, 그리고 재활을 저해하는 요인을 발견하고 바람직한 행동계획을 책정할 것 등이 직업평가에서 다루어져야 할 내용이다.

둘째, 직업훈련은 단순히 직업적인 기능의 습득뿐만이 아니라 직업인으로서 갖추어야 할 작업태도, 작업행동, 직업에 대한 이해력, 습관 등 종합적인 영역을 교육하는 것이다. 이러한 장애인의 직업훈련은 내용상 직업적응훈련과 직업훈련으로 나뉘는데, 직업적응훈련은 장애인이 작업환경에 적응하기 위해 직업인이 되기 위한 자세, 태도, 의식 등에 중점을 두고 훈련하는 과정이며, 직업훈련은 특정한 직종의 구체적인 기술과 지식을 습득하는 과정이다.

직업훈련의 의의로는 장애인들을 경제적으로 자립시킴으로써 사회의 부담을 경감시키고 납세자로서 사회에 기여할 수 있도록 하며, 직업훈련 자체가 장애인에게 치료과정이 될 수 있기에 직업훈련은 큰 의의가 있다.

셋째, 취업알선은 장애인이 직업인으로서 갖추어야 할 직업의 능력을 구비하였을 때 그들이 적합한 직업을 가질 수 있도록 지원하는 일련의 과정이다. 장애인의 취업알선을 위하여 고려해야 할 사항으로는 취업을 위한 준비가 잘 되어 있는가에 대한 사항, 장애인에 대한 사회의 인식, 고용환경에 대한 사항, 장애인고용제도에 관한 사항을 파악하는 것이 중요한 과제이다.

넷째, 사후지도(follow up service)는 장애인들이 일정한 과정을 마치고 취업한 뒤에 발생하는 직업과 관련된 문제해결을 위한 조력을 제공하는 일련의 활동이다. 상담자는 클라이언트가 취업한 뒤에도 항상 밀접하게 연결되어 있어야 하며 문제발생을 사전에 적절히 예방하고 또한 대책을 수립해야 한다.

일반적으로 장애인들이 직업훈련을 마치고 산업현장으로 진출하게 되면 여러 가지 문제에 직면하게 된다. 장애인에 대한 고용주나 동료들의 편견, 신체장애에 대한 불안감, 열악한 작업환경 등의 문제들이 내재되어 있어 근무하는데 지장을 초래할 경우가 생길 수 있다. 따라서 적절한 사후지도를 통하여 장애인들의 지속적이고 고용이 유지될 수 있도록 하는 것은 재활과정의 중요한 과제인 것이다.

(4) 사회재활

① 사회재활의 개념

국제보건기구(WHO)에서는 사회재활을 "전 재활과정에 방해가 되는 모든 경제적·사회적 곤란을 감소시켜 장애인으로 하여금 가정이나 지역사회 또는 직장에 적응할 수 있도록 원조하고 사회에 통합 내지는 재결합하는 것을 목표로 하는 재활운영의 일환"으로 정의하고 있다. 이러한 사회재활은 전인재활이라는 차원에서 사회적인 측면으로 장애인이 사회생활이나 가정생활에 잘 적응할 수 있도록 서비스 하는 과정, 즉 장애를 가진 인간이 어떻게 하여 인간으로서의 존엄과 삶의 보람을 가지고 살아갈 수 있는가 혹은 그 인간을 둘러싸고 있는 사회에서 어떻게 해야 장애를 가진 사람들에게 적절한 생활환경을 마련하고 살아갈 수 있게 하는가를 의미하는 것이다(한국재활재단, 1997).

이와 같이 볼 때 사회재활이란 장애인을 둘러싼 사회적·물리적·경제적·심리적 환경조건을 정비하여 장애인이 인간다운 생활을 하고 궁극적으로는 사회통합될 수 있도록 지원하는 재활분야이다.

② 사회재활의 대상

사회재활의 대상은 넓은 의미로 보면 장애를 가진 모든 사람이라고 볼 수 있으나, 좁은 의미로 보면 장애로 인하여 사회적인 불리를 경험하는 장애인이라고 할 수 있다. 따라서 사회재활은 사회적인 불리를 가지고 있는 장애인들이 가정, 지역사회, 직장의 사회생활에 보다 잘 적응할 수 있도록 지원하는 재활서비스이다.

③ 사회재활의 내용

사회재활은 사회의 장애인에 대한 태도가 수용적이어야 하며 물리적 환경이 장애인들의 접근을 용이하게 되도록 해야 한다. 이렇게 하려면 사회개개인의 태도의 변화뿐만 아니라 사회제도나 정책적인 배려로서 장애인들이 현실적으로 사회적 역할을 수행하는데 지장이 없도록 사회적인 환경이 조성되어야 하며 사회복지사는 특히 사회적 활동을 적극적으로 추진시켜야 한다. 한편 국제재활협회의 사회재활위원회가 규정하고 있는 사회재활의 영역으로는 장애인관계법의 정비, 행정의 정비, 경제적 환경의 정비, 물리적 환경의 정비, 장애인의 심리적·정서적 문제의 해결, 사회적·문화적 기회의 확대 등이 있으며 이러한 영역의 개선을 통하여 장애인의 사회통합이 실현된다고 보고 있다(우주형, 2001).

2) 장애인복지정책

(1) 소득보장정책

장애인에 대한 소득보장정책은 직접적 소득보장제도와 간접적 소득보장제도로 나눌 수 있다. 직접적 소득보장대책인 공적부조사업은 그간

근간이 되어 왔던 생활보호법이 2000년 10월부터 국민기초생활보장법으로 전환됨에 따라 기초생활보장수급자에게 생계급여, 주거급여, 의료급여, 교육급여, 해산보호, 자활급여 등을 제공하여 최저생활을 보장해 주기 위한 제도이다. 또한 장애인복지법 제44조에 근거하여 다른 사람의 도움 없이는 일상생활을 영위하기 어려운 저소득 중증장애인에게 장애수당을 지급하고 있으며, 장애인복지법 제37조에 의거 자활자립이 가능한 저소득 장애인에게 자립자금을 대여하여 자활자립 및 생활안전을 도모하는 장애인자립자금 대여사업을 실시하고 있다. 간접적인 소득보장시책으로는 장애인의 경제적 부담을 완화하여 소득보장의 효과를 나타내는 이용료 및 세금감면정책이 있는데 이러한 경제적 부담 경감시책에는 전화료 할인, 주차료 할인, 철도요금 할인, 지하철도요금면제, 국내항공료 할인, 고궁, 국·공립박물관, 공원 등의 입장료 면제, 소득세 및 상속세 공제, 장애인용 수입물품 관세감면, 보장구에 대한 부가가치세 감면, 승용차에 대한 특별소비세, 자동차세, 교육세 면제 등이 있다(양정하, 2006).

(2) 의료보장정책

장애인은 다른 일반 환자들에 비하여 장기간의 치료와 재활을 필요로 하는 것을 감안하여 현재 의료급여 및 건강보험 급여기간이 365일로 확대되었으며, 장애의 진단 및 재활치료, 의료상담 등을 행할 목적으로 2000년 현재 전국에 15개의 재활병·의원이 있으며, 전체 520병상수, 338명의 종사자(의사)가 활동하고 있다. 이들 재활병·의원들은 사회복지법인이 운영하는 병원들이며 대부분이 대도시를 중심으로 편중되어 있기 때문에 일반 재가 장애인들이 의료서비스욕구를 해소하기에는 부족한 실정이다(한국사회과학연구소, 2000).

장애인 의료비 지원제도는 장애인복지법 제33조에 근거하여 1990년에 자활보호대상 1~4급 장애인을 대상으로 처음 실시된 이후 2003년에는 의료급여 법에 의한 2종 수급권자인 장애인들을 대상으로 1차 진료기관의 진료 시 본인부담금 1,000원 중 750원 지원, 2차, 3차 진료기관 및 국·공립결핵병원 진료 시 의료보호수가적용 본인 부담진료비 20% 전액 그리고 의료보호적용 보장구 구입 시 일정액의 범위 내에서 본인부담금 전액을 지원해 주고 있다(남일재 외, 2006).

(3) 교육정책

장애인을 위한 교육정책은 헌법 제31조의 "모든 국민은 능력에 따라 균등하게 교육을 받을 권리를 가진다."는 이념에 근거하고 있다. 우리나라 특수교육진흥법 제2장에서는 특수교육을 특수교육대상자의 특성에 적합한 교육과정, 교육방법 및 교육매체 등을 통하여 교과교육, 치료교육 및 직업교육 등을 실시하는 것으로 정의하고 있다. 이러한 과정을 통하여 장애인들은 교육의 기회를 평등하게 부여받고 사회의 한 구성원으로서의 역할을 수행해 나갈 수 있는 능력을 향상시키게 되는 것이다. 최근의 특수교육의 동향은 격리된 환경의 교육에서 탈피하여 통합교육을 실현하는 방향으로 나아가고 있으나 일반학교 교사나 학생의 인식부족, 장애인 편의시설의 미비, 특수교육인력의 부족 등의 현실적인 저해요소가 있는 실정이다. 그러므로 이러한 문제를 해결할 수 있는 보완책의 마련과 함께 그들이 졸업 후 자립·자활할 수 있도록 진학 및 취업에 있어서의 상호연계체계를 구축하는 방안이 마련되어야 한다(김만호, 2010).

(4) 고용정책

장애인이 그 능력에 맞는 직업재활을 통하여 인간다운 생활을 할 수 있도록 장애인의 고용촉진과 직업재활 및 직업안정을 도모하기 위하여 1990년 '장애인고용촉진등에관한법률'이 제정되어 300인 이상 근로자를 고용하는 사업주에 대해 근로자의 2% 이상을 장애인으로 고용해야 하는 할당제 의무고용정책을 마련함으로써 장애인고용촉진의 전기를 마련하였다. 그리고 2000년 7월 기존의 '장애인고용촉진등에관한법률'이 '장애인고용촉진및직업재활법'으로 개정 시행됨에 따라서 중증장애인과 여성장애인에 대한 고용의 기회가 확대되었으며 국가 및 지방자치단체의 장애인고용이 권장사항이 아닌 의무사항으로 개정되는 등 정부주도하에 장애인의 직업욕구를 충족시켜 줄 수 있는 법적인 기반이 마련되었다(김만호, 2010).

그러나 장애인고용촉진 및 직업재활법 제23조 국가 및 지방자치단체의 장애인고용의무 조항에서 "국가 및 지방자치단체의 장은 장애인을 소속 공무원 정원의 100분의 2 이상 고용하여야 한다."고 명시했음에도 불구하고 민간기업과 같은 불이행시의 제재조치를 명시하지 않고 있어 실제적인 의무조항이 되기 위해서는 민간기업과 같은 제재조항을 신설하는 것이 바람직하다고 볼 수 있다.

장애인고용정책이 계속 확대되어 가고 있는 상황이지만 아직까지 우리사회에는 풀어야 할 숙제가 많이 남아 있다. 비장애인에 비해 취업할 수 있는 기회가 상대적으로 취약한 장애인들이 사회의 많은 장벽 앞에 무릎 꿇게 되는데, 대표적인 것이 수시로 변하는 정책과 법 때문이라고 할 수 있다. 아래의 사례를 통해서 우리사회에서 장애인의 생존권이 먼저인지? 일반인의 직업선택 자유가 먼저인지? 생각해 보아야 할 것이다.

〈사례〉 "시각장애인만 안마사 자격 허용 정당"

서울행정법원 행정 11부(한기택 부장판사)는 9일 시각장애인이 아니라는 이유로 안마사 자격 신청이 반려된 송 모(64) 씨 등 4명이 "시각장애인만 안마사가 될 수 있는 규정은 위헌적" 이라며 서울시를 상대로 낸 안마사 자격 인정 신청서 반려 처분 취소 소송에서 원고패소 판결했다.

재판부는 판결문에서 "시각장애인에게만 안마사 자격을 인정하는 것은 장애인에 대한 국가의 보호 의무를 규정한 헌법에 따른 것이며 국가가 시각장애인에 대해 실질적 생계보장을 하지 못하고 있는 현실을 감안하면 이 같은 제도가 부당하다고는 볼 수 없다."고 밝혔다.

재판부는 "비장애인에게도 안마사 자격을 줄 경우 결국 안마 영업에 있어서 시각장애인의 경쟁력이 떨어져 이들을 보호할 수 없게 될 것"이라며 "비장애인의 '직업선택의 자유'도 중요하지만 시각장애인의 '생존권'보다 더 중요할 수 없다"고 덧붙였다.

송 씨 등은 중국, 일본 등에서 스포츠 마사지 교육을 받고 지난해 10월 서울시에 안마사 자격을 신청했다. 시각장애인이 아니고 시각장애인만 교육받을 수 있는 안마 시술 교육을 이수하지 않았다는 이유로 신청서가 반려되자 "현행 제도 하에서는 비장애인은 아무리 노력해도 안마사가 될 수 없어 헌법상 평등 원리에 어긋난다"며 소송을 냈다.

서울 = 연합뉴스, 2004. 9. 9

〈사례〉 "시각장애인만 안마사 자격 허용 위헌"

헌법재판소 전원재판부(주심 송인준 재판관)는 25일 시각장애인만 안마사 자격을 얻을 수 있도록 한 안마사에 관한 규칙 조항을 재판관 7대 1의 의견으로 위헌이라고 결정했다. 재판부는 결정문에서 "이 조항은 비장애인이 안마사 직업을 선택할 수 있는 자유를 원천적으로 제한하는 것"이라며 "일만 국민의 직업 선택의 자유를 지나치게 침해하고 있어, 기본권 침해의 최소성 원칙에 어긋난다"고 밝혔다. 재판부는 "시각장애인의 생계보장 등 공익에 비해 비시각장애인들이 받게 되는 기본권 침해가 지나치게 커서 법익의 균형성을 상실했다."고 덧붙였다.

한겨레신문 = 2006. 5. 25

3. 장애인복지의 향후 과제

장애인복지의 기본목표는 사회통합과 정상화의 이념에 기초하여 장애인의 완전한 사회참여와 평등을 보장하는데 있다. 그리고 장애인의 문제를 가정, 사회 및 국가가 공동의 노력으로 해결하고, 장애인복지에 대한 장기적인 방향 설정과 꾸준한 실천이 병행되어야 할 것으로 본다. 이를 토대로 향후 장애인복지의 발전을 위해 해결되어야 할 과제를 제시하면 다음과 같다.

첫째, 장애발생의 예방을 강화해야 한다. 다양한 사회적 장애요인으로 후천적 장애인의 비율이 급격하게 증가하고 있을 뿐만 아니라 인구의 고령화로 인한 노인장애인 증가는 장애인 문제의 한 양상으로 대두되고 있다. 그러므로 장애인복지의 과제는 장애발생의 예방이라고 볼 수 있다. 장애발생 예방을 위해 생애주기에 적합한 건강관리와 의료재활사업을 강화해야 하며, 장애예방을 위한 교육 및 홍보 등의 대책이 필요하다.

둘째, 장애인을 위한 다양한 소득보장정책을 마련하여야 한다. 장애로 인하여 소득기회의 상실과 소득중단이 된 사람에 대해서는 다른 어떤 사회적 개입보다 소득보장은 일차적 우선순위를 가질 수밖에 없다. 소득보장을 위한 대책으로는 국민기초생활보장제도, 수급권에 따른 장애수당, 장애아동부양수당 지급 이외에 최저생계비를 보장할 수 있는 소득보장제도의 마련, 소득에 대한 불리함을 보충하기 위한 각종 세제상의 혜택 등을 장애의 유형과 등급에 맞게 차등화 · 내실화시켜야 한다.

셋째, 장애인의 자립생활과 역량강화를 위한 지원시스템이 필요하다. 장애인의 자립생활을 위한 가장 기본적인 과제는 사회적 편의시설의 구축과 장애인이 독립생활을 할 수 있도록 역량강화를 위한 적극적이고 다양한 프로그램과 지원 시스템의 수립이라고 할 수 있다. 이를 위해 지역의 서비스 중심기관으로서 장애인복지관을 최대한 활용할 수 있도록 지역 내의 지원시스템을 구축하고 지역 내의 이용시설과 주민과의 교류확대를 위하여 지역 중심의 서비스 네트워크가 형성되어야 할 것이다. 아울러 장애인을 위한 자립생활 기반을 조성하고 제도화를 위해서는 장애인 당사자뿐만 아니라 일반인의 자립생활에 대한 이해증진을 위해 적극적인 홍보가 필요하다.

넷째, 장애유형별 장애정도에 따라 개별화된 직업재활 프로그램 체계를 구축하여 장애인이 자기능력을 최대한 개발하여 적성에 알맞은 직업을 갖고 사회적, 경제적 활동에 참여할 수 있도록 고용환경을 조성하여야 한다. 이를 위하여 장애인고용촉진 및 직업 재활법에 의한 장애인 의무고용제를 보다 강화하여 기업의 부담금 납부보다는 장애인 고용에 대한 기업의 사회적 책임성을 강조하고 장애인을 고용하도록 유도하여야 하며, 취업이 어려운 중증 장애인들이 적합한 일을 가질 수 있도록 보호고용을 활성화시켜야 한다.

이상을 토대로 장애인과 비장애인이 더불어 살아가는 사회를 만들기 위해서는 정책적, 제도적인 개선과 함께 모든 사회구성원들의 인식의 변화가 필요하며, 우리 모두의 사회라는 강한 공동체의식을 가질 때 장애인들이 사회구성원으로서 그들의 가치 있는 역할을 수행하는 이른바 통합된 복지사회가 이루어질 수 있을 것이다.

생각해 볼 문제

1. 최근 장애를 바라보는 관점의 변화(의학적 모형 -> 생태학적 모형)가 사회복지실천에 주는 함의는 무엇인지 토론해 보자.

2. 지금 우리 사회에서 장애인에 대한 잘못된 인식을 개선하기 위해서 해야 할 일들이 무엇인지 토론해 보자.

3. 사례에서 소개한 것처럼 지금 우리 사회에서 장애인의 생존권이 먼저인지? 일반인의 직업선택 자유가 먼저인지? 토론해 보자.

참고문헌

김만호 외(2010), 『장애인복지론』, 양서원
김민주 외(2009), 『사회복지개론』, 공동체.
남상만 외(1998), 『장애인복지개론』, 홍익출판사.
남일재 외(2006), 『사회복지개론』, 공동체.
문선화 외(2009), 『장애인복지론』, 양서원.
박옥희(2004), 『장애인보지론』, 학문사.
보건복지부(2007), 장애인복지법.
보건복지부 · 한국보건사회연구원(2007), 2007년도 장애인실태조사.
보건복지부(2009), 장애인등록 현황.
보건복지가족부(2010), 2010 장애인 활동보조 지원 사업 안내.
신섭중(2000), 『한국사회복지정책론』, 대학출판사.
양정하 외(2006), 『사회복지개론』, 공동체.
우주형(2001), 장애인의 직업재활법제에 관한 연구, 중앙대학교 대학원 박사학위논문.
전용호(2000), 『장애인복지』, 학문사.
정무성 외(2010), 『사회복지개론』, 신정.
정일교 외(2010), 『장애인복지론』, 양서원.
한국사회과학연구소 사회복지연구실(2000), 한국사회복지현황과 쟁점.
한국재활재단(1997), 『한국장애인복지변천사』, 양서원.

제13장

정 신 건 강

현재 우리 사회의 경제적 불안정, 증가하는 이혼과 가족해체, 만연한 도덕 불감증, 과도한 경쟁구조의 입시, 취업, 승진, 혼란스러운 가치관과 인간소외현상 등은 급변하는 세상에서 우리가 건강하게 산다는 것의 의미를 되짚어 보게 한다. 인간으로서의 가치를 누리며, 행복을 추구하기 위해서는 어떤 노력들이 필요한가? 이러한 질문에 대한 궁극적인 해답의 열쇠는 우리 주변의 물리적인 환경요인보다는 어떻게 건강한 정신을 소유하고 유지할 수 있느냐에 달려 있다고 보아도 무방할 것이다.

본 장에서는 정신건강의 개념, 조건, 현황 등을 다루면서 정신건강의 장애와 극복방안에 대해 살펴보고자 한다. 본 장의 학습목표는 다음과 같다.

- 정신건강의 개념 및 조건을 이해한다.
- 연령별 정신건강의 현황을 이해한다.
- 우울과 자살의 원인과 치료・예방에 대해 학습한다.

1. 정신건강에 대한 이해

현대사회의 급격한 생활환경의 변화와 사회구조가 복잡하고 다양해짐에 따라 현대인들에게 정신건강의 문제는 개인적인 차원이 아니라 가족에나 지역사회에 영향을 끼치는 사회적 문제가 되었다. 특히 경쟁주의와 물질만능주의, 가족기능의 변화, 개인주의 강화 등 급속한 변화를 경험해 오면서 많은 사람들은 스트레스와 우울, 분노와 소외감 등 정신건강에 어려움을 느끼고 있다.

2007년 발표된 사망력 통계에 의하면 1년간 자살자 수도 1만 2,047명으로 하루 평균 33명, 약 44분에 1명꼴로 스스로 목숨을 끊은 셈이다. 그러나 정신질환이나 정신장애에 대한 막연한 두려움과 편견은 정신건강 서비스 접근을 감소시킬 뿐 아니라 낙인이나 사회적 배제를 통해 개인과 사회적 고립을 가져오고 삶의 질을 저하시키는 결과를 낳게 되므로 이에 대한 사회적 관심이 필요하다(박지영 · 배화숙 · 엄태완 · 이인숙 · 최희경, 2010).

정신건강 문제는 우리가 일상생활에서 경험하는 걱정이나 슬픔에서부터 심각한 우울증이나 현실감의 완전한 상실에 이르기까지 다양하며 이러한 문제는 개인이나 개인이 속한 조직, 그리고 더 나아가 사회에까지 실제로 치명적인 손상의 원인이 될 수도 있다. 다행히 정신건강 문제를 경험하는 대다수의 사람은 조기에 도움을 받으면 극복할 수 있다. 하지만 정신건강 문제를 경험하는 많은 사람은 제때에 적절한 도움을 받지 못하고 있으며, 전혀 도움을 받지 못하는 경우도 있다. 이런 측면에서 볼 때 정신건강 서비스는 정신장애를 가진 사람과 그렇지 않은 사람 모두에게 제공되어야 하며 예방, 치료, 재활서비스가 적절히 포함되어야 한다(권중돈 외, 2011).

2. 정신건강의 개념

세계보건기구(World Health Organization)에 의하면 "건강이란 단순히 질병이 없다든지 허약하지 아니함을 뜻하는 것이 아니고, 육체적으로나 정신적으로 또는 사회적으로 사람이 완전히 행복하게 살 수 있는 상태를 의미한다."라고 말하고 있다(나동석 · 서혜석 · 곽의향 · 김미혜, 2008). 즉 정신건강이란 물리적, 심리적 및 사회적인 측면을 포함하는 다차원적인 현상으로 심리적 안정과 정신질환의 개념을 내포하는 것으로 이해해야 한다.

정신내의 생활에 초점을 둔 Freud는 무의식적 동기의 자각과 이러한 통찰을 기초로 한 자기통제와 연결시키려 하였고, Sullivan은 인간으로서의 효율성, 만족감, 인생에서 성공감을 증가시키려는 과정들과 효과적이고 효율적인 사회적 기능에 관심을 갖고 이를 강조하였다. 한편 Fromm은 커다란 환경과의 관계에 초점을 두고 생산적이고 관용적인 인격을 가지고 세상을 사랑스럽게 관계시키며 실제를 파악하려는 이성을 가지며 자기 자신을 독특한 개인적 실체로서 경험하며 동시에 그의 동료들과 일치의식을 느끼는 사람, 비합리적인 권위에 복종하지 않으며 양심과 이성의 합리적인 권위를 잘 받아들이는 사람, 살아있는 한 항상 발전적인 과정에 있음을 아는 사람, 주어진 인생을 가장 가치 있게 여기는 사람을 정신적으로 건강한 사람이라고 보았다(임규혁, 2001).

미국 정신위생위원회보고에서는 '정신건강이란 다만 정신적 질병에 걸려 있지 않은 상태만이 아니고 만족스러운 인간관계와 그것을 유지해 나갈 수 있는 능력'을 의미한다고 정의내리고 있다. 이는 다만 모든 종류의 개인적, 사회적 적응을 포함하며 어떠한 환경에도 대처해 나갈 수 있는 건전하고 균형되며 통일된 성격의 발달을 의미한다(나동석 외, 2008).

이상의 내용으로 볼 때 정신건강이란 신체적·정신적 측면이 한 개인 내에서 조화롭게 상호작용하며 독자적이고 자주적으로 자기 생활을 바람직하게 처리할 수 있는 능력이라고 할 수 있다.

3. 정신건강의 조건

신체적, 정신적, 사회적, 도덕적 측면에서의 조화가 바탕이 되는 정신적 건강은 모든 성격이 충분히 활동하고 있는 상태이다. 정신건강을 내적 안정성으로 본 Mckinnety는 행복감, 활동성, 사회성, 통일성, 조화성, 현실세계에서의 지향 적응성, 자기책임의 일곱 가지 요인을 정신적으로 건강한 사람이 지니고 있는 특성으로 들고 있다. 또한 Fenton은 정신건강의 조건을 통일성과 일관성, 자신에 대한 승인, 사회적 승인, 사회적 승인의 유지라는 네 가지로 나누어 다루고 있다(장연집·박경·최순영, 1997).

그리고 Johoda는 정신건강의 조건을 다음과 같이 포괄적으로 다루고 있다(김미영, 2003). 첫째는 자아정체감으로써 이것은 정신적으로 건강한 사람들은 자신을 긍정적으로 수용하고, 필요한 경우에는 자기개념을 수정하기도 하며 자아정체감을 갖게 된다는 것이다. 둘째는 자아실현인데 이것은 건강한 사람은 자신을 인정할 뿐만 아니라 성장, 발달하려는 욕구를 가지고 있으며 또한 궁극적으로는 자아실현의 동기를 갖게 된다는 것이다. 셋째는 통합력으로써 건강한 사람들은 정신적으로 균형잡혀 있고 삶에 대한 통합적인 노력을 하며 스트레스 상황에서도 항상 통정된 행동을 하게 된다는 것이다. 넷째는 자율성인데 이것은 행동의 결정과정에서 자율적으로 행하며 독립적인 행동에 대하여 스스로 통제하는 자율성을 말한다. 다섯째는 현실지각 능력으로써 현실지각 능력이 정확하여 사물을 왜곡하지 않을 뿐만 아니라 현실에 대한 민감성도 갖추고 있어서 다른 사람에게도 보다 적절히 대응할 수 있으며 적절이 자신의 감정을 주고받을 수 있는 것이다. 여섯째는 환경 적응능력으로써 주어진 환경 속에서 대인관계가 적절하고 환경에 적응능력 및 조정능력이 있으며 사랑할 수 있는 능력이 있고, 문제해결 장면에서도 효율성을 보이게 된다.

이상의 조건을 요약하면 정신적으로 건강한 사람은 자아정체감을 갖고 시간이 지남에 따라 미래지향적이고 효과적으로 인생에 투자할 줄 알며 통합된 인격을 가진다. 또한 이들은 자신의 주변 환경에 최적의 적응을 하도록 노력하며 효과적으로 일하고 사랑할 줄 안다.

4. 정신건강 문제의 현황

현대사회는 우리가 원하는 심신 건강을 위협하는 요소가 너무나 많다. 각종 신체적 질병은 말할 것도 없고 산업화, 기계화는 인간성의 비인간화 현상을 더욱 부추기고 있으며 일상생활에서의 과잉자극에 신경은 시달리고 피로하며 심리적, 물리적, 환경적 상황은 무력감, 고립감, 불안감을 일으키고 있다. 이처럼 복잡한 세상에서 현대인들은 어느 때보다도 더 많은 스트레스를 받고 있으며 정신건강상에 장애가 유발되고 있다.

이에 인간의 정신건강 문제를 아동 · 청소년, 성인, 노인을 중심으로 문제와 현황을 살펴보고자 한다.

1) 아동 · 청소년의 정신건강문제

아동 · 청소년기는 성인기로 넘어가는 과도기이며, 재편되는 시기로 이 시기의 정신건강은 아동 · 청소년의 현재 생활과 미래의 삶에 영향을 미친다. 아동 · 청소년의 정신건강은 학업과 인간관계, 신체건강에 영향을 미칠 뿐만 아니라 아동 · 청소년의 정신건강 상태가 잘 유지되고 보호되어야 자기가 원하는 사람으로 성장할 수 있다. 아동 · 청소년기의 주 활동 영역은 가정, 학교, 지역사회인데 불안장애, 우울증, 학습장애, 품행장애와 같은 정신건강문제는 이들이 이러한 영역에 적응하는 능력을 심각하게 손상시킬 수 있다.

「2009 청소년통계」(보건복지부, 2010)에 나타난 아동 · 청소년의 정신건강 문제를 살펴보면 다음과 같다. 평상시 스트레스를 '대단히 많이' 또는 '많이' 느끼는 편인 아동 · 청소년의 비율은 남자 38.1%, 여자 50.1%로 여학생이 남학생보다 높았으며 학년이 올라갈수록 스트레스 인지율이 증가하는 경향을 보이고 있다.

조사 전 일 년 동안 2주 내내 일상생활에 지장이 있을 정도로 슬프거나 절망감을 느낀 적이 있다고 응답한 아동 · 청소년의 비율은 남자 34.0%, 여자 44.3%로 여학생이 남학생보다 높았으며, 학년이 올라갈수록 우울감 경험률이 증가하여 고3 여학생의 우울감 경험률은 50%를 넘었다.

자살 생각률은 남자 15.4%, 여자 22.9%, 자살 시도율은 남자 3.7%, 여자 5.9%로 여학생의 정신건강이 남학생보다 더 좋지 못한 것으로 나타났다.

2005년과 2007년 사이에 큰 폭으로 증가하였던 우울감 경험률과 자살 시도율이 2008년에는 다소 개선되었으나, 2주 내내 일상생활에 지장이 있을 정도의 우울감을 청소년의 40% 정도가 여전히 경험하고 있다는 조사결과는 아동 · 청소년 정신건강이 위험수위에 있음을 시사한다.

2) 성인의 정신건강문제

성인기는 결혼, 자녀의 출산과 양육, 구직에 따른 다양한 역할들이 부여되기도 하며 이혼이나 실업, 건강의 악화로 인한 어려움을 겪기도 한다. 성인기에서 가장 중요한 것은 원만한 인간관계 형성으로 고부간 또는 부부간의 갈등이나 직장이나 직업상의 인간관계에서 나타나는 갈등이나 예기치 않은 사건이나 상황에서의 갈등, 근친자의 사망이나 경제적 타격 등에서 오는 신경증을 슬기롭게 극복하여야 한다.

성인기의 정신건강을 위협할 수 있는 또 다른 요인은 이혼이다. 이혼이 가져오는 스트레스를 극복하기 위하여 새로운 사회적 역할을 그대로 받아들이고 이혼자로서의 새로운 정체감을 형성하여야 하며, 이혼에 관련된 부정적 감정을 표현하고 취직이나 자립을 위해 노력하고, 변화된 가족구조에서 새로운 삶에 적응하기 위해 가족과 관련된 활동을 열심히 수행하는 것이다. 또한 가정적·사회적 책임에 따르는 과로와 승진이나 실직의 두려움으로 인한 스트레스는 성인병의 주원인이 되며, 이로 인하여 과로사, 돌연사가 발생할 수 있다. 스트레스 해소 수단으로 술이나 담배를 습관적으로 하게 되는데, 이는 알코올 남용이나 알코올 의존 또는 각종 질병을 일으키는 원인이 되기도 한다(나동석·서혜석·이대식·곽의향·김미혜, 2008).

〈표 13-1〉 정신장애 1년 유병률 및 추정환자 수(성과 연령별 보정)

구분	남자		여자		전체	
	유병률(%)	추정 환자수(명)	유병률(%)	추정 환자수(명)	유병률(%)	추정 환자수(명)
알코올사용장애	8.7	1,392,826	2.5	402,571	5.6	1,795,397
정신병적장애	0.4	68,938	0.2	31,645	0.3	100,583
기분장애	2.1	340,596	3.9	611,584	3.0	952,180
불안장애	3.2	511,808	6.9	1,085,321	5.0	1,597,129
모든 정신장애* 니코틴사용장애 제외	13.0	2,085,508	12.9	2,035,576	12.9	4,121,084

* 지난 일 년 사이에 한번이라도 정신장애를 앓은 적이 있는 대상자
출처: 보건복지부, 2011.

2011년도 정신질환실태 역학조사에 따르면 〈표 13-1〉에서 보는 바와 같이 정신질환자 1년 유병률은 18세 이상 64세 이하 인구의 12.9%로 매년 약 412만명이 정신질환에 이환되었다. 이 중 불안장애, 기분장애, 정신병적장애의 1년 유병률은 8.3%(약 264만명)이고, 알코올사용장애의 1년 유병률은 5.6%(약 179만명)였다. 이러한 조사결과는 성인기의 정신건강에 대한 사회적 관심이 필요함을 시사하고 있다.

3) 노인의 정신건강문제

노인의 대표적인 정신건강문제로는 우울증과 치매를 들 수 있다. 인생의 다른 시기에 비해 노년기에는 건강이나 경제력의 약화, 직장에서의 은퇴, 가족이나 친구의 사망 등 상실을 경험하는 일이 많기 때문에 우울증을 경험하기 쉽다. 우울증은 적절히 치료받지 못할 경우 영양실조나 신체질환의 악화를 가져올 뿐만 아니라 가족갈등을 일으키거나 심지어는 자살을 유발하기도 한다.

노인의 정신건강문제를 이야기할 때 빼놓을 수 없는 부분이 치매이다. 치매란 하나의 질병이 아니라 여러 원인에 의해 일어날 수 있는 증후군으로 주로 의식의 혼탁이 없이 기억력 장애를 중심으로 다른 여러 인지기능(일반지능, 학습능력과 기억력, 언어기능, 문제해결능력, 지남력, 지각, 주의와 집중, 판단력, 사회적 능력, 인격)의 장애를 가져온다. 치매유병률은 연령이 증가할수록 유병률이 높아져 65-69세에서는 2.3%가 치매인 것으로 추정되지만, 70-74세에는 4.6%, 75-79세에는 13.6%, 그리고 80세 이상에서는 25.7%가 될 것으로 추정되고 있다. 또한 이러한 치매유병률은 여성노인이 남성노인보다 높아 전체 연령군에서 여성노인의 치매유병률이 높게 나타나고 있으며, 80세 이상 여성노인의 경우에는 남성노인의 두 배에 이르는 30%가량이 치매환자로 추정되고 있다(권중돈 외, 2011).

5. 정신건강의 장애와 극복

가정폭력, 무관심, 일상에 대한 무기력감, 다양한 좌절의 경험 등에 반복적으로 노출되는 사람들은 어떤 행동을 하게 될까? 어두운 구석에 버려져 적절한 양분 공급을 받지 못하여 시들다 죽는 화초처럼, 사람

또한 정신적·육체적으로 쇠약해지는 과정을 거쳐 죽음의 문턱에 도달하게 된다. 이러한 고통을 겪는 사람들에게 외부의 적절한 개입은 이들에게 보다 바람직한 삶의 방향으로 이끌 수 있다.

날로 늘어가는 정신병원, 정신신경증환자, 알코올중독, 성격이상자들, 때로는 전혀 이해할 수 없는 행동을 하는 사람들 모두는 인간서비스 영역에서 우리들의 클라이언트이고 이들이 갖는 문제는 이제 한 개인의 문제만이 아니라 우리사회 모두의 문제이므로 사회문제를 해결해 나가는 다양한 접근방법이 필요하다.

이에 심각한 정신문제를 유발하는 우울과 자신의 고통표현인 자살문제를 중심으로 원인과 대처방안 등을 살펴보고자 한다.

1) 우울증

우울증은 모든 정신장애 중에 가장 흔한 질병 중의 하나로 기분장애(mood disorder)로 분류된다. 기분장애란 어떤 정서상태가 비교적 오랫동안 지속되는 것으로 슬픔이나 무력감, 좌절, 자기혐오, 흥미상실 등과 같은 정서적 측면의 결함뿐만 아니라 자기 자신에 대한 부정적 평가와 낮은 자아존중감, 무능력감 등과 같은 인지적 측면, 그리고 식욕부진이나 불면증, 정신적 흥분, 피곤함, 위장장애, 체중감소 등을 동반하는 신체적 증상까지를 모두 포함한다.

(1) 우울증의 개념

우리는 누구나 생활 속에서 크고 작은 실패와 상실을 경험하게 되며 그 결과 일시적으로 우울한 기분에 젖게 된다. 대부분은 잠시 시간이 지나면 우울한 기분에서 벗어나 다시 정상적인 삶을 회복하게 된다. 이처럼 좌절 경험 후에 일시적으로 경미한 우울 기분을 느끼는 것은 매우 정상적이며 또한 자연스러운 일이기도 하다. 그러나 항상 우울한 상태에서 쉽게 회복되는 것이 아니며 때로는 점차 악화되어 전문적인 치료를 받아야 하는 병적 우울상태로 발전하기도 한다. 우울함은 기본적으로 실패와 상실에 대한 심리적 반응이라고 할 수 있다. 그렇다면, 정상적인 우울상태와 병적인 우울상태는 어떻게 다르며 어떻게 구분할 수 있는가? 정상적 우울과 병적인 우울은 다음과 같은 몇 가지 점에서 구분될 수 있다(권석만, 2008).

① 우울한 상태의 강도 또는 심각도

우리의 삶 속에는 크든 작든 누구나 좌절과 실패를 경험하게 되고 우울한 기분을 느끼게 된다. 병적인 우울은 정상적 우울에 비해서 우울증상이 현저하게 강력하고 광범위하게 나타난다. 즉 병적인 우울에서는 우울한 기분의 강도가 훨씬 강하고 다양한 우울증상이 나타난다. 자신은 무능하고 열등하며 무가치하다는 생각이 확고하며 일상생활에 대한 흥미, 의욕, 활력도 현격하게 감소한다. 아울러 식욕 감퇴나 불면증이 심하게 나타나고 자살에 대한 생각뿐만 아니라 실제로 자살시도를 하게 된다.

② 우울한 상태가 지속되는 기간

누구나 실패나 좌절을 경험하면 일시적으로 우울한 기분을 경험하지만, 일정한 기간이 지나면 이런 상태에서 벗어나 정상적인 기분으로 회복되는 것이 일반적이다. 그러나 어떤 사람은 이러한 우울상태에서 벗어나지 못하고 오랜 기간 동안 침체되는 경우가 있다. 이처럼 병적인 우울은 정상적 우울에 비해 지속기간이 길며, 보통 6개월 이상 지속된다.

③ 우울상태로 인해 파생되는 부정적 결과

우울한 상태에 빠져들게 되면 의욕이나 활력이 감소하기 때문에 학업, 직업, 가정일, 대인관계 등을 소홀히 하기 쉽다. 그러나 대부분의 사람들은 우울한 상태라 하더라도 최소한의 일상적인 업무를 수행하는 것이 일반적이다. 병적인 우울상태에서는 흔히 이러한 최소한의 일상적 업무마저 포기하여 심각한 결과를 초래하는 경우가 많다. 무단으로 학교에 자주 결석하여 성적이 급격하게 저하되거나 직장에 출근하지 않아 경고를 당하고 면직되는 경우도 있다. 가족을 돌보지 않아 심각한 가정문제가 파생되고, 대인관계를 전면적으로 중단하여 외톨이가 되는 경우도 있다. 이렇듯 병적인 우울은 심각한 학업적, 직업적, 사회적 부적응 상태를 초래하게 된다.

④ 좌절요인에 비해 과도한 우울 증상

친구나 가족과의 사소한 다툼이나 좌절에도 심각한 슬픔에 빠져들어 자학을 하고 자살까지 생각하는 사람이 있다. 학교 성적이 조금 떨어지거나 직장에서 업무부진의 징조가 나타나면 자신은 무능하고 열등하다는 심한 자책감에 빠져 의욕을 상실하고 무기력증에서 벗어나지 못하는 사람도 있다. 이처럼 좌절요인의 강도에 비해 지나치게 확대되고 과장된 우울반응은 병적인 우울이라고 볼 수 있다.

이러한 기준들에 의해서 병적인 우울상태라고 평가된 경우를 우울증이라고 한다. 물론 정상적 우울상태와 병적인 우울상태를 구분하는 일은 쉽지 않다. 우울증은 다양한 증상들로 나타나며 이러한 증상의 내용, 강도, 지속 기간, 생활에 미치는 영향 등을 종합적으로 고려하여 진단하게 된다.

(2) 우울증의 원인에 대한 이론

우울증은 왜 생기는가? 우울증은 어떤 원인에 의해서 유발되며 어떤 과정을 통해서 발생하는가? 우울증은 유전되는가 아니면 환경적 요인에 의해 생겨나는가? 우울증은 심리적인 장애인가 아니면 신체적인 장애인가? 이러한 물음들은 우울증을 이해하는 가장 핵심적인 물음이다.

우울증의 원인을 밝히는 일은 우울증의 치료와 예방 방법에 대한 이론적 근거를 제공하기 때문에 주요한 이론인 정신분석이론, 행동주의이론, 인지이론, 생물의학적 이론으로 우울증의 원인을 간략하게 소개하고자 한다.

① 정신분석이론

정신분석이론은 인간의 심리적 문제를 무의식적 동기와 갈등의 문제로 설명하는데, 우울증의 경우도 마찬가지이다. 일반적으로 정신분석이론에서는 우울증을 무의식적으로 분노가 자기에게 향해진 현상이라고 본다.

정신분석의 창시자인 프로이트(Freud)는 우울증을 사랑하던 대상의 상실에 대한 반응이라고 보았다. 사랑하는 대상을 상실하게 되면 상실의 슬픔뿐만 아니라 자신을 버려두고 떠나간 대상에 대한 분노를 느끼게 된다. 그러나 이러한 분노의 감정은 도덕적 억압으로 인해 무의식화되고 또한 분노의 대상이 이미 사라진 상태이므로 자기 자신에게로 향해지게 된다. 이렇게 분노가 자신에게 내향화되면 자신을 비난하고 책망하며 죄책감을 느끼게 된다. 따라서 자기가치감이 저하되고 자아기능 역시 약화되어 우울증으로 발전하게 된다는 것이다.

② 행동주의이론

행동주의이론은 인간의 행동을 환경적 요인에 의한 학습의 결과로 설명하며 우울증 역시 사회환경으로부터 긍정적 강화가 약화되어 나타난 현상이라고 본다. 우리는 생활 속에서 칭찬, 보상, 도움, 지지, 즐거운 일 등의 다양한 긍정적 강화를 받으며 살아간다. 또한 우리는 그러한 강화를 유발하는 행동을 하게 되며 그 결과 긍정적 강화를 받게 되는 연쇄 과정 속에서 살아간다.

행동주의이론에 따르면 우울증이 발생하고 유지되는 것은 이러한 긍정적 강화가 상실되거나 강화유발행동이 감소하거나 또는 우울행동이 잘못 강화되기 때문이다. 삶에서 중요한 상실사건(예: 가족의 사망, 실직 등)을 경험하는 것은 긍정적 강화의 중심적인 원천을 상실하는 것이다. 이러한 강화의 원천을 상실하게 되면 서로 연결된 모든 적응적 행동이 감소하면서 우울증으로 발전하게 된다.

③ 인지이론

인지이론은 사람들이 생활사건을 부정적이고 비관적인 의미로 과장하고 왜곡하기 때문에 우울증이 유발된다고 주장한다. 우울한 사람들은 생활사건의 의미를 왜곡시키는 독특한 인지적 오류를 범하는 경향이 있으며, 좀 더 근본적으로 자신과 세상에 대해서 비현실적인 믿음과 기대를 지니고 있다. 인지 이론은 이처럼 우울증을 유발하는 부정적인 사고 내용, 신념체계, 사고과정과 인지적 오류 등에 대한 설명을 제시하고 있다.

④ 생물학적이론

생물학적이론은 우울증이 신체적 원인에 의해서 생긴다는 가정에 기초하며 주로 정신의학자에 의해서 발전되었다. 우울증을 유발하는 신체적 원인으로 유전적 요인, 뇌의 신경화학적 이상, 뇌구조의 기능적 손상, 내분비계통의 이상, 생체리듬의 이상 등에 초점을 맞추어 연구가 진행되고 있다.

우울증이 유전되는지를 밝히기 위해 가계 연구·쌍생아 연구·입양 연구 등이 진행되었으며, 우울증에는 유전적 소인이 있을 수 있다는 연구 결과도 보고되고 있다. 또한 뇌세포간의 신경정보전달을 담당하는 신경전달물질의 이상이 우울증을 유발할 수 있다는 가정 하에 많은 연구가 진행되었다(권석만, 2008). 특히 모노아민(예: 노르에피네프린, 도파민 등) 계열의 신경전달물질의 과잉 분비가 우울증을 유발한다는 이론이 제기되기도 했으며, 이러한 연구 결과는 약물치료의 이론적 근거가 되고 있다.

(3) 우울증의 증상

우울증은 심리장애로서 여러 가지 증상의 복합체이며, 사람에 따라 매우 다양한 형태로 다양한 심리적 영역에서 증상이 나타난다. 우울증의 주요 증상을 정서적, 인지적, 행동적, 신체생리적 영역으로 나누어 살펴보기로 한다.

① 정서적 증상

우울증의 핵심 정서는 슬픔이다. 슬픔은 자신의 중요한 일부를 상실했을 때 느끼는 정서이다. 우울증 상태에서는 슬픔과 상실감으로 인해 서럽고 침체된 기분이 지속되며 눈물을 흘리며 울기도 한다. 아울러 실패와 관련된 좌절감으로 괴로워하며, 때로는 자신의 잘못에 대한 죄책감과 자책감에 시달릴 수도 있다. 자신이 무가치하고 인생이 허무하다는 느낌과 더불어 암담한 미래에 대한 절망감이 밀려들게 된다. 또 의지할 사람이 아무도 없이 홀로 떨어져 있는 듯한 고독감과 외로움도 느끼게 된다. 우울한 기분이 극도로 심한 경우에는 무표정하고 무감각한 정서 상태로 나타날 수도 있다. 또한 아동이나 청소년의 경우에는 분노 감정이나 불안정하고 과민한 기분 상태가 동반되어 우울 증상이 나타나기도 한다. 이러한 우울한 기분과 더불어 삶에 대한 동기와 욕구가 저하되어 흥미와 즐거움이 없어져 매사가 재미없고 무의미하게 느껴지며, 생활도 침체되고 위축된다.

② 인지적 증상

우울증 상태에서는 부정적이고 비관적인 생각이 증폭된다. 우선 자신이 무능하고 열등하며 무가치한 존재로 여겨지는 자기비하적인 생각을 떨치기 어렵다. 또한 타인과 세상은 비정하고 적대적이며 냉혹하다고 생각된다. 따라서 산다는 것이 참으로 힘겹고 버거운 일로 여겨지며 미래가 비관적이고 절망적으로 보인다. 아울러 인생에 대해 허무주의적인 생각이 증가되어 죽음과 자살에 대한 생각을 자주 하는 경향이 있다. 때로는 자신이 죄를 지었다는 비현실적인 죄책망상적 사고나 다른 사람에 의해 박해를 받고 있다는 피해망상적 사고가 나타날 수도 있다.

아울러 인지적 기능에도 여러 가지 변화가 나타난다. 평소와 달리 주의집중이 잘 되지 않고 기억력이 저하되고, 판단에도 어려움을 겪게 되어 어떤 일에 결정을 내리지 못하고 우유부단한 모습을 보이게 된다. 이러한 사고력의 저하로 인해 자신의 능력을 발휘하지 못하고 학업이나 직업활동에 어려움을 겪게 된다.

③ 행동적 증상

우울증 상태에서는 행동상에 여러 가지 변화가 일어난다. 우울한 사람은 어떤 일을 시작하는 데에 어려움을 겪어 해야 할 일을 자꾸 미루고 지연시키는 일이 반복된다. 또한 활력과 생기가 저하되어 아침에 잘 일어나지 못하고 쉽게 지치며 자주 피곤함을 느끼게 된다. 즐거운 활동에도 흥미를 잃고 긍정적 보상에 주의를 기울이지 못하기 때문에 사회적 활동을 회피하여 위축된 생활을 하게 된다.

우울한 사람들은 흔히 수면에 어려움을 겪는데, 불면증이 나타나서 거의 매일 잠을 이루지 못하거나 수면 중에 자주 깨어나게 된다. 때로는 반대로 과다수면증이 나타나 평소보다 훨씬 많은 시간을 자거나 졸음을 자주 느끼고 아침에 일어나지 못하는 경우도 있다. 행동과 사고도 느려지고 활기가 감소하여 행동거지가 둔하고 처지게 된다. 따라서 일을 신속하게 처리하지 못하고 지연시키며 활동량이 현저하게 감소한다. 때로는 초조하고 좌불안석하는 불안정한 행동을 나타내기도 한다. 심한 경우에는 자학적인 행동이나 자살시도를 할 수 있다.

④ 신체생리적 증상

우울증 상태에서는 여러 가지 신체생리적 변화가 나타난다. 우선 식욕과 체중에 변화가 나타날 수 있다. 흔히 식욕이 저하되어 체중이 현저하게 감소하는 경우가 많다. 이와 반대로 식욕이 증가하여 갑자기 살이 찌는 경우도 있다. 또한 이들은 피곤함을 많이 느끼고 활력이 저하되며, 성적인 욕구나 성에 대한 흥미가 감소한다. 소화불량이나 두통과 같은 신체적 증상을 나타내고 이러한 증상에 집착하는 경우도 있다. 그리고 면역력이 저하되어 감기와 같은 전염성 질환에 약하고, 한번 감기에 걸리면 오래 가는 경향이 있다.

(4) 우울증의 다양한 치료기법

우울증은 흔한 심리적 문제이며 때로는 시간과 상황이 변함에 따라 자발적으로 회복되는 경우도 있다. 그러나 우울증은 때때로 의욕상실과 사회적 위축 등으로 인해 인생의 중요한 시기에 업무수행이나 대인관계를 소홀히 하게 하여 평생토록 부정적인 영향을 미칠 수도 있다. 뿐만 아니라 우울증이 심한 경우에는 자살과 같은 치명적인 결과를 낳을 수도 있다. 따라서 가능한 한 빨리 전문가의 도움을 받아 치유해야 한다.

우울증의 치료법은 크게 심리적 치료법과 물리적 치료법으로 나눌 수 있다. 심리적 치료법으로는 최근에 우울증의 치료법으로 각광받고 있는 인지치료를 비롯하여 정신역동적 치료, 행동치료, 인본주의적 치료 등이 있다. 물리적 치료법으로는 가장 일반적으로 사용되고 있는 약물치료가 있으며 전기충격치료도 사용되고 있다.

(5) 우울증의 자가진단

우울증은 가능한 한 빨리 자각하여 치료하는 것이 바람직하다. 그러나 우울증을 진단하는 일은 쉽지 않다. 우리는 때때로 우울한 기분과 의욕의 저하를 경험할 수 있다. 이때 이러한 우울 상태가 얼마나 심각한 것인지를 스스로 평가하기 어렵다. 특히 이러한 우울 상태가 무시해도 되는 정상적인 상태인지, 아니면 전문적인 치료가 필요한 우울증 상태인지를 판단하기가 어렵다.

이러한 목적을 위해서 우울증을 평가하는 여러 가지 심리검사들이 개발되어 있다. 물론 우울증의 정확한 진단은 전문가에 의해서만 가능하지만, 여기 제시한 간단한 자가진단을 통해 스스로 우울 상태를 진단해 볼 수 있다.

우울증의 간이 진단 검사

아래의 항목을 잘 읽고 '요즘 며칠 사이 이런 경험을 얼마나 자주 했는지'를 그 빈도에 따라 적절한 숫자에 ○표 하십시오.

0	1	2	3
전혀 그렇지 않다	가끔 그렇다	자주 그렇다	항상 그렇다

1. 나는 슬프고 기분이 울적하다.	0	1	2	3
2. 나의 외모는 추하다고 생각한다.	0	1	2	3
3. 나 자신이 무가치한 실패자라고 생각된다.	0	1	2	3
4. 나는 다른 사람에 비해 열등하고 뭔가 잘못되어 있다고 느껴진다.	0	1	2	3
5. 나는 매사에 나 자신을 비판하고 자책한다.	0	1	2	3
6. 나의 앞날에 희망이 없다고 느껴진다.	0	1	2	3
7. 어떤 일을 판단하고 결정하기가 어렵다.	0	1	2	3
8. 나는 쉽게 화가 나고 짜증이 난다.	0	1	2	3
9. 진로, 취미, 가족, 친구에 대한 관심을 잃었다.	0	1	2	3
10. 어떤 일에 나 자신을 억지로 내몰지 않으면 일을 하기가 힘들다.	0	1	2	3
11. 인생은 살 가치가 없으며 죽는 게 낫다는 생각을 한다.	0	1	2	3
12. 식욕이 없다. 또한 지나치게 많이 먹는다.	0	1	2	3
13. 불면으로 고생하며 잠을 개운하게 자지 못한다. 또는 지나치게 피곤하여 너무 많이 잔다.	0	1	2	3
14. 나의 건강에 대해 걱정을 많이 한다.	0	1	2	3
15. 성(sex)에 대한 관심을 잃었다.	0	1	2	3

〈채점 및 해석〉

15개 항목에 대해 ○표를 한 숫자를 합하면 총점이 되며, 총점의 범위는 0-45점이다. 총점의 의미는 다음과 같다.

0-10점 : 현재 우울하지 않은 상태이다.

11-20점 : 정상적이지만 가벼운 우울상태이다. 자신의 기분을 새롭게 전환

할 수 있는 노력이 필요하다.

21-30점 : 무시하기 힘든 우울 상태이다. 우울 상태를 극복하기 위한 적극적인 노력이 필요하며 이러한 상태가 2개월 이상 지속될 경우에는 전문가의 도움을 받아야 한다.

31-45점 : 심한 우울 상태이다. 가능한 한 빨리 전문가의 도움을 받아야 한다.

2) 자살

최근 매스컴에서 보도되는 연이은 카이스트 재학생의 자살, 부부사이에 불화로 인한 어린 자녀를 동반한 주부의 투신, 성적을 비관한 중·고등학생들의 동반 자살, 부정에 연류된 공직자의 자살, 연예인들의 자살 등 우리사회에서 자살자가 크게 증가하면서 자살자에 대한 사회적 관심이 더해지고 있는 것은 주지하는 사실이다. 그러나 많은 경우 자살에 대한 관심은 두려움과 호기심으로 둘러싸여 다분히 선정적으로 다루어지고 있을 뿐, 자살에 대한 체계적이고 근본적인 대책은 부족한 사실이다. 사람들이 왜 자살이라는 극단적인 방법을 선택할 수밖에 없었는지 등 자살에 대한 이해를 바탕으로 자살에 대한 이해와 대처 및 예방 방법들을 알아보고자 한다.

(1) 자살의 정의

자살(自殺)이란 스스로 자가의 생명을 끊는 행위를 말한다. 세계보건기구(WHO)에 의하면 "치명적인 결과를 초래하는 자해행위"라고 하였으며, 자살행위란 "어느 정도의 자살의도를 가지고 그 동기를 인지하면서 자기 자신에게 가한 상해"라고 하였다(석재호·김경식·손봉기·함웅·기백석, 1980). 다시 말하면 내향화된 살의 또는 공격성에 의한 극도의 자책현상을 말한다. Durkheim(1987)은 자살을 피해자 자신에 의해서 행해지는 적극적 또는 소극적 행위의 결과로서 또는 간접적으로 발생하는 모든 죽음을 의미한다고 정의했다. 일반적으로 자살은 현실세계에서의 고통(의식, 신체 등)을 죽음으로 소멸시킴으로써 더 이상 고통을 인식하지 못하게 하려는 의도로 파악된다.

(2) 자살의 실태와 원인

국내 자살은 2009년 기준 우리나라 사망원인 중 4위를 차지하고 있으며, OECD 회원국 평균 자살 사망률의 2배를 크게 웃도는 수치를 나타내고 있어 자살이 매우 심각한 사회문제임을 여지없이 드러내고 있다.

더욱이 문제가 되는 것은 최근 몇 년 사이에 우리나라의 자살률은 급상승세를 보이고 있다는 점이다(통계청, 2010). 2009년 우리나라 자살률은 인구 십만 명 당 31.0명에 이르며 만 5세 이상 인구 자살사망자수가 15,413명으로 전년대비 2,555명이 증가하였다. 이는 1일 평균 42.2명이 자살하는 형국으로 2009년도에는 전년 대비 10대 이후 전 연령층에서 자살률이 증가하는 양상을 보였다. 성별 자살사망자수를 보면 남성이 십만 명 당 39.9명, 여성이 22.1명으로 남성의 자살사망률이 여성보다 1.8배 이상 높게 나타났다(통계청, 2010).

한국의 자살실태와 대책(박형민, 2007)에 의하면, 자살사건과 관련된 진술인의 답변에서 자살의 원인 중 가장 높은 비중이 경제적 곤란이었으며, 다음으로는 자살자의 우울증, 심리적 불안, 가족문제, 애정문제, 기타 사회관계 문제 등이었다.

〈표 13-2〉 진술자가 생각하는 자살의 원인

구분	응답		사례 내 비율(%)
	빈도	비율(%)	
우울증	234	16.9	20.8
경제적 곤란	242	17.5	21.5
심리적 불안	232	16.8	20.6
가족문제	133	9.6	11.8
애정문제	77	5.6	6.8
기타 사회문제	41	3.0	3.6
기타	422	30.6	37.5
계	1,381	100.0	122.6

출처 : 박형민, 2007.

경제적 곤란의 이유로는 최근에 사업이나 투자에 실패, 감당하기 힘든 부채, 실직, 평소 자신이 빈곤 때문에 비관, 상급학교 진학이나 취업의 실패, 도박 등의 문제로 가산을 탕진, 가족이나 본인의 병원비 때문에 경제적 곤란함 등이었다. 개인적인 어려움에는 정신질환, 지병, 외로움, 알코올중독, 학력이나 외모에 콤플렉스 등이었다. 자살자들이 겪고 있었던 곤란한 상황 중 가족문제를 살펴보면, 배우자와의 불화, 자녀와의 불화, 이혼(13.9%)이나 가족상실(13.5%), 실직 등이었다. 그리고 가족 문제 이외의 애정문제로 곤란 등이 있었다.

청소년 자살의 원인 또한 다양하고 복잡하며 유기적인 관련을 가지면서 추진력을 가지고 있다. 자살의 이유가 스트레스에 의한 우울, 부모님과의 갈등, 생활고 비관, 자아정체감 상실, 사랑이나 우정에 대한 고민, 성적 비관, 부모의 이혼을 비롯한 가정 내 갈등 등 다양하지만 공통점은 막다른 심정에서 손쉬운 해결방법으로 죽음을 택하고 있다. 청소년들의 자살유형을 살펴보면, 개인적인 성격과 가족관계, 살면서 겪는 사건 등 요인이 우발적 요인과 만나면서 충동적으로 결행하는 '즉각반응형 자살'이 많고, 특히 내성적이고, 소극적인 성격의 청소년일수록 평소에 문제를 크게 드러내지 않다가 일을 저질러 주변 사람을 놀라게 하는 경우가 많다는 것이다. 청소년기에는 자신에 대해 거는 기대치가 높아 현실과 거리가 큰 만큼 좌절감 역시 깊기 때문에 자신에 대한 불만과 분노를 자기 파괴행위로 나타내기 쉽다. 이 과정에서 심리적으로나 정서적으로 누구에서도 '도움을 얻을 수 없다'고 판단하는 상태에 이르면 자살이라는 극단적 행동과 방법으로 표현한다는 것이다.

(3) 자살 예방

자살을 막고 예방하기 위해서는 자살의 징후를 조기에 발견하도록 하는 자살의 예측변인을 파악하고 자살위험도를 판정하여 대처할 수 있어야 한다. 또한 정신건강을 도모하고 주위 환경을 개선해야 하며, 무엇보다도 가정, 학교, 직장, 사회에서 건전하게 발달하여 성장할 수 있도록 적절한 교육과 함께 이들 간의 연계성 있는 노력이 충분히 이루어져야 한다.

① 자살의 징후와 발견

자살 의사표현은 여러 가지의 형태로 나타나게 되는데 두 가지 차원, 즉 언어와 행동으로 보여지기도 하며, 때로는 직접적 또는 간접적으로 보여주기도 한다. 자살을 예방하기 위해서는 우선 자살을 시도하는 사람들의 특성을 알아야 한다. 지금까지의 연구 결과에 따르면 다음의 요인들이 자살의 좋은 예측자료로 밝혀졌다.

- 자살하겠다고 위협
- 이전의 자살 시도 경력
- 심하게 우울했던 사람이 회복되는 과정

예전에는 자살하는 사람이 자살 의도를 드러내지 않는다고 생각했다. 하지만 실제로는 대다수의 자살자들이 자살을 시사하는 단서를 남기고 있음이 밝혀졌다. 다음은 자살자들의 자살 경고 신호에 대해 정리하였는데, 자살을 방지하기 위해서는 부모나 친구, 지인들이 이러한 단서를 잘 알고 있는 것이 필요하다.

〈표 13-3〉 자살 가능성 예측 단서

언어 표현	행동 변화	상황 요인
· 차라리 태어나지 않았으면 좋았을 걸. · 내가 없어져 버리면 아마 마음 아프겠죠. · 난 더 이상 살고 싶지 않아 · 이제 모든 것을 끝내고 싶어	· 소중하게 여기던 물건을 남에게 주는 것 · 생명에 위험이 되는 행동을 무릅쓰는 것 · 자주 사고를 내는 것 · 심한 외로움이나 단조로움을 호소하는 것 · 지나치게 초조해 하고 안절부절 하는 행동	· 부모와 대화의 어려움 · 학교나 직장에서의 어려움 · 사랑하는 사람과의 이별 · 약물이나 알코올에 탐닉하기 시작할 때

② 자살 위험도의 판정

자살의 위험도를 판정하기 위해서는 우선 자살할 우려가 있는 위험을 파악해야 하는 것이 대단히 중요하다. 자살 위험도를 파악하는 방법에는 크게 두 가지 방법이 있는데, 하나는 본인의 진술이고 나머지 하나는 본인이 기록한 글을 분석하는 것이다. 이러한 방법을 적용하여 자살의 위험도를 판정하는 것 중에 한 가지는 자살징후인데 이를 평가하는 방법에는 몇 가지가 있다. 우선 평가표를 사용할 수 있지만, 평가표는 산술적으로 처리할 수 없고 신뢰할 수도 없으며 잘못될 가능성도 있으므로 다른 판정도구와 조합하여 참고해야 한다. 일반적인 심리검사 도구가 좋긴 하지만 솔직하게 답변하지 않을 가능성이 있어 투사법을 활용한 다른 방법으로 상황에 따라 적용하는 것이 좋다. 예를 들어 작문이나 감상문 쓰기, 그림 그리기, 자유스런 대화 등의 방법이 일반적이다. 이 중에서 본인에게 직접 쓰게 하는 방법은 수업 중에 적당한 주제를 주고 작문이나 감상문을 쓰게 하거나 독후감을 작성하여 제출하게 하고, 이로부터 본인의 심리가 반영된 위험한 징후를 발견하는 것이다.

(4) 자살예방 대책

지속적으로 증가하는 추세에 있는 자살에 대해 정부에서도 적극 대응책을 마련하고 있으며, 이러한 대응의 일환으로 2004년 보건복지부에서 자살예방대책 5개년 계획을 발표한 바 있으며, 2007년 국무총리실 주도로 범정부적으로 자살예방 대책을 수립하여 추진하였고, 2008년에는 자살예방관련 전문가 및 단체를 중심으로 민·관 합동 TF팀을 구성·운영하여 자살예방종합대책안을 마련하였다. 정부의 이러한 노력은 정신보건사업지원단과 보건소, 정신보건센터 등의 국가기관과 한국자살예방협회, 생명의 전화 등의 민간단체가 상호 협조하여 자살 예방을 위한 종합적인 방안을 마련하고자 하였다는 데에 그 중요한 의의가 있다고 하겠다.

이를 위해 무엇보다도 정신질환의 조기발견과 치료가 예방에 가장 중요하며, 학교당국, 청소년 상담 전문기관, 소아청소년 정신과 등에서는 이미 알려진 자살의 가능성이 높은 위험군을 찾아내어 특별상담과 관리가 제공되어야 한다.

생각해 볼 문제

1. 정신건강이 왜 중요한지에 대해 구체적으로 토론해 보자.

2. 정신건강이 유지될 때와 그렇지 않을 때의 차이점은 무엇인지 토론해 보자.

3. 자신이 살고 있는 지역사회 내에는 정신건강 관련기관이 무엇이 있는지, 또한 지역사회에 어떤 영향을 주고 있는지 토론해 보자.

참고문헌

권석만(2008), 『우울증』, 학지사.

권중돈 · 조학래 · 윤경아 · 이윤화 · 이영미 · 손의성 · 오인근 · 김동기(2011), 『사회복지개론』, 학지사.

김기태(2009), 『정신보건복지론』, 양서원.

김미영(2003), 중학생의 인터넷중독과 정신건강과의 관계. 공주대학교 석사학위논문.

나동석 · 서혜석 · 이대식 · 곽의향 · 김미혜(2008), 『정신건강론』, 양서원.

박지영 · 배화숙 · 엄태완 · 이인숙 · 최희경(2010), 『사회복지의 이해』, 학지사.

박형민(2007), 한국의 자살실태와 대책. 한국형사정책연구원.

보건복지부(2010), 2009 청소년통계.

보건복지부(2011), 2011년 정신보건사업안내.

배주미 · 양윤란 · 김은영(2009), 자살위기청소년 상담개입프로그램 개발. 한국청소년상담원.

석재호 · 김경식 · 손봉기 · 함웅 · 기백석(1980), 자살기도자에 관한 연구. 신경정신의학. 제19집.

양옥경 · 최소연 · 송인석 · 권지성 역/Robert R. Green ed.(2004), 『사회복지와 탄력성』. 나눔의집.

유수현 · 천덕희 · 이효순 · 성준모 · 이종하(2010), 『정신건강론』, 양서원.

이영실 · 이윤로 · 자윤경(2010), 『정신보건사회복지론』, 창지사.

임규혁(2001), 학생의 정신건강에 대한 교사의 인식도 분석. 교육문제 제14집. 고려대학교 교육문제연구소.

장연집 · 박경 · 최순영(1997), 『현대인의 정신건강』, 학지사.

통계청(2010), 2009 사망통계원인결과.

Durkheim, E.(1987), Suicide, New York : The Free Press.

제14장

자 원 봉 사

지금까지 세계 어느 곳에서나 사람들은 생존하기 위해서 혹은 좀더 편안한 삶을 위해서 '자원봉사'라는 이름으로 서로에게 도움을 주면서 생활하여 왔다. 시대가 바뀌고 사회가 현대화되어 갈수록 자원봉사자의 손길은 더 필요하게 되었다. 우리나라는 1990년대 중반에 와서 대학생들의 자원봉사에 대한 관심이 본격적으로 대두되었다. 대학생들의 자원봉사를 강조하게 된 결정적인 배경은 1995년 5월 13일에 발표된 '신교육 체계 수립을 위한 교육개혁방안'으로 제시되었던 사회봉사 관련 부분에서 유래했다고 볼 수 있다(한국사회복지협의회, 2007).

또한 그후 실시된 대학종합평가에서 사회봉사를 평가항목에 넣은 것이 각 대학의 사회봉사 실천 및 사회봉사 교육을 진작시키는 중요한 계기가 되었다고 볼 수 있다. 한양대학교를 필두로 국내 많은 대학이 '사회봉사 학점제'를 도입하였고, 일정 기간의 자원봉사활동을 필수 졸업요건으로 채택하는 대학도 나타났다. 이는 대학이 인간중심의 교육을 중시하고, 살아 있는 교육을 구현하며, 나아가 현실사회를 향한 개방책의 일환이라고 볼 수 있다.

- 자원봉사활동의 개념과 특성을 학습한다.
- 분야별 자원봉사활동을 살펴본다.

• 대학생의 자원봉사활동 현황과 앞으로 증진방안에 대해 토론해 본다.

1. 사회복지와 자원봉사활동의 관계

1) 사회복지분야에서 자원봉사활동의 필요성

최근 세계적으로 복지국가의 위기론의 대두와 더불어 자원봉사활동에 대한 관심이 더욱 고조되고 있고 자원봉사활동에 대한 기대와 요구가 점점 늘어나고 있다. 그러나 자원봉사활동이 마치 만병통치약이라도 되듯이 자원봉사에만 의존하여 국가의 제도적 보장을 없애버리거나 자원봉사활동을 인력과 운영비 절약을 위한 수단 또는 어려운 형편의 사람들만 돕는 수단으로 잘못 해석하여 행해지는 경우가 종종 있다.

이와 같이 자원봉사를 단순히 '부담의 공유'나 '노력의 제공'으로 끝내려 한다면 행정기능의 축소라는 비판을 피할 수 없고 자원봉사활동의 발전도 기대할 수 없다. 그러므로 사회복지에 있어 자원봉사활동의 필요성을 어떻게 정립·구축해 나가는 것이 바람직할 것인가를 생각하지 않을 수 없다(김범수 외, 2004). 자원봉사활동의 필요성을 설명하기에 앞서 사회복지에 있어 공적사회복지와 민간사회복지간의 역할분담이 우선되어야 하겠으며 이를 토대로 공적 사회복지와 민간사회복지간의 역할분담에 있어 자원봉사활동의 필요성에 대해 알아보고자 한다.

(1) 공적 사회복지와 민간 사회복지간의 역할분담

오늘날 사회복지에 있어 공공부문과 민간부문의 구분은 모호하고 혼합된 것이 많아 명확하게 구분짓기가 어렵다. 이것은 복지국가 이후 국가 책임의 확대로 민간 부문에 재정적 지원이 늘면서 정부재정에 대한 의존 경향과 더불어 1990년 작은 정부 지향으로 인한 정부조직의 변화 등으로 인해 두 영역간의 상호 침투를 가지고 와서 구분이 어렵게 되었기 때문이다(김동배, 2009). 사회복지에 있어 공적 사회복지와 민간 사회복지간의 역할분담에 대한 이론에는 평행봉이론, 공·사의 상호협조론 등이 있는데 그 이론들을 살펴보면 다음과 같다. 평행봉이론은 공적 사회복지와 민간 사회복지에 있어서 그 취급하는 대상자를 명백하게 구분하고 각기 독립적인 활동을 전개해 나가는 것이 합리적이고 효과적이다라고 본다(전수일·봉민근, 1995). 평행봉이론은 1869년 영국의 빈민법위원회에서 공·사 관계를 분명히 하기 위해 구제받을 가치가 없는 빈민들은 공적 빈민원에서 담당하고 자립의 의욕이 있어 원조가 가능한 구제받을 가치가 있는 사람은 민간 사회복지에서 담당한다는 원칙을 공식화하면서 대두된 것이다. 또한 이것은 두 개의 평범한 복지시스템을 의미하는 것이고 상호배타적 성격을 갖는다고 하겠으나 그 근저에는 국가 주체의 구빈정책에 대한 불신과 반감, 민간 사회복지의 우월성을 강조하는 측면이 있다(류기형 외, 2003).

공·사의 상호협조론은 2차 세계대전 이후 복지국가의 발전과 더불어 보다 충실한 사회복지의 실현을 위해서는 민간부문과의 파트너십이 필요하다는 의견이 대두되었으며, 평행봉이론만으로 복잡하고 다양한 공·사의 관계를 설명하는 데는 적절하지 않다는 생각이 지배적이었다. 이에 양자의 입장과 특성을 인정하면서 현대 사회문제에 상호 협동하여 대처할 뿐 아니라 상호 보완관계를 유지, 병행, 실시되어야 한다는 공·사 협조론이 등장하였다. 공·사 협조론은 사회적·경제적 불평등의 극복에 필요한 경제적 욕구에 대한 서비스는 공적 기관의 책임과 역할에 의해 해결되어야 한다는 점, 민간기관의 서비스는 새로운 욕구, 실험적 대응, 개인의 인간관계적 부적응 문제 등에 대응해야 한다는 점, 그리하여 공과 민의 상호 협조적 체계를 이루어야 한다는 것이 골자이다(전수일·봉민근, 1995).

이상의 내용에서 알 수 있듯이 사회복지의 세계적 추세는 공적 사회복지와 민간 사회복지가 서로 상호보완 내지 병존의 관계로 나아갈 전망이며 따라서 공·사간의 협력적 단계가 더욱 중요하게 대두될 것이다. 그러나 가장 바람직한 사회복지형태는 정부의 정책에 의해 제도적으로 보장되고, 국가가 모든 책임을 지는 것이어야 한다. 이러한 궁극적인 목적을 지향하면서 당면한 현재의 문제에 대응하기 위해서는 국가가 사회복지의 주체자임을 명확히 하고 보다 적극적으로 사회복지를 정책 속에서 실행해 나가야 할 것이며, 이와 더불어 전통과 시설, 기술을 보유하고 있는 민간 사회복지가 공적 사회복지의 한계를 보완해 가는 것이 타당하다고 본다.

(2) 공적 사회복지의 보완책으로서의 자원봉사활동

사회복지에 있어 공적 사회복지와 민간 사회복지는 상호보완 또는 협력의 관계로 발전되고 있으며 또한 그 영역도 명확한 구분이 어렵고 혼합된 형태를 띠고 있음을 알 수 있다. 이러한 경향은 자원봉사 부문에서도 마찬가지이다. 자원봉사활동은 민간 사회복지의 발달과 함께 하면서 민간 사회복지를 이루는 중요한 부분으로 자리 잡아 왔다. 시민들의 자연스런 활동으로 시작된 민간 사회복지는 복지국가에 들어서면서 국가기능의 강화로 상대적으로 그 기능이 위축되는 듯 보였지만 실제적으로는 오히려 활발한 활동을 전개해 오면서 역할이 더욱 강조되어 왔다. 왜냐하면 사회복지의 역사를 거슬러 가보면 사회복지를 이용하지 않으면 안 되는 사람은 항상 사회에서 소외된 사람들이었다. 복지국가에 들어서면서 국가의 기능으로서 사회복지라는 제도가 정비되어 사회사업가가 충분히 배치되었다고 해도 사회복지제도와 전문직을 가장 필요로 하는 사람들이 오히려 이용하지 않거나 이용할 수 없는 상황이 된 경우가 종종 발생하였기 때문이다. 뿐만 아니라 행정서비스는 능률성과 경제성에 초점을 두고 규격화, 전문화되어 획일적인 서비스를 제공하게 됨에 따라 사람들의 다양한 욕구에 대응하기가 어려웠다. 이렇게 정부의 행정서비스에 한계가 극명하게 나타나자 정부에서는 민간인들의 자발적인 활동인 자원봉사 활동에 눈을 돌리지 않을 수 없게 되었다(김동배, 2009).

자원봉사자는 민간 사회복지의 실천에 있어 이사회의 일원으로 참여하는 것에서부터 직접 서비스 제공까지 다양한 활동을 행하면서 직접적 서비스 제공자의 역할, 기관의 정책결정 참여 및 자문자의 역할, 클라이언트와 기관 그리고 조직을 위한 대변자의 역할, 사회복지기관과 지역사회가 협조적으로 서비스를 행할 수 있도록 하는 매개자의 역할 등을 행함으로써 민간 사회복지의 주축이 되고 있다.

이상에서처럼 자원봉사활동은 민간 사회복지에 있어 중요한 역할을 차지하고 있음을 알 수 있다. 그러나 최근에 들어서는 공적 사회복지에서 자원봉사활동이 크게 증가되고 있는데 그 이유는 두 가지로 살펴볼 수 있다(김한구, 2000).

첫째, 공적 사회복지의 한계를 보완, 보충하기 위해서이다. 연금이나 생활보장 등의 경제상의 복지과제, 복지시설의 미비, 주택난 등 환경상의 복지과제, 대인서비스상의 복지과제 등 다양한 복지적 과제는 공적 사회복지만으로 해결되기 어렵다. 이러한 복지적 과제해결을 위해서는 제도적 접근, 즉 복지국가로서의 정비뿐 아니라 시민 측에서부터 참여가 필요하다. 이미 전술한 바와 같이 공적 사회복지가 가지고 있는 획일성, 공평성, 무사안일주의 등의 문제를 자원봉사활동이 갖는 창조성, 개별성으로 보완함으로써 사회복지서비스의 질을 높일 수 있다.

둘째, 공적 사회복지에서 자원봉사활동의 도입은 정부의 재정압박과 관련 있다. 1980년대 이후 시민들의 다양한 복지요구 증가와 지출비용의 증가로 인해 생긴 재정적자 및 예산 삭감에 대한 대안책으로 공공서비스 전달에 자원봉사자를 활용하기 시작하였다. 서비스 전달에의 시민참여는 재정적인 압박을 받고 있는 정부에게 유급직원에 대한 의존도를 줄이면서도 공적 사회복지를 보완한다는 매력적인 요소가 되었던 것이다.

공적 사회복지에서 자원봉사자들은 동사무소, 구청, 시청과 같은 공공기관에서 사회복지 관련 사무를 보조하거나 서류정리, 안내 등에서부터 사회복지 담당자와 팀을 이루어 직접 서비스를 행할 수도 있다. 시민이 공적 사회복지의 업무수행 과정에 참여하여 서로간의 생각을 나누며 일하는 과정에서 애로점을 이해하고 공적기관과 국민 간의 관계를 보다 긍정적인 친화관계로 발전시킬 수 있으며 특히 공적 사회복지의 보완적 역할, 건설적 비판자의 역할, 개척자 역할을 행한다고 할 수 있다. 그러나 공적 사회복지에 있어 자원봉사자의 참여에 대한 우려의 소리도 높다. 이는 마치 자원봉사활동이 만병통치약이라도 되듯 자원봉사자에게만 의존해 공적 책임을 전가하거나 회피하지 않을까 하는 점과 자원봉사자의 민간성이 침해되지 않을까 하는 우려이다.

이상에서 본 바와 같이 자원봉사활동은 민간 사회복지에서는 물론 공적 사회복지에서도 중요한 역할로 자리 잡고 있음을 알 수 있다. 따라서 민간 사회복지에서와 마찬가지로 공적사회복지 부문에 있어서도 자원봉사자를 적극 개발, 활용하는 것이 필요하다고 본다. 그리고 자원봉사활동은 자발적인 시민들로부터 행해지는 행위이므로 제도나 행정의 구속을 받지 않도록 자발성을 최대한 보장할 수 있어야 한다.

2. 자원봉사 활동의 개념과 특성

1) 자원봉사 활동의 개념

자원봉사활동의 개념은 국가에 따라, 사회에 따라, 학자에 따라, 활동분야에 따라 다양하게 전개되어 조금씩 상이하게 정의되고 있는데, 자원봉사 활동은 인간의 역사와 함께 시작되었다고 해도 과언이 아닐 만큼 역사가 오래 되었고 사회복지의 태동과 발전에도 많은 영향 미쳤다. 전통적으로 이어져 온 자원봉사 활동은 시민들 스스로가 자유로운 의사에 의해 자유롭게 시작한 활동이었고, 사회문제해결을 위한 하나의 산물이었기 때문에 당면한 사회문제나 지역의 특성, 시대적 상황에 따라 그 활동형태나 유형이 다양하였다.

볼런티어(volunteer)란 라틴어의 voluntas(자유의지)라는 단어에서 유래 하였다고 전해지고 있다. 라틴어의 Volo(의지)란 영어의 will에 해당되는 단어로서 volo에서 voluntas라는 말이 생겼으며, 의미는 자발적인 것, 자주적 · 임의적 자유의지를 의미한다(김범수, 2004).

미국 『사회사업백과사전』에서는 자원봉사자란 자원봉사에 참여를 원하는 사람들이 일정한 교육을 이수하여야만 자원봉사자라고 전제하고 있다. 다시 말하면 자원봉사에 관한 일정한 교육을 이수하지 않은 사람들은 예비 자원봉사자 또는 자원봉사 신청자일 뿐이지 자원봉사자는 아니라는 것이다.

한국사회복지협의회에서는 자원봉사활동이란 사회문제의 예방 및 해결 또는 국가의 공익사업을 수행하고 있는 공사(公私)조직에 자발적으로 참여하여 반대급부를 받지 않고 인간존중의 정신과 민주주의 원칙에 입각해 필요한 서비스를 제공하여 이타심의 실현과 가치 실현을 성취하고자 하는 활동이라고 하고 있다(한국사회복지협의회, 1996).

그러나 자원봉사의 전통적인 정의로 상호부조(reciprocal support)와 연계하여 보는 입장도 있다. 세계 어느 곳에서나 사람들은 생존하기 위해서 혹은 좀더 편안한 삶을 위해서 서로에게 도움을 주면서 생활하여 왔다. 즉, 어려운 여건에 있는 사람들은 서로 도움을 주고받는 관계에 근거하여 긴밀한 연계망 속에서 살고 있다. 전통 사회에서 농부들은 추수할 때 서로 돕거나 공동의 재정을 계획하고 유지하며 살아왔다. 어떤 공동체에서는 누군가 죽으면 모두가 함께 도와 장례식을 치른다. 현대 사회에서도 교회 공동체들은 여전히 이러한 긴밀한 비공식 연계망을 형성하고 있다. 사회가 더 현대화될수록 상호부조의 연계망은 더 공식적 · 협조적인 조직으로 발전되어 왔다. 이러한 상호부조가 오늘날 자원봉사활동의 출발에 많은 근거가 되고 있다(류기형 외, 2003).

또한 삶이 여유로워짐에 따라 그러한 상호부조의 협력관계는 더 이상 서로 돕는 것에만 국한하지 않고 여가시간을 함께 보내며 사회 변화를 위한 자원봉사의 활동으로 점차 변화되어 나가게 되었다. 또한 그동안 우리나라의 자원봉사관련 연구에서는 자원봉사활동에 참여하는 유형에서 개인적인 차원에서 이루어지는 봉사활동과 조직적인 차원에서 이루어지는 봉사활동을 명확하게 언급한 것이 없는데, Govaart는 직계 친척, 가족, 이웃, 친구들을 위한 활동은 조금 다른 범위의 자원봉사활동으로 보고 있다. 자원봉사를 연구하는 세계의 여러 학자들은 일반적으로 자원봉사활동의 정의에 조직적인 차원에서 이루어지는 활동을 포함시키고 있다. 그러면서 개인적인 차원에서 이루어지는 비조직적이며 자발적인 도움 행위는 자원봉사활동에서 제외하고 있다. 또한 그동안 개인적인 활동을 비조직적 혹은 비공식적인 자원봉사활동이라고 고유한 명칭으로 부르기도 하였다(강철희 외, 2000).

이상과 같이 Govaart가 제시한 개인적인 차원에서 봉사활동에 참여하는 것을 자원봉사활동으로 인정하느냐 하지 않느냐 하는 문제는 자원봉사를 연구하는 사람마다 의견의 차이가 있을 수 있다. 필자가 보기에 현재 자원봉사의 학습을 위해 중·고등학생들이 의무적으로 참여하고 있는 활동을 자원봉사활동으로 보기에는 아직 이른 감이 있다. 이들은 어디까지나 자원봉사 학습을 하는 학생들이지 자원봉사자로 보기에는 어려울 것이다 .

2) 자원봉사 활동의 특성

자원봉사활동이 인간의 자발적인 의지에서 시작된 만큼 그 활동 형태나 내용 또한 매우 다양하다. 그러나 그러한 다양함 속에서 자원봉사활동이 갖는 공통적인 특성을 도출해 보면 자원봉사활동의 정신이나 본질을 더욱 명확히 알 수 있다.

일본 오사카 자원봉사협회(1993)에서는 자원봉사활동의 특성을 자발성, 복지성, 무급성, 계속성 등의 네 가지로 설명하고 있고, Ilsley는 자원봉사활동의 특성을 이타주의, 헌신, 자유주의 학습, 무급성, 조직, 심리적 보상, 희생 등의 여덟 가지로 분류하고 있는데(Ilsley, 1990), 이러한 요소들은 공식적 자원봉사활동이냐, 비공식적 자원봉사활동이냐에 따라 조금씩 정도의 차이가 있다. 또한 양창삼(2003)은 자아실현성, 자발성, 무보수성, 이타성, 사회성, 공동체성, 복지성, 민주성, 개척성 및 지속성 등의 열 가지로 설명하고 있다. 이상과 같은 내용을 정리하여 김남순(1997)이 제시한 자원봉사활동의 특성을 제시하면 다음과 같다.

(1) 이타성

인간에게는 누구나 남을 돕고 싶어 하는 정신이 있는데 이를 가리켜 이타성 또는 이타주의(altruism)라고 한다. 어려운 환경에 처해 있는 사람들을 도와야겠다는 생각은 누구나 갖고 있다. 자원봉사의 동기나 과정, 결과에 있어 자원봉사자 자신의 이익이나 명예를 먼저 생각하지 아니하고 도움의 대상자를 먼저 생각하는 것을 말한다.

그러나 비록 이타주의적 동기가 중요하다고 해도 자원봉사자에게 절대적인 이타성을 바라는 것은 불가능하다. 또한 자원봉사활동을 해나가면서 여가선용, 기술 습득이나 대인관계 향상, 성적 반영 등 이기적인 욕구를 충족시키거나 비록 활동 초창기에는 이타주의가 없이 시작했다 하더라도 활동이 진행되면서 이웃을 사랑하는 마음과 타인에게 도움을 주려는 이타주의적 정신이 생기게 하는 것 역시 중요하다.

(2) 자발성

자원봉사활동은 타인의 강요나 억압에 의해 행해진 것이 아니라 타인을 돕고자 하는 자신의 자발적인 의지에서 비롯된 자유스런 활동이어야 한다. 지금까지 자원봉사활동이 금전적인 이득과 대가 없이 오랫동안 이어져 오고 있는 것은 자원봉사활동이 다름 아닌 개인의 자유스런 의지의 발로이기 때문이다.

자원봉사활동의 특성 중 자발성은 가장 중요한 요소 중 하나라고 전해지고 있다. 자원봉사활동의 참여율이 높은 선진국가가 그만큼 힘이 있다고 하는 것은 사회문제 해결에 자발적으로 참여하는 사람들의 비율이 높기 때문이다. 자원봉사 활동에 참여하는 비율을 증가시키려면 자발적인 동기부여를 통해 그들을 교육 훈련하여 자원봉사활동에 참여하도록 하여야 한다.

(3) 지속성

자원봉사 활동은 일회성이나 충동적 활동으로 끝나서는 안 된다. 자원봉사활동이 자발적인 동기에 의해 시작된다고 하더라도 일단 활동이 시작되면 일방적으로 끝나서는 곤란하며 일정 기간 동안 계속되어야 한다.

자원봉사 활동에 참여하는 사람들을 6개월 간 만이라도 계속해서 자원봉사활동에 참여시키기 위해서는 고도의 자원봉사 관리기술이 필요하다. 또한 한 번 자원봉사활동에 참여를 하면 일정 기간 계속하여야 한다는 것을 인식시킬 필요가 있다.

(4) 무보수성

무보수성이란, 자원봉사활동을 하면서 일어나는 여러 가지 소요경비를 자원봉사활동에 참여하는 자원봉사자가 스스로 책임지는 것을 말한다. 그러나 외국에서는 최소한도의 활동경비를 지원받는 실비자원봉사자(paid volunteer)의 참여도 활발하다. 일본의 경우 실비의 비용으로 활동하는 자원봉사자를 가리켜 아르바이트와 볼런티어를 합한 알바이티어(arbeiteer)라고도 한다.

자원봉사활동은 무급을 원칙으로 하되 다양한 계층의 사람들이 참여할 수 있도록 다양한 지원방법이 필요하다. 자원봉사자들에게 지불되는 비용은 봉사의 대가로 지불하는 것이 아니라 봉사활동을 수행하는 데 소요된 비용을 기관 측에서 제공한다고 생각하는 것이 좋다. 물론 이러한 입장에 대하여 순수한 자원봉사활동을 강조하는 입장에서는 비판할 수도 있다. 그러나 21세기의 자원봉사활동을 육성해 나가기 위해서는 자원봉사 활용방법에 따른 생각을 바꾸어야 한다.

(5) 전문성

자원봉사 활동은 누구나 할 수 있는 것 같지만 대상과 영역에 따라 전문성이 요구되기도 한다. 전문적인 상담 프로그램에 참여하는 자원봉사자들은 보통 3개월에서 6개월까지 교육을 받아야 하는 곳도 있다. 대학생들이 참여하는 자원봉사활동의 경우에도 자신의 전문성(professional)을 활용하여 자원봉사활동에 참여하면 효과가 높아질 수 있다.

그러나 자원봉사활동에서 전문성을 논할 경우 유의해야 할 점은, 본인의 전문성이 우수하다 하더라도 로마에 가면 로마의 법을 따라야 하듯 자원봉사활동기관이나 시설에서 필요로 하는 인력이 되고자 하는 의식이 필요하다.

3. 분야별 자원봉사활동의 주체

자율성을 지닌 존재이면서 또한 성인에게 보호를 받아야 하는 의존적인 존재로서의 아동 및 청소년은 적절한 영양과 양육보호, 의사표현을 통한 자기 결정권 등 건전한 성장 발달이 도모되어야 한다. 그러나 현대 사회의 발전에 따른 산업화, 도시화, 핵가족화 등의 급격한 사회변동은 가족기능의 해체와 가족이기주의의 팽배를 야기시켰으며 전인교육의 부재로 대표되는 잘못된 교육제도는 건전하게 성장 발달해야 할 우리의 아동·청소년들을 열악한 사회문화 환경 속으로 밀어 넣고 있다. 이러한 열악한 환경 속에 처한 아동·청소년들에게 가정과 공식적 교육체계만으로는 건강하고 밝은 성격 형성과 이타적 가치관 확립에 대한 기대를 하기가 어렵다. 그리하여 아동·청소년들의 자발적인 자원봉사를 통한 전인교육과 자원봉사자들과의 바람직한 집단경험의 기회 제공으로 올바른 사회화를 유도하고 원만한 대인 관계를 가지도록 도우며 건전한 사회인으로서 성장할 수 있도록 프로그램을 개발하여 제공하는 것이 필요하다(박정란 · 서홍란, 2001).

노인에게 자원봉사 활동이 필요한 이유를 한 마디로 말하자면, 그러한 참여가 노인 자신과 사회에 이익을 가져다주기 때문이라는 것이다. 우선 노인 자신에게 주는 이익으로서 자원봉사활동에의 참여는 첫째, 퇴직으로 인해 상실되었던 사회적 역할과 지위를 보충해 주며 둘째, 사회의 일선에서 물러나 자칫하면 상실되기 쉬운 자신의 사회적 가치성을 회복하거나 유지할 수 있게 해주어서 아직도 자신이 사회에서 유용하고 주요한 존재가 되고 있다는 가치감을 갖게 해주며, 셋째, 노년기의 자아상을 긍정적으로 유지시켜 줄 수 있으며, 마지막으로 소외감 극복을 돕고 창의성과 책임성을 발휘할 수 있는 기회를 제공해 준다. 또한 노인들이 자원봉사활동에 참여한다는 것은 고령자와 젊은 세대와의 교류를 적극적으로 추진하고, 세대 간의 연대를 키워 간다는 점에서도 매우 중요한 의의를 가지고 있다(박재간, 2002).

다른 인구 집단에 비해 주부들이 자원봉사활동에 차지하는 비율은 높으나 현재 활동 중인 주부 자원봉사자들이 대개 일부 계층에 한정되어 있음을 고려해 볼 때 더 많은 주부들이 자원봉사활동에 참여할 수 있는 정책이 필요할 것으로 본다. 또한 새로운 자원봉사자를 모집하고 개발하는 것도 중요하지만 높은 중도탈락률을 고려해 본다면 기존의 자원봉사자를 지속화시키고 더 나아가 활동내용을 보다 다양화하는 질적 개발도 필요할 것으로 사료된다.

현대 자본주의 사회에서 종교계의 잠재적 자원을 조직화하고 활성화한다면 종교계의 자원봉사활동은 복지공동체문화 형성에 커다란 기여를 할 것으로 생각된다. 왜냐하면 종교는 신자에게 자선활동으로 서로 협동하는 것을 의무화하고 있고, 일반사회에서 구제를 필요로 하는 사람들에게도 자선활동을 펼치도록 하기 때문이다. 시민으로서 종교적 신념에 의한 자발적인 봉사, 더욱이 행복한 시민생활의 증진에 헌신하는 것이야말로 현대 종교계가 취해야 할 방향으로 여겨진다.

〈표 14-1〉 분야별 자원봉사활동의 종류와 내용

대 상	자원봉사 종류	자원봉사 내용
아동・청소년의 자원봉사	일손 돕기 활동	- 복지시설 일손 돕기 - 공공기관 일손 돕기 - 병원 일손 돕기 - 농어촌 일손 돕기 - 학교 내 일손 돕기
	위문활동	- 고아원 방문 - 양로원 위문 - 장애인 위문 - 병약자 위문
	지도활동	- 동급생 지도 - 하급생 지도 - 사회교육 지도 - 교통・안전지도
	캠페인 활동 및 자선구호활동	- 공공질서 확립 캠페인 - 교통・안전 캠페인 - 학교주변 정화 캠페인 - 환경보전 캠페인 - 재해구호활동 - 어려운 불우 이웃돕기 - 헌혈 및 골수기증 - 국제협력과 난민구호
	환경・시설 보전활동	- 깨끗한 환경 만들기 - 자연보호 - 나무심기 가꾸기 - 문화재 보호
노인의 자원봉사	전통문화 전수를 위한 활동	- 유학생에 대한 말하기・쓰기 지도 - 명소・사적 안내 - 전통물품 만들기 지도 - 노인홈에서의 시조 지도
	장애인을 위한 활동	- 장애인자립작업장에서의 보조 활동 - 점역 활동 및 낭독 활동 - 장애인 생활학급의 지도 - 맹인가이드 - 중증장애아시설에서 보조 활동
	아동을 위한 활동	- 장난감 도서관 운영 - 아동문고의 운영 - 초등학교 내 아동지킴이 활동 - 장난감 병원 운영 - 한글 및 한문 공부 지도 - 인형극 상영

대 상	자원봉사 종류	자원봉사 내용
	기타 지역사회 등을 위한 활동	- 병원 자원봉사 - 한 부모 가정 지원활동 - 급식서비스 - 버스정류장 등 공공시설 청소 - 전화상담
주부의 자원봉사	재가 활동	- 청소 및 취사 - 말벗, 세탁, 전화위문, 잔심부름
	시설 활동	- 학습지도, 상담지원 - 차량지원, 야외활동 지원 - 행정업무 지원, 기관 홍보활동
	학원 활동	- 교통안전 지킴이 - 학교주위 유해시설 반대운동 - 우범지역 순찰, 불량학생 선도
	기타 활동	- 장애인 야외활동 지원 - 안내장 · 초청장 발송 지원 - 봉사활동 홍보
종교계의 자원봉사	간병봉사	- 환자간호 및 목욕 - 말벗 임종 간호
	장의예식 봉사	- 상가 위문 - 종교행사 봉사 - 장례예식 대행
	한 가족 봉사	- 환경 캠페인 - 시설 봉사
	해난구조 봉사	- 인명구조 활동 - 시설복구 활동 - 재해민 지원
	일반자원 봉사	- 급식지원, 행사지원, 후원금 전달 등

출처 : 김범수 외(2004), 『자원봉사론』, 학지사

4. 대학생의 자원봉사활동

1) 대학생 자원봉사활동의 필요성

대학생의 자원봉사활동은 서비스의 제공이라는 차원을 넘어 서비스 제공자의 변화와 성숙을 도모하는 교육활동의 하나로 인식되고 있기 때문에 일반인의 사회봉사활동과는 구별이 된다. 그리고 대학생들은 장

차 사회에 나아가서 생활할 때 어느 집단에 소속되든 간에 지도자로서 역할을 수행할 가능성이 높다. 따라서 대학 자원봉사활동에서는 새로운 시대에 필요한 지도자를 기른다는 보다 거시적인 입장에서 자원봉사활동을 추진해야 할 것으로 여겨진다. 대학생이 자원봉사활동에 참여할 필요성을 현외성(1998)은 다음과 같이 5가지로 지적하고 있다.

첫째, 장래지도자로서의 자질 형성이다. 대학생은 장차 우리 사회의 각 분야에서 선도적인 역할을 담당하게 될 위치에 있다. 학문적 지식은 물론 인격적 역량에서도 다른 삶들을 이끌 수 있는 자질을 갖추어야 한다. 대학시절 사회봉사활동 과정을 통해 다양한 경험을 하게 되어 사회문제의 의미를 생각하고 자신의 전공을 연결시킬 수 있는 좋은 계기가 된다.

둘째, 전문기술의 적용과 연마이다. 학생들은 각자가 자기 전공에서 학습한 전문지식과 기술을 현장에 적용하여 지역주민을 돕고 자신의 지식과 기술을 보완하는 학습의 연장으로 활용할 수 있다. 가능하면 자신의 전공과 관련된 분야에서 자원봉사활동을 실천하면 더욱 유익할 수 있다.

셋째, 사회문제에 대한 새로운 인식과 사회적 책임감의 체득이다. 대학생이 자신의 전공을 살리거나 혹은 가치관에 따라 사회봉사활동을 수행하는 과정에 여러 가지 사회문제에 직면할 수 있다. 학생들은 문제해결 능력을 배양할 수 있고 문제의 배경에 대한 시야를 갖출 수 있다. 이 상황에서 학생들은 학교에서 학습할 수 없는 여러 문제에 대처하여 자신과 사회를 돌아볼 수 있는 계기를 가질 수 있다. 또 경우에 따라서는 사회 전반의 상황에 대한 새로운 인식을 갖게 되고 사회의 한 구성원으로서 책임감을 통감할 수 있다.

넷째, 인간의 존엄성과 가치에 대한 인식이다. 대학생들이 봉사활동을 수행하는 과정에 사회봉사대상자들을 만나게 되고, 그들이 처한 어려움을 이해하게 된다. 그들의 처지와 형편을 알게 되어 사회적 약자에 대한 가치와 인간의 존엄성을 생각하는 계기를 가질 수 있게 된다.

다섯째, 성숙한 자아의 형성이다. 대학생들은 봉사활동 과정에서 여러 사람들과 협력하게 되고 사람들이 직면한 다양한 문제를 발견함으로써 자신과 가정과 사회를 새롭게 볼 수 있는 눈을 갖게 된다. 즉 타인에 대한 배려와 이해심을 넓히는 경험을 하게 되는 것이다.

이상의 내용에서 살펴본 바와 같이 대학생의 자원봉사활동은 서비스의 제공이라는 차원을 넘어 서비스 제공자의 변화와 성숙을 도모하는 교육활동의 하나로 인식되고 있다. 그러므로 대학생의 자원봉사가 최고는 아니다 할지라도 가장 중요한 인류의 미래 활동 중 하나라는 인식을 가져야 할 것이다.

2) 대학 자원봉사활동의 흐름

우리나라 대학의 자원봉사활동이 본격화된 시기는 1990년대 이다. 1990년대 중반 우리나라 일부 대학에서부터 시작된 대학들의 봉사학습시스템도입은 급격하게 전국적으로 확산되고 있다. 이 과정에서 1994년 중앙일보의 자원봉사캠페인을 시작으로 한양대학교가 국내 대학 최초로 사회봉사 교양필수 과목을 채택하였으며(1994. 7), 이후 1995년 5·31교육개혁 조치로 학교생활기록부에 자원봉사 기록 등 일련의 과정을 거치면서 대학에서 자원봉사활동에 대한 관심이 고조되었다. 또한 대학별 자원봉사단의 출범과 사회봉사센터의 설립은 대학 자원봉사의 발전을 가져오는데 일익을 담당하였다(김동배, 2009). 특히 대학의 자원봉사활동을 지원하고 상호 연합 및 교류 증진을 위해서 1996년 전국대학총장을 중심으로 한국대학사회봉사협의회(Korea University Council for Social Service)를 조직하게 되었다. 이는 미국의 대학지원봉사연합협의회와 비슷한 성격으로 출발하였다.

한국대학사회봉사협의회의 역할은 대학생 자원봉사활동 육성 발전과 대학 교육과정과 자원봉사 연계에 관한 연구, 대학의 자원봉사활동에 관한 연구지원, 국내·외 자원봉사 관련 기관과의 교육 및 제휴, 대학

자원봉사 프로그램 개발보급, 기타 회원 대학 상호간의 협의 조정 등으로 정부와 정책연계·지원, 기업과 봉사현장 연계·지원, 봉사기관과 봉사처 선정·봉사 연계를 유도하여 상호간 협조체계를 구축하고 있다(류기형, 2003).

한국대학사회봉사협의회의 활동은 크게 연구 개발 및 교과목 개발, 대학생 해외봉사단 파견, 대학과 초·중·고등학교의 연계 봉사활동 관장, 봉사활동 프로그램 공모 및 개발 등 다양한 영역에서 대학자원봉사활동에 공헌하고 있다. 한국대학사회봉사협의회에서 1997년 10월에 전국 180개 대학 및 156개 전문대학을 대상으로 실시한 조사결과에 의하면, 대학교는 84개 대학(46%)이, 전문대학은 42개 대학(27%)이 사회봉사 및 관련 교과목을 개설하여 운영하고 있는 것으로 나타났다. 그리고 2000년 조사에서는 대학교는 129개 대학이, 전문대학은 52개 대학이 사회봉사 활동에 참여하고 있는 것으로 나타났다. 이러한 경향은 지금 이 시대의 여러 대학들이 자원봉사활동의 중요성과 필요성을 인식하여 학생들로 하여금 자원봉사 활동에 직접 참여하도록 유도한 결과라고 보여진다. 대체로 이러한 대학의 노력은 매우 바람직한 일이며 현재 계속적으로 확대되고 있는 추세에 있다. 최근 2007년 도에 조사된 결과에 의하면 현재 한국대학사회봉사협의회에 소속된 회원 대학은 전국 200개 대학으로 대학교 145개 대학, 전문대학 55개 대학으로 계속하여 증가하는 경향을 보이고 있다(한국대학사회봉사협의회 사무국, 2009).

3) 대학 전공별 자원봉사활동 영역

1990년 중반 일부 대학에서부터 시작된 자원봉사활동시스템 도입은 급격하게 전국적으로 확산되었다. 최근 들어 현재 많은 대학에서는 전공별로 다양한 자원봉사활동 프로그램이 진행되고 있다. 더불어 대학자체에서의 자원봉사프로그램을 공모하여 지도하고 지원하는 프로그램 또한 이루어지고 있다. 이는 대학생들에게 자원봉사활동을 체계적으로 할 수 있고, 지속적으로 할 수 있는 계기가 되며 동아리차원 혹은 학과 차원의 자원봉사활동을 할 수 있는 계기가 되고 있다.

대학생들의 전공별 자원봉사활동 영역과 협력기관을 살펴보면 〈표 14-2〉와 같다.

〈표 14-2〉 대학 전공별 자원봉사 영역

전공학과	자원봉사활동	봉사대상	협력기관	비고
신학	· 종교봉사 · 교회학생 지도 · 외국인학생 지도	· 신도 · 초 · 중 · 고 학생 · 유학생	· 종교관련 단체 · 한국어 교육원	
어문학	· 학습지도 · 성인교육 · 행정지원	· 초 · 중 · 고 학생 · 성인 · 공공 · 민간단체	· 교육청 및 각 학교 · 복지관, 공공기관 · 민간단체	· 방과 후 지도 · 문맹퇴치 · 외국어 교육 · 서류작성, 번역
교육학 (교직전공)	· 학습지도	· 초 · 중 · 고 학생	· 각 학교 · 복지관, 복지시설	· 방과 후 지도
사회복지학	· 봉사프로그램 개발 · 프로그램 보조 · 상담	· 초 · 중 · 고 학생 · 시설거주자	· 종합사회복지관 · 사회복지시설	
법학	· 법률상담 · 재소자 상담 · 갱생보호	· 저소득층 · 재소자	· 민간단체 · 정부 공공기관	
사회 체육학	· 건강 · 체력 관리 · 레크리에이션	· 노인 · 장애인 · 소외계층	· 구청 가정복지과 · 사회체육센터 · 노인 · 장애인시설	
의예과 간호학	· 건강관리 · 무의촌 진료	· 보건소 · 간호사, 의사협회	· 저소득층 무료진료 · 건강교육	
컴퓨터정보학	· 컴퓨터 교육 · 무상수리	· 각 학교 · 공공 · 민간단체 · 소외계층	· 각 학교 · 공공 · 민간단체 · 주민자치센터	

출처 : 한국사회복지협의회(2007)

이와 같이 전공별로 이루어지는 대학생 자원봉사는 무한한 잠재력과 가능성을 지니고 있으며 또한 보다 체계적이며 전문적인 활동을 통해 자원봉사의 활성화를 촉진시킬 수 있으며 왕성한 육체적 건강함과 시간적으로나 정서적으로 여유를 가질 수 있다는 점에서 대학생 자원봉사가 우리 사회의 자원봉사 전체에서 차지하는 비중은 매우 높다라고 할 수 있다.

4) 대학 자원봉사활동의 발전과제

우리나라 초기 경제성장과 마찬가지로 대학 자원봉사는 짧은 기간 내에 비약적인 양적 팽창의 결과를 가져왔다고 할 수 있다. 이러한 결과를 높이 평가할 수는 있으나 대학의 자원봉사 활동을 좀더 활성화하기 위한 몇 가지 발전과제를 언급하면 다음과 같다.

(1) 자원봉사에 대한 동기부여와 교육

자원봉사활동이 보다 효과적으로 전개되기 위해서는 봉사활동에 자발적인 참여를 유도할 수 있도록 동기를 부여하는 것이 무엇보다도 중요하다. 이를 위해서는 봉사활동에 대한 홍보활동과 자원봉사자에 대한 체계적인 교육이 필수적이다. 대학의 자원봉사활동이 순수하게 자발적으로 확산되기 위해서는 교내의 모든 홍보수단을 이용하여 봉사활동의 필요성과 사례들을 지속적으로 홍보하여 자원봉사에 대한 분위기를 조성하여야 한다. 한편, 자원봉사자에 대한 교육이 비전문적·산발적으로 이루어져 참여 당시의 의욕에 비하여 실제 봉사활동에 임하여서는 적응력 부족으로 활동이 정기적 또는 지속적으로 되지 못할 뿐만 아니라 중도에 포기하는 주요 원인이 되고 있다. 따라서 자원봉사의 기본 이념에 대한 이해와 활동기법을 체계적으로 제대로 교육하여 봉사활동에 대하여 확고한 신념을 가지고 참여하도록 해야 한다. 그리고 수혜자의 다양한 욕구에 적절히 대처할 수 있는 능력 개발을 병행해야만 봉사자의 욕구가 충족될 수 있다(강철희 외, 2009).

교육은 필요에 따라 활동 전의 오리엔테이션, 활동 중에 실시하는 팀별 간담회, 보충교육, 개인 상담과 평가회 등이 있다. 이러한 교육은 계획적이고 지속적으로 이루어져야 하며 봉사자에 대한 지도 감독 과정도 봉사활동의 효과를 높이는 데 매우 도움이 될 것이다.

(2) 행정적 · 재정적 지원확대

현재 우리나라의 대학 자원봉사활동은 양적인 성장은 가져 왔지만 효과적인 체계가 구축되어 있지 못한 상태이다. 이러한 인프라의 구축이 전제되지 않을 경우 관리의 한계, 자원봉사 질의 저하로 까지 이어질 수 있다. 따라서 대학생들의 폭넓은 참여를 유도하기 위한 행정적 · 재정적 지원체계 구축이 필요하다. 현재 사회봉사 관련 시스템으로 사회봉사센터형과 사회봉사단형이 있다.

사회봉사센터는 대학 내에 사회봉사기구를 설치하여 운영하는 경우로 자원봉사를 원하는 대학생들에게 봉사활동의 기회를 제공하고 교육, 상담, 지도 등을 수행할 수 있는 장점이 있으나 그 기능을 효과적으로 수행하고 있는 대학은 적다. 한편 사회봉사단은 대학 내에 사회봉사단을 조직하여 그 조직 산하에 사무국을 두고 운영하는 형태로 자원봉사에 참여하는 대학생들에게 자신감을 심어줄 수 있는 장점이 있는 반면, 자발성을 약화시키는 부정적인 면도 있다. 대학에 따라서는 사회봉사센터와 사회봉사단의 조직을 모두 설치하여 운영하는 경우도 있다. 이럴 경우 대학생들의 사회봉사 지원에 많은 도움을 줄 수 있으나 인력과 재정이 많이 필요로 하는 문제점이 있다. 대학 자원봉사활동의 활성화를 위해서는 무엇보다도 각 대학에 적절한 행정체계의 구축이 요청된다(김범수 외, 2000).

(3) 사회봉사 인센티브제도 도입

대학 봉사활동을 정착시키기 위해서는 자원봉사활동을 학점으로 인정하거나 각종 유인책을 도입하여 봉사활동을 장려하여야 한다. 먼저 학점제는 자원봉사를 선택 또는 필수과목으로 개설하여서 대학생들이 일정한 교육을 받고 봉사활동을 하면 학점으로 인정하는 제도이다. 다만 학점제로 운영하되 강제성이 없는 교양 선택 과목으로 하여 학생들이 자발적으로 자기 취향에 적절한 프로그램을 선택하여 활동하게 하여야 한다. 그리고 학생들의 참여를 유도하기 위하여 각종 인센티브를 제공하여야 한다. 대학에서 자원봉사활동에 대한 행정적·재정적 지원은 물론 봉사활동에 대한 학교 구성원들의 폭넓은 공감대가 형성되어야만 지속적이고 효과적인 실천이 가능하다.

그 밖에 우수 활동자를 선정 표창, 봉사활동 실적을 학적부에 기재, 자원봉사 기념행사를 개최하는 등 자원봉사자를 유인할 수 있는 제도를 개발해야 한다. 그리고 학생회 및 동아리 활동을 자원봉사를 겸한 건전한 활동으로 전환하도록 적극적인 지도와 지원을 강화해야 한다.

(4) 대학 교과목과 연계된 프로그램의 개발

최근 자원봉사활동에 대한 사회적 관심과 참여가 급격히 늘어나고 있으나 그 증가된 양만큼이나 질적인 문제를 야기하고 있다. 목적은 좋으나 방법상에 문제가 있다는 것이다. 즉, 자원봉사자는 많이 늘었으나 필요한 자원봉사자는 없다는 것이 자원봉사를 필요로 하는 사람이나 단체들의 불평이다.

대학의 자원봉사는 지역사회의 관련 기관과 유기적 협력을 도모하고 한편으로는 전문성을 동원하여 지역사회의 자원봉사 노력이 보다 효과적으로 수행되도록 돕는 역할도 해야 한다. 대학의 봉사활동은 정규교과목과 연계되어야만 성공할 수 있다. 대학생들이 강의실에서 배운 이론을 현장실습을 통하여 검증할 수 있는 기회를 갖도록 해야 한다. 따라서 각 학과의 특성에 맞는 프로그램을 개발하여 봉사에 기초한 학습이 되도록 함으로써 대학생들의 다양한 욕구와 기대를 최대한 수용할 수 있는 문화로 정착시켜야 할 것이다.

우리나라 대학생 봉사활동은 그 풍부한 인적자원과 정신적 동기에 비해 아직까지 충분한 발전을 보지 못해 왔다고 볼 수 있다. 그 이유들 중에 중요한 한 가지는 아직도 과거의 구국운동 내지 정치참여로서의 학생운동과 현대적 의미의 자원봉사활동이 미분화 상태에 있으며 이를 정부, 국민, 대학생들 자신이 제대로 인식하지 못하고 있다는 사실에 기인하는 것으로 볼 수 있다. 또한 대학생 자원봉사 활동이 제대로 자리 잡지 못한 이유는 왕성한 의욕에 비하여 구체적 추진방법에 있어서

과학적 사고 및 방법 그리고 기술이 뒷받침해 주지 못했다고 말할 수 있다. 따라서 앞으로 대학생 자원봉사활동은 보다 이성적이고 합리적인 사고를 바탕으로 대학생 자원봉사활동에 맞는 교육적 의의와 기능을 최대한 실현시키는 방향에서 조직적이고 체계적으로 이루어져야 할 것이다(보건복지부, 2004).

이제 대학생 자원봉사활동은 단순히 남을 돕는다는 것뿐만 아니라 자신의 시간과 노력의 투자를 통해서 사회에 봉사하며 지식과 경험을 체득할 수 있는 귀중한 기회로 인식하여야 할 것이다. 또한 지역사회 내의 부족한 일손을 덜어 주고 소외된 이웃의 불행을 나눠 갖는 참다운 인간교육으로의 역할을 수행할 때 대학생 자원봉사활동은 활성화될 수 있을 것이다.

근묵자흑(近墨者黑)이라는 말이 있다. 먹을 가까이 하다 보면 자신도 모르게 검어진다는 뜻으로, 사람도 주위 환경에 따라 변할 수 있다는 것을 비유한 말이다. 훌륭한 스승을 만나면 스승의 행실을 보고 배움으로써 스승을 닮게 되고, 나쁜 무리와 어울리면 보고 듣는 것이 언제나 그릇된 것뿐이어서 자신도 모르게 그릇된 방향으로 나아가게 된다는 것을 일깨운 고사성어이다.

나눔을 실천하는 자원봉사자는 스스로 나눌 줄 아는 사람이어야 한다. 나 자신이 나눌 줄 모르고 나눔의 가치를 알지 못하면서 어찌 참된 자원봉사자라고 할 수 있을까? 나눔을 통해 사람과 사람간의 신뢰가 쌓이는 세상이 자원봉사자들이 만들어 가는 아름다운 공동체라고 생각한다.

생각해 볼 문제

1. 지금 대학의 자원 봉사활동은 예전의 경우와 비교해 보면 지속적으로 세분화 되고 전문화되어 가고 있는데, 이러한 대학자원봉사활동이 사회복지실천에 주는 함의는 무엇인지 토론해 보자.

2. 현재 대학에서 전공별로 다양한 자원봉사활동 프로그램이 진행되고 있는데, 이러한 자원봉사활동이 우리 사회에 미치는 영향에 대해 토론해 보자.

3. 대학의 자원봉사활동이 지속적으로 발전하기 위한 과제에 대해 토론해 보자.

참고문헌

강철희 외(2000), 『사회봉사의 이해』, 이화여자대학교 출판부.
김동배(2009), 『자원봉사의 이해』, 학지사.
김남순(1997), 『사회자원봉사 활동이 이론과 실제』, 교육과학사.
김범수 외(2004), 『자원봉사의 이해』, 학지사.
김영호(1991), 사회복지시설에 있어서의 자원복지 활동의 필요성과 육성방향. 동광(통권 제 88호), 한국복지재단.
김한구(2000), 『자원봉사 실무론』, 백산출판사.
류기형 외(2003), 『자원봉사론』, 양서원.
박재간(2002), 노인의 자원봉사활동, 한국노인문제연구소.
박정란 외(2001), 『아동복지론』, 양서원.
보건복지부(2004), 『자원봉사활동 길잡이』, 보건복지부.
삼성사회봉사단(2006), 『자원봉사의 이해와 활동방법』, 한고상사.
양창상(2003), 『열린사회를 위한 성찰과 조직담론: 사회경영의 이해』, 한양대학교 출판부.
이청자 외(1994), 『청소년 자원봉사활동』, 한국여성개발원.
전수일 외(1999), 『지방복지행정론』, 학문사.
한국사회복지협의회(1996), 자원봉사의 효율적 관리, 한국사회복지협의회.
한국사회복지협의회(2007), 자원봉사의 효율적 관리, 한국사회복지협의회.
현외성(1998), 『대학사회봉사론』, 유풍출판사.

찾아보기

〈저자 소개〉

•장승옥
계명대학교 사회복지학과 교수

•정은아
계명대학교 사회복지학과 강사

•김주영
계명대학교 사회복지학과 강사

•권은정
계명대학교 사회복지학과 강사

•차동석
계명대학교 사회복지학과 강사

문화체육관광부 우수학술도서 선정

사회복지의 이해

2015년 3월 5일 중판인쇄
2015년 3월 10일 중판발행

저 자 장승옥 · 정은아 · 김주영 · 권은정 · 차동석
발행인 유성열
발행처 청목출판사
서울특별시 영등포구 신길로 40길 20
전화 (02) 849-6157(代) · 2820 / 833-6090~1
FAX (02) 849-0817
등록 제318-1994-000090호

파본은 바꾸어 드립니다. 값 19,000원

http : //www.chongmok.co.kr

ISBN 978-89-5565-420-2